गढ़वाली मुहावरों-कहावतों का वृहत् संग्रह

गढ़वाली मुहावरों-कहावतों का वृहत् संग्रह

पुष्कर सिंह कण्डारी

वाणी प्रकाशन

पुस्तक केन्द्रीय हिन्दी निदेशालय (मानव संसाधन विकास मंत्रालय) के संस्वीकृति-पत्र संख्या 5-5-/2001–के. अनु. ए. दिनांक 25-1-2002 के माध्यम से प्राप्त वित्तीय सहायता से प्रकाशित।

वाणी प्रकाशन

4695, 21-ए, दरियागंज, नयी दिल्ली 110 002

फ़ोन : +91 11 23273167 फ़ैक्स : +91 11 23275710

शाखाएँ

अशोक राजपथ, पटना 800 004, बिहार

कॉफ़ी हाउस कैम्पस, महात्मा गांधी मार्ग, इलाहाबाद 211 001, उत्तर प्रदेश

महात्मा गांधी अन्तरराष्ट्रीय हिन्दी विश्वविद्यालय, वर्धा 442 001, महाराष्ट्र

सुल्तानिया रोड, मोतिया पार्क, भोपाल 462 001, मध्य प्रदेश

www.vaniprakashan.com
marketing@vaniprakashan.in
sales@vaniprakashan.in

Garhwali Muhawaron-Kahawaton Ka Vrahat Sangrah
by Pushkar Singh Kandari

ISBN : 978-81-8143-131-8
Dictionary

संस्करण 2011

आवृत्ति संस्करण 2022

मूल्य : ₹ 595

आर. टेक ऑफ़सेट प्रिंटर्स, दिल्ली-110 032 में मुद्रित

वाणी प्रकाशन का लोगो मक़बूल फ़िदा हुसेन की कूची से

स्नेहमयी माताजी, जिन्होंने अनेक अभावों और
मुसीबतों में मेरा पालन-पोषण किया,
को सादर समर्पित
तथा
अपने मंझले पुत्र शिवशंकर,
जो जवानी की देहली में पाँव रखते ही
कालकवलित हो गया,
की स्मृति में।

"यह पुस्तक केन्द्रीय हिन्दी निदेशालय (मानव संसाधन विकास मंत्रालय) के संस्वीकृति-पत्र सं. 5-5/2001 के अनु. ए. दि. 25.1.2002 के माध्यम से प्राप्त वित्तीय सहायता से प्रकाशित हुई है। कॉपीराइट अनुदान ग्राही के पास है।"

अनुक्रम

भूमिका के दो शब्द

हर समाज और भाषा-बोली की अपनी विशेषताएँ होती हैं। मुहावरे और कहावतें भी समाज और भाषा के अभिन्न अंग होते हैं। कहा जाता है कि विश्व में तीन ही असली रत्न हैं, पानी, अन्न और कहावतें। रोचक और सारगर्भित रूप से अभिव्यक्ति के तरीके को मुहावरा कहते हैं। भोजन में नमक और भाषा में कहावतों/मुहावरों की महत्ता है। कहावतें भी शब्दों की किफायत और अर्थों में नजाकत लिए होती हैं। कहावतें और मुहावरे दैनिक अनुभव की बेटियाँ होती हैं। ये आकार में मधुमक्खियों की तरह छोटी और डंक मारने वाली होती हैं, पर मधु भी देती हैं। ये ज्ञान के कैपसूल होते हैं। किसी भी भाषा की समृद्धि और समाज की प्रतिभा, कुशाग्रता, आत्मा एवं मूल्यों का पता उसके प्रचलित मुहावरों और कहावतों के भंडार में मिलता है। इनमें गहरा और दीर्घ अनुभव छिपा रहता है। किसी व्यक्ति विशेष ने इनकी रचना नहीं की है। इनके निश्चित जन्म स्थान कोई नहीं जानता। उत्तराखंड के पर्वतीय क्षेत्रों में देश के विभिन्न प्रदेशों से विभिन्न जातियों के लोग चौथी सदी से निरंतर आते रहे। (गढ़वाल में कौन कहाँ? में विस्तृत वर्णन) अतः यहाँ के पखाणों में सभी क्षेत्रों के मुहावरों/कहावतों का प्रयोग हुआ है। ये स्वतः ही समाज के दीर्घ अनुभवों और भुक्तभोगी पुरखों की संक्षिप्त उपदेशात्मक कथा-व्यथा हैं। इनमें गौरवशाली इतिहास छिपा है। इनमें बुद्धिवैभव और गहरी अंतर्दृष्टि रहती है। किसी क्षेत्र और समाज विशेष में प्रचलित मुहावरे और कहावतें उस क्षेत्र या समाज का सामाजिक, आर्थिक, राजनैतिक, धार्मिक, नैतिक, बौद्धिक और सांस्कृतिक पक्षों के गहराई तक उतर कर कहीं हास्य, कहीं व्यंग्य भरी चोट, कहीं उपदेशात्मक रूप लिए प्रकट होते हैं। ये पुरखों की अमूल्य सौगात और समाज के अनूठे उपहार आने वाली पीढ़ी के लिए होते हैं। ग्रामीण जीवन का संबंध खेती/औजार वर्षा, फसल, धर्म जातियों, पशु-पक्षी, जीव-जंतु से होता है। अतः अधिक उदाहरण उन्हीं के होते हैं। भारतीय अन्य भाषाओं में भी समानार्थ कहावतें हैं।

हिंदी-संस्कृत और अंग्रेजी भाषा में मुहावरों और कहावतों का अपार भण्डार है। इसी प्रकार गढ़वाली बोली में भी असंख्य मुहावरे और कहावतें हैं। गढ़वाली में इन्हें 'औखाण' या 'पखाणा' कहते हैं। पर्वतीय अंचल के हर आयु वर्ग के नागरिक इनका खुलकर प्रयोग करते हैं। इनकी संख्या इतनी अधिक है कि कोई जीवनभर इनका संग्रह करता रहे तो भी पूरे पखाणों और औखाणों का संकलन

नहीं कर सकता। क्योंकि यहाँ की विकट भौगोलिक बनावट के कारण अलग-अलग जिलों, घाटियों, पट्टियों, परगनों, मंडलों और क्षेत्रों में अलग-अलग किस्म के पखाणे प्रचलित हैं।

अब तक गढ़वाल में प्रचलित मुहावरों और कहावतों का कुछ संग्रह/कोश विद्वानों ने प्रकाशित किए हैं, (स्व.श्री शालिगराम वैष्णव, स्व. श्री भजन सिंह 'सिंह' और डॉ. चंद्रशेखर बडोला जी) जो सराहनीय और संग्रहणीय हैं। उनके प्रति आभार प्रकट करने के लिए मेरे पास शब्द नहीं हैं। मैंने अनुभव किया कि इन संग्रहों में पूरे गढ़वाल में प्रचलित पखाणों का संग्रह नहीं हो पाया है। अस्तु इस दिशा में मैंने वर्षों पूर्व प्रयास आरंभ कर दिया था। चमोली जिले अब (रुद्रप्रयाग) का मैं मूल निवासी हूँ। पौड़ी में 18 वर्ष प्रधानाचार्य और 4 वर्ष जिला विद्यालय निरीक्षक रहा, टिहरी में भी चार वर्ष जिला विद्यालय निरीक्षक रहा, देहरादून, उत्तरकाशी के लोगों के संपर्क में आने का मौका मिलता रहा। इस प्रकार गढ़वाल मंडल के सभी जनपदों के लोगों से सम्पर्क का अवसर मिलने से सभी जनपद के मुहावरों और कहावतों के संग्रह करने में सुविधा मिली। जो आठ हजार छः सौ इकतालीस हैं।

इस कोश में योगदान देने वालों की सूची लंबी होगी, असंख्य ज्ञात-अज्ञात लोगों और अभिन्न मित्रों की बातचीत का फल ही यह संग्रह है। संग्रह में योगदान देने वालों में 13 वर्षीय सिद्धार्थ बुटोला से लेकर नब्बे वर्षीय श्री कुंवर सिंह नेगी कर्मठ हैं। मेरे बड़े दामाद डॉ. बलबीर सिंह बुटोला, जे.एन.यू. ने तो मेरे प्रयास की सराहना कर मेरा मार्ग दर्शन किया और संग्रह को प्रकाशित करने के लिए प्रोत्साहित किया। उनका सर्वाधिक योगदान विशेष रूप से उल्लेखनीय है, वे स्वयं गढ़वाली बोली और पखाणों में गहरी रुचि रखते हैं। मेरे मित्र श्री रजपाल सिंह भंडारी जो पौड़ी उदयपुर में कार्यरत हैं, ने भी उस क्षेत्र के बहुत से पखाणों का संग्रह दिया। मेरे भतीजे डॉ. त्रिलोक सिंह ने उत्तरकाशी, पुरोला से तथा दूसरे भतीजे जगमोहन सिंह जो पौड़ी-अलमोड़ा की सरहद पर कार्यरत हैं ने उस क्षेत्र के प्रचलित पखाणें भेजे। गढ़वाली बोली के अनन्य साधक श्री कुंवर सिंह नेगी 'कर्मठ' ने भी इस संग्रह को शीघ्र प्रकाशित करने की प्रेरणा दी। लोकसाहित्य विशेषज्ञ एवं जानेमाने लेखक डॉ. गोबिन्द चातक, हिन्दी भाषा विज्ञान के विशेषज्ञ प्रो. ललित मोहन बहुगुणा जी का मार्गदर्शन विशेष रूप से उल्लेखनीय है। मेरी दोनों बेटियाँ, प्रो. शकुंतला बुटोला और प्रो. सुनीता बिष्ट ने संग्रह की अशुद्धियाँ ठीक कीं। श्री महावीर सिंह बिष्ट जिला विद्यालय निरीक्षक रुद्रप्रयाग, श्री श्रीधर प्रसाद खाली शिक्षाविद्, साथ ही श्रीमती शैलारानी रावत प्रधानाचार्या एवं ब्लाक प्रमुख ने मेरे कार्य की सराहना कर हर संभव सहयोग का वचन दिया, इन सभी के प्रति मैं आभार प्रकट करता हूँ। मेरी धर्मपत्नी श्रीमती नंदा देवी को एक हजार से अधिक पखाणें याद हैं। उनकी जुबान से बात-बात में पखाणों की वर्षा

होती है। संग्रह करने में इनका योगदान प्रशंसनीय है। मेरे बड़े बेटे रवि शंकर ने कंप्यूटर में संग्रह को सुधारने में मदद की तथा छोटे बेटे हरि शंकर ने भी सहयोग दिया साथ ही जसबीर सिंह चौधरी ने इस संग्रह को कंप्यूटर में अंतिम रूप दिया इनके प्रति भी आभार व्यक्त करना अपना कर्तव्य समझता हूँ।

इस कोश पर अपने विचार व्यक्त करने के लिए साहित्य मर्मज्ञ एवं प्रकांड विद्वान एवं सहृदय मनीषी प्रो. विमल जी 'चियर परसन' (विभागाध्यक्ष, भारतीय भाषाएँ जे.एन.यू.) का उनके मार्गदर्शन एवं सहयोग के लिए अपना आभार व्यक्त करता हूँ। केंद्रीय हिंदी निदेशालय (शिक्षा विभाग) मानव संसाधन विकास मंत्रालय, नई दिल्ली ने इस संग्रह को प्रकाशित करने में आर्थिक सहयोग दिया है, का विशेष आभार व्यक्त करता हूँ।

संग्रह में कुछ जातियों, वर्गों, गावों, लिंग विशेष पर प्रचलित मुहावरों का प्रयोग बिना किसी बुरी भावना के या किसी को ठेस पहुँचाने के उद्देश्य से किया गया है। जिन अप्रिय मुहावरों को स्थान दिया गया है उनसे असहमत होते हुए भी, तत्कालीन समाज की मानसिकता की झलक देनी थी, भले ही कुछ पखाणें आज के संदर्भ में निरर्थक हो गए हैं। अब तो सामाजिक समानता का दौर चल रहा है। आज महिलाए़ पुरुषों से कई क्षेत्रों में आगे बढ़ गई हैं। वे कई क्षेत्रों में कीर्तिमान स्थापित कर रही हैं, खेद है कि पुराने जमाने में नारियों के प्रति हमारे पुरखों के संकीर्ण एवं उपेक्षित भाव थे। फिर भी मैंने पखाणों में जो सुना सो लिखा, वाली बात का अनुसरण किया है।

मुहावरों और कहावतों का वर्गीकरण अलग-अलग न कर इन्हें वर्णमाला क्रम से संगृहीत किया गया है। इनमें कुछ तुकांत और कुछ अतुकांत हैं। गढ़वाली में प्रायः एक ही (स) का प्रयोग किया गया है। गढ़वाली के कुछ कठिन शब्दों का अर्थ और मुहावरों का भावार्थ भी स्पष्ट किया गया है। कहीं पर अंतःकथा भी दी गई है। गढ़वाल और गढ़वाली में प्रचलित मुहावरों और कहावतों की परिभाषा/परिधि में जो भी कथन, वाक्य और गूढ़ार्थवाले शब्द विशेष आते हैं उनका संग्रह करने का मैंने प्रयास किया है। इस संग्रह में त्रुटियाँ हो सकती हैं। मेरा निवेदन है कि सुधी पाठक अच्छाइयों को ग्रहण कर त्रुटियों के लिए क्षमा करें। इस संग्रह के माध्यम से मैं पर्वतीय अंचल की कुछ सेवा कर सका, इसका मुझे संतोष है। मुहावरों और कहावतों का भावार्थ आदि में मानक हिंदी वर्तनी का प्रयोग किया गया है।

मुझे विश्वास है कि आने वाली पीढ़ी को इस पुस्तक के अवलोकन से गढ़वाली बोली के शब्द सामर्थ्य और गढ़वाल के अतीत को जानने और वर्तमान को समझने में मदद मिलेगी तथा भविष्य को सँवारने का सद्प्रयास करेगी।

अगस्त्यमुनि, 15 अप्रैल, 2002 **पुष्करसिंह कण्डारी**

अ

अंग-अंग टूटण–भारी थकान लगना।
अंग[1] **उपजे स्वभाव**–शरीरानुसार ही स्वभाव होता है, प्रत्येक का स्वभाव अलग-अलग होता है।
अंगगात नि लगण[2]–शरीर के लिए अलाभकारी खाद्य।
अंगराल[3] **वणी**–गुस्सैल, बहुत खतरनाक, खूँखार।
अंगरालौं की भेल[4], **पर ढुंगु**[5] **चलौण**–खतरा मोल लेना।
अंगुली जगा द्या, हाथ डाल्दा–थोड़ा देने पर अधिक की चाहत करना।
अंगुलि पकड़ी, वांह पकंण–थोड़ा अधिकार मिलने पर पूर्ण अधिकार का प्रयास, अंग्रेज भारत में व्यापार करने आये बाद में शासक बन बैठे।
अंग्रेजौ राज, गात[6] **कपड़ा न नाज**–अंग्रेजों के शासन में भारत में लोगों को भोजन व वस्त्र की कमी थी।
अंगोठि लगौण–विवाह के लिए वचनबद्धता।
अंजल बलवान होंण–जब तक जिसका दाना-पानी है तब तक जीवित रहेगा।
अंट-संट बोन–बेतुकी बात करना, गाली-गलौज करना।
अंठ[7] **माँ धन**–दिल में बात बैठना, बात को मन में रखना।
अंणि-मणि द्वी झंणि[8]–परिवार में मात्र मियाँ-बीवी।
अंतिम घड़ि गण–मरणासन्न स्थिति।
अंधा का हाथ बटेर–मूर्ख के पास दुर्लभ वस्तु।
अंधा का हाथ हीरा कि अंगोठि–बेपारखी के पास मूल्यवान वस्तु नगण्य होती है।
अंधा गुरु, बैरु चेला–जैसा गुरु वैसा शिष्य।
अंधा बुद्धुन पीनि भांग, उन्दु[9] **मुण्डलि, उब्बु टांग**–बेवकूफ जब नशा करता है तब उसे अपनी होश हवास नहीं रहती है।
अंधातैं क्या दिन, क्या रात–अंधे को संसार एक समान।
अंधि गौ कु दैव रखवालु–निराश्रित का प्रभु रखवाला।
अंधु वणी–विवेकहीन बनना।
अंधेरगर्दी मर्ची–अन्याय का राज, मनमानी चलना।
अंधेरा माँ बांटण त मैं बांटदु, उज्याला माँ बाँटण त मैं तैं द्वी बाँटि[10]–सब प्रकार

1. शरीर 2. लगना 3. बर्रा 4. चट्टान 5. पत्थर 6. शरीर 7. मन में 8. पति-पत्नी 9. नीचे 10. हिस्सा

से अपना ही लाभ चाहना।

अंधेरि कोठड़ी माँ–गर्भ में, रहस्य में, जेल में।

अकट[1] काठ, अबटावाट[2]–मर्यादाविहीन कार्य, असंभव को संभव करने का प्रयास, निरर्थक प्रयास।

अकड़ दिखौण–घमंड करना।

अक-बक कन–बोलती बंद या घबराहट।

अकरु[3] पड़ि नी, सस्तु कींकु[4]–मुफ्त की चीज की कीमत आँकी नहीं जाती।

अकल अर ज्वानि की भेंट नि होंदि–यौवनावस्था में समझदारी कम लोगों में आती है।

अकल अर भाग की बाँटि[5] नि होंदि–अकल और भाग्य से स्वयं को लाभ मिलता है।

अकल कि चोरी–दूसरे की बुद्धिअनुसार काम करना।

अकल का फल खट्टा या मिठा–अकल से काम लेने पर अधिक लाभ नासमझी से काम करने पर हानि।

अकल कु टापु, मुण्ड माँ बोझ घोड़ा माँ अफू[6]–बेवकूफी के काम करना।

अकल कु हींणू[7], गाँठ कु पूरु–बुद्धिहीन धनी।

अकल गुम होंण–भौचक्का रहना, विस्मृति, भयभीत होना।

अकल चकराणी–अकल का काम न करना।

अकल जौ[8] गोता खौ[9]–नासमझी से नुकसान उठाना।

अकल ठिकाणा औंण[10]–बिगड़ा मिजाज रास्ते पर आना।

अकल न सगोर[11], कै[12] घट[13] फूलि–बाल सफेद हुए पर अकल की कमी।

अकल मरी–भ्रम में पड़ना, दुविधा की स्थिति।

अकलि का दुस्मन–महामूर्ख।

अकाल पड़ी–अभाव होना।

अकाल, मरि सासु, सकाल आयाँ आँसु–समय पर काम न करना, बेतुकी बात।

अकालि का गरण[14], सकाली[15] का भ्वींचाला[16]–ग्रहण लगने पर अकाल पड़ता है, भूचाल आने से फसल अच्छी होती है।

अकुलु[17] बड़्या ना कुलवान घट्या[18] ना–अकुलीन की तरक्की से अशांति और अव्यवस्था फैलती है। अतः कुलीन सदैव फले फूले।

अक्षोणी दल उठी–भारी भीड़, कुंभ का सा मेला, कौरव पांडवों की सेना सी।

अखर मासो पायूँ–अभाव की हालत में उपलब्धि, दुर्लभ।

अखला-चाखलि माँ मिलि–आँधी के आम जैसे मिले।

---

1. जो काटा न जाए 2. जिस रास्ते जाया न जा सके 3. महगा 4. किसका 5. हिस्सा 6. अपने आप 7. हीन 8. जाता है 9. खाता है 10. आना 11. सलीका 12. किस 13. पनचक्की, घराट 14. ग्रहण 15. सम्पन्न स्थिति में 16. भूकंप 17. अकुलीन, हल्का 18. घटना, अवनति करना

अखलेटु जन–अकर्मण्य, निठल्ला पड़े रहना।
अखांणु भांडु कन–न देने का बहाना बनाना।
अखाड़ु जमैलि–किसी के घर पर बिन बुलाए जमा रहना।
अ खुण्ड मेरा मुण्ड–बिना बात की परेशानी मोल लेना, आ बैल मुझे मार।
अगनै कु मुच्छ्यालु[1] जगी पिछनै औंद–सबको अंत में बुढ़ापा झेलना पड़ता है।
अगनै-पिछनै नाचण–चमचागिरी करना।
अगनै-पिछनै नि देखण–बिना सोचे-विचारे निर्णय करना।
अगनै-पिछनै भी देखण चैंद–भूत-भविष्य का विचार करना चाहिए।
अगस्तमुनि कु सी साँड–निर्भीक, गुस्सैल, बेमतलब इधर-उधर भटकने वाला व्यक्ति, आवारा।
अगस्तमुनि चढ़ा–गाली देना, पुनः अग्राह्य वस्तु (पशु के लिए)।
अगस्तमुनि चढ़ौण–घर से हमेशा के लिए निष्कासन।
अगाड़ि दौड़-पिछाड़ि चौड़–काम समाप्ति के बजाय बढ़ता जाना। परिश्रम के बाद भी घाटा होना।
अगाणा[2] नि छोड़ण सामल[3] वीदा नि छोड़ण कामल–भरपेट भोजन की स्थिति में राशन नहीं छोड़नी चाहिए। अनावृष्टि, खुले आसमान में छाता या कंबल नहीं छोड़नी चाहिए।
अगादि होंण–कठिन कार्य होना।
अग्यठा[4] पण–स्वयं संकट में पड़ना।
अग्वाड़ि चलणवाला गोरु तै वाग खांद–नेतृत्व करने वाला संकट में पड़ता है।
अज्ञान बराबर अंधकार, ज्ञान बराबर सौकार–अज्ञान अंधकार के समान, शिक्षित का धन उसका ज्ञान है।
अज्ञानी का पेट बिछि, अत्याचारी चल्दी गिचि–अज्ञानी के हृदय में कलुष, वैरभाव होता है, अत्याचारी अधिक वाचाल होता है।
अच्छा कि उमर आधा–अच्छे लोग अल्पजीवी होते हैं।
अजाक्यूँ मनखि[5] जाँदि दौ करद मजाक–बेवकूफ जाते समय असभ्यता दिखाता है।
अजाण की पूजा, सजाण–श्रद्धापूर्वक किये गये कार्य में सफलता मिलती है।
अजाणाँ बिराँणा[6] घोड़ा चड़्या, हड्गा तोड़्या–अनजान को कठिन कार्य करने में प्रारम्भ में कठिनाई होती है। बिना पूर्वज्ञान के कठिन काम करने पर परेशानी होती है।
अटगि[7]-अटगी फालि[8], करम पर द्वी नालि–चाहे कितना ही प्रयास करें, सफलता

---

1. जलती लकड़ी 2. भरे पेट 3. खाद्य सामग्री 4. जलती आग 5. मनुष्य 6. दूसरों के 7. दौड़कर 8. छलाँग

भाग्यानुसार मिलती है।

अस्टदल उठी—भारी भीड़, महाभारत की अक्षौहिणी सेना जैसी।

अठ सिद्धि मिली—वैभव की प्राप्ति।

अठार बात कन—अनावश्यक बातें करना।

अठार भारो होंण—बहुत नाराजी, खुशामद चाहने वाला।

अठार माथि दौ[1] नी, माणा[2] माथि[3] गौं नीं—दाँव अठारह होते हैं, चमोली जिले का अंतिम गाँव माणा है, सीमांत।

अठ्वाड़ी[4] जन बागि कच्यौंण[5]—बेदर्दी से मारना।

अडमरा पड़्याँ—मुसीबत में फँसे हुए।

अडमारा[6] पड़्यूँ, हाथ पाँजा[7] पर गान—मुसीबत का सामना सावधानी से करना।

अडसारो पौंण[8]—सहारा पाना।

अडसार्‌या[9] कु तिकडु[10] टूटु—दूसरों पर निर्भर रहने वाले को नुक़सान होता है।

अड़ाई-पढ़ाई जाट, सोऴ दोणि आट—मूर्ख को समझाना व्यर्थ।

अड़ाई ब्वारि[11], डंड्याँ साटि भला होंदा—नियंत्रित बहू और गर्मी से झुलसे धान अच्छे होते हैं।

अड़ाट-किंराट मची—रोना-धोना, असमर्थता प्रकट करना।

अड़ै[12]-अड़ै फुण्डु[13], पले-पले[14] खुन्नो[15]—अधिक डांट-डपट वाला बच्चा बिगड़ता है तथा अधिक घिसने से धार मोटी होती है।

अणथ[16] सौ साठ, काण्डा ऐकि[17] भाट—व्यक्ति का बाहर आदर होता है, पड़ोस में अनादर होता है।

अणपैट होण—आँखों से ओझल होना, तिरस्कृत।

अणवैदु[18] भाट, भटगणि काट—बिन बुलाया मेहमान परेशान होता है।

अणसालु[19] जन बण्यूँ घर—बहुत गंदा, काला घर।

अणी-मणि द्वी झणि[20]—घर में मात्र पति-पत्नी।

अति कन—सीमा से पार जाना।

अति कभि नि कन चैंद—किसी भी बात में सीमा पार नहीं करनी चाहिए।

अति खांण, मसाण जाण—अति पेटू शीघ्र मरता है।

अति जुँऊँ खाज नी, अति कर्ज लाज नी—अधिक जूँ होने पर खुजली नहीं होती, अधिक कर्जदार बेशर्म होता है। अति होने पर दुःख गायब होता है।

अति जौ खति—अति सर्वत्र वर्जनीय।

---

1. दाँव 2. बद्रीनाथ के ऊपर अंतिम गाँव 3. ऊपर 4. बलि का भैंसा 5. काटना 6. पत्थर के नीचे 7. धीरे से 8. पाना 9. सहारा 10. कमर 11. बहू 12. समझाकर 13. उल्टा होना 14. धारदार करना 15. धाररहित होना 16. अन्यत्र 17. आकर 18. बिना बुलाये 19. औजारों को बनाने का स्थान 20. पति-पत्नी

अति न बर्खा भलि, अति न घाम—अधिक वर्षा और धूप अच्छी नहीं होती है।

अति फैसन बाटु नी, अति व्यापार घाटु नी—फैशन की सीमा नहीं होती, व्यापार का विस्तार लाभदायक होता है।

अति बच्चा, कखछा अच्छा—अधिक बच्चे होना परिवार की कंगाली को आमंत्रण देना।

अति भक्ति चोर का लक्षण—अति पाखंडी करने वाला अधर्मी होता है।

अति लाड़ बड़ि खाड—अधिक लाड़ प्यार बच्चों को बिगाड़ते हैं।

अति सूखा नाज नी, अति बुड्या साज नी—अनावृष्टि में अनाज की कनी होती है, अधिक बुढ़ापे में फैशनपरस्ती शोभा नहीं देती।

अतु-पतु पौंण—खोये व्यक्ति या वस्तु का पता लगाना।

अत्याचारी डरद, अफखौ[1] भूकु मरद—दुष्ट हर समय भयभीत रहता है, स्वार्थी का अंत बुरा होता है।

अत्याचार निसौण, डरि-डरि निरौण—अत्याचार का मुकाबला करना चाहिए।

अत्वाणी-बत्वाणी होंण—अंधड़ वर्षा, काम की भीड़, साँस लेने का मौका नहीं।

अदेखि[2] जन कारवड़ी—प्रकाश में न आई, दुर्लभ वस्तु।

अदोखा दोख[3], गति नी मोख[4]—निर्दोष को दोष देना पाप का भागी होता है।

अधखेचलु काम कन—अव्यवस्थित काम करना।

अधडंडोल्या[5] जन—अधूरा काम या बेमेल काम कष्टकर।

अधभरि भाण्डि पाँणि ल्यौ, सासु का नौ डौ[6]—अधभरा पानी लाने पर सास को चिढ़ाने की बहू की अप्रत्यक्ष तरकीब।

अधमिरु भाण्डु खराब होंद—अधूरा काम कष्टकर होता है।

अंधा बमोली, कखि घ्यू कखि कमोली—हड़बड़ी में अव्यवस्थित कार्य।

अंधु बणी—उचित-अनुचित का ज्ञान न करना, जानबूझकर सच्चाई छिपाना।

अंधेर गर्दी मर्ची—मनमानी, लूटपाट, अव्यवस्था फैली है।

अंधेर स्वैगी—अन्याय होना।

अंधेरा माँ वावती[7] काटेणी—बिना जानकारी के काम करना।

अन्न का गिच्चान[8], अन्नै खाँण—मनुष्य अपना भक्ष्य ही खायेगा।

अन्न कु कीडु मनखि—अनाज का कीड़ा मनुष्य, मनुष्य ही अनाज को अधिक खाता है।

अन्न खाण अपणु, अकल चोनि विराणी[9]—अनाज तो अपना खाना चाहिए अक्ल दूसरों से लेनी चाहिए।

अन्न खांण अपणु, मैकि[10] खाणी बिराणी—नासमझ अपना अन्न खाकर बाहर

---

1. अपने आप खाने वाला 2. बिना देखी 3. दोष 4. मोक्ष 5. अधूरा 6. ईर्ष्या, डाह 7. तैरना 8. मुँह से 9. दूसरों का 10. गाली

लोगों से अपमानित होता है।

अन्न खै तैं गन्ध—अनाज खाने वाले ही बदबू निकालते हैं।

अन्नजल छोड़पर औंण—अति करने पर मौत को निमंत्रण।

अन्नपढ़ कालिदास—निरक्षर, मूर्ख।

अन्न जल पूरो होंण—मौत की निकटता।

अन्न-बन होंण—मनमुटाव या बैर-भाव होना।

अन्नमता-धन्नमता वण्याँ—सम्पन्न स्थिति में अहंकारी होना।

अन्न समान खांणु, वस्त्र समान लांणु—अन्न खाने को और वस्त्र पहिनने के लिए होते हैं।

अनाड़ी को गुड़मर्दन—दुष्ट दंड से ही काबू में आता है।

अन्याय कि कमैं दस वर्ष तक रौंदि—अनुचित आय का बुरा फल दस वर्ष के अंदर मिलता है।

अपछाण होंण—परिचित होने पर भी मुँह मोड़ना।

अपणा आंखु पर औंदा आंसु घुण्डु[1] पर नि औंदा—अपने ही अपना दर्द करते हैं।

अपणा काफल बाजार बेच्या, बिराणा काफल पूठा थेंच्या—अपनी वस्तु बेचकर दूसरों के बहाने कष्ट उठाना।

अपणा काम निकाल तै, गधा तैं भी बाबु बोन पड़द—अपना काम निकालने के लिए अहंकार त्यागना चाहिए।

अपणा कु बोन मुखपर, बिरांणा[2] बोन पीठ पैथर[3]—अपने की गलती सामने बतानी चाहिए दूसरे के दोष को पीठ पीछे कहना चाहिए।

अपणा खालड़ा[4] कु सास—अपने मन की बात कहना।

अपणा खून कि पिड़ा—अपने रक्त संबंधियों का दुःख।

अपणा खैड़ो[5] कु सास भन—अपने मन की बात करना।

अपणा खोट्टु कु हिटाग—आत्मनिर्भर, अपनी मन की करने वाला।

अपणा खोटून औंण, अपणा खोटून जाण—अपना काम स्वयं करना, किसी के भरोसे न रहना।

अपणा गिच्चा अपणिं बड़ै कन—अपना मुँह मीठू मियाँ।

अपणा गिच्चा की बौराण[6]—अपनी तारीफ अपने आप।

अपणा गिचा कि सौति—अपनी तारीफ स्वयं करना।

अपणा गोरुकु सी[7] मार्यूँ—अपनी वस्तु से नुक़सान पर चुप्पी साधना। मजबूरी।

अपणा गोरू दूध पछाँण—भीड़ में अपनौं की पहचान करना, सूक्ष्म दृष्टि रखना।

अपणा गोरु का बाछलु छन—अपने ही खून के रिश्तेदार।

---

1. घुटना 2. दूसरों का 3. पीछे से 4. खाल 5. मन 6. श्रेष्ठ स्त्री 7. जैसी

अपणा गौ[1] कि कन[2]–अपनी सुविधानुसार काम करना, दूसरों की परवाह न करना।

अपणा गौं कु घीणा पदान[3]–सम्मानित व्यक्ति का अपने ही गाँव में सम्मान नहीं होता।

अपणा गौंकि नौनी, विराणा गौंकु मादु काम नि औंद–लड़कियाँ पराये घर की संपत्ति होती हैं। दूसरे गाँव के खेतों में कोई अधिकार नहीं होता है।

अपणा घर कु कुत्ता भी सेंक[4] होंद–अपने घर में सभी शेर बनते हैं।

अपणा घर का बाखरा कि पूँछ काटा, मुण्ड काटा–घर की मुर्गी दाल बराबर।

अपणा घर थूकण, बिराणा घर घूटण–अपने घर पर अपमान न सहना पर पराये घर अपमान सहना हितकारी। अपने घर पर स्वतंत्रता, पराये घर पराधीनता।

अपणा घर कि राणी, पराया घर कि डाग्यौंण–पर नारी अच्छी, अपनी बुरी देखना।

अपणा दांत, अपणि जीब, अपणा ओंठ–परिजनों की लड़ाई में अपनों की ही हानि।

अपणा देंदारों, काँणो अंध्यारो–अपनौं का ही हित चाहने वाला अंधा और मूर्ख होता है, अपने ही लोग धोखा देते हैं।

अपणा धर्म पर रौंण–पतिव्रता नारी।

अपणा नि देखण नाक पर, विराणा पिफन्डा[5] न्याल[6]–अपनी बड़ी कमजोरी को न देखकर दूसरे के छोटे दोष को प्रचारित करना।

अपणा[7] निदेखण हाल, सौ विरालु देण स्वाल–अपनी वित्तीय स्थिति से अधिक खर्च करना।

अपणा नौना कु नौं[8] गुया क्वै नि रखद–अपने बच्चे को सब अच्छा नाम देते हैं। अपने बच्चे को कोई कमी नहीं करता। अपना बच्चा सबको प्रिय लगता है।

अपणा नौना कु नौ सोनु, विराणा का ल्वखर–अपनों से हित दूसरे का अहित चाहना।

अपणा नौना खोकला[9] धन, विराणों लात मान–अपने बच्चे को प्यार दूसरे को फटकार। पक्षपात करना।

अपणा नौना न पल्ला पर हगलि[10] त पल्लानि नि कार्टेद–अपने बच्चे के अपराध को सहना।

अपणा पल्ला अफु आफल वाँदण–स्वयं आफल मोल लेना।

अपणा पाथ्याँ पकोड़ा छन–अपनी करनी के फल हैं।

अपणा पैरु खड़ु होंण–स्वावलंबी बनना।

अपणा पैरु पर कुलाड़ि लगौंण–अपना अहित अपने आप करना।

अपणा बल्दौं[11] सींग पैनु–अपनी वस्तु की तारीफ करना।

---

1. मनोनुकूल 2. करना 3. मालगुजार (पुराने जमाने में मालगुजारी वसूल करने वाला) 4. मालिक 5. ऐड़ि 6. देखना 7. अपना 8. नाम 9. गोदी में 10. टट्टी करना 11. बैल का

अपणा बाटा हिटण[1]–अपनी परंपरा पर चलना।

अपणा बारा गारा पीसण–समय के अनुसार कार्य करना।

अपणा बूत्याँ कांडा–अपने लिए स्वयं बैरी पैदा करना। अपनी करनी के फल भोगना।

अपणा भूज्याँ भट्ट छन–अपनी करनी के फल हैं।

अपणा मुखै वास क्वैनि समझद–अपने दोष न देखना।

अपणा मूतौ निवातु[2]–अपने सीमित साधनों से क्षणिक लाभ।

अपणा हाल देखीक, देखणा विराणा हाल–अपनी स्थिति देखकर दूसरों का मूल्यांकन करना।

अपणा हि छैलन डन–अपने दुष्कृत्यों से भयातुर रहना।

अपणी अकल, विराणा धन तैं क्वै कम नि समझद–अपनी अकल और दूसरे के धन को कोई कम नहीं समझता है।

अपणी इज्जत अपणा हाथ–आदर-अनादर अपने व्यवहार पर निर्भर।

अपणी कमै कोना[3] **हात, विराणा कमै कपालि हात**–अपनी कमाई अपने काम आती है, दूसरों पर निर्भरता हानिकारक होती है।

अपणी करणी, आप भरणी–अपनी करनी का फल भुगतना।

अपणी करणी का फल, आज न त कल–अपनी करनी का फल कभी न कभी भुगतना पड़ता है।

अपणी कीलि[4] **बाछि बुरकदी**[5]–अपने घर पर बच्चा भी उछलकूद करता है। घर पर सब स्वतंत्र अनुभव करते हैं।

अपणी कुखड़ि ल्वकारा घर अंडा दैंदि–अपनी ही वस्तु धोखेबाज।

अपणी कौंणी[6] **कु पल्यों**[7] **भलु होंद**–अपनी तुच्छ वस्तु भी अच्छी लगती है।

अपणी खाट देखीक खोटु[8] **पसान**[9]–अपनी स्थिति अनुसार खर्च करना।

अपणी खाणी-बिराणी निखाणी–अपनी भलाई दूसरों की बुराई सोचना, करना।

अपणी खै-विराणी निखै–अपनी भलाई दूसरे की बुराई करना।

अपणी गंगा क्वै उब्बु[10] **बगौ उन्दु बगौ**–अपनी इच्छानुसार अपना काम करना।

अपणी चीज पराई भौंदि[11]–अपनी ही वस्तु पर अपना अधिकार न होना।

अपणी छ्वीं[12] **स्याणी कन**–अपने को चतुर समझना, अपनी बात को श्रेष्ठ समझना।

अपणी जांघ अफ्वी[13] **नागि कन**–अपनी बदनामी खुद करना।

अपणी जांघ कन्येक[14]**, फूरि होंदि**–अपनी बेइज्जती अपने आप करना।

---

1. चलना 2. गर्मी 3. अनाज रखने का रिंगाल का बर्तन 4. खोंटा 5. उछल-कूद 6. झंगोरे की जाति का अनाज 7. कड़ी 8. पैर 9. फैलाना 10. ऊपर 11. बस में 12. बात 13. अपने आप 14. खुजलाना

अपणि जांठि फ़ेंकि, बिराणि टेकि–अपनों की बात की उपेक्षा, दूसरों की बात को महत्त्व देना।

अपणी जुमान[1] जेठि कन–अपनी बात को अधिक महत्त्व देना।

अपणी डफली अपणु राग–अपनी मनमौजी करना।

अपणी तौलि कंसाण्या[2] होंण–अपनी ही वस्तु में खोट होना।

अपर्णी दवै अपणा काम–जो वस्तु जिसके लिए बनी हो उसी को लाभप्रद होती है।

अपणी दारु बुरालि होंण–अपनी ही वस्तु का विपरीत होना।

अपणी धौंस जमौंण–अपनी ही धाक जमाना।

अपणी पीठ अफ्वी नि देखेंदि–अपनौं से अपनी उपेक्षा, जीवन में दूसरों की सहायता लेनी होती है, अपनी कमियाँ अपने आप नहीं देख सकते।

अपणी पीड़ा कु किरमलु भी चड़ाक देंद–अपना बचाव हर कोई अपनी सामर्थ्यानुसार करता है।

अपणी बारि[3] खरि प्यारी–अपनी पारी की प्रतीक्षा करना, बेहतर।

अपणी बारि खेन यख–अपना समय बिताना।

अपणी ब्वे महाकालि, सासु महादेवी–माँ का तिरस्कार, सास का सम्मान करने वाले मूर्ख।

अपणी भूख पैनि[4], विराणी भूख खैनि[5]–अपनी भूख को दूसरे की भूख के बजाय महत्त्व देना।

अपणी मनै[6] कन–मनमानी करना, मनमौजी होना।

अपणी माँ कि सास[7], विराणी माँ कि गास[8]–अपनी माँ का आसरा, दूसरों की माँ का भोजन दिया हुआ बेहतर होता है। माँ की ममता का महत्त्व।

अपणी माँ कु दूध पीनी–बहादुरी दिखाने वाला, चेतावनी देना, ललकारना।

अपणी राम कानि सुणौंण–अपनी ही आप बीती लगाना।

अपणी रामैण लगौण–अपनी ही विपत्ति का हर समय बखान।

अपणी लगौण बात भी उधारि, विराणी खोजणी साई सुधारि–अपने बारे में झूठी सूचना देना, दूसरे के संबंध में छानबीन करना।

अपणी लोखणी[9] कि नथुलि[10] खोसी[11], बिराणी लोखणी पर पैरौण–अपनी पत्नी की उपेक्षा, पर पत्नी का आशिक होना।

अपणी-सापणी कन–दूसरों के माल को हड़पना।

अपणी सुधि[12] दीनि मैंन दुधि[13] बराबर, मैं माँणि पांणि बराबर–अपनी समझ के अनुसार अच्छी राय दे दी है। भले ही राय देने वाला उसकी कीमत नहीं माँगता है।

---

1. बात 2. कसैली 3. पारी 4. तेज 5. कमजोर, सामान्य 6. इच्छानुसार 7. सहारा 8. भोजन 9. पत्नी 10. नथ 11. निकालना 12. समझ से 13. दूध

अपणी हार अर जोरू की मार कैमू नि बोन–अपनी पराजय और पत्नी की खट-पट की बात किसी से नहीं कहनी चाहिए।

अपणु आदिम खोंण नी, विराणु मू रोण नी–अपनों से दुश्मनी नहीं करनी चाहिए दूसरों के पास अपना दुखड़ा रोना नहीं चाहिए।

अपणु खाँणु खांण, चमारै कनि धाँण[1]–काम किसी का भी करें, खाना अपना ही खाना चाहिए।

अपणु गिचु लिजै जांण कखि–कहीं खाली हाथ जाना उचित नहीं।

अपणु घर दिल्ली से दूर–असमर्थतावश अपने घर को दूर समझना।

अपणु घुण्डु[2] **अपणा पेट पर**–अपना ही अपनों के पास आता है।

अपणु चकोर, जब चौं[3] **तब भकौर**[4]–अपनी वस्तु का जब चाहो उपभोग करो। अपना अधिकार।

अपणु चितौंण–अपना ही परिजन मानना।

अपणु डुंडु[5] **खोटु अलसामुड़ि**–मुसीबत में फसा गरीब।

अपणु डुंडु काणुभी भलु होंद–अपनी अच्छी-बुरी औलाद अच्छी लगती है।

अपणु थूक्यों चाटण–किसी को दी गई वस्तु वापस लेना।

अपणु दीक होंद बैर–देन-लेन से मनमुटाव होता है।

अपणु दुधलु[6] **उल्टु होंद**–अपनी ही बिगड़ी संतान होना।

अपणु दै क्वै खटु नि बतौंद–अपने मुँह मिया मिट्ठू बनना, अपनी कमियाँ न देखना।

अपणु धर्म निभौंण–उचित मार्ग पर चलना।

अपणु न बिराणु भक्क[7] **अंग्वाल**[8]–बिना जान पहिचान के पर नारी से बुरे संबंधों की इच्छा करना।

अपणु नाक काटीक विराणा असगुन[9]–अपनी बेइज्जती कर दूसरों को बेइज्जत करना।

अपणु नी भाग, विराण क्या जाग–अपना भाग्य साथ न दे दूसरे का क्या भरोसा?

अपणु पाल्यों कुकूर काटद–भलाई का फल बुराई।

अपणु पेट कुत्ता भी पालद–स्वार्थी व्यक्ति।

अपणु पैसा खोटू[10] **हो त दूसरा तैं क्या दोस देंण**–अपनी औलाद बिगड़ जाय दूसरे पर क्या दोष दें?

अपणु बाटु नापा–घर से निकालना, कुछ देने की मनाही करना।

अपणु भलु बोलु नी, बुरु तौकु[11] **नी**–अपनों की मुख सामने बुरा भला कहने पर भी अहित न चाहना।

---

1. काम 2. घुटना 3. चाहना 4. खाना 5. लंगड़ा 6. स्तन 7. सीधे 8. आलिंगन 9. अशुभ 10. खोटा 11. सोचना

अपणु मारिभितनै, बिराणा मारि भन्नै[1]—अपने को मारने पर घर के भीतर जाता है पर दूसरे को मारकर उस घर को छोड़ देता है।

अपणु मुण्ड अफ्वी नि मुड़ेंद[2]—कठिन काम अकेले नहीं होता, सहयोग लेना होता है।

अपणु लाटु रुओ[3] **बिरांणु हंसो**—अपना गूँगा रुलाता दूसरे का हँसाता है।

अपणु समझण—अपनापन समझना।

अपणु सीं मुख लेकि ऐग्या—खाली हाथ आना।

अपणु से बैर, कखै होंण खैर—अपने से शत्रुता रखना अहितकर।

अपणु वाह-वाह, विराणु छिः छिः—अपनी तारीफ, दूसरों की निंदा।

अफखौ होंण—स्वार्थी होना।

अफसर का निजांण अग्वाड़ि[4] **घोड़ा का निजाण पिछ्वाड़ी**—अधिकारी के सम्मुख और घोड़े के पीछे जाने में खतरा रहता है।

अफ्वी औतारु[5] **अफ्वी पुजारु**[6]—अपने आप सब काम करने वाला।

अफ्वी पदाड़[7] **अफ्वी हंसाड़**—अपनी आप बदबू निकालना, अपने आप हँसना, बेवकूफी भरा कृत्य।

अफ्वी बजौंण अफ्वी नचौंण—सब काम स्वयं करना।

अफ्वी भूकण त कुत्ता कींक पॉल?—ऊँचा बोलने वाला कुत्ते से भी परे होता है।

अफु कना फुकपट, मेरि दौ चुकपट—परिवार में कोई मौजमस्ती करता किसी को कुछ नहीं।

अफु कोड़ि गिनगिनु, औरु तैं करु दवै—अपने बुरेहाल दूसरों की मदद की चाहत।

अफु छारा[8] **माँ, सेकि घोड़ा माँ**—अपने फटे हाल होने पर भी शेखी बघारना।

अफु जोगि समाधि हाथ, औरु तैं माथु हाथ—अपने बुरे हाल होने पर दूसरों की मदद नहीं हो सकती।

अफु जौ वख[9] **कर्म जौ कख**[10]—मनुष्य जहाँ भी जाता है भाग्य साथ देता है।

अफु तैं जादै समझण—हम स्वयं को वह मानते हैं जो हम नहीं होते, अपना गलत मूल्यांकन करना।

अफु तैं बर्णों पथरोटि[11], **ब्वारि तैं स्यारै धमाक**—अपने लिए अच्छा खाना, बहु को भूखों मारना।

अफु तैं राणी, काणी बोन नि देंदी—दुष्ट की कमियों को उजागर करने पर चिढ़ता है, असहिष्णु।

अफु नन्दुक्वाँ माँगीखौन, नन्दुक्वाँ तख माँगण जौन—असमर्थ के पास माँगने जाना व्यर्थ है।

अफु मरद, त माँडे चूकदि, हका मारदा त आफत औंदि—स्वयं मरने पर संसार

---

1. बाहर की ओर 2. मुंडन 3. रुलाना 4. आगे 5. नाचने वाला 6. पुजारी 7. बदबू निकालने वाला 8. राख 9. वहाँ 10. कहाँ 11. अच्छी रोटी

से वंचित होते दूसरों को मारने पर विपत्ति आती है।

अफु मरयाँ बिगर स्वर्ग नि होंद—आदमी अनुभव से ही सीखता है।

अफु सड़्यूँ, घोड़ा माँ चड़्यूँ—दरिद्र अवस्था में बड़े बनने का अभिनय करना।

अफु हाजिर क्या करु नाजिर—कर्तव्यपरायण का कोई कुछ नहीं बिगाड़ सकता।

अब कला कबि नि बोंन—आज का काम कल पर नहीं छोड़ना चाहिए। रावण ने कहा था कि वह आग को भी अपने बस में करेगा। पर समय चूक गया।

अब-तब कन—टालवराई करना।

अब मरि बिलखेतै राँडे कील—अब हुई वाचाल की बोलती बंद।

अबौरै गौलि बच्याँ, अग्वाड़ि ज्या होलु—वर्तमान संकट का टलना आगे राम जाने।

अबिंडु[1] होण—उल्टी मति का होना।

अब्बू भै[2] डब्बू—दोनों भाई एक से ।

अभाग मेरा आग—भाग्य साथ नहीं छोड़ता।

अभागा कु लीगि[3] बाग, भग्यान पड़ि जाग—अभागे के नुकसान से भाग्यवान सचेत होता है।

अभागा भदाला[4] माछा भी डाला[5] लगदा—अभागी का बनाया काम भी बिगड़ जाता है।

अभागी आग देखि डरद—अभागा भविष्य की चिंता न करते हुए संघर्षों और मुसीबतों से डरता है।

अभागि कभि भग्यान नि होंद—अभागा जीवनभर कष्ट ही सहता है।

अभागि कमौलु, भग्यान समौलु—अभागी परिश्रम करता है, भाग्यवान बिना परिश्रम के खाता है।

अभि कौंणि दी नी कि कल्दु[6] नी—अभी विवाद की जड़ तो विद्यमान है।

अभि गौं नि बसि, पैलि बैठ्याँ भीख माँगण—अभी बुनियाद नहीं पड़ी पहले रहने की सोच रहे हैं। नासमझीभरा काम करना।

अभि नींदौ घौडु नि भरेणी—नींद पूरी न होना।

अभि ब्वैकि[7] पकाई रोटि खाई, बावूकि नि खै—अभी आराम से खाया, कष्ट कर खाये तब पता चलेगा।

अभि ब्यौ नि है, नौनै कसम खाणू—असंगत बात करना।

अभी सुल्कड़ा[8] की चवन्नी निदीनि—अभी बहुत छोटा है, अक्लमंद नहीं बनें ।

अमल गिरौण—अवैध गर्भपात करना।

अमर सिंह को मरते देखा लक्ष्मी झाड़े ओंणें-कोंणें, धनपति माँगे भीक, अपने राम टोडरमल ठीक—नाम के विपरीत गुण या आचरण करना।

---

1. उल्टी मति का 2. भाई 3. ले गया 4. कड़ाई 5. पेड़ 6. तोता 7. माँ की 8. प्रसव होने का स्थान

अमानत माँ खयानत कन–पराया धन हड़पना अनुचित।

अमीनौं बिगाड्यों गौं, बाबू खायूँ नौं[1]–अमीन गाँव का नक्शा जैसा बनायेंगे यथावत् रहेगा, बाप बेटे का नाम अच्छा या बुरा जैसा रखे अमर रहेगा।

अमीरों का दिन जौन, गरीबु का औन–गरमी का मौसम आना, सर्दी को विदाई।

अमेरिकन स्टाइल कन–खाना या चाय लेने पर अपने-अपने पैसों का भुगतान करना।

अरकण-फरकण[2] **कि जगा नी**–सीमित स्थान, स्थानाभाव।

अरमान पूरा होंण–मनोवांछित फल मिलना।

अरे भाई तख त मुण्डेदा छन, यख त उपाड़ेदा[3] **छन**–वहाँ से यहाँ गहन संकट।

अरे भाई यु भी बैठी तिमासि[4] **पछाँण**–एक अल्पज्ञानी का ज्ञान की बात करना।

अर्द्धम तोयम, अर्द्धम मोयम, काम ठीक-ठाक होयम–भ्रष्ट तरीके अपनाने के लिए साँठ-गाँठ करना।

अलकसि[5] **कज्याणी**[6] **कु रोट्यूँ कु साग**–आलसी नारी रोटी को ही साग मानती है।

अलखणी[7] **आदिम**–कुलक्षणी, उत्पाती।

अलकसी कु कुत्ता मोटो, किसानौं बल्द मोटो–आलसी का कुत्ता, कर्मठ किसान का बैल मोटा होता है।

अलसी ग्वीरा[8] **जड़ा-जड़ा भौं, नेडु-नेडु**[9] **जौ, दूर-दूर रौं**–आलसी ग्वाला असुंदर होता है, उसकी खुशामद पर वह और अकड़ता है।

अलसी नारी छुयूँ[10] **भूलि, पुँगड़ि-पाटली मल्लु फूलि**–आलसी स्त्री बातूनी होती है, खेतीबाड़ी चौपट होती है।

अलसी रड़्या डेरा पड़्या–आलसी जहाँ जाते वहीं कई दिन तक डेरा जमाते हैं।

अल्सी बच्चा–मुर्झाना, छोटे शिशु का मरना।

अलोणु भी ना हो लोंण डलि भी नि फूटु–कंजूसी।

अल्ला कि मोर लगण–पक्का होना।

अल्ला कु प्यारु होंण–मृत्यु को प्राप्त।

अलाणान बोलि, फलाणान बोलि–अफवाह फैलाना, बात टालना।

अवा बैठा घर तुमारु, खाणु माँगला दुश्मन हमारु–घर पर खाली बैठने में आपत्ति नहीं पर खाना माँगना बुरी बात है।

अवा रात्यौं[11]**, जावा दिनौं**–समय काटना।

असको का गटा[12] **कारवा**–असमर्थ भारी काम को सरल करने का उपाय सोचता है।

असल से खता नी, कमसल से बफा नी–कुलीन व्यक्ति वफादार, अकुलीन

---

1. नाम 2. हिलने-डुलने 3. उखाड़े जाते 4. पुराने जमाने की रुपये की सबसे छोटी इकाई 5. आलसी 6. स्त्री 7. दुर्गुणी 8. ग्वाला 9. निकट-निकट 10. बातों में 11. रातें 12. कसना

धोखेबाज होता है।

असवाल कि जात, कनार कि पात, यख नि चौदि या जात—पौड़ी जनपद में ताड़केश्वर महादेव में असवाल जाति के लोग और कनार के पत्ते वर्जित हैं। पुराना लोकविश्वास था अब नहीं है।

अस्कारेण-सास्कारंण—अशुभकामना करना।

अस्वाण्या ब्वारी की कुराण्याँ बाच[1]—असहिष्णु बहू की आवाज कर्कश होती है।

अस्वाण्याँ रॉड—दूसरों के प्रति असहिष्णु होना।

असुखि होंण—बीमार पड़ना।

असुखि सुखी तैं सतौ—बीमार स्वस्थ को भी परेशान करते हैं।

अस्सी आमद चौरासी खर्च—व्यय से कम आय।

आ

आँख लगण—झपकी आना।

आँखा काणां छन—अनपढ़, निरक्षर।

आँखा खुलण—ज्ञान होना, भ्रम दूर होना।

आँखा खोना—शिक्षित करना।

आँखा गान—आँख सुधारना, धमकी।

आँखा घोचण[2]—आँख में धूल डालना।

आँखा चमकौंण—धमकी देना।

आँखा ठमकौंण[3]—आँखों से इशारा करना।

आँखा तौड़्या[4]—गुस्से में, घमंडी।

आँखा तौड़ा लग्याँ—मरना, भयभीत।

आँखा धोयाँजन पाणी—पानी मिला दूध, मट्ठा।

आँखा फरकौंण[5]—गुस्सा करना, मुँह फेरना।

आँखा फूटीन—आँख होने पर भी अनदेखी करना।

आँखा फूट्याँ—आँखें न देखना।

आँखा बुज्याँ—मरना।

आँखा बूज्याँ—अनदेखी की हुई।

आँखा बूजण तैं—तत्काल, क्षणभर में।

आँखा भैर आयाँ—जानबूझकर अनदेखी करना।

आँखा भैर गान—आँख न देखने की स्थिति में गाली।

---

1. आवाज 2. घुसाना 3. आँखों से इशारा करना 4. खुले 5. लौटाना, घूरना

आँखा मुंडा माँ लिजायाँ—बहुत गुस्से की स्थिति में।
आँखा लगीं—बीमार को थोड़ा नींद आना।
आँखा लग्याँ—चश्मे लगाना।
आँखा लाल होण—लम्बी प्रतीक्षा, क्रोध आना।
आँखि काणि हो, पर दिसा काणि ना हो—आँखें फूटे पर निकटवर्ती रिश्तेदार की मौत से संबंध न टूटे।
आँखि गरुड़न गालि—अनदेखी करने वाले को गाली।
आँखि फूटीन हाथ खोटा टूटीन—हर प्रकार से शारीरिक क्षमता घटना।
आँखि भिड़ौण—प्रेमिका से आँखें मिलाना।
आँखि भी रैजो[1], फूल[2] भी मिटि जौ—किसी काम को करने से सबको लाभ हो, मोतियाबिन्द भी निकल जाय आँख भी न फूटे।
आँखि मान—आँखों से शरारतपूर्ण संकेत।
आँखु से गिन—कृपा दृष्टि से वंचित होना।
आँखों-आँखा रैग्या—बहुत कमजोर शरीर।
आँखों माँ चर्बी चढ़ी—घमंडी, अहंकारी।
आँखों पर पट्टी बाँधी—अनदेखी करना।
आँखों माँ रात काटण—चिंता से रात सो न सकना।
आँख्यूँ जन खड़[3]—दुश्मन के समान हानिकारक, कष्टदायक।
आँख्यूँ देखींकि सचि, कुन्दूड़ सूणि झूटि—सुनी बातों के बजाय देखी बातें विश्वसनीय।
आँख्यूँ माँ रींटणा[4]—स्मृतिपटल पर छा जाना।
आँख्यूँ माँ लोंण-मर्च लगी—जलन, ईर्ष्या, द्वेष।
आँच औंण—ठेस पहुँचाना, संदेह की सुई घूमना, प्रतिष्ठा पर धब्बा लगना।
आँच का नजीक घी—ज्वलनशील वस्तुओं की निकटता, स्त्री-पुरुष की निकटता।
आँचल की छाया हाडमास की माया—माँ की ममता शरीर से प्रेम, लगाव होना, छाया-माया।
आँठु[5] पड़ी—बचपन से ही शारीरिक वृद्धि में कमजोरी।
आँडरु किरमला[6] लगणा—बचपन से ही रोगी, दुर्बलता।
आँडरु[7] जन छूट्याँ—अनाथ बच्चे।
आँडरु लिक्यौणू कुखड़ातैं—छोटे मुख बड़ी बात करना।
आंण पड़ी—दुश्मनी, शत्रु के फिराक में पड़ना।
आंणि-गांणि पड़ी छन—वीरता से आतंकित।
आँतु बण्यूँ—बहुत लालची, भूखा, अधीर।

---

1. रहे 2. मोतियाबिंद 3. धूल, कूड़ाकरकट 4. घूमना 5. बोझ 6. चींटी 7. अंडे

आंत्यणू च—किसी वस्तु की प्राप्ति की तीव्र लालसा, जो प्राप्त है उससे संतुष्ट न होना।

आंदिड़ी-पेंदड़ी फरकेणी—भूख या हँसी से आँतों में दर्द।

आँसू का घूँट पेंण—संकट में संयम बर्तना, मन ही मन गमगीन होना।

आँसू पोंजणा[1]—धैर्य दिलाना, ढाढस देना।

आँसू का छोया[2] **फूटण**—गद्‌गद होना, रोना-धोना।

आई-गई पार उत्तरी—जिंदगी का क्रम।

आई दाड़ी, बात बिगाड़ी—अवस्था बढ़ते ही उत्तरदायित्व का बोध।

आई-पाई बागै खाई—मुफ्त में मिली वस्तु पर किसी का अधिकार नहीं होता।

आई मोच, पड़ी सोच—उपरोक्त।

आऊ को नाऊ, चोर को साहू—गुणी का निरादर अवगुणी का आदर।

आका-काखा कन—टालबराई करना, इधर-उधर की बात करना।

आकास का तारा देखलु—कठिन कार्य, मुसीबत में फँसना।

आकास का तारा, पाताल का गारा—अनगिनत, धरती और आकाश एक करना।

आकास छूँण—कठिन कार्य करने की कोशिश।

आकास थूकण, महल मूतण—अमर्यादित कार्य।

आकास थूक्यों मुख उन्दु औंद—बड़ौं के अपमान से अपना ही अहित।

आकास नि जौ बास, कवा नि पौ गास, क्या कन तै मौ कि आस—जिस घर में कोई उत्सव न हो, उसकी क्या आशा।

आकास-पाताल एक कन—बहुत श्रम करना, बहुत ढूँढ़-खोज करना।

आकास हल लगौण—अहंकारी, बेतुकी बात करने वाला घमंडी व्यक्ति।

आकासै बात कन—बहुत ऊँचा होना, ओछापन।

आखिर बड़ा न बड़ु पछाणी—बड़ा-बड़े की पहचान करता है।

आखिर वक्त लौंण[3]—अंतिम समय फसल काटना।

आग, आगन नि बुझदी, पाणिन बुझदि—क्रोध क्रोध से नहीं वरन शांति से शांति होती है।

आग कु दगड़्या हवा—हवा बिना आग नहीं जलती।

आग खालु, अंगारा हगलु—जैसा अन्न, वैसा मल। जैसे को तैसा।

आग खड़ो बैर होंण—जन्मजात शत्रुता, जमानों से चला बैर।

आगडु[4] **पैर्यूं**—हर बात को मानने का ठेका लेना।

आगणा-घाँण कन—बाधक बनना।

आग देखीक पाणि मू जौ, पाणि मैं देखीक आग बरखौ—भयभीत जिसकी शरण में गया वही और बड़ा भय दिखाता है।

---

1. पोंछना 2. पानी की धारा 3. फसल काटना 4. पुराने जमाने का ब्लाउज (अंगिया)

आग देंण—प्रियजन द्वारा मुखाग्नि देना।
आग देंण वालु नी[1] रयूँ—वंश नष्ट होना।
आग पड़ीं गात—बहुत गुस्से में आना।
आगपथ[2] माँ देलु—इस जन्म में नहीं दूसरे जन्म में देगा ऋण।
आगपथा[3] सातु—परिश्रम से प्राप्त वस्तु।
आगपथौ लीगी—कर्जदार मर गया।
आग-पाणि बन्द होण—झगड़े की स्थिति में, बातचीत बंद है।
आग फूकी फिनगारू[4] पायूँ—बड़ी कोशिश से थोड़ा प्राप्ति होना।
आग बणी—गुस्से की स्थिति में।
आग बर्खोंण—गुस्से में होना, गुस्से में गाली गलौज।
आग बवूल वणी—बहुत गुस्सा करना।
आग बुझौंण—झगड़ा शान्त करना, मेलमिलाप कराना।
आग भवराणी—प्रियजन की स्मृति का सूचक । (जलती लकड़ी से 'भर-भर' की आवाज पर पर्वतीय क्षेत्र में विश्वास है कि उसका प्रियजन स्मरण कर रहा है। औरतें कहती हैं—'मेरा भाई होगा, मेरी माँ होगी, मेरी बेटी होगी)'।
आग भी ऐजाँदि, बौ[5] दगड़ि मुलाकात भी हूवै जाँदि—आग लाने के साथ भाभी से मुलाकात होना, एक पंथ दो काज। पुराने जमाने में घरों पर माचिस, लाइटर, बिजली नहीं होती थी, गाँव के बड़े-बूढ़े स्फटिक पत्थर और अगेला (लोहे का टुकड़ा) को परस्पर रगड़कर कपास में आग तैयार कर तंबाकू पीते थे। उसी आग को गाँव के लोग अपने घरों ले जाकर चूल्हा जलाते थे। कैसे थे वे दिन?
आग माँ घी डांल—कटे पर नमक छिड़कना।
आग माँ कूदण—मुसीबत मोल लेना।
आग माँगन ऐ, अब बोनी 'मैं यखि रौंदु भै'—उँगली पकड़कर बाँह पकड़ना, थोड़ा पनाह देने पर मुँह लगना।
आग माँ फेंकलि—संकट में डालना।
आग लगि रामेश्वर, बुझौंण गयाँ सोमेश्वर—उल्टे काम करना।
आग लगी खंडा[6], बज्र पड़ि भंडा[7]—कहाँ से कहाँ प्रभाव, असंगत।
आग लगी ये जमाना पर—बुरे समय को बददुआएँ।
आग लगा—त्यागना, क्षमा करना।
आग लगौंण—लड़ाई के लिए भड़काना।
आग सेकण अग्वाड़ि, घूसदेंण पिछवाड़ि—आग आगे से सेंकनी, घूस पीछे से चुपके

---

1. नहीं 2. दूसरे जन्म में 3. आग में सेंके हुए 4. चिनगारी 5. भाभी 6. स्थान का नाम 7. स्थान का नाम

से देनी चाहिए।

आग सेकण त धुँवा सौंण पड़द—कुछ पाने के लिए कुछ खोना पड़ता है।

आगा-पाछा कन—टालबराई करना।

आगास टालु कु लगै सकद—आकाश अनंत है।

आगास कैन नापि, वक्त कैन थापि!—आकाश अनंत है समय को कोई रोक नहीं सकता।

आगास पर छेद कन—कठिन कार्य करना, असंभव कार्य।

आगौ फुक्याँ जोगेण (जुगनू) देखी डर—दूध का जला छाछ भी फूँक-फूँककर पीता है। जिस रंगरूप से एक बार डरे बाद में समान स्वरूप वाली वस्तु से ख़तरा समझना।

आछाणु जन—सबकी मार सहने वाला व्यक्ति (लकड़ी का टुकड़ा जिसमें कसाई मांस काटता, किसान अनाज की वाली काटता, लकड़ी फाड़ता है)।

आज-आज-भोल[1]-भोल कन—बचन को तोड़ने वाला, न देने का बहाना बनाना।

आज का जोगी काल को सिद्ध—अल्पज्ञानी, ज्ञानी के सामने शेखी मारना है।

आज का तैडु खाड, भोला का तैडु खाड—हमेशा घाटा ही घाटा।

आज कु जोगी घुँडु घुँडु जटा—अल्पज्ञानी का ज्ञानी बनने का नाटक।

आज कु दिन जौ भलु, भोल कु दिन जौ भलु—समय काटना।

आज कैतु भोल रौ, जु भोल औंण सु आज औ—जिस मुसीबत को आना ही है आज ही आ जाय, मुसीबत का मुकाबला।

आज गीजि[2] काखडि, भोल गीजि बाखरी—चोरी की आदत छोटी-छोटी वस्तुओं की चोरी से पड़ती है। आज चोर कल डाकू।

आज ब्यौ, भोल् नौनु—तुरंत दान महाकल्याण की कामना करनेवाले, उतावले।

आज मेरि बारि भोल तेरि बारि—विपत्ति सब पर आती है।

आज से जौ नीच कि जाँदरु[3] नी—आदान-प्रदान की जरूरत सदैव रहेगी।

आजौं आटा चौलों भौ मालूम करव ह्वै—असलियत का अभी पता नहीं चला, विपत्ति अभी कहाँ देखी।

आजौं[4] उड़दु देखि, बैठदु नि देखी—अभी सरल काम है कठिन तो अब है।

आजौ मनु भोल—आज जो मरेगा, कल कोई याद नहीं रखता।

आजौदिन गैभलु, भोल्कौ दिन जालु भलु—समय काटना, आशावादी दृष्टिकोण।

आठ आना कु लेन-देन, रुप्या कु खाँणु—साहूकार पर खर्च अधिक लेन-देन कम।

आठ गयाँ, साठ गयाँ और पाँच भी जयाँ—जब सब चले गये तो शेष भी चले जाएँ।

आठ पहर चौबीस घड़ी झुरौंण[5]—पल-पल परेशान करना।

---

1. भविष्य में 2. आदत पड़ी 3. हाथ से चलने वाली आटे की चक्की 4. अभी 5. तंग करना

आठ पूर्ब्या नौ चुल्या–एकता का अभाव, सभी भेदभाव से ग्रसित।

आठ वरस तलौ, साठ वरस गीलु–किसी वस्तु का प्रभाव लंबे समय तक रहता है।

आठ बाखरि नौ ढाकरि–जरूरत से अधिक लोगों को जोड़ना (भोटिया लोग तिब्बत व्यापार के लिए जाते तो बकरियों से अधिक लोग जाते थे। जुम्मा की चट्टान पर सावधानी से जाना पड़ता था)।

आठ वार नौ त्यौहार–हमेशा त्यौहार ही त्यौहार।

आत्मा अमर होंदि, स्या सबु माँ रौंदि–आत्मा की अमरता।

आत्मा कु बैरी जिभ्या–मुख से निकली दुर्वाणी अपना ही नुक़सान करती है।

आदडु[1] गंठ्यायूँ–घनिष्ठ मित्रता।

आदत की लाचारी होंदि–मनुष्य आदतों का गुलाम है।

आदिम-आदिमु माँ अंतर, क्वी हीरा, क्वी कंकर–कोई अच्छा, कोई बुरा इंसान, आदमियों की प्रवृत्ति, हैसियत में अंतर होता है।

आदिम छोटू झाँट बडु–असंगत बात, छोटा व्यक्ति अधिक बच्चों वाला।

आदि जांणु, उदबुद[2] जाणु, ढुंगा[3] मुड़े बासु जाँणु–किसी के बारे में पुरखों से लेकर आजतक की विस्तृत जानकारी रखना।

आदिम क्या च हीरा च–खरा ईमानदार व्यक्ति।

आदिम जांणेद बसि, सोनु जाणेंद कसि–आदमी की पहचान पड़ोस में बसने पर होती है, सोने की पहचान गरम करके कसने पर होती है।

आदिम झुटु नी होंद, चीज झुटि होंदि–कोई वस्तु ही विवाद का कारण बनती है।

आदिम तैं आदिम पछांणद[4]–गुणवान को गुणी ही जान सकता है।

आदिम देखी माँगण, जगा देखी थूकण–पात्र और स्थान देखकर काम करना।

आदिम फूलद भात खैक, खेत फूलद खाद खैक–शरीर चावल खाकर, खेत खाद से फूलता है।

आदिम बणैंलि–योग्य इनसान बनाना।

आदि रोग खटा, सर्व रोग भटा–खटे से अधिक बैगन रोगकारी होता है।

आदिम लम्बू, बुद्धि छोटी–शरीर के अनुसार बुद्धि न होना, मूर्ख धनी।

आदिमी से कुछ नि होंद जब तक भगवान नि चौ–मनुष्य के बजाय भगवान पर विश्वास रखें।

आधा को असवाल, आधा को गढ़वाल–असवाल जाति के लोग आधे गढ़वाल के मालिक थे।

आधा गौं संगराद[5], आधा गौं मंगराद–गाँव में एकता का अभाव, गाँव में खेमेबाजी।

आधा बाजार दुकान, आधा हुकान–आधे बाजार में चहल-पहल आधे में मुर्दानी।

---

1. आंत 2. मूल स्थान 3. पत्थर 4. पहचानता 5. माह का प्रथम दिन

आधा मौ[1], कामलि[2] क्या चौ–माघ के आधे मास से गर्मी आरंभ होती है।

आन-बान कु खयाल–अपनी मर्यादा का विचार।

आप काज महाकाज–स्वावलंबी बनना हितकर।

आप गये बामण, ले गये जजमान–अवनति करने वाला उन्नति करने वाले को ले डूबा।

आप घातिक घोर पातिक–आत्महत्या करना घोर पाप।

आप घोड़ा न बाप घोड़ा, विराणां घोड़ा माँ पूठा तोड़ा–अपनी हैसियत से अधिक काम करना हानिकारक।

आप चौड़ा, बाजार संगड़ा–अपनी सीमा के बाहर जाना खाली ढकोसला।

आप जाऊँ वहाँ, कर्म ले जाऊँ कहाँ–भाग्य हर जगह साथ देता है।

आपड़ा गौंकु पदान, विराणा गौं बान्दर–सम्मान अपने देश में ही मिलता है।

आपड़ा पसंद कु खांणु, विराणा पसंद कु लांणु–खाना अपनी पसंद का पहनावा दूसरों की पसंद का होता है।

आपणा घर का सवि राजा–अपने घर की स्वतंत्रता।

आपणा घर, गू से भर–अपने घर की स्वतंत्रता, अपनी करनी से अपना ही घर गंदा करना।

आपणा घर बिल्ली भी सेर–अपने घर पर आत्मविश्वास आता है।

आपणा देस कु ठाकुर, विराणा देस कु कुकुर–अपनों का अपमान, बाहरी लोगों का मान करने वाले

आपणी सक्ति, अपणी भक्ति–स्वयं परिश्रम करने से प्रभुत्व प्राप्त होता है।

आपणी-सापणी कन–हर वस्तु को अपने कब्जे में करना।

आपणु आपड़वी होंद–अंत में अपना ही मित्र काम आता है।

आपणु सिराणु[3] अपणु हाथ–अपना ही शरीर अपना सहायक होता है, अपने घर पर ही शांति मिलती है।

आप बुरा तो जग बुरा–अपने व्यवहार के अनुसार ही लोग व्यवहार करते हैं।

आपस माँ बजि–परस्पर झगड़ा।

आप से भैर होंण–क्रोधित होना, अपनों के विरुद्ध होना।

आफत औंण–मुसीबत आना।

आफत काल माँ मर्यादा नी देखंदी–मुसीबत में मर्यादाएँ भंग होती हैं।

आफत की जड़–बुराइयों की जड़।

आफत खड़ि कन–बला मोल लेना।

आफत मोल लेंण–बिना बात के अपने ऊपर मुसीबत लेना।

आफु कोड़ि गिनगिनो[4], औरु तैं दवै बतौं–अपनी दशा न देखकर दूसरों की दशा

---

1. माघ मास 2. कंबल 3. तकिया 4. सड़ा गला

सुधारने का प्रयास।

आफु गै पर औरु भी लीगि—आप गये नाथ, ले गये जगन्नाथ।

आफु चैता उधारु लगौंदि, खोला-खोला[1] माँगण जांदि—कंजूसी करना, लालची।

आफु जाणदा पाप, ब्वे जाणदि बाप—पापी पाप को, माँ बाप को जानती है।

आफु जाँणा भौणु[2] बुखौंण, द्वी सेर मैं भी देण—गरीब से बड़ी भिक्षा माँगना।

आफु बुरा त जग बुरा—अपनी करनी का फल मिलता है।

आफु भला जग भला—अपने व्यवहार पर जग व्यवहार मिलता है।

आफु मर्याँ बिगर स्वर्ग नि होंद—स्वयं काम किए बिना सुख नहीं मिलता है।

आफु माँगणा, दरवाजा पर भिकारि—कंगाली में आटा गीला

आफु सुखी त जग सुखी—सुखी सबको सुखी देखता है।

आफु ज्ञान का रीता, औरु पढ़ौन गीता—अज्ञानी का भारी ज्ञान बखारना।

आफ्वी आग लगौंण, आफ्वी बुझौंण—अपने आप विवाद खड़ा करना, अपने आप शांत करने का प्रयास।

आफ्वी रोंण-अफ्वी हँसण—अपना सुख-दुख स्वयं देखना।

आबत ठड्यो, सोरू खड्यो—मित्र सहयोग करता है अपना सजातीय भाई लूटने और नुक्सान पहुँचाता है।

आबत न मित्र, पहुच्याँ भित्र—बिना प्रेम के मेहमान बनना।

आबत नि हो काँगु, बल्द नि हो ढाँगु—मित्र निर्धन न हो बैल कमजोर न हो।

आम खुला होंण—सरेआम काम होना।

आम फलद, झुकद, अरेंड फलद खड्ड होंद—ज्ञानी विनम्र, अज्ञानी अकड़ता है।

आमा डाला पर जै नि सकी, बोली 'छि गुवेड़ा छन'—खट्टे अंगूर होना।

आयो मनखि आयी धाण[3], गयो मनखि गयी धाण—जीवनपर्यंत काम करना मरने के बाद ही काम बंद होगा।

आरति उत्तान—आदर करना।

'आरू का डाला पर किलै गै'? 'आम खाँण', 'आम कखछन?' 'तवैत औणू भ्वी'—गलती का अहसास होना, भ्रांति का अहसास होना, बात बदलना।

आरु बेडु खाँण—कच्चा-पका भोजन करना (अन्नाभाव में)।

आरु-बेडु खाँयाँ, वैदु भगार[4] लायाँ—अपनी गलती के दोष को दूसरों पर मढ़ना।

आलकसी जनानों कु दूधौ साग—आलसी स्त्री दूध को ही सब्जी मानती है।

आलसी का जोंगा बाँगा[5]—आलसी अपनी वेशभूषा पर ध्यान नहीं देता है।

आलसी की मौत, फुर्तीला तैं भोत—आलसी भूखों मरता है, कर्मठ को अधिक प्राप्त होता है।

आली को वाणों, नाली को खाणों—काम कम खाना अधिक।

---

1. मुहल्ला 2. पनचक्की में उड़ा आटा 3. काम 4. दोष देना 5. टेढ़ा

आली मुण्ड्याड़ि, सूखि सट्याड़ि–धान की बुआई नम मिट्टी में गेहूँ सूखी मिट्टी में होनी चाहिए।
आलू पाकु भसम–अच्छी पाचन शक्ति।
आवत-जावत कन–आना-जाना जारी रहना।
आव न देखि ताव–बिना सोचे समझे काम।
आवा दिनों, जावा रात्यों–समय पास करना।
आसन जमौंण–डेरा जमाना।
आसमान चढ़ैलि–सर में चढ़ाना।
आसमान थेगलि[1] लगौंण–असंभव कार्य करना, बादल।
आसमान पर टोम[2] कन–बहुत वर्षा होना।
आसमान पौंछी–बहुम घमंड, तरक्की करना।
आसमान से धारु लगणू–बिना परिश्रम से प्राप्ति।
आसमान्यूँ लोटि पड़ु, बड़मन्यू[3] भूकुमरु–घमंडी का सिर नीचा रहता है, अकड़ू भूखा मरता है।
आसरा पर रौंण–निर्भरता।
आसरु दैंण–सहारा देना।
आस हमारी, रास[4] तुमारि–बेटी ससुराल जाने पर ससुराल की सम्पत्ति तथा मायके वाले की अमानत होती है।
आसा वैतरणी होंदि–आशावादी उन्नति करता है।
आसान कु देखु उन्दु, थपड़ी कु देखु उब्बू–कृपापात्र विनम्र तथा निर्दय व्यवहार पर आँख दिखाता है।
आसाबंद होंण–स्त्री का गर्भवती होना।

इ

इकलांसी[5] का तीन कार[6], कुटणी, पिसणी-पाणिसार–अकेले व्यक्ति को कम से कम तीन काम करने ही पड़ते हैं कूटना, पीसना और पानी लाना।
इकुलि खांण पाप जांण–अकेला खाना पाप है।
इकुलि नारी, क्या करु बसग्यालि[7] सारी–बरसात के मौसम में अकेली नारी क्या-क्या कर पायेगी।
इकुलु खाणु, इकुलु लाँणु, तख कींक जाणु–अकेले खाने वाले का साथ कौन करेगा?

1. फटा वस्त्र 2. छेद 3. घमंडी 4. सम्पत्ति 5. अकेली 6. सेवक 7. बरसात

इकुलु बान्दर जन—अकेला व्यक्ति।

इखारु सूत अर इखारु पूत नखरु[1] होंद—अकेला तागा और पुत्र का क्या भरोसा कब समाप्त हो।

इर्ख्या बाँधण—हौसला रखना।

इंच भर छ—बहुत कम, बहुत छोटा।

इच्छा कैकि पूरी नि होंदि दुनियो खजानों मिलु—इच्छाएँ कभी किसी की पूरी नहीं होतीं। चाहे संसार का खजाना मिल जाय।

इज्जत उत्तान—बेइज्जती करना।

इज्जत उत्तालि—बेइज्जत कर दिया।

इज्जत कु खाँणु, लोण मर्च क्या जाँणु—इज्जत का रूखा-सूखा भोजन अच्छा होता है।

इज्जत छारा माँ मिलैलि—इज्जत राख में मिलाना, बेइज्जत करना।

इज्जत दारै जुमान पकड़ा, बेइज्जत कु क्या पकड़ा—इज्जतदार को बचनों की याद दिलाएँ, बेइज्जत को क्या कहें?

इज्जत दारौं तैं बोला, बेइज्जत क्या बोला—इज्जत का खयाल रखने वाले से कह सकते हैं पर बेइज्जत को कहना व्यर्थ।

इज्जत धूल् माँ मिलौंण—इज्जत मिट्टी में मिलाना।

इज्जत नि देखणी—किसी का सम्मान न देखना।

इज्जत-परमत कु खयाल नी—अपनी-पराई इज्जत का ध्यान न रखना।

इज्जत बचौण—सम्मान की रक्षा करना।

इज्जत लूटण—बलात्कार करना।

इज्जत लुटेंण—इज्जत लुटाना, बेइज्जती होना।

इतनो नौ, ततनो नौ, बाड़ि ढिडु की माँ खौं—नाम बड़े-दर्शन छोटे। खाली नाम के बड़े।

इन दी होंद त, परकन्डी का पौड[2] पर लसण जामदि—असंभव कार्य की संभावना पर।

इना बचण से मनु भलु—विपदापूर्ण और असाध्य रोग की हालत में मरना अच्छा।

इनाम माँ हाथि, सवारि माँ गधा—दान की बछिया के दाँत नहीं देखे जाते हैं।

इनि बरात च, थोकदार[3]-पदानों कि पूछ नी, पटवारियों की गिनती नी—बरात में गण्यमान्य व्यक्तियों की भरमार, सामान्यजनों की गिनती नहीं, असंख्य।

इनै गाड़ उनै गंगा—सर्वत्र खतरा।

इन्द्र की परिजन—सुंदर नारी।

इन्द्रजाल घुमैलि—चक्रव्यूह में फँसना, फेर में डालना।

---

1. बुरा 2. पहाड़ की ओट 3. पुराने जमाने के गण्यमान्य लोग

इन्द्रवर्मा नि देखण—किसी की परवाह न करना।
इन्द्रागांधि बर्णी—महिला का नेत्री बनना।
इसकुल्या छोरा अर बांदर बराबर होंदा—बंदर और विद्यार्थी उपद्रवी होते हैं। नटखट।
इस्तरी माँ आठ सार[1] ठकर-मकर-सगोरदार, चंटचतुर मरोड़दार-करारदार-ईमानदार-जुमानदार—नारी में बनठन कर रहना, सलीका पर रहना, चालाकी स्वाभिमानी, बचनों की धनी, ईमानदारी और वचनबद्धता होनी चाहिए।
इस्यावटी[2] बांणी का—बचपन से होनहार, अच्छे मार्ग के गामी।

ई

ईंट कु जवाब पत्थर से—जैसे को तैसा व्यवहार करना।
ई[3] साली[4] की गोरु[5] न इनि[6] हगण—जिस परिवार की जो परंपरा हो उसके बच्चे भी उसी का अनुसरण करते हैं।
ईस्वर की माया, कखि धूप, कखि छाया—ईश्वर की लीला अपार है।

उ

उकरि बुकरी नि जांण, क्वचे-क्वचे[7] नि खाँण—गुस्से में दौड़-दौड़ कर लड़ाई के लिए जाना, ठूँस-ठूँस कर खाना अहितकर होता है।
उकला उकलि[8] कन—एक दूसरे पर चढ़ना, उतावली करना।
उकली नी सकण—अशक्त की असमर्थता, आगे न बढ़ना।
उकाल[9] काटी सर्वटि—काम निकालने पर उपकार न मानना। स्वार्थी।
उकै[10] औंणी तै देखीक—बदसूरती पर नफरत होना।
उखड़ी तख से—सदा के लिए प्रस्थान कर दिया।
उखणी-उखणी बात कन—अटपटी बातें।
उखरोलु लग्यूँ—बेचैनी, बात उगलने की उतावली।
उखाड़पट्ट कन—विध्वंस करना, भारी बात करना।

---

1. तरकीब 2. बचपन से 3. इस 4. गोशाला 5. गाय 6. ऐसा ही 7. ठूंस-ठूंस कर खाना 8. चढ़ना 9. चढ़ाई 10. उल्टी आना

उखाड़लि तखसे—निकाल दिया।

उगटदा किरमलु पंख लगदा—विनाश आने पर अनोखी हरकतें करना।

उगटदा मनखि द्यौ गालि, उगटदा वान्दर तोड़ु डालि—जब मनुष्य के विनाश के दिन आते हैं तब गाली देते हैं। जब बंदरों के विनाश के दिन आते हैं तब पेड़-पौधों को तोड़ते हैं।

उगलाण्या होंण—गर्भवती होना।

उच्चड़ा-उच्चड़ि कनू—बहुत जोर से चिल्लाना, डाँटना।

उच्चड़ा-भिटगी कन—उपरोक्त, गालीगलौज करना।

उच्चड़ी जाँणू—विरोध प्रकट करना।

उच्चड़ी सर्ग, पड़ि पाताल जौ—चाहे कितनी भी कोशिश करे पर काम नहीं बनेगा।

उच्चणू च—क्रोधित होना, घमंड करना, गुस्से में शोर करना।

उच्चमुलि लगण—ऊब जाना, बेचैनी होना, परेशानी का अनुभव।

उच्च ह्वै बात कन—अपनी विशिष्ट हैसियत समझकर बात करना।

उच्चाणां धर्यूँ—किसी के नाम पर तय वस्तु। पर्वतीय अंचल में मनौती मनाने के लिए बकरे अथवा भैंसा देवता के नाम रखते हैं, मनौती पूर्ण होने पर उसकी बलि देते हैं। किसी के निमित्त सुरक्षित वस्तु।

उच्चाणु धन—एक पोटली पर चावल, पिठाँई, पैसे रखकर बीमार के सरके ऊपर घुमाकर सुरक्षित रखना, स्वस्थ होने पर पूजा करना।

उच्चाणों सीं रुप्या—खर्च न करने वाली वस्तु।

उच्ची डाँडी गैंणा[1] तला—ऊँची पहाड़ी से आसमान का विस्तार नीचे लगने लगता है। धोखा खाना, दूर के ढोल सुहावने। बड़े के सामने छोटे नगण्य लगते हैं।

उच्यौंण निस्योंण—भड़काना।

उच्छव मनौण—उत्सव मनाना, जन्म, शादी, तरक्की के उपलक्ष्य में।

उच्छेड़ु[2] लेंण—झगड़े की शुरुआत करना।

उच्छौल बाँटण—जन्म, शादी, तरक्की पर मिठाई और पैसे, गुड़ तिल और वस्त्र बाँटना।

उजड़्याँ गौं झोंपड़ी महल—अंधों में काना राजा।

उजबक जन—बेहोश, बेखबर व्यक्ति, अजनबी, उजवेकिस्तानी सा, जो उस देश की भाषा न जानता हो। मूलतः यह तुर्की भाषा का शब्द है।

उज्याड़ खाँण—पर स्त्री गमन करना।

उज्याड़ा सास ढाँगु भूकु मरु—दूसरों के खेत चरने की आस में बूढ़ा बैल भूखों मरता है। चोरी की आस में बैठा व्यक्ति भूखों मरता है।

---

1. तारा 2. झगड़ा

उज्याड़ी गोरु जन—दूसरों का नुकसान करने वाला।

उटगनारी-भटकनारी, मौजौ संगारि—गालीगलौज, गुस्सैल, झगड़ालू नारी का परिवार नष्ट होता है।

उटपटांग्या चौद बाँटा—विक्षिप्त, अव्यवस्थित, अनर्गल, प्रलापी।

उटपटांग्या तीन गौं-नारी-खत्याणां-भैंसगौं—पुराने जमाने में इन तीन गाँवों में घास, लकड़ी, पानी की कठिनाई थी। अब सुखकर हैं और सम्माननीय गाँव हैं अब तो रिश्तेदार परस्पर हंसी-मजाक में कहते हैं।

उठग-बैठग कन—मेहमान के आने-जाने पर सत्कार करना। कान पकड़कर उठने-बैठने का दंड देना।

उठणी-बैठणी छ—परस्पर प्रेमभाव है।

उठणी बैठणी नी—परस्पर झगड़े की स्थिति।

उठपौड़ कन—बेचैनी प्रकट होना, बाहर-भीतर, उठना-बैठना।

उठदु-बाड़दु बच्चा—बच्चा दिन प्रतिदिन बढ़ता है।

उठा-उठी कु ब्यौ[1]—चट मंगणी-पटब्यौ (पुराने जमाने में लड़की की शादी करने के लिए दूर-दूर गाँव तक जाकर लड़की ढूँढ़नी पड़ती थी, कभी-कभी बिना पूर्व तैयारी के बारात लेकर आते थे)।

उठि जाण धरती से—मरना।

उठी नी सकणू, बोनू 'मालु'—नाम बड़े दर्शन छोटे, अपनी सीमा से बाहर बात करना।

उड़दा पोथलु[2] **पकंण**—जांबाज, चतुर, सामर्थ्य से अधिक कार्य करना।

उड़दि-उड़दि सूणि—अस्पष्ट खबर, कहीं दूर की अस्पष्ट सूचना सुनना, सनसनीखेज बात।

उड़बंगि आदिम—क्षुद्र, खुराफाती, उल्टे काम करने वाला व्यक्ति।

उडाडु खेत, पम्पा ओडु—कहाँ से कहाँ, असंगत कार्य।

उडाल्खु कज्याँण जन—पुराने जमाने में निम्नवर्ग के लोग कभी किसी दूसरे गाँव की स्त्री को भगाकर लाते थे। उससे शादी करते थे। अनियंत्रित औरत।

उडांदु देखि, बैठदु नि देखी—अभी सरल कार्य बाद में विकट है।

उडायां सातु पितरौं का नौं—बनावटी भक्तिभाव जो वस्तु अपने हाथ न लगे उसे देवताओं के नाम।

उड़ि गैगि पंछी—प्राण निकल गये।

उड़ि गैन पौन[3]—उपरोक्त।

उडुं फुनौं का चुला फुण्डु, चुला फुण्डु का उण्डु-फुण्डु—बाहरी को शरण देना, अपनों का तिरस्कार।

---

1. विवाह 2. चिड़िया 3. प्राण

उत्तर सिरांणी, पूरब हगाणि, दक्षिण पाणि, पश्चिम कुवारे जांणी, तैं मौ कि होंणी जाना, न खार्णी—उत्तर दिशा में सोते समय सिर, पूर्व दिशा में शौच करना, दक्षिण पानी भरना, पश्चिम को बुरे दिन उस परिवार या व्यक्ति की भलाई नहीं होगी, मकान की वास्तु।

उत्तरैंण औंण—जवानी आना, मकर संक्रांति।

उत्तरोड़ा-उत्तरोड़ि कन—चौबीस घंटे डाँट डपट करना।

उत्तर्सू का खड़ीक, वृर्खु का लड़ीक कै कामा—उत्तर्सू गाँव के मोटे और लम्बे खड़ीक जो घास के लिए काटे नहीं जा सकते, वृर्खू के लंबे मोटे निठल्ले लड़के किसी के उपयोग के लिए नहीं हैं।

उत्तेणी[1] बात कन—उल्टी सीधी बात करना, घमंडी बातें करना।

उत्तेण्या काम कन—बिगड़े काम करना।

उदर भन तैं कैकर्म कन पड़दा—पेट पालने के लिए कई कर्म करने पड़ते हैं।

उन्दु-उब्बू होंण—हैजा होना।

उदेल-उखेल कन—अनिष्ट की शांति के लिए तांत्रिक से पूजा-पाठ कराना। बहुत बड़ा काम।

उदै न हस्त—सदा गरीबी की दशा, व्यर्थ जीवन।

उधार देंण, दुस्मनी लेंण—लेन-देन दुश्मनी का कारण।

उधेड़बुन कन—मन में नाना प्रकार के विचारों का प्रवाह।

उन्नीस कि बीस निहोंण—अंतर न आना, सुधार न होना।

उन्नीस कि बीस होंण—थोड़ा सुधार होना।

उन्नीस बीस कु फर्क—थोड़ा अंतर।

उपरा माँ चापरु—विघ्न में बड़ा विघ्न आना।

उपाणान बोली, 'बोई[2] मिरोड़ा गिरोड़ि होलि त करवै औंण, पकड़ा-पकड़ि होलि तअभि औंदु'—पिस्सू अपनी माँ से कहता है अगर मारकाट (मसलना) होगी तो कहाँ से जीवित लौटना है, अगर पकड़ने का प्रयास करेंगे तो भागकर जीवित शीघ्र लौट जाएगा। गोलीबारी में जीने की आशा कम, दौड़ने में बचने की संभावनाएँ।

उपाणु[3] सीं भिटगणु[4]—पिस्सू की तरह उछल-कूद करना।

उफलि-उफली मारु फालि, करम पर द्वी नालि—चाहे जितना प्रयास करें, मिलता भाग्यानुसार ही है।

उफाटि नी मानू—उत्तीर्ण न होना, तरक्की पर रोक।

उफाटि मान—छलाँग मारना, तेजी से तरक्की करना, उत्तीर्ण होना।

उबडी अब—प्रकट होना, गाँव में आज भी अगर कोई बीमार होता है अथवा हानि

---

1. बेतुकी 2. माता 3. पिस्सू 4. उछल-कूद करना

होती है तब लोग किसी देवता वाले (भूत-भविष्यवक्ता) के पास कारण का पता लगाने जाते हैं वह बता देता है कि किसका दोष या कोप है। पूजन विधि बताता है।

उमर आई सौ साट, अकल मति नौ नाट–बुढ़ापे में स्मृति भंग होना।

उमर औ अस्सी अकल जौ नसि–बुढ़ापे में स्मृति भंग।

उमर नि लगौंण–जवानी में ही मृत्यु।

उमर नि लौटदि–समय फिर नहीं लौटता, बूढ़ा जवान नहीं होता।

उमर लगौण–वृद्धावस्था तक जीवित रहना, दीर्घजीवन।

उमलाण्याँ होंण–गर्भवती होना।

उमल्दि नि पैंण–गुस्से में कोई काम या बात नहीं बोलनी चाहिए। उत्तेजना या जल्दबाजी वर्जित।

उमेद बड़ि, उमर छोटि–आशाएँ अनंत, जीवन क्षणभंगुर।

उल्का तैं मिलि राज, मुण्ड पर उठि खाज–ओछे पद मिलने पर मातहतों से झगड़ते हैं।

उल्कु होंण–हल्की अक्ल का होना, छोटी बात को महत्त्व देना।

उल्टा उस्तरान मूँडण–मूर्ख बनाना, बहुत कीमत वसूलना, लूट-खसोट करना।

उल्टा काम कन–समाज विरोधी काम करना।

उल्टा दारै उल्टी कील–जैसे को तैसा।

उल्टा पुल्टी कन–सब सामान अव्यवस्थित करना, बड़ा पहाड़ तोड़कर लाना, पृथ्वी पलट करना, व्यंग।

उल्टा बल्द जोतण–असंगत कार्य करना।

उल्टा मुखै उल्टी जुमान–दुष्ट की दुष्ट भाषा, बातें।

उल्टी औंणी–घृणा होना, नफरत।

उल्टी खाल खींचण–बड़ा दंड देना।

उल्टी खोपड़ी का–मूर्ख, विवेकहीन।

उल्टी गंगा बगौंण–असंगत कार्य करना, असंभव कार्य।

उल्टी गति होंण–भाग्य का विपरीत होना।

उल्टी चाल चलण–विपरीत कार्य करना।

उल्टी तोमड़ी कु पाँणि भन्या[1] होंण–कठिन कार्य, विपरीत कार्य।

उल्टी धौ होंण–जितना खायें और खाने की इच्छा होना (बाद में परेशानी होती है)।

उल्टी फरकेगी–उल्टी मति होनी, सामने की थाली ठुकराना।

उल्टी फरकेंणी[2]–विपरीत भाग्य होना, प्राप्त सफलता से विमुख होना।

उल्टी बात कन–बेहूदी बातें करना।

---

1. भरना 2. पलटना

उल्टी विद्या पढ़ौण--उल्टी सीख देना।

उल्टी मति होंण--विपरीत बुद्धि।

उल्टी माला फेन[1]--किसी के नुक़सान के लिए प्रयास करना, असंगत कार्य करना, उल्टा कार्य करना।

उल्टी सांस लेंण--मरणासन्न।

उल्टी होंण--भाग्य का विपरीत होना।

उल्टु-पात सुल्टु नि कन--कुछ काम न करना, निठल्ला बैठना।

उल्टु पैदा होंण--जन्म से ही उल्टा काम करने वाला।

उल्टु फंसौंण--निर्दोष को अपराधी बनाना। अपने बजाय दूसरे को नुक़सान ।

उल्टो टांकण--बड़ा दंड देना।

उल्टो स्याल पढायूँ दगौ--ठगना, चोरी भी सीनाजोरी भी।

उल्लु कु पट्ठा--गाली देना, किसी को मूर्ख बताना, महामूर्ख का प्रतीक।

उल्लु बणौंण--बेवकूफ बनाना।

उल्लु समझण--बेवकूफ समझना।

उस्तरा चलौंण--महँगा देना।

उस्ताज बण--चतुर बनना।

उस्यायू[2] **च**--गुस्से की स्थिति में।

ऊ

ऊंको हाथ ऊंको माथ--सर्वेसर्वा होना।

ऊंगटणू च--पतनोन्मुख, मुश्किल से खड़ा रहना।

ऊँगणू छ--पतनोन्मुख, मुश्किल से खड़ा रहना।

ऊँची दुकान फीकु पकवान--दिखावटीपन, कोरी शानशौकत।

ऊँची नाक होंण--बड़ि इज्जत होना।

ऊटपटांग छ्वीं--बेसिर पैर की बात।

ऊत को पूत पठायो चोरि काचा-पाका ल्यायी तोड़ि--बेवकूफों की बेवकूफ औलाद।

ऊपरी दिल से बात कन--बाहरी दिखावा, मरे मन से बात करना।

---

1. फेरना, जपना 2. गुस्से में, सूजन

ऋ

ऋण कु दब्यूँ[1]–कर्ज से दबा हुआ।

ऋण दिर्येंद[2] **पर गुण नि दिर्येंद**–ऋण तो दिया जाता है पर गुण नहीं दिये जा सकते।

ऋणमोच्चा कासी जैक भी नि मूचत[3]–ऋण न चुकाने का पाप तीर्थयात्रा करने पर भी नहीं मिटता।

ऋणमोचु[4] **आँखा घोचु**–ऋण न चुकाने वाला धोखेबाज, पापी।

ऋणी रौलु[5]–आभारी रहूँगा, उस जनम में भी कर्जदार रहूँगा।

ए

ए रोगन त मरि खाडु[6]–यही तो है विपत्ति की जड़।

एक अंगोठान चुटकि नि बजदि–एक हाथ से ताली नहीं बजती।

एक अनार सौ बीमार–माँग से पूर्ति कम।

एक आँखु आँखुनी, एक बेटा, बेटानी–एक बेटा और एक आँख से खतरा रहता है।

एक आँखु च–इकलौती संतान।

एक आफत गै, हकि ऐ–परेशानियों का सिलसिला।

एक ओडु[7] **निसरकौंण, एक पैणु**[8] **नि फरकौंण**–एक तो खेत की विभाजन रेखा का पत्थर नहीं हटाना चाहिए दूसरा कभी किसी की दी हुई सौगात नहीं लौटानी चाहिए।

एक-एक पल भारि होंण–समय काटना कठिन होना।

एक कंगला का सौ कंगला–एक निर्धन के कई बच्चे।

एक कन्दूड़न सुण, दुसरान भैर–अनसुनी करना, ध्यान न देना।

एक कवा का नौ कवा कन–बात का बतंगड़ बनाना।

एक कवा सकद नी, द्वी ल्याँद[9] **नी**–हर प्रकार की असमर्थता, बहानेबाजी।

एक कि इक्कीस पाँच की पच्चीस–निरंतर वृद्धि होना।

एक कितला माछी नौ कुण्ड झोल, कुछ खांण आज कुछ भोल–खाने में पानी

---

1. दबा हुआ 2. दिया जाता 3. मुक्ति मिलती 4. घुसाना 5. रहेगा 6. भेड़ 7. खेत में दो हिस्सों में बाँटने वाला पत्थर, सीमांकन 8. सौगात 9. ले जाता

डालकर कई दिन तक चलाना, कंजूसी।

एक कि द्वी कनि–झूठी बात को चढ़ाबढ़ाकर कहना।

एक कि फुक्यौं दाड़ि, दुसरु वीड़ि सुलको–किसी की क्षति का लाभ उठाना, एक को कष्ट हो रहा है, दूसरा तमाशबीन।

एक कि सैर, द्वी कु मेलो, तीन को घपला, चार को सपला–बड़ी भीड़ कष्टदायक, सीमित परिवार की उपयुक्तता।

एक कोंणा देवता, हका कोंणा कुत्ता–स्थानाभाव में असंगत कार्य करना।

एक खो गौं[1] सबु पड़्या नौं[2]–एक मछली सारा तालाब गंदा करती है।

एक खोटो से नाचण–बहुत होशियार बनना।

एक खौ असाड़ एक खौ मसांण[3]–आदमी को परेशान एक तो भूत करता है एक आषाढ़ का व्यस्त मास।

एक गुना एकी तूल[4], सौ गुना एक तूल–एक वस्तु तोलो या सौ वस्तुएँ नापने की एक ही वस्तु।

एक गोरु चरि नी, बाग मरि नी–परस्पर संबंध न बनना, यथास्थिति।

एक गौं द्वी भौ[5]–भेदभाव।

एक घेत्या[6] मरिजौ, सौ घेत्या बचि जौ–आराम से काम करना लाभदायक।

एक चणा, हजार कबूतर–एक बीमार सौ अनार।

एक चुप सौ सुख–मौन से लाभ ही लाभ।

एक चोट्या अगेलि जन–क्रिया पर तुरंत प्रतिक्रिया करने वाले, उतावले।

एक छक खाँण–एक बार ही खूब खाना।

एक छत हकुनी, मालिक छत नौनु नी–सर्वगुण संपन्न कोई नहीं है।

एक छौ राजा, एक छै राणी, खतम ह्वै कानि[7]–बातों या काम का कोई निष्कर्ष नहीं।

एक जनानु धरति कंपौंदि, द्वी आसमान हिलौंदि, अर तीन कठा[8] होलित प्रलै मचौंदि–स्त्रियों के बातूनी होने पर व्यंग्य।

एक जुगा तै जुगा नि रैंया–किसी काम के न रहना।

एक डाला पातगा छन–एक ही थैली के चट्टे-बट्टे हैं।

एक ढेबरि लता लगौ, एक गोरु छाँस ठेको–गाय से बकरी की उपयोगिता अधिक।

एक त बांदर, तथी माँ सराब पीनी–आग में घी डालना।

एक त स्वांणी, फिर द्वार खुला–आग में घी डालना।

एक तरफ आसमान, एक तरफ नुक़सान–सब तरफ परेशानी।

एक तरफ चोरि, दुसरां तरफ सीना जोरि–चोरी भी और सीना जोरी भी।

---

1. गाँव 2. बदनामी 3. भूत 4. पुराने जमाने की तोलने के लिए लोहे की दंडी 5. भाव 6. घात 7. कहानी 8. इकट्ठा

एक तवा कि रोटी क्या छोटि क्या मोटि–एक साँचे में एक से।

एकतिर भुलै ब्वारि, हकितिर बाग–हर तरफ खतरा, विपत्ति से घिरा व्यक्ति।

एक तैं सजा, दुसरा तैं मजा–पक्षपात, अन्याय करना।

एक दाड़ खाँदि, एक चमलान्दि[1]–पक्षपात, भेदभाव से असंतोष।

एक दिन भी जुग समान होंण–कष्ट के दिल लंबे होते हैं।

एक देवि सौ कांणा, कै द्यौ[2] **आखां सांणा**–एक अनार सौ बीमार।

एक देस की बोली, दुसरा देस तैं गालि–भाषा के अनेकार्थ, परायी भाषा की जानकारी न होने से अनर्थ।

एक धाद[3] **दुःखी, सौ धाद सुखी**–जब एक जोर की आवाज सुने तो मृत्यु का प्रतीक, बहुत शोरगुल सुनें तो समझो कहीं उत्सव हो रहा है।

एक धारा कु पाणि ठंडु, दुसरा कु चचकार–सर्वत्र परेशानी होना।

एक ध्रुव एक पूर्ब–सब अलग-अलग रास्ते पर जा रहे।

एक न पूरु सबि[4] **अधूरू**–एक साथ कई काम करना फलदायी नहीं होते।

एकनरि, एकसरि कन–छुआछूत का भेद न रखना।

एक नाची, हकु नाची, बुड्या रांड से निरैयणी[5] **स्या भी नाची**–जब बाजा बजता है चाने की कला वाले सब नाच उठते हैं।

एक नारी सदा ब्रह्मचारी–पत्नीव्रता पुरुष।

एक नि औ पौणु[5] **आरु फूलद, एक नि औ पाकद**–फाल्गुन और आषाढ़ में खाद्यान्न की कमी और काम की भीड़ में मेहमान न आये तो अच्छा है।

एक नि मरु गरीब कु गोरु, अर एक नि मरु जवान कि जोरु–गरीब की गाय और जवान की पत्नी मरना कष्टकारक।

एक नी जाँण पूस की प्रभात एक निजाण सौंणेंकि रात–पूस की प्रभात और श्रावण की रात जाना हानिकारक।

एक नौनु एक आँख जन–इकलौती संतान से डरना।

एक परकंड्याल अर सौ चकड़ैत बराबर–चालाक लोग।

एक परकंड्याल क्या दी कद[6]–एक बार परकंडी गाँव का एक भंडारी मंदिर के भंडार का चौकीदार था, उसको भंडार के तोते के कारण घी की चोरी में आरोपित किया गया था। संयोग से भंडार पर बाद में आग लग गई। भंडारी सारा सामान बचाने में व्यस्त था। तोते की ओर ध्यान नहीं दिया, तोते ने अपने पर संकट आता देखकर पिंजड़े से कहा 'एक परकंड्याल क्या दी करद' यह कहने का मतलब था तोता अपनी ओर भंडारी का ध्यान आकर्षित कर रहा है साथ ही भंडारी के प्रति सहानुभूति जतला रहा था, पर भंडारी खुंदक खाये बैठा था। तोते को जलने दिया, सामान बचा लिया, चोरी के इल्जाम

1. खुजलाना 2. देना 3. ऊँची आवाज 4. सब के सब 5. मेहमान 6. करता है

का बदला चुकाया। एक आदमी एक बार एक ही काम कर सकता है।

एक पंथ द्वी काज–एक काम से दो लाभ।

एक परांण बण्यूँ–घनिष्ठ प्रेम।

एक पाल खडछाँ[1], एक पठाल छाँ[2] कन–पक्षपात करना।

एक पिता के विपुल कुमारा, कोई पंडित, कोई निपट गँवारा–एक पिता की संतान में भिन्नता।

एक पीड़िन गोरु खाँया, सात पीड़ि बदनाम होंया–एक पीढ़ी की गलती का फल आनेवाली पीढ़ियाँ भुगतती हैं, अपराध किसी का दंड और को।

एक पैसा पर भी आदिम बंधि जांद–समय आने पर शेर जाल में फँस जाता है।

एक वण द्वी बाग नि रै सकदा–एक म्यान में दो तलवारें नहीं रह सकतीं।

एक बुद्धि वाला, लगड़-झगड़, सौ बुद्धि वाला पड़ा छाता तांण अपने राम ठीक रहे दूर किया पयांण–एक बुद्धि वाला गड़बड़ करता है। सौ बुद्धिमानों में झगड़ा होता है। वही ठीक है जो इस पचड़े में नहीं पड़े।

एक भेल गोरु भी चेतद–मूर्ख भी गलती से सीखता है।

एक माच्छु सारा तालाब गन्दु करद–एक की गलती से सबकी बदनामी।

एक माया खिंचु अग्वाडि[3], एक पिछ्वाडि[4]–एक माया मोह आगे खींचती है, बच्चों के बच्चों की तरफ, एक पीछे माँ-बाप, दादा-दादी, नाना-नानी की तरफ। एक लौकिक एक यौगिक माया मोह।

एक मुसु, सौ विराला–एक अनार सौ बीमार।

एक मोचू सबका आखाँ घोचू–एक बेवकूफ सबको बेवकूफ बनाता है।

एक मौसि-मौसि एक स्याळी[5]-अली–भेदभाव पूर्ण व्यवहार।

एक म्यान माँ द्वी तलवारि नि रै सकदि–सौतिया डाह, सत्ता की होड़।

एक रंड द्वि रंड, त्य रंड भबे रंड–एक से अधिक पत्नियों का मरना।

एक राँडन ख्वै[6] गौं सबु तैं पड़ि नौं–एक दुष्ट की गलती से सबकी बदनामी।

एक रिक्खा[7] डरन भूड़[8] लुक्या[9],तख सौ रिख भुक्या[10]–सर्वत्र भय ही भय, खतरा ही खतरा।

एक लगुला पर क्वी[11] सामी[12] क्वी बाँगि[13] काखड़ि–एक ही माँ-बाप की संतान में भिन्न गुण।

एक लड़्या होंण–इकहरी डगर, दुनियादारी से बेखबर।

एक लोतणु, सौ कुकुर–एक बीमार सौ अनार।

एक ल्याँया पोर[14], एक ल्याँया परार, एक निकली चोर, एक लवार[15]–जिस स्त्री को लाये सबमें खोट ही नजर आये, कष्टदायी वस्तु लाना।

---

1. घास-फूस की छत 2. छत 3. आगे 4. पीछे 5. साली 6. खोना 7. भालू 8. झाड़ी में 9. छिपे 10. भोंकना 11. कोई 12. सीधे 13. टेढ़ी 14. पिछले साल 15. झूठ बोलने वाली

एकला खांणु, दोकुला नहेंणु–खाना एक समय नहाना दो बार।

एक सकदु[1] नी, द्वी ल्यौंदु नी–एक उठा नहीं सकता, दूसरा ले जा नहीं सकता, काम न करने का बहाना।

एक सड़ु दुसरातैं खाद–एक की क्षति से दूसरे को लाभ।

एक साँचा परा ढल्यां–सब एक ही गुण के हैं।

एक सिंग रण को, एक सिंग वण को, एक सिंग माधोसिंह और सिंग काहे को?–युद्ध में लड़ने वाला राजपूत शेर एक जंगल का शेर, एक माधोसिंह शेर और किस बात के शेर 'सिंह' हुए?

एक से दो भले–एक के बजाय दो का जोड़ा लाभदायक।

एक सेमला द्वी फूल–एक से अनेक।

एक सेर ह्वैगि, जादा स्यालों कु क्या कन–एक सुयोग्य पुत्र हो गया सौ मूर्खों का क्या करना है?

एक सौ चालीस लगी–झगड़ा करने की धारा लगना।

एक स्वींण[2], एक भैंस, एक घट, एक भैंस–स्त्री, भैंस, घराट और पति एक ही होना हितकर।

एक हत्या घरवार, सौ हत्या खेति–एक आदमी से, घर-वार चलता है, खेती को चाहिए अधिक लोग।

एक हंसणों एक निगसणों[3]–एक स्वाभाविक हँसी एक व्यंगभरी।

एक हाथ गला पर, एक पैर पर–शरणागत भी होना, गले में सवार भी होना, छद्मवेशी।

एक हाथ पीड़ु[4] एक हाथ जाँठु[5]–खाना खूब दो तब काम भी लो।

एक हाथ से तालि नि बजदि–झगड़े के लिए दोनों पक्ष दोषी।

एक हाथ से नाम, एक हाथ से नामा–नाम की बलिहारी।

एका गुरु का चेला छन–सब एक से हैं।

एकादसी का घर द्वादसी–एक से बढ़कर एक, एक परेशानी में दूसरी परेशानी होना, असंगत कार्य।

ऐ

ऐंच[6] का आँखा ऐंच, अर मूड़ि का मूड़ि[7] रैगीन–भौचक्के रहना।

ऐंच देखण वाला तैं स्वर्ग, निसा देखण वाला तैं नर्ग–ऊँचे विचार उत्थान करते

1. सकना 2. स्त्री 3. व्यंग्य भरी हँसी 4. चारा 5. डंडा 6. ऊपर 7. नीचे

हैं निम्न विचार पतन कारक होते हैं।

ऐंच न किटग्यो न थरा[1] **भिटग्यो**—एकाएक दुर्घटना घटना।

ऐंच पांणि चारदा[2], **थरा जड़ा काटदा**—धोखा देना।

ऐ त लक्ष्मी, गैत बला—लक्ष्मी प्राप्त होने पर संपन्नता, खोने पर परेशानी।

ऐ पड़ि सिद्ध का सिर—सिद्ध पुरुष के मत्थे पड़ गयी।

ऐरा-गैरा, नथु खैरा—समाज में जिनकी गिनती न हो।

ऐलित[3] **अपड़ा मणस**[4] **औलि**[5]—औरों से क्या मतलब।

ऐसी कम तैसी कलि—बुरे हाल करना।

ऐसी तैसी माँ जौ[6]—छोड़ो आगे बात न बढ़ाओ, गाली।

ओ

ओखला[7] **मुण्ड**[8] **धलित चोटूयो क क्या डन**—जब खतरा मोल ले लिया तो डरना क्यों?

औटि काटी कपास—तैयार माल, मूलवस्तु यथावत।

ओंठ काटणू—गुस्सा करना।

ओंठ काटी खाणू—भूख से व्याकुल।

ओंठ काटी तीस नि बुझदि—छोटे प्रयास से बड़ी समस्याएँ हल नहीं होतीं।

ओंठ बबलाणा—गुस्से से काँपना।

ओंठ माँ जोंगा[9] **छन**—पौरुष।

ओंठ माँ जोंगा नी—पौरुष नहीं, डरपोक।

ओंठ माँ पाणि सूखण—प्रेमातुर।

ओंठ सूखीन—बड़ी प्यास।

ओड़ा ओडेक, बाँट बाँटके छन धरयाँ—भावी पीढ़ी के लिए व्यवस्थित बँटवारा करना।

ओडा घर ठांड[10], **बैदा घर राण्ड**[11]—राज की झोंपड़ी, ज्योतिषी के घर विधवाएँ, असंगत बात।

ओडा तैं लौंण, बाँटा तैं खाण—अपने हिस्से का उपभोग।

ओडा बीठा काटण—सीमा का अतिक्रमण।

ओडुजन जग्वाल[12]—रातभर न सोना।

ओडु सान[13]—सीमा का अतिक्रमण करना, अनुचित कार्य।

---

1. नीचे 2. सींचना 3. आयेगी तो 4. पति 5. आयेगी 6. जाये 7. ओखली 8. सिर 9. मूँछें 10. घास-फूस की झोंपड़ी 11. विधवा 12. रखवाली करना 13. खिसकाना

ओड़्यारौं सीं घास–क्षणभंगुर।
ओंणि-कुणी भरी–भरपूर भंडार।
ओ:द[1] रूप धन–दुष्ट व्यवहार।
ओ न म सी ढंग नि जाँणद--अनपढ़, प्राचीन समय में शिक्षारंभ से पूर्व बच्चे को शिक्षक एक जूजारंभ द्वारा ओम नमः सिद्धम् का शब्द बच्चे को कहता था।
ओबरा कु धुआँ, और बौडो पाणि कैन रोकि सकि–निचली स्टोरी का धुआँ और ऊपरी स्टोरी का पानी अपनी दिशा में जाएगा ही। प्रकृति पर कोई रोक नहीं लगा सकता।
ओबर्याल जन–गुलाम जैसा, कृतज्ञता से दबा जैसा।
ओबरा का अढ़ाया[2] बौण्डा सटा[3]–प्रभाव कहाँ का कहाँ पड़ना।
ओबरा गयो बौण्ड गयो, बठुलु[4] धायो तत्थी[5] होयो–छोटे-छोटे काम में दिन निकालना।
ओर गौं पौर नल गौं, सर्ब खराब कंडोलगौं–कभी जमाने में असुविधानजक गाँव थे (अब सुविधाजनक संपन्न गाँव हैं)
ओर चुकै लीक[6], पारे चुकै भीख–सब जगह से वंचित रहना।
ओर जाँदरी, पोर घट–झूठ बोलना, यहाँ एक बात वहाँ दूसरी बात।
ओर जेठाणा[7] पौर माम्यासौरा[8] कख जाँण और–पहाड़ में पति के बड़े भाई और पति के मामा को स्पर्श नहीं करते। बड़ा धर्म संकट होना।
ओर नाला पोर भेत, बीच माँ ह्यूण, स्वै कल्यो[9] स्वै ज्यूण[10]–ह्यूण के ब्राह्मणों के यहाँ दूर-दूर से काम करने वाले लोगों को एक ही समय खाना दिया जाता था। काम अधिक पारिश्रमिक कम देना।
ओर-पोर कन–इधर की बात उधर लगानी, छुआछूत का भेद न करना।
ओर-पोर क्वी नि चैंद, मैं बीच माँ धरा–असंगत बात करना, जब कोई इधर-उधर नहीं रहेगा फिर आदमी बीच में कैसे होगा?
ओर पोर क्वी नि सौंण[11], बीच माँच करवै रौंण[12]–जब इधर अपनी दोनों ओर किसी को बैठने न दें तो बीच में बैठने का सुख कैसे मिलेगा। असहनशील को घाटा।
ओलि बेल[13] पलि बेल–न इधर का समय न उधर का।
ओंस का बूँदून तीस नि बूझदि–ऊँट के मुँह में जीरा।
ओंस का बूँदन समुद्र नि बणद–तुच्छ बातों से बड़े काम नहीं होते।

---

1. ऊदबिलाव 2. समझाये 3. सतर्क 4. कटोरी 5. उतना ही 6. परंपरा 7. पति के बड़े भाई 8. पति के मामा 9. नाश्ता 10. दिन का भोजन 11. सहना 12. रहना 13. प्रहर

औ

औ-औ[1] बोल यतु, धुर-धुर बोला फुंडु—कुत्ते को बुलाओ तो निकट आता है डाँटो तो दूर जाता है। सरल व्यक्ति आज्ञाकारी।
औ कुत्ता मैं काट—आ बैल मुझे मार।
औ चुड़ैल मैं घेरली—आफत मोल लेना, संकट को बुलाना।
औ खुण्ड मेरा मुण्ड—आ बैल मुझे मार।
औघड़ जन—अवधूत साधु जैसा, गंदा, अव्यवस्थित व्यक्ति।
औ जौर[2] मेरा घौर[3], पड्यू रोलु तेरा भौर[4]—बीमारी के बहाने आराम।
औझाड़ मान—जोर से चिल्लाकर गुस्सा निकालना, भूत भगाने के लिए मंत्रित चावल, बीमारी से ग्रसित पर जोर से चावल फेंकना।
औण की चार, जाँण कि बार दिसा—आना कठिन, भागना या जाना सरल।
औंण-जाँण वाला देखण—मेहमानों की आवभगत करना।
औणि जाँणि कन—प्रेमभाव रखना।
औणु जाँणु लग्यूँ—जन्म मरण का क्रम लगा है।
औतनू च—गुस्से में नाचना, जोर से चिल्लाना, देवता आना।
औता तेवार[5], बाँडा बग्वाल[6]—व्यर्थ की शानशौकत, निरर्थक प्रयास।
औता तैं घरवालि प्यारि, क्वाँरि तैं दे प्यारि—निःसंतान को पत्नी प्यारी, युवती को अपना शरीर प्यारा।
औता धन प्यारु, कोड़ि ज्यू[7] प्यारु—निःसंतान धन प्रिय, कुष्ठ रोगी शरीर प्रेमी।
औता मू नौना कि जन्मपत्री माँगण—असंगत बात।
औताल् होंण—संतानविहीन होना, राजशाही के समय संतानहीन की संपत्ति पर राजा का अधिकार होता था, राजा धन लेकर किसी को भी उस जमीन को बेचता था।
औता से सौत भलि—अपूती से सौत भली।
औंद न जांद, खालि वृहस्पति—नाम बड़े, दर्शन छोटे।
औंदा[8] कु आदर-जांदा कु सत्कार—मेहमान का पूर्ण सत्कार।
औंदा दगड़ि औंदु, जांदा दगड़ि जान्दु—जिस किसी के साथ आना-जाना।
औंदा बामण, जांदु भाट—आते समय सम्मान, जाते समय अपमान गलत है।
औंदि वक्त कपडा, जांदि वक्त बात—आदमी आते समय कपड़ों से, जाते समय उसकी बातों के स्तर से पहचाना जाता है।

---

1. आओ-आओ 2. बुखार 3. घर 4. बहाने 5. त्योहार 6. दीपावली 7. जीवन 8. आने वाले का

औंदिवक्त थप्पड़, जांदि दौ लात—आते-जाते समय अपमानित करना।

औंदि लक्ष्मी लात नि मान—घर आई लक्ष्मी ठुकरानी नहीं चाहिए।

औंदु दौंकार[1] जांदु सौकार—आते समय गुस्से में जाते समय शान दिखाना।

औ भाग मेरा आग—भाग्य सर्वत्र जाता है।

औ मुताड़ दगड़ि स्यौला[2], मैंभी मुताड़, दसाण किलै विछौला?—एक से स्वभाव वालों में पटती है।

औंर अगनैं, बाछरु पिछनैं—उल्टा काम।

औंर जनि लटकणी—पीछे के भाग पर लंबी वस्तु लटकी।

और जात्यौं का खाँण बच्चा, कुपाष्टियों का खाँण आँडरु—दुष्टों के बच्चों को गर्भस्थ ही समाप्त करना हितकर होता है।

औरतन खोल्या दंत, मर्दन पाई अंत—स्त्री की हँसी का रहस्य पुरुष समझता है।

औरु का चौंल्, औरु कि दाल, मार फाल्—मुफ्तखोर, खाने को उतावला।

औरु कि नजर अधरु[3] वधरु, च्वैरै नजर मोटु बाखरु—औरों का ध्यान इधर-उधर चोर का ध्यान चोरी पर।

औरु कि और छूर्वी मेरा लाटाकि व्याये छूर्वी—और लोग, और बात करें, गूँगा अपनी शादी की बात करता है। जिसको है अपनी स्वार्थ सिद्धि की चिंता है।

औरु कु बांठु[4] बामणू कु लाटु बराबर—और जातियों का चतुर ब्राह्मणों का गूँगा बराबर होता है।

औरु गाड बगौन, अफु घर औंण—औरों को संकट में डालकर अपने आप घर आना।

औरु तैं होलु बादरु ग्याल्, मेरिल्यौ[5] स्याल्—औरों को सम्मानित होगा हमारे काम न आया तो गीदड़ के समान है।

औरु दौ बुज्याड़ि मेरि दौ रिती—भेदभाव।

औ रे खुण्ड मेरा मुंड—विपत मोल लेना।

औरों तैं बैसागु, मैतैं पैसाकु—भेदभाव करना।

और[6] नि उबाणि अभी—अभी छोटी उम्र का होना।

औंरि परा सी—उपरोक्त

औला बन की लकड़ी डाडा बन को घास—जले बन में लकड़ी और घास होती है।

औला[7] भाग पक्यां म्यौलु—भाग्यवश प्राप्ति।

औंलि ठकुराणा त ठाकुर तैं औलि मेरा कै काम —जिसकी पत्नी उसके काम, औरों से क्या मतलब?

औलि् लगण—पीछे से आने की आतुरता।

औलु उछेडु होंण—वर्णशंकर औलाद।

औसर[8] औंण—गाय या भैंस का ऋतुमती होने का अवसर आना।

---

1. गुस्सा 2. सोयेंगे 3. इधर-उधर 4. चतुर 5. मेरे लिए 6. नाल 7. आयेंगे 8. अवसर

औस लाण-खाँण पर घर नि जांण–अमावस्या को अन्य लोगों के घर जाने की वर्जना।

औंसिंकि जन्मी लौड़ि, जादा दिन निरौंदि जोड़ि–अमावस्या को जन्मी लड़की जल्दी विधवा होती है।

औंसिंकि रात भागी–विपत्ति में भागना। अमावस्या को एक ही रात नहीं जाते, संकटग्रस्त जाता है।

औंसि[1] संग्रान्दि औंद–कभी-कभी आता है।

क

कंगला कु माल चोर खांद, सब भाड़ माँ जांद–कंगले या कंजूस का माल चोरी जाता है। सब प्रयास व्यर्थ जाता है।

कंगला जनु भटकणू–भिखारी, नंगा भूखा सा भटकना, दरिद्रता।

कंगलू का कंगला होंण–गरीबों की दरिद्र औलाद।

कंग्स पैदा होंण–कुलघाती।

कंग्सा मुखपर, कृष्णै बात–गुस्सा निकालने वाली बात करना, शत्रु से शत्रु की प्रशंसा असह्य।

कंजड़ जन–कंगाल जैसा।

कंजुसी करु भूखु मरु[2]–कंजूसी करने वाला भूखों मरता है।

कंटर बजंणा–बदनामी होना।

कंटर सौजण[3]–भिखारी होना, गरीबी।

कंटरी माल–खराब सामान, नकलीमाल, पुराने जमानों में अपने देश का बना माल (कंट्री माल) अच्छा नहीं माना जाता था। विदेशी माल की अधिक माँग होती थी।

कंठ माँ धर्‍या–बात मन में रखना, भूलना नहीं।

कंठ सूखी–गला सूखना, प्यास।

कंडारा राजा पैक अर नैक जन सिपे–कायर और दगाबाज (चौदहवीं शताब्दी में गढ़वाल में गढ़पतियों का शासन था। कंडारागढ़ी का शासक नरवीर सिंह कंडारी-गुसाँई था। राजा अजयपाल सिंह (चाँदपुर गढ़ी का तत्कालीन राजा) ने आक्रमण किया, कंडारा के राजा के सैनिकों ने राजा को विश्वास दिलाया कि वे अजयपाल सिंह को पछाड़ देंगे। उन्होंने किरमोड़ की तलवारों से राजा का बगीचा काटा और कहा किस प्रकार शत्रुओं को काटेंगे। राजा निश्चिंत

1. अमावस्या 2. भरना 3. रखना

हो गया। जैसे ही राजा पर शत्रुओं का आक्रमण हुआ नरवीर सिंह कंडारी के सैनिक भीषण युद्ध की आशंका से भयभीत होकर शत्रु पक्ष से जा मिले और उसके स्वागत में गाना-बजाना किया। नरवीर सिंह समझ गया कि सैनिकों ने धोखा दे दिया है। उसके पास पारसमणि थी उसको मुँह में रखकर अंदर से बनी सीढ़ियों से मन्दाकिनी में रानी सहित जा डूबा। राजा के सैनिकों में कंडारा के तत्कालीन सैनिक कायर और धोखेबाज लोग थे। आज उस वर्ग/जाति के लोगों का नामोनिशान नहीं है। वर्तमान में वहाँ लोग सभ्य और संपन्न हैं ।

कंडारा राजै नौकरि कन[1] चुलि[2] ट्यमर्‍या बान्दर देखण भला–कंडारा के राजा फोकट में नौकरी कराते थे। वर्ष के अंत में लोहे पर पारसमणि स्पर्श कर थोड़ा सोना बनाते थे, पर वह पर्याप्त नहीं होता था। अतः लोग कहते हैं कि कंडारा...भला।

कंडालि[3] कु जन कीड़ु–खतरनाक जगह का प्राणी।

कंडालि लगैक दान कख छौ–दान स्वेच्छा से दिया जाता है न कि दबाव देकर।

कंडाल्या पातगा खांण–गरीबी का जीवनयापन करना।

कंडि जालि–प्राचीन समय में मुर्दे को कंडी में रखकर दाह संस्कार करने ले जाते थे। विशेषकर मृत बच्चों को, गाली।

कंडि बोकण वालु–गरीब मजदूर, दास।

कंडौ जन काखु–कई दिन तक एक ही वस्त्र, वस्तु का प्रयोग।

कंण-कंणी सौण–चुपके से बर्दाश्त करना।

कंणसुणा लगौण–चुपके, छिपकर बातें सुनना।

कंदुडु माँ खून रीटण–जवानी का जोश।

कंदूड़ काटण–चालाकी करना, धोखा देना।

कंदूड़ खोंलीक सूणां–ध्यान लगाकर सुनो।

कंदूड़ तेल डांल–अनसुनी करना।

कंदूड़ माँ हाथ धन–भयभीत होकर कभी न करने की प्रतिज्ञा।

कंदुडु माँ भणाक[4] पड़ी–दूर से कोई बात सुनना, महत्त्वपूर्ण खबर की भनक पड़ना।

कंदूड़ देण–ध्यान देना।

कंदूड़ नि देण–ध्यान न देना।

कंदूड़ पकंण–दंड देना।

कंदूड़ पकड़ी निकांल–बेइज्जती कर निकालना।

कंदूड़ फोंण–जोर से चिल्लाना।

कंदूडु बुज्याड़ा कोचण–कानों से अनसुनी करना।

---

1. करना 2. से तो 3. बिच्छू घस 4. हल्की खबर

कंदूड़ भना—कान भरने।
कंदूड़ रौल्याणा—कानों में अस्पष्ट गूँज।
कंदूड़ सौरि कोचण—अनसुनी करना।
कंदूड़ हाथ पर छन धरियां—दुष्ट से बाज आने की शपथ।
कंधा देण—मृत की शव यात्रा में शामिल, सहयोग देना।
कंध्यायू[1] च—सहयोग देना, दे रहे हैं।
क क कंचन डाली, निस वास नि लेंण, ढगद्याँदि ढुगि माँ खोटु नि धन—कंचन डाली के नीचे निवास वर्जित, लुढ़कने वाले पत्थर के नीचे निवास न करें। पुराने जमाने में वर्णमाला पढ़ाने की पद्धति यही थी। ('क' ढ)
कका कि बेटि छै पर मेरा कै कामै—वर्जित वस्तु से लाभ नहीं।
कका करों पुज्यै, हमुन अँगुलि नि भिजै[2]—अपनों ने ही निमंत्रण न दिया।
कका बडू का दाई, मामा-पुफू[3] का भाई—चचेरे-तऊरे भाई के बजाय मामा या बुआ का लड़का सच्चा भाई होता है।
कख असरुपी, कख पाई—कीमत में भारी अंतर।
कख खिड़ुं, कख चन्दन—गुणों में भारी अंतर।
कख गिड़कि[4] कख बरखि—कहाँ का प्रभाव कहीं और, असंगत कार्य।
कख च कुचलो, कख च कुचलो—एक ही रट लगाना।
कख जाँण कखि ना, क्या ल्यायाँ कुछ ना—सब काम निष्फल, सब प्रयास निरर्थक।
कख जाँण आज? अरे जल्दी भाज—क्या पूछना क्या जवाब दे रहे हैं।
कख जाँणू, 'नैलिकुण्ड' मैं भी औंदु नागै मुण्ड—जिस किसी के साथ कहीं भी जाने को लालायित।
कख छा कितला का नाग, बिराला कु बाग—अतिशयोक्तिपूर्ण बात।
कख छै नींद असूजै म्वारि[5] कख छै नींद असूजै ब्वारि—मधुमक्खी और कृषक की बहुओं को असूज में चैन नहीं रहता।
कख छौ मक्कु? तख देख्यौ एकु—कथनी और करनी में अंतर, प्रचार कुछ वास्तविकता में अंतर।
कख नाग, कख कितलु—उपरोक्त।
कख नारो, कख पाणि कु धारो—असंगत बात।
क ख निजाणद—निरक्षर, अनपढ़।
कख बाग, कख स्याल—स्तर में भारी अंतर।
कख भी ऐ आज घाम—अनहोनी, अप्रत्याशित काम।
कख मेरि पाँखो[6], कख मेरि मौंखो—एक ही रट लगाना, असंगत काम।
कख राजा कि राणि, कख मंगतू की काँणि—जमीन-आसमान का अंतर।

---
1. कंधे में रखना, सहयोग करना 2. भिगोना 3. बुआ 4. गर्जना 5. मधुमक्खी 6. नाम

कख राजाभोज कख बन्दर चोर—हैसियत में भारी अंतर।

कख रेसम, कख पसम—गुणों में भारी अंतर।

कख वाल्‌ त्वण, कख माछा मान—असंगत कार्य, कहना कुछ करना कुछ ।

कख समुद्र, कख तलौ—मात्रा में भारी अंतर।

कख हाति, कख चींटि—सामर्थ्य में भारी अंतर।

कखि[1] का—अज्ञात स्थान के, अमर्यादित, निकृष्ट स्थान के वासी।

कखि कु नि रखण—किसी काम का न रखना, सर्वनाश करना।

कखि चिपकौंण—कहीं नौकरी पर लगाना।

कखि जिड़खी[2] सकदु छौत—छोटी-मोटी नौकरी की तलाश।

कखि मुख दिखौंण लै नि रैयों[3]—सर्वत्र बदनामी होना।

कखौ[4] च, बल रैका कु, नौनु हैको[5] कु—जहाँ बाप का पत्ता न चले (पुरानी बातें अब लोग मजाक करते हैं)।

कख्यौ नि रंण—किसी काम का न रखना, नंगा करना।

कच-कच कन—हर समय टोकाटोकी करना।

कच पेटाल कन—किसी काम को अधूरा छोड़ना, अपाच्य खाद्य।

कच्चा काम कन—विश्वसनीयता का अभाव, भरोसेबन्द काम न करना, अप्रमाणित सबूत।

कच्चा पण—निर्बल होना, पक्ष दुर्बल होना।

कच्चि उमर—अल्पायु, अभी छोटी उम्र।

कच्चि-कच्चि पाँण—क्षणभंगुर, मजबूती न होना, अधूरी शिक्षा या सीख।

कच्चि कि हाँडि गै, विराला[6] कि इमान गै—छोटी सी बात के लिए बेईमानी करना।

कच्चि गोलि नि खै—काम मजबूत करना, बड़े चालाक।

कच्चि-पक्कि पेंण—देसी-विदेशी शराब पीना।

कच्चि बात कन—अविश्वसनीय बात करना, बचकाना बात करना।

कच्चि लंगोट का—चरित्रहीन, दुराचारी।

कच्चु खाँण—कठोर दंड देना, गुस्सा दिखाना।

कच्चु घ्‌ड्डु मार सौंद पक्कु ना—अनुभवहीन को कष्ट उठाना पड़ेगा, अनुभवी को नहीं।

कच्चूमर निकलि—बुरी तरह से पिटाई, हड्‌डी पसली तोड़ना।

कछमुलि[7] बणैलि—मार-मार कर बुरी गति करना।

कछमुलि बाँटण—उत्सव मनाना।

---

1. कहीं 2. चिपकना 3. रहा 4. कहाँ का 5. दूसरे का 6. बिल्ली 7. बकरी के भीतर का कच्चा माँस

कच्छा फाटूयाँ, परिवार नटूठयाँ[1], फिर भी तखि डटूयाँ—बुरे हाल होने पर घर न छोड़ना।

कच्छु जन—पीछा न छोड़ने वाला, जिद्दी

कजाक ऐगि—बुरे दिन आना, दुर्घटना घटना।

कजे कु रड़कि ढाँगु हमून क्या कन ताँकु—गरीब के नुक़सान से अमीर को कोई गम नहीं होता।

कज्याण्यों का पाँजा गौं पड़्या बाँजा—दुष्ट औरतों की बुरी करतूतों से गाँव में अशांति व्याप्त, उजड़ना।

कटूयाँ नाकौ सिकाणो[2]—अनियंत्रित वस्तु।

कटूयाँ माँ लोण-मर्च डॉल—दुख में और दुखाना।

कटूवाड़्या जन—कर्महीन, छोटी श्रेणी का व्यक्ति, भटकने वाला लालची।

कटूवाँस[3] टूटण—भीषण वर्षा, मोटी बूँद वाली वर्षा, मूसलाधार वर्षा।

कटूयूँ-कटूयूँ रौंण—दूर-दूर रहना, संबंध विच्छेद करना।

कठ बाबु सीं—बेरहम व्यक्ति, स्नेहहीन, निष्ठुर, माँ का दूसरा पति।

कडु-कडु होंण—मूर्च्छित होना, मनमुटाव की स्थिति, बातचीत बंद, मुख फेरना।

कडु खाँण हप्ता माँ, मिठु खाँण मैनां माँ—मीठा कम कड़ुवी वस्तु अधिक खानी चाहिए।

कडु घूँट पेंण—अप्रिय बात को सहना, प्रत्युत्तर न देना।

कडु लगण—अप्रिय होना, अप्रिय लगना।

कड़ै खाँण-लड़ै जाँण—कठोर दिल कर युद्ध में जाना।

कणादि[4] बाखरि साठ, कणादि ब्वारि नाट—सोने में बकरी की धीमी आवाज से उनकी वंशवृद्धि होती है। कहराती बहू की रोने की आवाज हर समय आने से कुल नाश होता है।

कणाँदि बिरालि मूसु मू कान कटो—आलसी और कामचोर को छोटा व्यक्ति भी नुकसान पहुँचाता है।

कतगि अटगदि[5], त भेल नी लोटदि[6]—असावधानी से क्षति होना।

कतनि कुखड़ी, कतनो फफडाट—छोटी चीज का बड़ा शोर।

कतामति लगणी—जल्दबाजी करना, बेसब्री दिखाना।

कथनि माँ मिठि, करनि माँ खट्टि—कथनी और करनी में अंतर।

कथा काँणि, रात ब्याँणि—किस्सा खतम, मामला समाप्त, सदा के लिए विदा होना।

कथा लगौंणा—झूठी, मनगढ़ंत बात।

कदर कन—इज्जत देना।

कदु पकण—अब क्या कर सकोगे, विवशता, धिक्कारना।

---

1. बाहर गये 2. सींक 3. भारी वर्षा 4. कराहना 5. दौड़ती 6. गिरती

कदु माँ जौ–भाड़ में जाये, बला से कुछ हो।

कन्दुड़ि खड़ि कन–सचेष्ट होना, सतर्कता बरतना।

कन्दुडु माँ ल्वे[1] रीटणू[2]–खून, जवानी का जोश, लालिमा।

कन्दूड़ पकण्याँ–खबरदार रहना, कान पकड़ना, किसी गलत काम को न करने का संकल्प करना।

कन्दूड़ हाथ छनि धर्‌याँ–बाप रे बाप!, खबरदार, बस से बाहर।

कन्धा माँ जुवा, गौं खोजु–कस्तूरी कुंडलि बसे मृग ढूँढे बन माहिं, ऐसे घटि-घटि राम हैं, दुनिया देखे नाहिं, होश में न रहना, स्मरण शक्ति नष्ट होना, बगल में छोरा गाँव ढिंढोरा।

कन कपालि फूटि–कैसी गलती हो गई, भाग्य फूट गये, दुर्भाग्य।

कन से करौंण वालु बडु–काम करने वाले से कराने वाले का महत्त्व होता है।

कना-कना छन धार पैथर[3]–संसार में एक से एक बढ़कर लोग या वस्तुएँ या बातें या चमत्कार हैं।

कनालि खैक, कनाल्यू जौडु नि पछ्याँणी–खाली पेट भरना, हल्की सोच, गहराई तक न जाना।

कनालि लगैक दान नि होंद–दान दाता की मर्जी पर निर्भर होता है न कि पाने वाले भिखारी के हाथ।

कनु जमानु आई? घ्वीड़ बागौ गिचु चाटणू भाई–सब निर्भय, असंगत घटना।

कनु जमानु आई? नयाँ जमानौं प्रसाद सबून पाई–नये जमाने का प्रभाव सब पर पड़ता है।

कन्या से दूणों बर हो–वर की उम्र बहू से दुगुनी होनी चाहिए।

कपटी को कुल नास, निरकपटी को ज्यू नास–कामचोर का कुल नष्ट होता है। परिश्रमी का शरीर पर कुप्रभाव पड़ता है।

कपड़ा न लत्ता, चला कलकत्ता–बिना सामर्थ्य के काम करने की ललक।

कपुडु माँ औंण–ऋतुमती नारी।

कपाल कफन बाँधण–आत्मोत्सर्ग को तत्पर, मर मिटने को तत्पर।

कपाल खज्याण[4]–मार पड़ने की नौबत पैदा करना।

कपाल तिंण[5]–गुस्सा आने की बात करना, इंतजारी में परेशान।

कपाल फूटण–भाग्य पलटना, दुर्भाग्य आना।

कपाल फौंण–दंड देना, भाग्य रूठना।

कपाल माँ चढ़ायूँ–सिर में चढ़ाना, अनावश्यक छूट देना, बच्चों को मनमानी करने की छूट देना।

कपाल माँ सिंग जामण अब–समय पर समझ न आना फिर कब आयेगी।

---

1. खूर 2. घूमना 3. पीछे 4. खुजलाना 5. फटना

कपालि हाँति[1], क्या डाँलि घाति[2]–जिसकी सूरत ही हत्यारी है उसका अनिष्ट क्या सोचना है। जिसका हर समय अपने माथे पर हाथ रखा रहता है वह अपना ही अनिष्ट करता है। दूसरा नहीं।

कपालि हाथ धन–दुःख प्रकट करना।

कपालैं बटा निकंल–बुरे कर्म सिर के रास्ते निकलते हैं।

कपास्यू डाम[3] धन–पीड़ादायक दंड देना, गाली।

कपूत कु क्या पाँजण[4], सपूत कु क्या साँजण–कुपुत्र को जमा करना अलाभकारी सुपुत्र को माता-पिता द्वारा संग्रह करने की आवश्यकता नहीं।

कपूर उड़ी पर वास़ छैच–मृत्यु के बाद भी प्रभाव छोड़ना।

कफन बाँधण–मर मिटने को तैयार।

कफु[5] बासण नि देंण–बनी बनाई वस्तु तुरंत नष्ट होना, (फाल्गुन में मकान बनाया, चैत्र में जब कोयल बोलती है, मकान टूट जाता है।)

कफू का चेला, कफु दगड़ि सेला–समस्वभाव वालों के विचार मिलते हैं, खून का रिश्ता अटूट।

कब थोरि[6] व्यांलि, कब तौरि[7] खाली–लंबी प्रतीक्षा करना।

कब नौनु होलु, कब नाती होलु–लंबी प्रतीक्षा करना, सब भविष्य के गर्भ में।

कब मरि सासु, कब आयाँ आँसु–समय बीतने पर जग दिखाई के लिए रोना, असंगत कार्य।

कबट बचन से कटु बचन भला–धोखा देना बुरा, कड़ी बात करना उतनी बुरी बात नहीं है।

कबाड़[8] सिर फूटी औंद–दूषित मन, धोखा करने का बुरा फल मिलता है।

कबाड़ि कु कुलनास–कामचोर धोखेबाज का कुल नष्ट होता है।

कबारि चुलि, अभि भलु–भविष्य के बजाय वर्तमान को महत्त्व।

कबूतरा सीं बच्चा–सुदर्शन बच्चे।

कभि अन्ध्यारु, कभि उज्यालु–समय परिवर्तनशील होता है।

कभि कट्टमकटा[9] कभि चटमचटा–कभी दोस्ती कभी दुश्मनाई।

कभि घी घड़ा, कभि मुट्ठी भर चन्ना–कभी गरिष्ठ भोजन कभी रूखी सूखी रोटी। समय बलवान होता है।

कभि घोड़ा माँ, कभि जोड़ा माँ–कभी सम्मान कभी बेइज्जती। जैसे आज के नेताओं की होती है, कभी माला पड़ती है कभी अपमानित/पराजित होने की नौबत आती है। कभी हवाई जहाज में कभी पैदल चलने को विवश।

कभि चढ़ै, कभि उतरै–कभी सुख, कभी दुःख।

---

1. हत्यारी 2. अनिष्ट कामना 3. जलते कपड़े से शरीर को स्पर्श करना 4. संग्रह 5. कोयल 6. भैंस का बच्चा 7. मलाई 8. गंदगी 9. लड़ाई-झगड़ा

कभित औलि मेरा लाटा बाच—कभी तो आएगी सद्‌मति।

कभित औलु गबनि गौं घाम[1], स्यालौं गू काम—समय सदा एक सा नहीं रहता, संसार की हर वस्तु काम की होती है।

कभि तैला[2] धाम, कभी सीला[3] धाम—समय सदा एक सा नहीं रहता।

कभि न कभि, आजै सबि—कभी कुछ न दिया, एक दिन सब कुछ दे दिया।

कभि न पट्‌वारिन घास खाँण, घोड़ा न दूध देंण—प्रकृति के विपरीत काम न होना, असंभव कार्य।

कभि न बाबून ब्यॉण, न भुलान[4] होंण—असंभव का संभव होना कठिन होता है। अप्राकृतिक काम न होना।

कभि नाव गाड़ि पर, कभि गाड़ि नाव पर—समय का फेर, एक वस्तु दूसरे के काम आती है।

कभि बूड़ गड़गड़ि, कभि बुड्‌या गड़गडु—आज एक नाराज तो कल दूसरा, कभी किसी का मूड खराब कभी दूसरे का।

कभि बेल मारु कभि गाल[5] मारु—रात में न खाना अमंगलकारी और गालीगलौज अनिष्टकारी होती है।

कभि रॉडौ छोरा भूखु मरद, कभि खैक मरद—कभी गरीब भूख से मरते हैं, कभी अधिक खाने से।

कभि रात बड़ी, कभि दिन बड़ा—समय परिवर्तनशील है।

कभि सेर, कभि स्याल—कभी वीरता दिखाना, कभी कायरता, रंग बदलना, गिरगिट सा।

कम खांण, गम खांण भलु—अल्पाहारी और सहनशीलता लाभदायी।

कम बच्चा सबसे अच्छा—सीमित परिवार की उपयोगिता।

कमर-कमर कि दाल, घुंडु-घुंडु कु भात—खाने-पीने की पर्याप्तता।

कमर कसण—हिम्मत बाँधना, लड़ाई को तत्पर।

कमर खड्डु कन—विश्राम करना, अतिव्यस्तता में थोड़ा विश्राम करना। बहुत दिनों की गमगीन अवस्था में पड़े रहने से थोड़ा हिम्मत बाँधना, नये साहस का संचार।

कमर गंज्यालै[6] सीं मुठ—बारीक कमर, पतली सुंदर नारी।

कमर टूटण—प्रियजन की मौत पर गमगीन, सहारा छिनना।

कमर तोंण—शक्तिहीन करना, सहारा छीनना, साहस तोड़ना।

कमर बाँधण—कठिन काम के लिए तैयार होना, युद्ध के लिए तैयार होना, हिम्मत बाँधना।

कमर सामु[7] कन—विश्राम करना, झुका कमर सीधा करना।

---

1. धूप 2. गर्म स्थान 3. ठंडा स्थान 4. छोटा भाई 5. गाली, अशुभ बात 6. मूसल 7. सीधा

कयूँ-कमायूँ भांग का भाड़ा—कराधरा सब व्यर्थ।
करगट[1] मेट्यूँ—जगह-जगह की बुराई ले रखी, निष्प्रयोज्य वस्तु का संग्रह।
करड़ि कुमैंण—निर्दयी, सबल, निरोग स्त्री, अनुशासित नारी।
करतब अग्वाड़ि औंदा—करणी का फल भोगना पड़ता है।
कर्त्ता-धर्त्ता बण—सब प्रकार से सहयोगी बनना। सर्वेसर्वा बनना।
करद नी कुछ काम, चाँद बड्डु नाम, खाँण तैं पैलि जाँद—कामचोर, यशलोलुप और पेटू।
करम का नल भाग्य का फल—कर्म का लाभ और भाग्य का फल मिलता है।
करम का बस घियो साग—भाग्यशाली ही सर्वसंपन्न होता है।
करम कि गति कैन देखि—भाग्य फल अटल है।
करम कु दाणु[2] कखि नि जाणु—भाग्य का फल, कर्मशील को लाभ मिलकर रहता है।
करि जाँणि सत्‌चण्डी, नतर कुसकण्डी—विधिवत् कार्य करने से लाभ अन्यथा गड़बड़ करने से लाभ के बजाय हानि होती है।
करि हड़बड़, ह्वै गड़बड़—जल्दबाजी का कुफल।
करीक होंद कौथिग[3]—मेहनत से ही फल मिलता है। फल पाने के लिए परिश्रम करना पड़ता है।
करुड़ु आदिम—बचन का पक्का, खरा आदमी, अनुशासित व्यक्ति, कठोर व्यक्ति, तेज ग्रह वाला।
करुड़ु जोग—तेज ग्रह, भाग्यशाली, समर्थवान।
करुड़ु बार—(मंगल, शनिवार) शुभकार्य के लिए वर्जित दिन।
करु क्वै, भरु क्वै—गलती एक करे, दंड दूसरे को मिलना।
करोड़पति भी मड़घाट जाँद—धन वैभव मृत्यु को नहीं रोक सकती।
कर्ज देण, बदनाम लेंण—किसी को ऋण देना विवाद की जड़ है।
कर्जन चुफलि डूबीं—बहुत कर्ज लेना, ऋणी व्यक्ति ।
कल कु जोगि आज कु सिद्ध—अधकचरा विद्वान।
कल कु नौ काल—भविष्य का पता नहीं, अदृश्य भविष्य।
कलजुग कि बलिहारी, बैख जनानों से हारि—कलियुग में नारियों के प्रभुत्व पर।
कलजुग माँ भलै करि बुरु होंणू—उल्टा जमाना, भलाई का बुरा फल।
कलजुग लगी—बुरा समय आ गया है, घोर अन्यायी युग।
कलंक कभि नि मिटद, दगड़ि हिटद—कलंक जन्म-जन्मांतर तक नहीं मिटता है।
कलदारु[4] माँ खेलण—खर्चीला, धनी व्यक्ति, लेन-देन में व्यस्त।
कलम अर काजगकु दगड़ु—अभिन्न संबंध।
कलम की चोंच से लेंण—लिखित के अनुसार लेना।

1. खड़पतवार 2. दानापानी 3. खेल-तमाशा 4. रुपये

कलम की मार–प्रतिकूल प्रविष्टि करना, शिकायत लिखित करना।
कलम कु धनी होंण–समर्थ लेखक, लेखनी का धनी।
कलम खपौंण–रातदिन, जीवनभर लिखते रहना।
कलम घिसौंण–लिखते रहना, परीक्षा में उत्तीर्ण न होना।
कलम तोंण–महत्त्वपूर्ण बात लिखनी, लिखने में कीर्तिमान स्थापित करना।
कलम क्षेकण[1]–ऋणमोचक, निषिद्धकार्य, अंकित ऋण देने से इंकार।
कलि कु मुख कालु–बुरे का मुँहकाला होना, बला टलना।
कली पर काल गोटण[2]–समझदारी से विपरीत समय का सामना करना।
कलु माँ कालि माई, स्वीणी भौंदि[3]**, नीच की दुहाई**–कलियुग में (वर्तमान समय में) देवी का प्रभाव है जिसमें स्त्रियों का प्रभुत्व और धूर्तों का सम्मान होगा।
कलेजि काँपणी–अनिष्ट का भय, भयभीत होना।
कलेजि खांण–शत्रु की प्रिय वस्तु को नुकसान पहुँचाना, बुरी तरह से तंग करना, गाली देना।
कलेजि कि टुकड़ी–उपजाऊ खेत, बगीचा, प्रिय।
कलेजि देंण–प्रियवस्तु को देना, दुखित होकर विदा करना।
कलेजि झुरौंण–बार-बार तंग करना।
कलेजी कु टुकड़ा–प्रियजन, दोस्त, अभिन्न।
कलेजु थामण–धैर्य रखना, बेचैनी से प्रतीक्षा, साँस रोकना।
कलेजु मोटु कन–निर्भय, साहसी, हिम्मत करना, निष्ठुर होकर काम करना।
कल्याण कन–व्यंग, बहुत नुक़सान करना (विपरीत शब्दार्थ) ।
कल्याण होंण–भला होना, सफलता मिलना, गरीबी दूर होना, सब संकट मुक्त होना।
कल्यौ खाई कंडि लमडाई[4]–खा-पीकर गोल होना, कृतघ्न होना।
कल्यौ जन–अच्छी वस्तु अल्पमात्रा में, स्वादिष्ट, सबमें बाँटने योग्य वस्तु।
कवा ककड़ाँदि रौ, पिण्डा पाकदि रौ–दुर्वचनी कटुवाणी बोलता रहता, लोग उस पर ध्यान न देकर अपना काम करते हैं।
कवा कि नज़र कीचड़ पर–नीच की दृष्टि बुराई पर पड़ती है।
कवा कु सीं ककड़ाट–कटुवैनी हर समय बातूनी।
कवा-कोयल एक रंग, वासण पर अलग ढंग–वाणी से व्यक्ति की पहचान होती है न कि कपड़ों से।
कवा खड़ीका डाला माँ बैठद, कोयल आम का–हर कोई अपने स्वभाव व स्तर के अनुसार संबंध बनाता है।
कवा-गरुड़ का सरापिन गोरु नि मरदा–मृत्यु पर किसी का बस नहीं चलता।

---
1. मिटाना 2. रोकना 3. बस में 4. गिराना

कवा-गरुड़ जन रीटण[1]–लालची लोगों का जमघट।

कवा न नि छोड़ि वासण कि लवा[2]–अपनी आदत से मजबूर, अपने गुण न छोड़ना।

कवारि चुलि अबारि भलु–भविष्य के बजाय वर्तमान को महत्त्व।

कवारोलि पर्णी–शोरगुल मचाना।

कवै गुद्दि खांण–चालाक व्यक्ति।

कसम उठौण–शपथ लेकर अपनी बात करना।

कसम खांणो भी नी–वस्तु का सर्वथा अभाव।

कसर निकाल–कमी न रखना, बदला लेना।

कसर बराबर–बहुत सूक्ष्म वस्तु।

कसर रैंण–थोड़ी त्रुटि रहना।

कसर होंयू–दुर्लभ कमजोर बच्चा पैदा होना।

कसाकुण्डि पंण–कलंकित होना, अपवित्र होना, नीच योनि जाना, जाति से वंचित।

कसाई का कीला बाँधण–दुष्ट के हाथों पड़ना।

कसाई का हाथ पंण–उपरोक्त, अब मरकर ही रहेगा।

कसाई तैं दया का उपदेश–निष्ठुर को दया की बात व्यर्थ होती है, कसाई के घर बसवन पुराण, असंगत बात।

कहाँ नीति, कहाँ माँणा, एक श्यामसिंह ने कहाँ-कहाँ जांणा[3]–एक व्यक्ति क्या-क्या काम कर पायेगा। काम की भीड़, (पुराने जमाने में चमोली की नीति-माणा की अलग-अलग घाटियों का एक ही पटवारी श्यामसिंह था। एक बार माणा घाटी में कोई कत्ल हो गया। श्यामसिंह को बहुत समय बाद सूचना दी गई। संचार साधनों का अभाव था। श्याम सिंह विलंब से जांच करने गया। अंग्रेज अधिकारी ने विलंब से कार्यवाही का कारण पूछा तब श्याम सिंह का जबाव था। कहाँ नीति ....जांणा।)

का

काँगा काच्चौ न खेलि होलि, सार सन्तों गै डोलि–बड़ों द्वारा छोटों की नकल करने से क्षति होती है।

काँठा[4] **माँ औंण**–भले दिनों का आभास।

काँडा कि बाड़ि से मनखी बाड़ भलि–काँटों के बजाय मनुष्य की ताकत विश्वसनीय।

काँडा टूटी, पिपलकोटि देखेद–सामने की बाधा हटना।

---

1. घूमना 2. आदत 3. जाना 4. चोटी

कांडा धन–वापस न लौटना, सदा के लिए विदाई। मार्ग में बाधा डालना (पर्वतीय आंचल में किसी के मरने पर दाह संस्कार से लौटने पर मार्ग में काँटा रखा जाता है। उसके ऊपर पत्थर पर पाँव रखते हैं। ऐसा विश्वास है कि काँटा देखकर मृतात्मा वापस घर नहीं लौटती है।)

काँडा बूतण–दूसरों के लिए परेशानी पैदा करना।

काँडा लग्या–गाली, किसी के प्रति अनिष्ट कामना।

कांडु ना बैठ्या–थोड़ा भी कष्ट न होना।

कांडु सी चुभण–मन को बुरी लगना।

कांडु सीं निकल–कष्ट से छुटकारा।

कांणसा[1] भी खवौंण[2], जेठा भी ब्यवौंण[3]–छोटे को पहले खाना खिलाना चाहिए, बड़े की शादी पहले करनी चाहिए।

कांणा कौऊ कि एक जात–एक जाति के लोगों का एक सा स्वभाव।

कांणा छन सवि–अशिक्षित हैं सब।

कांणाताल माथि जौं नी, माणा माथि गौं नी–कांणाताल से ऊपर जा नहीं सकते, माणा (चमोली में) के ऊपर गाँव नहीं हैं। सीमांत गाँव।

कांणा त्वै क्या चैंदा, द्वी आँखा साँणा–अंधे को दोनों आँखों से देखने की इच्छा।

कांणा बामण पैलुगु, 'थै ऐ झगड़ा जड़'–किसी को अपमानित करने पर ही झगड़ा होता है।

कांणा विराला मान पत्यौंण[4]–किसी को धोखा देना।

कांणा हिस्यार्‌या, डुंडा जिगस्यार्‌या–अंधे और लंगड़े, दुर्गुणी होते हैं।

कांणी का आँख काजल़, लंगड़ी का खोटा पर पैजामा–असंगत काम करना।

कांणी का ब्यौ माँ सौ उपर्चोलु–दुष्टों के शुभकार्य में विघ्नबाधाएँ, व्यवधान।

कांणि कु ब्यौ साणा तैं–बेमेल विवाह, असंगत कार्य।

कांणि विरालि मूसु मू कान कटौ–असमर्थ को कमजोर से क्षति होती है।

कांणु का देस माँ काणु बंण पड़द–जैसा देश वैसा वेश।

काँणु का माखा भगवान उड़ौंद–अंधों का ईश्वर सहायक होता है।

कांणु मुख पर नि औ, कांणा बिना नींद ना औ–अंधे को पसंद न करना, उसके बिना नींद न आना। सुख देने वाले को नापसंद करना।

कांणों का साँणा, लाटू का बाँठा[5]–अंधों के आँख वाले, गूँगों की चतुर संतान होती है।

कांणु लगि अपणा बांणु–अंधा अपनी धुन का पक्का।

काँधि माँ जुवा, गौं धौ लगौंण–बेवकूफी की हद पार करना, बिना बात के भटकना, अज्ञानता।

---

1. छोटा 2. खिलाना 3. विवाह करना 4. फुसलाना 5. चतुर

काँधि लगौण–सहयोग देना।
काँस की जड़ काँस, बाँस की जड़ बाँस–खानदानी गुण आ ही जाते हैं।
क्वांरि नौनी का सौ बर, सौ घर–कुँवारी लड़की की चाहत कई घरों के युवकों में होती है।
काकर कि भाटि तोंण–दर्द से चिल्लाना, बेचैनी।
काकरै जन रोटि–प्राचीन वस्तु।
काकरौ सर्प–समीपस्थ शत्रु।
काका कासी, काकि नरकवासी–पति-पत्नी के स्वभाव में अंतर, पति धर्मात्मा, पत्नी नास्तिक।
काका-बडुमू रोण नी, पत[1] अपणी खोंण नी–अपने स्वजातीय बंधुओं से अपने कष्ट बताने पर वे मदद के बजाय खुश होंगे।
काखड़ खै कैन, मार खै हेमू ब्वैन–किसने अपराध किया कौन दंडित हुआ, अन्याय करना।
काखड़ फालि मान–तेज दौड़ना।
काखड़ी का चोर तैं फाँसि–तुच्छ अपराधी को बड़ा दंड, अन्याय करना।
काख लगण–किनाराकसी करना।
काखु ढीलु होंण–परेशानी में पड़ना, असुविधाजनक।
कागज कालुकन–अशुद्ध लिखना।
कागज छेकण–ऋणमोचन करना, ऋण की राशि ऋणी द्वारा काटना, पाप कर्म करना।
कागज जन गंल[2]–अति कमजोर, कोमल, क्षणभंगुर।
कागज न ओढण, न बिछौंण–निष्प्रोज्य वस्तु, कमजोर का साथ व्यर्थ।
कागजी घोड़ा दौड़ौण–खाली लिख-पढ़ करना, काम नहीं।
कागसा रौणी–अंतिम लालसा रहना।
कागा घंटि देश फिरु, मूसा घाँडि दुला[3] लुकु[4]–बड़े का सम्मान देश-विदेश तक, छोटे का सीमित दायरा।
काचा आरु खाँया केदारुन, पैट पिड़ा उठि बादुरु पर–असंगत प्रभाव।
काचा पाका डाम मनै माँ छन–सारे गम मन में हैं।
काचि-पाकी कन–गड़बड़ करना।
काचि-पाकी छवी-बचकानी बात।
काचिपाकि पेंण–देशी-अंग्रेजी शराब पीना।
काचि पिड़ा कु सीं–प्रसव वेदना सी।
काचु आदिम–वचनबद्ध न होना, कमजोर व्यक्तित्व।
काचु खस्या–अनपढ़, मोटा-तगड़ा।

---

1. प्रतिज्ञा 2. गलना 3. छेद 4. छिपना

काचु पाकु भसम कन—सब कुछ हजम करना, पाचनक्रिया तेज।

काचु फाँगु[1] पकडि—कमजोर का साथ करना।

काज कौंणि, अकाज भात—उल्टे काम, मेहमान की सामर्थ्यानुसार सेवा भक्ति न करना।

काज न पुज्यै, वामण पूठु ल्याई भिजै—बिना बात के परेशानी उठाना, व्यर्थ प्रयास।

काट कूट बाखरि माँ, ध्यांग-थुंग अच्छाणा माँ—लड़ाई झगड़े का असर सब पर।

काटण औंणू—कुत्ता जैसा काटने को आना।

काटण द्यौ न अणकट सौ—न काटने दे न अनकटे सहे, किसी भी बात में सहमत नहीं।

काटि नी बांटि नी, ल्या सगून—बिना क्रिया की प्रतिक्रिया होना।

काटी भी नी कटणू—नश्वर शरीर, आत्मा की अमरता।

काटो न बाँटो ल्या मेरो बाँटो—घोर स्वार्थी, उतावलापन।

काठ कु उल्लु—मूर्ख।

काठा हाथ होंण—मारते समय हाथों में दर्द न होना (मज़बूत हाथ)।

काठि कद ठीक च—सुंदर शरीर।

काठि कसण—जाने की तैयारी।

काठि बारबरु जन—बच्चा न देने वाली बकरी, कठोर दिलवाला।

काठुलि नणद होंण—अस्थायी व्यवस्था, वैमनस्यता।

काठै बिरालि मैं बणौलु पर म्यांऊ कु करलु—संभव तो सब करते हैं पर असंभव कार्य कौन करेगा।

काठौ कलेजु—कठोर दिल, निर्दयी।

कातिग्या[2] ढाँट जन ढणकण[3]—कार्तिक के कामातुर कुत्ते की तरह भटकना।

कान कु कच्चु—जिस किस की बातों में विश्वास करना।

कान खड़ा कना—सतर्क होना।

कान खाँण—चुगली लगाकर कान भरना, बहुत बात करना।

कान गरम कन—दंडित करना।

कान पकड़ल्या—भविष्य में ऐसे काम न करने का संकल्प।

कान पर कीड़ा, नाक पर पिड़ा—असंगत बात।

कान पर हाथ धर्‌यां—बाप रे बाप! हमें डर लग रहा है।

कान माँ तेल डाल्—अनसुनी करना।

काम कन चमार कु, खांण अपणा हाथ कु—काम किसी का भी किया जाय पर खाना अपना पकाया खाया जाय।

काम करु गौरु, खाण तैं औरु[4]—काम कोई करे खाये और।

---

1. टहनी 2. कार्तिक के 3. भटकना 4. अन्य

काम तैं काम सिखौंद—काम करने से दक्षता आती है।

काम धेनु जन—मनवांछित फल देने वाली वस्तु।

काम न काज, बिना बाता हाडगा तोड़्या आज—बिना उद्देश्य के शरीर को कष्ट देना।

काम न काज, खाली लंठ[1] राज—निठल्ले युवक।

काम न काजा, द्वी भै रामा—आलसियों का भविष्य अंधकार में होता है।

काम न काजा, द्वी भै दुस्मन नाजा—पेटू, कामचोर।

काम न काजौ, ढाईसेर नाजौ—अकर्मण्य, पेटू।

काम न कौड़ीकु, फुर्सत नी एक घड़ीकु—व्यर्थ प्रयास, निरर्थक कार्य।

काम नि करदा ध्येला, खालि ठेलम[2] ठेला—व्यर्थ प्रयास करना।

काम निकालं, तैं चमारतैं भी बाबु बोन पड़द—अपनी कार्य सिद्धि के लिए छोटों की खुशामद करनी पड़ती है।

काम प्यारु होंद, चाक प्यारु नि होंद—काम से मतलब सूरत का क्या करना।

काम पंण पर काजी, नतर पाजी—अवसरवादी, चापलूसी कर काम करने वाले लोग।

काम मिटि जांद, पर नाम नि मिटद—काम मिटता है, पर नाम अमर होते हैं।

कामला पर बालै-बाल—स्वाभाविकता, दोषी पर दोष देखना।

कामलि ज्यों-ज्यों भीजलि गरि होली—कंबल भीगने में और भारी होती है। विलंब हानिकारक, जितना ऋण लौटाने में देर होगी, ब्याज बढ़ता जायेगा।

कामै दौ अखरु-अखरु, खांणै दौ मोटु बखरु[3]—निठल्ले, खाने के शौकीन, कर्महीन, पेटू।

कामै वक्त पिछवाड़ि, खाँदि वक्त अग्वाड़ि—काम के समय टालबराई, पीछे रहना, खाते समय आगे।

काया अर माया कु क्या भरोसु—शरीर और धन क्षणभंगुर होता है।

काया पलट होंण—भारी परिवर्तन होना।

काया रखदी धरम, माया रखदी धज्ज—शरीर के स्वस्थ रहने से कर्तव्य पालन होता है, धन से मान बढ़ता है।

कारबारि जन—विवाह शादी में भीतर से तैयार भोजन सामग्री को वितरित करने वाला, अधिकार संपन्न।

काल औंण—बुरा समय आना।

काल का गिच्चा पर जांण—काल के गले में जाना, स्वयं संकट मोल लेना।

काल कु जोगी घुण्डु-घुण्डु जटा—बनावटीपन।

काल कु मुख—दुष्ट, विध्वंसकारी।

काल को जोगी आज को सिद्ध—अल्पज्ञानी का ज्ञानी बनने का ढोंग।

---

1. निठल्ले 2. दबाव में काम करना 3. बकरी

काल चक्कर औंण—मौत के चक्कर में आना, बहुत गुस्सा या बुखार या दर्द।
काल देखीक कर्त्ता डरु—समय देखकर सब डरते हैं। दुष्ट से सब आतंकित रहते हैं।
काल पीछा पड़्यूँ—मौत मँडरा रही है।
काल मू विनति लगौं, सु रोज ल्याँद—काल किसी की नहीं सुनता।
काल न्यूतण—मौत को निमंत्रण, काल के गाल में जाना।
काला[1] कि सार, कालैकि ब्वे जाणदि—बच्चे के गुण बच्चे की माँ जानती है, गूँगे के संकेत उसके परिजन ही जानते हैं।
काळा गोरू कु मिठ्ठु दूध—सूरत से नहीं काम/गुणों का मूल्य होता है।
काला[2] हबास[3] खै कपास—जवानी की पाचन शक्ति समझकर कच्चा-पका खाना, पुराने जमाने की बात करना।
काळि कु अवतार—लड़ाकू स्त्री
काळि कुखड़ि धम्म आग, मन्नु-बचणु अपणां भाग—हत्यारे से हर समय खतरा।
कालि गंगा माँ डालि[4]—त्यागना।
कालि भलि न गोरि भलि—काले गोरे सब एक स्वभाव के।
कालु आखर भैंस बराबर—निरक्षर।
कालु बाखरु जन—दुश्मन जैसा, घृणित व्यक्ति।
कालु बेटा अर खोटा सिक्का कु क्या कन—बुरा बेटा और खोटा सिक्का किस काम का?
कालु मुख ह्वैगि—आँखों के सामने से हट गया, दूर चला गया, दुष्ट।
काले-काले मुँह वाले छूटेंगे नहीं—एक रंग रूप वालों में भेद न समझना। (एक बार एक अंग्रेज बहुत भूखा था, उसको मार्ग में बेड़ू पका पेड़ मिल गया। बेड़ू का रंग काला होता है। बेड़ू पर गुबेड़े भी फल खाने को आये थे। जिनका रंग भी काला होता है। आकार भी बेड़ू के फल जैसा होता है। अंग्रेज ने सबको बेड़ू समझा। खाना आरंभ किया। गुबेड़ों ने चूँ-चूँ किया। अंग्रेज ने कहा—काले-काले........... छूटेंगे नहीं।)
कालै बात कनू—बहुत पुरानी बात करना।
कालौ जाप पंण—मौत की छाया पड़ना।
कालौ डोर लगायूँ—सब मौत के मुख में हैं, मरने ही वाला है।
कालौ मनखि—बहुत वृद्ध व्यक्ति।
कालौ रूप धारण कर्यूँ—बहुत क्रोधित होना, जान से मारने को तैयार।
कालौ सीं कटगायूँ[5]—मौत का सा दौड़ाया/सताया हुआ। दौड़-दौड़ कर आना।
क्या कन गंगासारै राणी का, नौना न बुद्धि का न वाणी का—खाली बड़ी जाति और सुंदर लड़कों का क्या करना, यदि वे योग्य न हों।

1. गूँगा 2. अतीत के 3. आदत से 4. डाल दिया 5. पीटा हुआ

क्या करद बांठू? जू स्वैगि वार्णो सी लांटू–जैसे कमजोर चतुर से गूँगा पहलवान और रक्षक अच्छा होता है। वाण का लाटू देवता बीर और जन रक्षक माना जाता है।

क्या खाँदा, क्या लाँदा होयूं–खाना-पान पहनाव की पर्याप्तता, संपन्न परिवार का इकलौता लाड़ला।

क्या च गोरख्याणि जन मर्ची–अत्याचारी काम, सन् 1803 से 1815 तक गढ़वाल में गोरखों का आधिपत्य रहा, उस दौरान उन्होंनें जनता पर घोर अत्याचार किया, लोग आन्तकित थे।

क्या च वावन्नी पड़ीं–सन् 1852 का भयंकर अकाल। गढ़वाल में 1852 में भूचाल व अकाल से त्राहि-त्राहि मची थी।

क्या च भाँगलु जन पीन्यू–बेहोशी में काम करना।

क्या च तेरू बड़वाचारु[1] आयूँ–कौन सा लाभदायक अवसर मिला है जो खुश हो रहे हैं।

क्या च भूजी बूत्यों–कौन सा भूनकर वो रखा है? कौन सा गलत काम किया है, जो सब नाराज हों।

क्या च स्या मया बात जन जांणी–पर्वतीय आंचल में मंडुवा (कोदा) जब छोटा रहता है तब उसमें छँटाई खरपतवार दूर करने के लिए मया लगाते हैं। मयावात (मया लगाने का मौसम) अच्छी धूप के दिन ही लगाते हैं। बरसात में धूप दुर्लभ होती है। अच्छा दिन निकल गया बाद में कोदा बढ़ जाता है। फलस्वरूप गुड़ाई में परेशानी होती है। शुभअवसर कम मिलते हैं।

क्या छन मेरा गोरु काट्याँ–कौन से पाप कर्म किये हैं? जो समाज से बहिष्कृत किया गया हो।

क्या छन स्योर[2] मूंडि ढकण्या[3] होंयां–छोटे बच्चे।

क्या दीनि, छप्पन्न करोड़ की चौथाई–कौन सा बड़ी धनराशि दे दी।

क्या नि करि भीरी का वान्दरुन, क्या नि करि तोणजी का रिखून–भीरी के बंदर और तोणजी के नुक़सानी भालू।

क्या पृथ्वी पलट होंण–कौन सी भारी क्षति होगी।

क्या बोनि, क्या कनि कन–बोलना कुछ, करना कुछ।

क्या माखु खौ, क्या जुगारु[4]–छोटे प्राणी की हैसियत कम।

क्या सौंण सपूत क्या भादों कपूत–श्रावण में काम की भीड़ भाद्रपद में आराम का समय।

क्या स्वै? हासिल पाई सून्य–परिश्रम का फल कुछ नहीं निकला।

---

1. बद्रीनाथ में पूजन के लिए डिमरी पंडितों की पूजन की पारी 2. अनाज नापने का प्राचीन बर्तन 3. छिपाना 4. जुगाली

कि

कि आप घर रौ[1] कि बाप घर—लड़की या तो पिता घर रहे या पति के घर रहे, अन्यत्र नहीं।

कि खालु जिमदार, कि खालु कसबदार[2]—जीवनयापन या तो कृषक या कारीगर ही कर सकता है।

कि खौ आदिम डौरन, कि खौ खौरन[3]—इनसान या तो डर के कारण या कष्ट झेलकर ही खा सकता है।

कि गोठ्यारीसाज, कि परोठी गाज—भैंस सुंदर हो या खूब दूध देती हो।

कि तोता होलु कि मैंण होलु—अल्पज्ञता, अनुमान के आधार पर बात का उत्तर देना—पुराने जमाने में पौड़ी गढ़वाल के राठ क्षेत्र का एक ग्रामीण कोटद्वार गया, वहाँ भावर क्षेत्र में उसने हाथी देखा, उसका वृत्तांत उसने घर गाँव आकर गाँव के बुजुर्ग से सुनाया और कहा—पता नहीं वह जानवर क्या रहा होगा। उस पर बुजुर्ग ने कहा, जिसने कभी हाथी नहीं देखा था, 'तोता होगा या मैना होगी'।

कि नौं भला कू, कि नौ बुराकु—नाम भले या बुरे का ही प्रचारित होता है नाम या बदनाम।

कि पौणा दगड़ि सैंण द्या, कि पल्यौ भाण्डा मूतण द्या—गलत और बेवकूफी पूर्ण शर्त रखना।

किकराण्या बुड्या—बहुत वृद्ध, फटेहाल वृद्ध।

किटगी नी भिटगि नी—बिना बात का बतंगड़, अचानक घटना घटना, वर्षा होना।

कित खैक तैं जाडु, कित नहें[4] तैं जाडु—या तो खाने के बाद या स्नान करने के बाद ठंड लगती है।

कितला कु नाग, विराला कु बाग—छोटी बात को बढ़ा-चढ़ाकर कहना, अतिशयोक्ति।

कित ल्यौ दूणा, किरौ कोंणा[5]—किसी वस्तु की दूना कीमत हो अन्यथा भीतर पड़ी रहे। अनुचित शर्त।

कितलु करु सर्पे सौर[6], ताँणि-ताँणि मौर[7]—छोटी हैसियक आदमी बड़ा बनने का अभिनय करने पर कष्ट पाता है।

कितलु पकड़ी नि सकणू, सर्प पकण जाँणू—निर्बल की बलवान से भिड़ने की लालसा।

---

1. रहना 2. कारीगर 3. कष्ट 4. स्नान 5. किनारे 6. अनुकरण 7. मरना

किन्ना[1] फीटण[2]—दरिद्र दूर होना।

मिरमला तैं कण, हाथी तैं मण—शरीरानुसार आवश्यकताएँ, प्रभु सबका पालनहार है।

किरमला तैं थोड़ा पाणि नदि बराबर—कमजोर को छोटा काम भी भारी लगना।

किरमला[3] पर भी विस होंद—छोटे प्राणी में भी अपनी जीवन रक्षा के साधन ईश्वर ने दिए हैं। छोटा भी जीवन रक्षा के लिए प्रयास करता है। चींटी डंक मारती है।

किरमलु ल्यौ, तिथरुखौ—छोटा कमाये, बड़ा समाये।

किरमल्या जोर लगौंण—भरपूर ताकत झोंकना।

किरमोड़े की तलवारि—कच्चे काम, बचकाना काम।

किरमोड़े डालि माँ नाचण—ओछा, उद्दंड, नासमझी की हरकतें करना।

किरमौड़े तलवार, भेंकला[4] कि बन्दूक—कच्चा काम, बचकाना काम।

किरमोड़े तलवारि चलौंण—कमजोर के बलबूते पर लड़ना।

किलै पौंण्यालु ह्वै छौ, किलै द्वार नि खोली—जब मेहमाननवाजी का शौक है तब सदा द्वार खुले रखना होता है।

किस खेत की मूली है—नगण्य व्यक्ति।

किसका क्या किसका क्या—एक दूसरे से कोई मतलब नहीं।

किसगर[5] होंण—बड़ी मुश्किल और इंतजारी के बाद एक नवजात और कमजोर लड़का पैदा होना।

किसने किया काम, किस का हुआ नाम—काम करे सिपाही नाम सरदार का, काम करे कोई फल मिले और को।

किसने फरमाया बल अपने आप—बिना पूछे बीच में टाँग अड़ाना।

किसाण अर मसाण बराबर होंदा—किसान भूत के समान गंदा, बलशाली और कठोर परिश्रमी होता है।

किसान त सर्ग होंद—खेती आसमान की गति पर निर्भर होती है।

किसी का न लेणा एक न देणा दो—किसी से कोई मतलब नहीं होना, निश्चित रहना।

किस्त जन उगौंणू[6]—राजदंड भय दिखाकर कर वसूलना।

किस्तै[7] जन चवन्नी—दुर्लभ वस्तु, बड़ी मुश्किल से प्राप्त वस्तु। खेत के लगान (मालगुजारी) देने के लिए पुराने जमाने में पैसे नहीं मिलते थे। बड़ी मुश्किल से घी बेचकर अनाज बेचकर चवन्नी (25 पैसे) बन पाते थे। जिसे सँभालकर रखते थे। अन्यथा दंड देना पड़ता, जेल जाते, कुड़की होती।

किस्मत अजमौंण—भाग्य की आजमाइश, भाग्य पर भरोसा।

किस्मत का द्वार खुलीन—भाग्य बुलंदी पर होना, सफलता पर सफलता मिलना,

---

1. गाय के शरीर के जूं 2. मिटना 3. चींटी 4. जैतून 5. छोटा बच्चा 6. वसूल करना 7. मालगुजारी

निरंतर तरक्की।

किस्मत का धनी—भाग्यशाली।

किस्मत का मार्‌यां—भाग्य के मारे, अभागी।

किस्मत कु खेल च—सब भाग्य से होता है, भाग्य बलवान।

किस्मत चमकीगे—भाग्य ने साथ दे दिया।

किस्मत फूटण—दुर्भाग्य आना।

किस्मत साथ दैंण—भाग्य का साथ देना, सफलता मिलना।

किस्मत साथ नि देंणू—भाग्य विपरीत होना।

किस्सा खत्म होंण—कहानी खत्म, बात खत्म, मामला खत्म, मुकदमा खारिज, मौत होना।

की

कीचकन करि लराट[1], राजा बणि विराट—कीचक के बाहुबल और बलिदान से विराट ने राज भोग किया, लड़े सिपाही नाम सरदार का।

कीचड़ माँ ढुँगु फेंकण, अपणा मुख पर औंद—दुष्ट से झगड़ने से अपना ही अहित होता है।

कीड़ा पंण—दुर्दशा होना।

कीड़ा पड़्यां—बुरी दशा हो गई, गाली।

कील मरी—बोलती बंद होना।

कीला का जोर बुरकदि वाछि—कमजोर नियंत्रण वाला छोटा आदमी अधिक इतराता है।

कीलु खोंण छाति माँ—प्रतिद्वंद्वी लाना, सौत लाना।

कीस[2] जन बिनाणू—दुखदायी वस्तु, दिल को चुभने वाली वस्तु।

कीसा[3] खालि, भटग भारि—माँगकर खाने पर अकड़कर रहना।

क्वी अड्डु आधार नीं—निराधार प्राणी, इनसान।

क्वी[4] अपणी गंगा, उब्बु नहों, या उन्दु—आपना काम करने को हर कोई स्वतंत्र।

क्वी कथा छन लगौंणा—मनगढ़ंत बात करना।

क्वी जौ घड़ा मोल, क्वी जौ असरुप्यों का भौ[5]—एक ही वस्तु कहीं लूट के भाव कहीं महँगी बिकना।

क्वी बोल्दा[6] कींमा खौं, क्वी बोल्दा क्या खांण—किसी को भरपूर खाना कोई भूखों

1. चिल्लाना, कष्ट उठाना 2. काँटा 3. जेब 4. कोई 5. भाव 6. कहते हैं

मर रहा।

क्वी भैरों की केरी का, क्वी नर्सिंग कि केरी का—अलग-अलग धर्मों और विचारों के अनुयायी।

क्वीराल[1] खैक खिकराल—अपनी पुरानी गरीबी भूलकर संपन्न स्थिति में इतराना, गरीबी के दिन भूल जाना। जिस चीज का प्रयोग वर्षों तक किया बाद में उसी का नाम भूलना, ओछापन।

क्वीरालो जन फूल—सुंदर वस्तु।

क्वीलु माँ छोप, असरुप्यों की लूट—लूट के भाव माल मिलना।

कु

कु कादु विराणा गोरुक घास, कु करु विराणा लौडू कि आस[2]—दूसरों की मदद से अपना लाभ नहीं सोचना चाहिए।

कु घड़ि औंण[3]—बुरा समय आने से अनिष्ट होता है।

कु घड़ि जन्म लिनि—गलत समय पर जन्म, अमंगल, अशुभ समय पर जन्म लेने पर जीवनभर कष्ट होता है।

कु ग्राम बास, कुलहीन नारी, विधि की विचारी—विधि, के विधान से जन्म, पत्नी और भाग्य मिलता है।

कु बाकि—बुरी बोली बोलने वाला।

कु बाणि बाकण—अशुभ वाणी बोलना।

कु बीज होण—परिवार में दुष्ट का पैदा होना।

कु मनखी बोलिमार, कुबल्दै सिंगू कि मार—दुष्ट दुष्टवाणी बोलता है, खूँखार बैल सींग से मारता है।

कुकुर आई, भुकतो-भुकतो, बाग आई लुकदो-लुकदो—अपने स्वभावानुसार सब काम करते हैं, आँखमिचौनी, बेवकूफ खाली शोरगुल करते हैं। चतुर चुपके से अपना काम निकालते हैं।

कुकुर का मुण्ड[4] विरालासिर—असंगत काम, बेमेल जोड़ा।

कुकुर कि सीं ग्यर[5]—भूख पूरी न होना, पेटू, हर समय खाते रहना।

कुकुर कु पूछ थोला, उन्दु भी डाला त बांगो[6]-बांगु—चाहे जो कुछ करें पर दुष्ट अपना स्वभाव नहीं छोड़ता, प्रकृति विरुद्ध काम करने से लाभ नहीं होता है।

कुकुर कु समधि[7]-कुकुर—सजातीय रिश्ते, सम स्वभाव वालों की मित्रता।

कुकुर कौलु[8] खाँण—उपेक्षित भोजन करना, दूसरों के टुकड़ों पर पलना।

1. कचनार 2. आशा 3. आना 4. सिर 5. पेट 6. टेढ़ा 7. रिश्तेदार 8. निवाला

कुकुर खड़्यायूँ जन—बिना किसी कार्य सिद्धि के मुँह लटकाकर लौटना।

कुकुर खैंचु भितर, बाग खैंचु भैर—अपना-अपना स्वार्थ सब देखते हैं।

कुकुर गति कन—बुरी दशा करना, अपमानित कर पीटना।

कुकुर गति होंणी—बुरी दशा में जीवनयापन करना, अपमानित जीवन।

कुकुर जन भूकणा—व्यर्थ का शोरगुल, निरर्थक बातचीत।

कुकुर जोनि[1] होण—निम्न कोटि का जीवनयापन।

कुकुर टांग खड़ि करी मूतद—जातिगत स्वभाव अमिट।

कुकुर तैं चौक माँ औंण दीनी त चूल्ला पर औंद—छोटे को पनाह देने पर मुँह लगता है।

कुकुर तैं न काम न आराम—निरर्थक व्यस्तता।

कुकुर तैं पाणी माँ भी डाल़ात पाणी चाटी पेंद—जातिगत स्वभाव, अमिट।

कुकुर देखी भूकद, आदिम बिना देख्यौं भूकद—कुत्ता जरूरत पड़ने पर भौंकता है, पर इनसान बेमतलब बोलता है, चुगली करता है।

कुकुर नेथ[2]—लालची भाव, दर-दर फिरना खाने के लिए।

कुकुर पाल़ँत, तैकि टट्टि भी साफ कन पड़लि—छोटे को पनाह दी, तो छोटा होना भी पड़ेगा।

कुकुर बराबर भी इज्जत नी—तिरस्कृत व्यक्ति।

कुकुर बाणी से कुकुर भलु—कटुबैनी से कुत्ता भला होता है।

कुकुर विराला सी लड़ाँ—रात-दिन झगड़ा, खटपट।

कुकुर, वैद, जोगी, घोड़ा, कभि नि रौंदा जोड़ा—सजातीय से शत्रुता।

कुकुर भूकणा—व्यर्थ बकवास करना, व्यर्थ छींटाकसी।

कुकुर भुकौंण[3], दुस्मन हंसौंण—व्यर्थ बदनामी मोल लेकर शत्रुओं को हँसाना, बेवकूफीपूर्ण काम।

कुकुर भेस धन त भूकण पड़लू —जब नीचता पर उतर गये तब इज्जत की डर नहीं।

कुकुर मू भी कटो, जुता भी मारु—हर प्रकार से बेइज्जत करना, विश्वास है कि कुत्ते के काटने पर जूता मारने से ठीक होता है।

कुकुर मौत मन—बुरी दशा होना।

कुकुर लडे, गिचु चाटद—छोटे स्तर के आदमी को पनाह देने पर बेइज्जत करता है।

कुकुरयूल मची—शोरगुल, झगड़ा।

कुकुर रैंणि पंण—किसी गलती से बाज आना।

कुकुर वालि गुमकी—सिर को हाथ पाँव से ढकना।

कुकुर वालि घुड़कि—डराने का अभिनय करना, कमजोर का अपने को बलवान

---

1. योनि 2. इच्छा 3. भोंकना

दिखाने का नाटक।

कुकुरा गौ आग अग्यौं[1]—बेतुकी बात, कुत्ते का अपना कोई गाँव नहीं होता।

कुकुरा सराद माँ गू कु पिंड—जैसा देवता वैसी पूजा।

कुकुरु मूं कपास, बान्दरु मूं नरयूल—किसी वस्तु का गलत हाथों पड़ना, वस्तुओं का दुरुपयोग, पारखियों का अभाव।

कुखड़ा पर तीर लगलु त मरि जालु, पर हाथि पर क्वी फर्क नी पड़द—शक्ति या सामर्थ्यानुसार ही चोट (विपत्ति) सहने की क्षमता होती है।

कुखड़ू[2] **चौर**[3], **घुर्चु भौर**[4]—पशुओं की तरह अपना ही पेट पालना।

कुगत कन—बुरे हाल करना, अपमानित करना।

कुछ कनि कुछ कन्यार, कुछ होणि कुछ होन्यार—कुछ तो करने से होता है, कुछ होनहार होता है। कुछ किया जाता है।

कुछ काम नीत ब्यारी, तै बल्दौ पुठु कन्यौ—खाली बैठक से कुछ न कुछ करना चाहिए। व्यस्तता बनाये रखना, बड़ा काम न हो तो छोटा ही सही।

कुछ कु कुछ होंण—अनहोनी होना, क्या चाहना क्या होना।

कुछ खाई गौं का गोरुन, कुछ खाई वौंणाका सुँगरून—घर बाहर क्षति ही क्षति होना।

कुछ गीता, कुछ गप गीता—कुछ सच्ची, कुछ झूठी बात करना।

कुछ चोरि करीक, कुछ सौकारि[5] **करीक**—कुछ माँगकर कुछ चोरी कर ले जाना, हर हथकंडा अपनाना।

कुछ तकदीर, कुछ ततवीर—कार्य सिद्धि के लिए भाग्य और पुरुषार्थ चाहिए।

कुछ तुम समझा, कुछ हम समझला—एक-दूसरे की मन की बात समझना।

कुछ बेद, कुछ लबेद—कुछ काम की बातें कुछ व्यर्थ की बातें करना, घुमाफिरा कर बातें करना।

कुछ लोखर खोटू, कुछ ल्वार—दोनों ही दोषी।

कुजगा[6] **दुखदु जेठाणां बेद**—गोपनीय स्थान या अंग पर बड़ों को दिखाना शर्मनाक, गोपनीयता भंग होने की आशंका।

कुजाणों[7] **मोटा कु दुख, गरीब कु भुक**—मोटे आदमी की बीमारी और गरीब की पीड़ा कोई नहीं जानता है।

कुटण-पिस्या कि नी चुम्पकि[8], **पौणा ऐग्या रुम्की**[9]—घर पर खाद्य सामग्री का अभाव की दशा में मेहमानों की भीड़।

कुटम खोंदा[10] **छुंयाल**[11], **कपड़ा खोंदा धुँयाल**—परिवार की बरबादी चुगलखोरों से और कपड़ों की बर्बादी धुएँ से होती है।

---

1. अग्निकांड 2. मुर्गा 3. चरना 4. भरना 5. सामने से 6. गुप्तांग 7. कौन जाने 8. थोड़ा सा 9. शाम को 10. बिगाड़ते हैं 11. बातूनी

कूटी धाण माँ सासू कु रगर्याट—बहू के करे काम में सास की दखल, सास का दोष निकालना।

कुड़वाक बोन से चुप भलि—बुरी बात न बोलने से चुप भली।

कुण्ड जौ[1] कि पावौ जौं—दुविधा की स्थिति, अनिश्चय।

कुण्डलि क्या देखण, मुण्डलि देखा—ग्रह क्या देखने हैं सूरत देखो, जैसी सूरत वैसा भाग्य।

कुणेटि कु जन छोरा—गरीब का होनहार बच्चा, फटेहाल बच्चा।

कुणेठि बाँजा पड़ी—घर सूना होना, परिवार का सर्वनाश, गाली।

कुत्ता अपणा घर कु सेर—अपने घर पर निर्बल भी हिम्मत बाँधता है।

कुत्ता का पेट तस्मै[2]—बेपारखी को खिलाना व्यर्थ, ऊँट के मुँह में जीरा, बंदर के हाथ में वंशी।

कुत्ता कु गू खांण—निकृष्ट कार्य करना।

कुत्ता खौ[3] न वासि रौ[4]—खाना बचत न रहना, भोजन बराबर।

कुत्ता देखण कि कुत्ता कु ठाकुर—लड़के के अप्रिय व्यवहार पर ध्यान न देकर बाप के अच्छे गुणों को देखना, परोपकारी को महत्त्व देना।

कुत्ता नी पूछणू—उपेक्षित व्यक्ति पहिचान खोना।

कुत्ता नी सूँगणू—तुच्छ वस्तु, नगण्य वस्तु।

कुत्ता भूकदि रौंदा, हाथि चलदि रौंदा—आलोचक आलोचना करते रहते हैं, निंदक निंदा करते रहते हैं पर काम करने वाला समर्थवान अपने काम में लगा रहता है। दूसरों की परवाह नहीं करता।

कुन्ती अर गंधारि द्वी बैणि एकु अन्धारि—दोनों एक गुणवाली।

कुदिन औंण—बुरे दिन आना।

कुन्नौ चुलि मन भलु—बदनामी से तो मरना भला।

कुपास्टी दगड़ि करी हंसि, तैन तखी डंसि—दुष्ट के साथ हँसी-मजाक के साथ क्षति होती है।

कुपास्टी होंण—दूसरों को कुमति देने वाला।

कुपुत्र कुलनास—नालायक औलाद कुल नाश करता है।

कुफर जुमान बोन—अशुभ वाणी बोलना।

कुबाक बोन—अशुभ वाणी बोलना।

कुमकरण जन—बहुत सोने वाला व्यक्ति।

कुमनखि का पल्ला पड़ि—दुष्ट के अधीन होना, बुरे पुरुष से शादी करना।

कुमालि जन बरीक कमरि—बारीक कमर वाली सुंदर लड़की।

कुमैया भैंसि जन—सुंदर वस्तु, दुधारू और सुंदर भैंस।

---

1. जाना 2. खीर 3. खाना 4. रहना

कुमौ कटग[1] गढ़वाल सटग[2], गढ़वाल कटग कुमौ सटग–कुमायूँ में मार पड़े गढ़वाल भागे, गढ़वाल में मार पड़े कुमायूँ में भागे। गढ़वंशियों के जमाने में कुमायूँ का राजा गढ़वाल पर आक्रमण करता तो सीमा के लोग कुमायूँ भागते थे। अगर गढ़वाल का राजा कुमायूँ पर हल्ला बोलता तो सीमावासी गढ़वाल में आते थे।

कुमौं खाणु गढ़वाल फाणु–गढ़वाल के बजाय कुमायूँ में भोजन का अच्छा स्तर रहता था।

कुमौ कि लौड़ि[3] गढ़वाल की सोड़ि[4]–कुमायूँ की नारियाँ सुंदर हैं। गढ़वाली तंबाकू पीने के शौकीन हैं।

कुर्त्ता नी थेगला[5], होंण बेगला[6]–घर में कुछ नहीं है, पर पृथक परिवार के रूप में रहने की इच्छा। अपनी सामर्थ्य के बाहर काम करने की सोचना।

कुलसारी कालि जन–प्रचाधारी, भयंकर रूपा नारी। पिण्डर घाटी चमोली में कुलसारी स्थान पर (कालीसारी) देवी मंदिर है, जहाँ पर श्रीयन्त्र है, नंदा राजजात में बड़ा मेला लगता है।

कुलाड़ौब्यौन, अपणा कुल कु बैरि–कुल्हाड़ी पर हत्था लगाने पर ही पेड़ काटे जा सकते हैं। कुलघाती व्यक्ति।

कुल्लि लगीं–परिवार में आमदनी के कई स्रोत।

कू

कूँजू[7] जन फूलण–तेजी से वंश वृद्धि।

कूटनीति कै[8] जैन, कलियुग माँ खै तैन–(कलियुग में) वर्तमान समय में कूटनीति करने वाले को ही लाभ।

कूटी नि मारे, थेंची[9] मारि–मारा तो है, पर जैसा कह रहे हैं वैसा न मारा है, बुरी तरह से मारा।

कूड़ा कु सूत[10] अर ब्यौकु दिन बदलेंदनी–मकान बनाने का शुभ दिन, शुभारंभ और शादी की तिथि नहीं टाली जा सकती है।

कूड़ा नीं पुँगड़ा कीं बातौ झगड़ा–झगड़े की जड़, बिना बात का मनमुटाव।

कूड़ि खमडौंण[11]–घर में आतंक फैलाना।

कूड़ि पर क्वी नि रै–सारा परिवार नष्ट होना।

---

1. लड़ाई 2. भगना 3. नारी 4. तंबाकू पीना 5. चीथड़े 6. परिवार का पृथक होना 7. कूंज की झाड़ी 8. करना 9. कुचलना 10. मकान बनाने का शुभ दिन 11. हिलाना

कूड़ि पर तालू लगी–परिवार समाप्त होना।
कूड़ि-पुंगड़ि बेचण्या होंण–कंगाली की दशा।
कूल[1] टूटी–आय का स्रोत बंद होना।
कूड़ि बणी सकि सलि तैं लात–काम निकलने पर अपरिचित सा बनना।
कूड़ि बाँजा पड़ी–सर्वनाश होना।
कूड़िभाण्डि[2] होंणी बच्चों बालि–बच्चों का सा खेल।
कूड़ू वणौंण ज़मीन देखी, कर्जदेण लेखी–मकान भूमि की वास्तु के अनुसार बनाना चाहिए, ऋण को लिख देना चाहिए।

के

केतु की कांडि, मुसेली[3] की माटी–झगड़े की जड़।
केदार कमौं[4], मध्यौं समौं[5]–केदार में आमदनी, मध्यमहेश्वर में खाली खर्च, कोई मेहनत करे कोई बिना मेहनत के खाये।
केदारखण्डे खसमण्डले–प्राचीन समय में कुणिद, किरात और यक्षों के बाद केदारखंड में खसों का शासन था, उन्हीं की प्रधानता और प्रभाव से यह कथन बना है। वे बलवान और वीर थे। अब उस जाति का नामोनिशान नहीं है।
केदारै सी पूंण[6]–हल्की बारीक बूँदा-बूँदी वाली वर्षा।
केला कु कस, भूत कु द्वस, कभि नि मिटद–केले का दाग, और भूत बाधा मुश्किल से हटती है।
केलाण[7] अर कन्याण[8] कु दगड़ु च–भले-बुरे का साथ अच्छा नहीं होता।
केस[9] फूलीन दाँत टूटीन–वृद्धावस्था आना।

कै

कै कौड़ि कामा नीं–फालतू, निष्प्रयोज्य।
कै खण्ड खेल्या–कई उतार-चढ़ाव देख लिए हैं।
कै गालि, कै गंठरि–पक्षपात करना।

---

1. गूल 2. बचकाना काम, मकान-बर्तन 3. चूहों के बिल की मिट्टी 4. कमाये 5. खाना 6. हल्की बारिश 7. केलों का बगीचा 8. कँटीली झाड़ी 9. बाल

कै गिनती का निरण[1]–किसी काम के न रहना, महत्त्वहीन होना।

कै घट फूली–बिना अक्ल का बुजुर्ग बनना।

कै घर चाटल्या–कई घरों को बर्बाद कर दिए हैं। चलती-फिरती औरत।

कै जुगै छवी लगोंणा–बहुत पुरानी बात करना।

कै जुगौ[2] **नि रखण**–किसी काम का न रखना, हर प्रकार से नुकसान करना, बर्बादी।

कै तै डीठ[3] **कै तैं पीठ**–किसी पर कृपा किसी पर कुदृष्टि, भेदभाव।

कै दिन नौ-नौ साड़ा, कै दिन नंग नंगा नागा–कभी सजधज कर कभी नंग-धड़ंग फिरना।

कै दी क धित्यौ[4] **कै बोली पत्यौ**–किसी को देकर किसी को मीठी वाणी से खुश करना।

कै धारा मिली एक नदी बणदि, कै नदि मिली समुद्र–कण-कण से मण जुड़ता है।

कै पूछा बल 'जखनौल्या जौसु' जु राति नौसु[5]–मालूम करने, बात करने को कोई नहीं मिलता।

कै बुद्धि औ मेरा लाटा वाच–किसी प्रकार से तो आये मेरे लाडले को समझ।

कै भग्यानै हो बेटी–पुत्री रत्न भाग्यशाली को मिलती है।

कै राण्ड तैंच दूयूर[6] **भौजे अस्वांण**–देवर-भाभी के स्नेह को बुरा नहीं मानना चाहिए।

कैक छोटी बात बड़ि, कैक बड़ि बात छोटि–सब अपने-अपने दायरे के अनुसार छोटे-बड़े हैं। एक को एक पद बहुत बड़ा दूसरे को वही पद बहुत छोटा लगता है।

कैका मुख से फूल, कैका मुख से आग–कोई मृदुभाषी, कोई कटुवैनी।

कैका ब्यौ नि होयाँ, क्वै नात्यौंक रौंणा–किसी की शादी न हो पायी किसी को नातियों की चिंता, सबके अपने-अपने स्वार्थ।

कैकि स्वीण अकल, कैका मणस–पति-पत्नी में एक साधारण बुद्धि तथा एक होशियार रहता है।

कैकि आवादी, कैकि बर्बादी चाण[7]–किसी का भला किसी का बुरा सोचना।

कैकि बेटि, कैकि ब्वारि, कैको हला–दूसरों के मामले में टाँग अड़ाना गलत हैं।

कैकु ओडु निसारि, कैका बाछलु नि पेवायाँ–किसी का भी किसी प्रकार का नुकसान न करना।

कैकु क्या कैकु क्या–किसी का किसी से मतलब न होना।

कैकु[8] **डोलो सुप्पो**[9]**, कैको सोनौ सुप्पू**–कृषक के अनाज भरने का बर्तन लकड़ी का धनी का सोने का होता है, अपनी वित्तीय स्थिति के अनुसार काम।

कैकु मुख देखि फजल उठी–प्रातः उठते ही दुष्ट की सूरत देखने से दिनभर अमंगल

---

1. नहीं रहना 2. युग का, काम का 3. कृपादृष्टि 4. संतुष्ट होना 5. चले जाय 6. देवर 7. चाहना 8. किसी का 9. सूप

ही होता है।

कैकु लुकण[1] छूटलु, कैकु भूकण छूटलु—आदमी की मृत्यु के बाद किसी को छिपने की जरूरत नहीं होगी, उस मृत की आलोचना करनी भी छूट जाती है।

कैकु सान, कैकु मान—किसी को देने, किसी का सम्मान करने पर खुश होते हैं।

कैकु हक नि मान, कैकु कर्ज नि मान—किसी का हिस्सा नहीं लेना चाहिए। सबका कर्जा चुकाना चाहिए।

कैन खाई अन्न पाणि, रात दगड़ि ब्याँणि—शाम को कोई कुछ भी खाये रात सबको एक साथ खुलती है। संसार में अमीर गरीब अपनी गुजर सामर्थ्यानुसर करते हैं।

कैन खाई खासू-मासू कै का आमा पितलाण्याँ आसु—किया किसी ने भुगत रहा कोई और!

कैन खाई घ्यू कु सार, क्वै होये लमपसार—कोई मजे से खाता कोई खाली पेट सोता है।

कैन देखि बीठै छौंदि[2], गीरबै भौंदि[3]—धनी का धन और गरीब की गरीबी किसने देखी।

कैन पींडु खाई, कैन थुँतीर[4] चाट्या—किसी ने माल उड़ाया, किसी ने खाली चाय पानी पिया।

कैन बूति[5] कैन लै—किसी ने काम किया, किसी और को फल मिला।

कैमू रोण नी, पत्त[6] अपणी खोण नी—किसी से अपनी विपत्ति लगाने से लोग हँसी करते हैं, दुखी नहीं होते।

क्वै करद सौरन, क्वै करद डौरन—कोई देखादेखी से कोई डर के कारण काम करता है।

क्वै घड़ि बेल मारु, क्वै गाल मारु—रात में भोजन न करना कभी अमंगलकारी होता है, गाली देना भी कभी-कभी बुरा असर डालती है।

क्वै जौ घोड़ा का मोल, क्वै जो घड़ा का मोल—किसी की बहुत इज्जत/कीमत, किसी की कोई कीमत/सम्मान नहीं, भेदभाव करना।

क्वै धुर्व, क्वै पुर्व—सब दूर-दूर बसे हैं।

क्वै बोदा क्या खाँण? क्वै बोदा कीमाँ खाँण—कोई भूखा कोई भरपेट प्राणी।

क्वै भी काम कन्या हो 'अब कला नि वोन'—आज का काम कल पर न छोड़ना।

---

1. छिपण 2. उपलब्ध 3. बस 4. बोना 5. प्रतिज्ञा 6. इज्जत

को

कोई काहे में मगन, कोई काहे में—खुश रहने के अपने-अपने तरीके।

कोई खटाई में मगन, कोई मिठाई में—सबकी रुचि अलग-अलग।

कोख उजड़ी—सब बच्चे मर गये, अब न होंगे।

कोख कांणि होंण—बाँझ नारी।

कोख खालि होंण—संतान का मरना, निःसंतान नारी।

कोख चलणी—संतान होना।

कोख बंजी—बाँझ स्त्री।

कोख पिड़ा—बच्चों का दर्द, याद करना।

कोख सूनि होंण—निःसंतान नारी।

कोट की भीख कोट कु, माँगी-देखी पेट कु—जो माँगा वही खाया।

कोठा[1] बैठ्या—वैश्यालय में जाना।

कोठा[2] भितरौं सी—विशेष श्रेणी के लोग।

कोठि कांपणी—थर्राना, भयभीत होना।

कोठि वालु रोऊ, झोंपड़ी वालु सोऊ—धनी भयभीत निर्धन निश्चिंत रहता है।

कोड़[3] बाँजा[4] पड़ी—कई भाइयों में एक भाई निःसंतान होना।

कोड़ि कु कुल नास, पापी कु सर्वनास—पापी कुष्ठरोगी से भी पतित और पाप का भागी होता है।

कोड़ि ज्यू[5] प्यारु, औता धन प्यारु—कुष्ठ रोगी मरना नहीं चाहता, धनी लालची होता है।

कोंणा पड़ी—ख्याति में न आना, अपरिचित।

कोदा की भूड़ि वणिया की कूड़ि—देखने में खाली पर अंदर कुछ न कुछ छिपा रहता है।

कोदा-मार्छा किर्सी धारण[6]—लगातार बोलते जाना।

कोदु कापलु करीक गुजर—गरीबी में दिन वसर करना।

कोदु निपौंण—अति गरीबी की हालत।

कोदु बाढ़ी[7]—घमंडी होना।

कोदु बिगड़ी त झड़्वा हूवै, झड़्वा बिगड़ी त नडुवा हूवै, नडुवा बिगड़ी त दुबलू हूवै—पतनोन्मुख होना।

---

1. वेश्यालय 2. बीच में चौक, चारों ओर मकान जो सम्मानित लोगों का आवास होता था 3. मकान का किनारा 4. बंजर 5. शरीर 6. धारा 7. बढ़ गया

कोंपलु चूनण–अल्पायु में मृत्यु।
कोरि पिठैं–बिना पैसों का टीका लगाना।
कोलि कि कोल्यांण नाँगि–जो कमाए सो न खाये, असंगत बात।
कोलि कोल्यांण बिगर नादु–बिना पत्नी के पति का जीवन बर्बाद।
कोलू जन बल्द–चौबीस घंटे कार्य व्यस्त, बंधुवा मजदूर।

कौ

कौऊ राज होंण–अयोग्य लोगों का शासन होना।
कौड़ी का भौ विकण–महत्त्वहीन होना।
कौड़ि-कौड़ि चुकौंण–लेन-देन में सच्चाई।
कौड़ि तैं कंजुस, असरुपी घूस–मूर्खतापूर्ण कार्य करना, अपने खानपान पर खर्च नहीं करते, मुकदमेबाजी में धन व्यय करते हैं।
कौड़ी न कामा, द्वी भै रामा–निठल्ले भाई।
कौड़ि नी धनवान, बल नी बलवान–केवल धनी पैसे वाले को धनवान बल वाले को बलवान नहीं कहते।
कौड़ि पर काल गटेंण[1] ठीक नी–असंभव काम करना व्यर्थ।
कौथिग देखण–दुर्दशा देखना।
कौन पूछे मण्डुवा का भाव–कौन किसकी परवाह करता।
कौरौं कु खाँण, पन्नौकु गाँण–कृतघ्न व्यक्ति।
कौरौं कु राज होंण–अयोग्य लोगों का राज, अत्याचारी शासन।
कौरौं-पंडौं कु सी बामण–अविश्वसनीय, दोनों पक्षों से मिला व्यक्ति।
कौरौं भी भला, पण्डौं भी भला–चापलूस।
कौला न्याल[2]–दूसरे का मुँह ताकना।
कौवा चलि हंस कि चाल, भूलि अपणा हाल–बड़ों की नकल में होश खोना।
कौवा नहें तैं हंस नि बणद–जातीय गुण यथावत् रहते हैं।

---

1. रोकना, गाँठना 2. देखना

ख

खंकल जन—निकम्मा, आलसी।
खंकल्या रांड—बदचलन स्त्री, झूठी, गालीगलौज करने वाली, आलसी।
खंकल्यौ कन—गैर-जिम्मेदारी पूर्ण हरकत।
खंगताल होंण—सब गुड़ गोबर होना।
खंड उजड़ी—भाई बेऔलाद होना, घर छोड़ना, बंजर पड़ना।
खंड खेली—कई कर्म करना, उतार-चढ़ाव देखना।
खंडखचोर कन—मीन-मेख निकालना।
खंडमंड[1] **कन**—पूरी छानबीन, उलटपुलट करना।
खंतड़ा फुक्याँ कु सी—वेवश।
खंदारा और द्यू, निखाँदा क्या द्यूँ—खाने वाले को दो, न खाने वाले को क्या दें।
खग जाने, खग की भासा—चालाक, चालाक की भाषा जानता है।
खचड़ोड़्या होंण—विवादी, छिद्रान्वेषी व्यक्ति।
खजानु खोलि—उदारतापूर्वक देना।
खजाने कुंजि मिली—अधिकार मिलना, महत्त्वपूर्ण होना।
खर्जी मौ[2]—पतनशील परिवार।
खजु कीड़ा पड़्यां—जन्म-जन्मांतर की दुश्मनी।
खज्यालि[3] **कन्यौण, जनानु मनौण**—आसान कार्य।
खज्याँ मनखि—बिगड़े, विनाश के मार्गी।
खज्यालि होंणी—बिना बात के परेशानी होना, बिना पूछे बात करने की उतावली।
खट-कर्म[4] **कन**—कई उपाय कर लिए, भले-बुरे सभी प्रयास निष्फल।
खटकर्मी मनखि—कई उपाय करने वाला, तंत्रमंत्र करने वाला, विभिन्न कार्यों की जानकारी रखने वाला, षट्कर्मी।
खट-पट होंण—बातचीत बंद, बोलचाल बंद, विवाद, झगड़ा।
खटपड़ि तेरि, **ग्वद पड़ि मेरि**—अच्छी वस्तु मुझे बुरी तुम्हें।
खटा बिगर **मरि** बुडलि—किसी वस्तु की प्राप्ति के लिए बेचैनी होना।
खटि **खांण**—कष्ट झेलना।
खटि-मिठि देण/लेण—गुप्त रूप से सौगात, मिठाई, देना/लेना।
खटु प्राँण होंण—मनमुटाव होना, नाराज होना।
खटै खाँण नीना पेट, काखड़ि खाँण भर्याँ पेट—खटाई खाली पेट और खीरा भरे

1. उलट-पुलट 2. परिवार 3. खुजली 4. षट्कर्म

पेट खाना चाहिए।

खड़ अंग्वालि[1] कन–खड़े-खड़े कुश्ती करना।

खड़ खैक बौंण छन बण्या–कष्ट झेलने से ही सफलता मिलना।

खड़ खैक, भड़–कष्ट झेलने के बाद वीर बनना।

खड़ च खालि–बेटियाँ ही बेटियाँ हैं।

खड़ जामलु कूडि पर–परिवार नष्ट होना, वंश न चलना, घर त्याग, गाली।

खड़ झांण–कोई कष्ट न देना, भली प्रकार देखभाल, स्नेह जताना।

खड़ रात्रि कन–रातभर खड़ा रहना, कठोर तपस्या, कष्ट झेलना। (पर्वतीय अंचल में जिन स्त्रियों के बच्चे नहीं होते हैं, वे शिवालय में कमलेश्वर महादेव में (श्रीनगर) रातभर हाथ में दीपक लिए एक टाँग पर खड़ी रहती हैं, तब फल मिल जाता है)।

खड़कु-दड़कु–खाने-पीने की मौज मस्ती, पूड़ी-मांस, हलुवा, पकौड़ी-घी आदि से दावत।

खड़ा-खड़ि खांण–बिना बैठे ही डाँटना, देखते ही प्रतारणा।

खड़ा-खड़ि मरि–अचानक मरा, हृदयगति रुककर मृत्यु।

खड़ी पुछड़ी[2] कन–तेजी से भागना, मना करना, उत्तरदायित्व से मुकरना।

खड़ी लगौंण–नुकसान करना, घाटा देना।

खणीक[3] अर गणीक[4] क्या नि निकलद–धुन में पड़ने पर क्या-क्या उपलब्धि नहीं होती। आज भी पर्वतीय अंचल में किसी की बीमारी की दशा में लोग जिस पर देवात्मा प्रकट होती है (गणयां) के पास चावल पिठाई पैसे थाली पर देकर कष्ट का कारण और निवारण पूछते हैं।

खणीक खाड, गणीक दोस–खोदने से खाई और ओझा से पूछने पर देवता के दुष्प्रभाव, दोष प्रकट होते हैं।

खत[5] होंणी–बेकार जाना, बचकाना काम करना।

'खती ना', 'उठौणू छौं'–गिराना नहीं, उठा रहा हूँ, सावधान सतर्क करने से पूर्व ही नुकसान करना।

खती बच्चा–नवजात बच्चे की मौत।

खतीं छ्वीं–निम्नस्तरीय बातें, व्यर्थ बकवास।

खती[6] मौं–बर्बाद परिवार, सम्मान रहित परिवार, कंगाल।

खत्यौं मनखि–बिगड़ा इनसान, नगण्य व्यक्ति, पतित व्यक्ति।

खदि-बदि कन–अच्छी दावत, पूजापाठ में मांस, पूड़ी, घी, सूजी, पकौड़ी, शराब आदि की दावत।

खदेड खमडौंण[7]–बहुत दुष्प्रचार करना, आंदोलित करना।

---

1. मल्ल युद्ध 2. पूँछ 3. खोद कर 4. जानकारी करना 5. गिराना 6. बर्बाद 7. हिलाना

खनखचोरि—मीन-मेख निकालने वाला, उलट-पुलट करने वाला।

'ख'-'ब' चलण—ब्राह्मण-राजपूती विद्वेष भाव फैलाना, विशेषकर चुनाव के समय।

खबर लेण—धमकाना, मजा चखाने की बात, बहुत पीटना।

खबेस[1] जन—राक्षस जैसा, दुष्ट नीचकर्मी, खुरापाती।

खबेस लगण—अदृश्य शक्ति के वशीभूत होना।

खब्क खाँण—बुरी तरह से मारना, दंडित होना, बेइज्जत होना।

खमडैलि मवासि[2]—सारे परिवार पर भूत का प्रभाव डालना, परिवार को बर्बादी के कगार पर ले जाना।

खयालि[3] ब्वारि, पियालि[4] सासु—खाना नहीं पर पानी पी लिया।

खरबगनी मनखि—दरिद्र, जो दिया उसी को बर्बाद करने वाले।

खरमाल्या जोग—घाटा देनेवाला भाग्य।

खरमालु[5] पैर अब—साधु बनना, गृहत्याग।

खर[6] माँ कख छौ जर—अभावावस्था में बीमारी कहाँ महसूस होती है?

खरि खूब दरि दूब—हिसाब-किताब सही-सही रखना।

खरि खै पै तरी[7]—कष्ट के बाद सुखभोग।

खरि खांण—कष्ट झेलना, मुसीबत झेलना।

खरि खोटि सुणौंण—भला-बुरा सुनाना।

खरुखेल, फुर्का बाजि—किसी से कोई मतलब न रखना।

खरोला-खरोलि कन—इधर-उधर मालूम करना, जानकारी लेना।

खलल मची—आपाधापी, सनसनीखेज खबर, व्यवधान पड़ना।

खलक[8]-मुलक—सारे संसार में।

खल भी खाया, बकल[9] भी लाया, सुखदे बाबन सुख नि[10] पाया—कष्टों के बाद भी सुख न मिला।

खलमिच्यांणी कन—किये-कराये काम को बिगाड़ना, अस्त-व्यस्त करना।

खला गोस्यू[11] डंडवारे स्याणि[12]—मालिक ही मोहताज।

खला[13] साटि भोल[14] ब्यौ—हाल-घोड़ा हाल मैदान।

खालि गागर जादा बाजदि—थोथा चना बाजे घना।

खस खांण भस[15] बोलाण[16]—मोटा खाना मोटा लाना, मोटी बात।

खस्या कि रीस, भैंसा की तीस[17]—बलवान और कामुक तथा भैंस को अधिक प्यास लगती है।

---

1. भूत 2. परिवार 3. खा लिया 4. पी लिया 5. राख 6. कष्ट 7. मलाई 8. दुनिया 9. छाल 10. नहीं 11. चौक 12. कल 13. मालिक 14. तीव्र इच्छा 15. असभ्य वाणी 16. बात करना 17. प्यास

खस्या न प्यै[1] भैसा कु दूध, वैकु न सुध[2] न वुध—भैंस का दूध बुद्धिवर्द्धक नहीं होता।

खस्या भी होंण, खपक[3] भी खांण—सब प्रकार से हानि उठाना।

खा

खाँण औणू—जान से मारने को उद्यत।

खाँण जाँण बालु निरोगी, बुलै जाण वाला दगड़्या—आहार-व्यवहार वाला स्वस्थ, सद्व्यवहार से मित्रता बढ़ती है।

खाँण तैं खीर, हाथ धोंण तैं मूत—आदर देकर अपमानित करना।

खाँण तैं जगतराम, धाणीभगतराम—खाने को तैयार, काम को कमजोर।

खाँण तैं जोर, धाँणी तैं कमजोर—मूर्ख-पेटू।

खाँण तैं गेंडखा सी, धाणक[4] मेढ़का सी—खाने को शूरवीर, काम को बिल्ली, निकम्मे जवान।

खाँण तैं बागै चारौं, धाणी तैं किरमलै चारौं—खाना सब हजम करना, पर काम एक धेला का नहीं, पेटू।

खाँण तैं यम, धार्णी[5] तैं कम—खाने को तत्पर, काम को मना करना।

खाँण तैं 'हाँ', धाण तैं 'ना'—उपरोक्त।

खांण नि देंदा सोरा, भाग बोदे ना औ मेरा धोरा—बिरादरी के लोग और भाग्य परेशान करते हैं।

खाँण भटकतालि, सौंण[6] कटकतालि[7]—सब प्रकार की मार सहना, खाने के खातिर कष्ट सहना।

खाँण भी खोंण भी—जिसका खाना उसकी निंदा करना।

खाँण-सेण नि देण—जीना हराम कर रखा है। बहुत परेशान करना।

खांर्णी-कु ढुंगु, जाती कु मनखि—खान का पत्थर और कुलीन व्यक्ति अच्छा होता है।

खांर्णी न पेणी घुंड घुंडु टेंणी[8]—खाना-पीना कुछ नहीं, खाली देहनाश।

खांर्णी-पेणी नौना, बाबु दगड़ि चलीगे, घुण्डा-घुसे बाकि रैगि—खाना-पीना पहनना पति तक था, अब तो खाली परिश्रम करना पड़ता है। पति के जीवन तक सब कुछ बाद में दुखी जीवन।

खांर्णी-बांटणी छैंच—लेन-देन, बोलचाल, उठना-बैठना है।

---

1. पिया 2. होश 3. मार 4. काम को 5. काम 6. सहना 7. मार 8. कष्ट

खाँणी-बाँटणी नीच—लेन-देन, बोलचाल नहीं है।

खाँणु अपणु, चुगली विराणि—अपना खाकर पर निंदा करने वाले।

खाँणु खराब होत दिन खराब, घरवालि खराब होत जिंदगी खराब—खराब भोजन और खराब पत्नी से समय और जीवन बर्बाद होता है।

खाँणु नि पचद बिना बोल्याँ—बिना चुगली किए संतोष न होना।

खाँणु मनौ कु, लाणु जगा कु—खाना स्वेच्छा से पहनना स्थानानुसार।

खाँणें बांटि होंदि पर सेण नि होंदि—खाने का हिस्सा हो सकता है पर नींद की नहीं।

खाँणों अखाणु कन—अच्छे भोजन को अधिक नमक, मिर्च-मसाले डालने पर खाने योग्य न रखना।

खाँणों-पीणों गढ़[1] रौंत्यालो[2] कुमौ—गढ़वाल में खाने-पीने की मौज और कुमायूँ में प्राकृतिक सौंदर्य अच्छा।

खाँणौं तैं तु ना आई, रौणा तैं रौंद त ऐ, सेंण तैं निसर्णी जै—किसी प्रकार मेजबानी करने को तैयार नहीं, शब्दजाल में फँसाना।

खाँतड़ा फूक्याँ सी—सब कुछ लुटने पर लाचारी।

खांद-सेंण तंग कन—हर समय परेशान करना।

खांदा-माँगदा मू जांण—प्रर्चाधारी देवता के पास शत्रु के अनिष्ट हेतु जाना।

खांदा द्या नि खांदा क्या द्या—खाने वाले को दो न खाने वाले को देने से क्या लाभ।

खांदि-खांदि मर्‍या—खा-खा कर मरना, खाकर भी भूखा बताना।

खाँदि गोस्यूँ का घर, बोदी 'मेरु बाबू'—वास्तविकता को छिपाना, परम झूठ बोलना।

खांदि जुमान तरास—कड़े शब्दों का प्रयोग हानिकारक।

खांदि वक्त कु झुर्‍याट[3], सेंदि वक्तो धुआँ नखरु होंद—खाते समय टीका टिप्पणी करना, डाँट-फटकार, सोते समय का धुआँ खराब होता है।

खांदि वक्त सुंगूर कुछ निसुणद—निम्नस्तरीय व्यक्ति नाम-बदनाम की नहीं सोचता, केवल पेट भरने से मतलब रखता है।

खांदु लगण—मनवांछित भोजन, स्वादिष्ट भोजन।

खांदु लगौण—भविष्य में देने का वायदा करना।

खांनदान देखी लेण ब्वारि, नसल देखी पसु—बहू खानदान परखकर लाएँ और पशु अच्छी नस्ल का हो।

खाँसी करु, खट्‌टु करु, अब भी नि मरु त क्या करु—खाँसी और खट्टा मौत का कारण।

खाई न पाई, खालि मनौं आई—बिना बात का कष्ट।

---

1. गढ़वाल मंडल 2. रमणीक 3. ताने सुनाना, गालीगलौज

खाई पिई यीं रांड़ौ खटु दै—खा-पीकर बदनामी, अनिच्छा प्रकट करना।
खाओ कोलि, डाँड़्यौ[1] ल्वार—निर्दोष को दोष देना।
खाक करि—कुछ न किया।
खाक छाँणू—दर-दर भटकना।
खाक माँ मिलैलि—मिट्टी में मिलाना, मटियामेट करना।
खाक होंण—सर्वनाश होना।
खा-खा जब्बारि[2] ब्वारि[3] नी[4], पैर-पैर जवारि बेटी नी—बहू के आने से पूर्व खाने में आजादी, बेटी होने से पूर्व पहनने की परेशानी न होना।
खा-खा, जा-जा वालु—तांत्रिक, भूतप्रेत पूजक।
खा-खा-जा जा वाले, मवासि नि होंदि—तांत्रिक और जादू टोने का परिवार नष्ट होता है।
खाजा खायाँ, कण्डा लमडाँया—खा-पीकर बर्तनों पर लात मारना, मतलब निकलने पर तिरस्कृत करना।
खाट पकंण—बीमार पड़ना।
खाट से उत्तान—मृत व्यक्ति।
खाल्टा जन—निकम्मे युवा, होटलों में काम करने वाले आवारा और व्यसनी युवक।
खाड खडेलि—ऋणी बना दिया, भावी पीढ़ी की बर्बादी रचना।
खाड खण—नुकसान पहुँचाना, कर्जदार बनाना।
खाड पड़्या—अवन्नत दशा को पहुँचाना।
खाड बैठी—रसातल को पहुँचाना, गाली, मारना, दफनाना।
खाडलि का मवार, मुखुमु अर असाडु—कोरा प्रचार।
खाड़ा पिंडालु होंण—अलाभकारी व्यवसाय।
खाडि भरेणी—ऋण चुकाना, मौत पर मौत होना।
खाडु चुलि फाँचु उफलु[5]—बोझ से दबा मौन, पर मस्ती मारने वाला मस्त, बड़े से छोटा बातूनी।
खाडु माँ ज्यूंदाल डाल्याँ छन—देवता के नाम सुरक्षित।
खाद पड़ि खेत, नतर रेत—खेत में खाद डालने पर ही फसल अन्यथा पैदावार नहीं होगी।
खादरा[6] बैठी—सुदूर अंचल में बसना, पहचान खोना।
खाब खाँणु, लावु लाँण—परिश्रम से ही सिद्धि मिलती है।
खाब चिकै कन—अश्लील वार्ता।
खाया-पिया अंग लगै, दिया-लिया संग चले—खा-पीकर शरीर स्वस्थ होता है। दान-पुण्य आगामी जीवन के काम आता है।

---

1. दंडित 2. जब तक 3. बहू 4. नहीं 5. उछलना 6. ताक

खाया पिया अब, ढ्येप-ढ्येप किस बात का—जब काम पूर्ण हो गया, तब रुकने की क्या आवश्यकता है?

खायी याद निरौंदि—लोग भूतकाल के उपकार को भूल जाते हैं।

खायों क्या माँगो, पिजार्यी क्या रामो—भरपेट क्या माँगे, दुही गाय क्यों बच्चे की माँग करे। संतुष्ट को कोई आवश्यकता नहीं।

खार खाँण—ईर्ष्या रखना।

खा राण्ड, बाड़ि, नतर खाब्डु[1] थ्यूलु फाड़ी—अपनी ही चलाना।

खारा पेट कपूर—अनजान के पास कीमती वस्तु देना।

खारा माँ चोट लगौंण—नीच से झगड़ा करना हानिकारक।

खारु कलि—सर्वनाश करना।

खारु पड़ी—दरिद्रता आना।

खारु पैरा अब—सब कुछ लुट जाना, घर से निष्कासित करना।

खारु मंत्रण होंणू—तंत्रमंत्र चलाना।

खारु होंण—सब बर्बाद होना।

खाल उत्तरी—बुरे हाल होना।

खाल खींचण—असह्य दंड देना।

खाला-पेला गौरु का, डांडेला औरु का—करे कोई भरे कोई।

खालि खाणा खणवारि, सेयूँ पौरा[2] चारि—खाना और सोने वाले।

खालि रमा-रुमि करी चली—आया, अभिवादन किया और चला गया, गहरी मित्रता न रखना।

खालि सेकि छन—कोरी फैशनपरस्ती।

खालि स्यमन्या[3] छ—दिखावटी मित्रता।

खालि हाथ जाँण—रिश्तेदारी में कुछ न ले जाना।

खालु मेरु गूजा, जुठु[4] उठौण[5] तू जा—खायें हम काम करें तुम।

ख्यालकुड़ि जन—बचकाने काम, कच्चे काम, खल़ाकुडि भी इसी शब्द से बना है। (पुराने जमाने में बिना खिड़की के छोटे दरवाजे वाले जमीन के अंदर बने मकान को कहते थे।)

खि

खिगचाट पड्यूँ—अनर्गल बातों में शोरगुल।

खिचड़ी कलि—उलट-पुलट करना।

---

1. मुँह 2. प्रहर, समय 3. शिव का मानों (नमस्कार), दुआ सलाम 4. जूठन 5. उठाना

खिचड़ी पकौंणा—अस्तव्यस्त करना, सारी वस्तुएँ इकट्ठा करना।
खिंचै कन—डांट-डपट करना।
खिट्र्यों दूध अर पाक्यूँ आम मिठु—अनुभवी लोग गुणी होते हैं।
खिन्नौ[1] **पाथु**—निम्नस्तरीय व्यक्ति।
खिमसिंह न खायो, भीमसिंह उस्यायो[2]—करे कोई भरे कोई।
खिरकण्डो[3] **जन**—बदसूरत, बिखरे वस्त्र और बाल वाला, गंदा।
खिरीज च खालि—अधिकांश बच्चे ही बच्चे हैं।
खिलौंणु टूटीगि—छोटे बच्चे का मरना।
खिसा[4] **खालि, भटग**[5] **भारि**—साधनहीन, घमंडी।
खिस्सा सिली[6] **रखा**—खाली झाँसा देना।

खी

खीर कु भोज अर, रज्यूँ[7] **राज कख मिलद**—बना-बुना काम नहीं मिलता है। प्रयास करना पड़ता है।
खीसा पर छन धरयाँ—अपने नियंत्रण में हैं।
खीसा पर नीं कौड़ि, चैंदि[8] **बड़ाबाबुकि**[9] **लौड़ि**[10]—गरीब और बेरोजगार होने पर भी शिक्षित और बड़े बाप की लड़की चाहिए। दहेज लोभी, कोरी शेखी।
खीसा पर नी कौड़ि, मेला जाँदा दौड़ि—खाली जेब मेले में जाना।
खीसा पर लैक[11] **होंण**—अतिप्रिय वस्तु।
खीसू[12] **खालि हो पर गिचु खालि नि हो**—गरीबी हो पर मुख में मीठी वाणी हो।

खु

खुकलु[13] **पसान**[14]—शुभाशुभ को स्वीकारना, जो भी कहे सहर्ष स्वीकार्य।
खुचरोडु डॉल—व्यवधान डालना।
खुटा अलगेण[15]—उतावलापन, ओछापन।

---

1. एक कमजोर पौधा 2. फूलना, सूजन 3. खीरा 4. जेब 5. अक्कड़ 6. सिलकर 7. बनाबुना, रचाया, स्थापित 8. चाहिए 9. बड़े आदमी की 10. लड़की 11. के योग्य 12. जेब 13. गोल 14. फैलाना 15. ऊँचा करना

खुटा काट्याँ सीं—घर से जाने में असमर्थता।
खुटा कांडु नि बैठ—जरा भी कष्ट न होने की प्रार्थना।
खुटा खज्याँण—कहीं जाने की तीव्र इच्छा।
खुटा घुसै कन—व्यर्थ आना-जाना।
खुटा खुसड़ा[1] चुफला नांगा—अपनी हैसियत से अधिक समझना।
खुटा धनक जगा नी—भीड़-भाड़, सर्वत्र गंदगी।
खुटा धनै जगानी—भारी भीड़, सर्वत्र गंदगी।
खुटा धरति माँ निधन—इतराना, घमंडी होना।
खुटा ध्वैक[2] पैंणा—श्रद्धा व्यक्त करना।
खुटा पकड़ियाल्या—विनम्र प्रार्थना, खुशामद करना।
खुटा पड़्यां—शरणागत।
खुटा पसारिक बैठण—आराम करना।
खुटा भ्वी[3] निधन—इतराना।
खुटा भैर निकाल[4]—घर से बाहर जाना, नियंत्रण से बाहर होना।
खुटाँ माँ नाक रेचण—बार-बार क्षमायाचना, पुनः गलती न करने का वचन देना।
खुटा माँ मुण्ड टेकण—माफी माँगना, क्षमा चाहना।
खुटा नि टेकण—काम के लिए बिल्कुल तैयार न होना।
खुटु पर बेड़ि पंण—कठोर कारावास, गृहस्थी में बोझ से जकड़ना।
खुटून मिटौंण, हाथौंन लेखण—अपना लिखा मेटना, अपनी बात से मुकरना।
खुदगर्ज खुराफात करद—स्वार्थी खुरापात करता है।
खुदा खैर, बन्दा बैर—ईश्वर सबकी भलाई करता है। चाहे कोई उसे माने या न माने।
खुदेंड़[5] मैनु होंण—वसंत का आगमन।
खुदेड़ लगौंण—मायके की याद में गमगीन।
खुर-खुरि मिटौंण—बैर भाव को बदला देकर शांत करना।
खुरचणु भी नीं—भोजन समाप्त।
खुरदनी काटण—गुस्से में लड़ाई के लिए तत्पर होना।
खुराँट छ—बहुत बड़ा शातिर है।
खुर्सि से उत्तर्यूँ हाकिम, ज्वानि से उत्तरीं बैस्या—सेवानिवृत्त दुष्ट और घमंडी अधिकारी और बूढ़ी वेश्या की दुर्गति होती है, अभिमान चूर होता है।
खुलि छाति औंण—बेधड़क आना।
खुलि छाति नाँगि गति—पवित्र मन से पेश आना।
खुलीगे अब—अब स्वस्थ हो गया है, संकोच समाप्त होना।

1. नंगे 2. धोकर 3. जमीन पर 4. निकालना 5. दर्शनों की भूख

खुस मिजाजि—प्रसन्न चित्तवाला व्यक्ति, हँसमुख।
खुसि नि खरीदेंदि—प्रसन्नता बाजार में नहीं बिकती है।
खुसि बराबर खुराक नीं—प्रसन्नता ही बड़ी खुराक है।

खू

खून कन—हत्या करना।
खून का आँसु रोण—व्यथित मन से रोना, असीम वेदना।
खून का तर्पण देण—आँसू बहाना, गम के आँसू।
खून कि पिड़ा—अपनों का दर्द।
खून कु प्यासु—जान से मारने को आतुर।
खून कु रिस्ता छ—निकट संबंधी, रक्त संबंधी।
खून खतरी कलि—मार-काट, टुकड़े-टुकड़े करना।
खून खराबि हौंण—कत्लेआम करना।
खून खून तैं पछाणद[1]—रक्त संबंधी की पहचान होना।
खून खौलण[2]—गुस्सा आना।
खून पछाँण—अपने रक्त संबंधियों की पहचान करना।
खूब हाल छन तेरा—तुमने कितनी बड़ी गलती की, तुमने कितना अच्छा किया? व्यंग्य।

खे-खै

खेंण लगी—बिना मजदूरी के दबाव देकर जनता से काम कराना, टिहरी के राजा ने यह प्रथा चलायी थी, इसे बड़ी बरदायश भी कहते थे।
खेति कन सौ हातुन, घरबार कन एक हातन—खेती के लिए कई लोग चाहिए पर घर गृहस्थी के लिए एक आदमी की जिम्मेदारी होनी चाहिए।
खेति खसम[3] **खेति**—खेत को किसान ही कर सकता है।
खेति छुटि घर रुठि—खेती बंजर पड़ने से घर उजड़ जाते हैं।
खेद कटु-जड़ कटु—ईर्ष्यालु, दुष्ट व्यक्ति।

---

1. पहचानता है 2. खौलना 3. पति, मालिक

खेल कैन देखि विधाता कु—विधि का विधान किसने देखा।

खेल खतम, पैसा हजम—समय पर सब समाप्त हो जाता है। मेला समाप्त पैसा समाप्त, चुनाव समाप्त पैसा समाप्त।

खेल खिलौण—चकमा देना।

खेल-खेल माँ—मजाक-मजाक में।

खेल द्यखण[1]—दुर्दशा देखना।

खेल बिगड़ी—योजना विफल।

खेल रचण—मायाजाल रचना।

खेल समझणा—मजाक समझ रहे हैं।

खेल होंणू—कार्य की गंभीरता न समझना।

खै जाणी केला का पात, नि खै जाणि कपालि[2] हात—केले के पत्तों में खाना कठिन है, परिश्रमी होंगे तो केले के पत्ते वाले गाँव (उपजाऊ) में फलेंगे फूलेंगे अन्यथा जन्मभर पश्चात्ताप करेंगे।

खै तिथरु चकोरुन, जेबाला पड़ि मूसु—अपराध किसी का दंड औरों को।

खै नि जाणी खसम कांणु, नाच नि जाणी आगन बाँगो—अपनी अकुलता का दोष दूसरे पर डालना।

खैक जाडु, नहेंक भूख—भोजन के बाद जाड़ा, नहाने पर भूख।

खैक धीत नी, बोली प्रतीत नी—खाकर संतुष्टि और बातों का विश्वास नहीं।

खैक भोत मरियां, नि खै क्वै नि मरि—भूख से नहीं मरते वरन अनाप-शनाप खाने से बहुत मरते हैं।

खैक समझेंद खट्टु-मिठ्ठु, जैक समझेंद बाटु—परखने के बाद वास्तविकता का पता चलता है।

खैगै[3] दाड़ि बालु, पकड़ेगि जोंगा बालु—साधु ने अपराध किया, गृहस्थी पकड़ा गया, अपराध किसी का दंड किसी को।

खैंच कना—तरफदारी करना।

खैंचलि अब—अदालत में पेश कर दिया, भलाबुरा कह दिया, डाँट दिया।

खैरि[4] खांण—कष्ट झेलना।

खो

खोई चीज कीमति लगदि—मरे व्यक्ति का मूल्यांकन बाद में करना।

खोकलु पसान—जो भी कहें सब स्वीकार्य।

---

1. देखना 2. माथा 3. खा गया 4. कष्ट

खोंकि लगी—घाटा पड़ गया।

खोज कन से पौरु[1] देंण भलु—दवाई करने से सावधानी हितकर

खोजणा बाटा अनेक, खांणा एक—साधन अनेक, साध्य एक।

खोटा अलगेक[2] बड़ु बणू—बाहरी दिखावा।

खोटा काट्याँ जन—मानो पाँव कटे हों, कहीं न जाना।

खोटा कि जुति खोटा स्वाँदि—हर वस्तु का अपना नियत स्थान होता है।

खोटा घुसे लेण—पैदल चलने का शुल्क लेना।

खोटा टेकण—काम के लिए मुश्किल से तैयार होना।

खोटा नि टेकण—तैयार न होना, खड़ा न होना।

खोटा भारी होंण—गर्भावस्था।

खोटा माँ नाक रेचलि—क्षमायाचना करना।

खोटा माँ पड़ि—शरणागत होना।

खोटु उन्दु मूतण[3]—भयभीत होना।

खोटु काटी बैठण—एक जगह पर स्थिर रहना।

खोटु पैसा मन्दिर माँ—तुच्छ वस्तु का दान करने वाले तुच्छ लोग।

खोट्यू का खोल उतन—पैदल चलकर पाँवों के बुरे हाल, कहीं बार-बार जाना।

खोपड़ि खज्याणी—मार खाने की नौबत आना, जूते पड़ना।

खोपड़ि खाण—दिमाग चाटना।

खोपडि चाटण—दिमाग चाटना।

खोपडि पर लेख्यूँ कैन देखि—भविष्य किसी ने न देखा, भविष्य अदृश्य।

खोपड़ि पर लेखीं कैन मेटी[4]—भाग्य का लेख अमिट।

खोपड़ि फूटण—भाग्य पलटना, दुर्भाग्य आना।

खोपड़ि बोनि[5]—भाग्य बोल रहा है।

खोपड़ि माँ चढ्याँ—सर पर सवार।

खोपड़ि रेचण—अधिक मेहनत करना, मुश्किल से कार्य करना, भाग्य के मारे काम करना।

खोसि खासी खाँण—लूटपाट करना।

खौ

ख़ौं औरु का, जुता पड्या गौरु का—अपराध किया किसी ने दंड दिया और को।

---

1. चौकीदारी 2. उचककर चलना 3. पेशाब करना 4. मिटाना 5. बोल रही

खौ कोलि[1], डांड्यो ल्वार–करे कोई, भरे कोई।

खौ दाड़ि वालु, पकड़्यो मोच वालु–करे कोई भरे कोई।

खौ बाग वणी–काट खाने को तत्पर।

खौ बाग लाल खाब, निखौ बाग लाल खाब–दोषी की पहचान कठिन होना।

खौ भीम, उस्यौ सकुनि–प्रभाव कहाँ का कहाँ पड़ना, असंगत बात।

खौड़ा[2] कि सिकेत–कुष्ठ रोग की शिकायत।

खौड़ु ध्वैलि–दरिद्र धो दिया।

खौड़्या जन–कुष्ठ रोगी जैसा।

खौरि खाण–कष्ट झेलना।

खौरि खैक मिलदी तौरि–कष्ट के बाद ही सुख मिलता है।

खौरि[3] पड़ीं–कमी होना, अभाव होना।

खौरु नौ धरु औरु–दोषी निर्दोष को दोष देता है।

खौला गोस्यूँक डड्वारे स्याणि–मालिक सेवक की दया पर निर्भरता।

खौलू कि नेखौलु तैका हातौभात? पर पसार्‍यूं हात–सोच और कर्म में अंतर, दुविधा की स्थिति में पड़ना।

खौल्या कुकुर जन–खतरनाक कुत्ता जैसा, झगड़ालू।

खौल्या बणी–काटने वाला कुत्ता, मारपीट करने वाला व्यक्ति।

खौल्यांण[4] लगी–शर्मिंदा होना, निरुत्तर होना।

ग

गंगा गंगोत्री मू गन्दि होलि त प्रयाग जैकं क्या होलु?–वस्तु की मूल में ही बिगड़ना तो आगे क्या होगा।

गंगा जौ गंगादास, जमुना जौ जमुनादास–चापलूस, अवसरवादी।

गंगा नहेंण–पापकर्म से छुटकारा, मुसीबत से मुक्ति।

गंगा बगौ[5] उन्दु, होशियार बगौ उब्बु–चतुर बिगड़े काम को सुधारते हैं, असंभव को संभव करते हैं।

गंगा माँ जौ होंण–अनहोनी होना, सफलता में आशंका।

गंगलोड़ा जन–नदी के बेडौल पत्थर जैसे आदमी या वस्तु किसी से मेल-मिलाप न रखने वाले, नदी के गोल पत्थरों से चिनाई नहीं हो सकती बिना तोड़े।

गंगाजल जन–पवित्रता।

---

1. कपड़े बुनने वाला 2. खुजली, कुष्ठ रोग 3. कमी 4. लाचारी 5. बहाव

गंगाड़ि जन–अनमेल, सूखा, स्वार्थी, बातों में पटाने वाला, चालू व्यक्ति।

गंगाड़ी मीत होंण–स्वार्थी मित्र।

गंज्याला वाजण–सर्वत्र बदनामी।

गंडलपोडु आदिम–व्यर्थ का बेवकूफ आदमी, गंदा, आलसी।

गंडासु कु गाँडु, फरासु नि देखद–असमर्थता, मूर्खता (घेंघा इतना बड़ा कि आँख के आगे तक बढ़ गया)।

गंणित माँ नी–गिनती में न होना, प्रभावहीन।

गंदगि नदी माँ धोयेलि, पर नदी गंदी होलि त कख जांण–यदि धर्मात्मा ही अधर्मी होंगे तो कहाँ जायें, जब बिगड़े माँ-बाप होंगे तो संतानों को कौन सुधारेगा?

गंवार कु मन थंवार–भोले भाले को थोड़े में ही संतुष्ट करना।

गई गाड़ि कच्चा माँ–गये काम से।

गगजाणू च–विनम्र प्रार्थना, रोते हुए हाथ जोड़ना।

गच्चा[1] खैलि–धोखा खाना।

गजव कलि–चमत्कार करना, बड़ी बात करना।

गजब कु आदमी–चमत्कारी व्यक्तित्व, जोरदार व्यक्ति।

गजब होंण–भारी बड़ी बात होना, अनहोनी होना।

गड़कताल[2] होंण–गिरना, मर जाना।

गड़की बिचारू–मत्यु हो गई।

गड़ागड़[3] औंण–बिना बुलाए बार-बार आना।

गढ़[4] जीतलि–बड़ी विजय प्राप्त करना, भारी सफलता प्राप्त करना।

गढ़वाल कटग, कुंमौं सटक, कुंमौं कटग, गढ़वाल सटग–जहाँ परेशानी हो वहाँ से अन्यत्र भागना (पुराने जमाने में कुमायूँ में लड़ाई होती तो सीमावर्ती लोग गढ़वाल भाग जाते, यदि गढ़वाल में लड़ाई होती तो कुमायूँ भाग जाते थे)।

गढ़वाल माँ छा कबारि आदिम डेढ, अब ह्वैग्या, कति हेड–गढ़वाल में कभी मुकुन्दी लाल बैरिस्टर और अनसूया प्रसाद बहुगुणा को डेढ़ आदमी बताते थे पूरे गढ़वाल क्षेत्र में उन्हीं का बोलबाला था। अब तो कई पढ़े-लिखे और नेता बन गये हैं।

गढ़वाल् बसण त कमर कसण, नतर भैर नसण–गढ़वाल में कठिन परिश्रम करना पड़ता है। अन्यथा बाहर बसना ही श्रेयस्कर है।

गढ़वालि कवा, पार्वती भासा–हर बात में धर्म की बात, अंधविश्वासी बातें।

गढ़े[5] चुलि मढ़े खांदि–कीमत कम बनवाई अधिक।

गढ़ौ कु गढ़वाल और सबि खंगताल–गढ़वाल की श्रेष्ठता पर कथन।

गढौं कु देस गढ़वाल्–बावन गढ़ों के कारण ही गढ़वाल नाम पड़ा है।

---

1. धोखा 2. गिरना 3. बार-बार 4. किला 5. गढ़ाई, मजदूरी

गण[1] पर हाथ काळो, हरचण[2] पर मुख काळो—गिनती करने पर हाथ काले होते, खोने पर शर्मिंदा होना पड़ता है। हर प्रकार से परेशानी ही परेशानी होना।
गणत कन—ज्योतिषी से भविष्य या अदृश्य की जानकारी करना।
गणित माँ गण—गिनती में नाम, प्रतिष्ठित व्यक्ति।
गणी बुलौण, पूजी पठौंण—जिसको बुलाना उसको आदरपूर्वक विदा करना।
गणौंण-पुछौंण—कष्ट होने पर जानकारी करना।
गत बात—बीती बात, भूतकाल की घटना।
गति[3] कन—दाह संस्कार करना।
गति-मुक्ति भलि नि होंण—दाह संस्कार व मृत संस्कार न होना।
गथ[4] त देख्या[5] छा, पर गथ्वांणि यखि[6] देखि—असलियत का पता चलना। झगड़ा बहुत किया पर मार यहीं खायी है।
गथ्वाड़ु ज़न—ऊबड़खाबड़, पथरीली भूमि।
गथ्वांणि कब खलौंणू—कब मर रहे हो? कई स्थानों में मृत व्यक्ति के संस्कार पूजन में गहत की दाल बनाते हैं। (ग्यारहवीं और तेरहवीं में)
गथू का बीज लेंण गै छो, सोंटू का फला खैक आई—जल्दी आने को कहा, बड़ी देर से आया।
गधी से दिल लगी त परी कु क्या काम?—बदसूरत नारी से प्रेम हो गया तो सुंदर नारी का क्या काम।
गधाध्वैक घोड़ा नि होंद—चाहे कई प्रयास करें, प्रकृति को नहीं बदल सकते।
गधा तैं गुड़ कि रोटि—मूर्ख को व्यर्थ उपदेश देना।
गधा तैं डंडा, मनखि तैं इसारु—मूर्ख डंडे से काबू में आता है, चतुर को इशारा काफी है।
गप्पी मान/ठोकण—झूठ बोलना, काल्पनिक बातें करना।
गपोड़ संख छ—बढ़ाचढ़ाकर बात करने वाला, अतिशयोक्तिपूर्ण बातें।
गपोड़ि मेसौंण—झूठ पर झूठ बोलना।
गम खाँण—दुख में गमगीन होना, सहन करना।
गमटांणू छ—दुविधा में पड़ना।
गमसाळ्या सी बांदर—नटखट होने पर भी शांत रहना (गमसाली में प्रतिवर्ष अगस्त-सितम्बर में तीन-चार बंदर बिना नुकसान किये कैलाश जाते हैं, फिर लौटते नहीं दिखाई देते। कहते हैं कि वे संजीवनी लेने गये थे)।
गयाळि[7] मुयाळि होंण—लावारिस वस्तु/सम्पत्ति (राजशाही के जमाने में टिहरी में यदि कोई परिवार घर छोड़कर अन्यत्र चला जाता तो उसकी सम्पत्ति पर राजा का अधिकार होता था। धन देकर कोई भी उस सम्पत्ति का स्वामी हो सकता था)।

1. गिनना 2. खोना 3. दाह संस्कार 4. गहत की दाल 5. देखे 6. यहाँ 7. लावारिस

गयासु गया–गया-काशी जाने वाला घर मुश्किल से लौटता था (पुराने जमाने की सोच)।

गयूँ गुजर्यों मनखि–तुच्छ व्यक्ति, तिरस्कृत व्यक्ति।

गयो मनखि[1], गयो काम–मनुष्य की मृत्यु पर उसके काम भी बंद हो जाते हैं।

ग्यर[2] लगण–प्रसवावस्था, गर्भवती होना।

गरज बन्द खौ[3] टोटा[4]–परिस्थिति अनुसार लाभ-हानि का विचार त्यागना।

गरण[5] लगण–दुष्ट से प्रभावित होना, दुष्ट के पल्ले पड़ना।

गरण सीं–दुष्टात्मा, परेशानी का कारण, हावी होना।

गरदन नि उठौंण–शर्मिंदा होना, सब कुछ सहना।

गरदन माँ चढ्यूँ–गर्दन में सवार।

गरदन माँ चड्याँ–लाड़प्यार से मनमानी करने की छूट देना।

गरदन माँ पाँव धन–भारी मुसीबत खड़ी करना।

गरदनि कू मालिक–संपूर्ण अधिकार संपन्न, स्वामी।

गरदिस का दिन औंण–मुसीबत के दिन आने।

गरम हाकिम–तेज तर्राक अधिकारी।

गरम होंण–गुस्से में आना।

गरमि निकांल–गुस्सा उतारना।

गरीब का आँसू माँ बाढ़ औंदि–गरीब की हाय से अनिष्ट होता है।

गरीब गता[6], फटीं लता–कमजोर शरीर पुराने वस्त्र वाला।

गरीबन माँगि बल्द बात[7], सर्ग[8] वर्खि[9] दिनरात–गरीब के लिए सदैव प्रतिकूल परिस्थितियाँ उत्पन्न होती हैं।

गरीब छोडु चोर–गरीब की चोरी नहीं होती है।

गरीब भूका मना, कस्वदार ठाट कना–पेशे या नौकरी वालों की पौबारह।

गरीब हूवैत माचेद भी हूवे–गरीब का अपमान करना।

गरीबा वारा, गरीबै सोचद–घायल की गति घायल जाने।

गरीबि करी कमौण, अमीरि करी समौण–मेहनत से काम करना, ठाट से उपभोग करना।

गरीबु का दिन औन, सैठु का जौन–गर्मी आना सर्दी जाना।

गरीबै कनि चोरि, अमीरै कन जारि–गरीब की चोरी और अमीर के घर जारी करने से बदला नहीं मिलता।

गरीबै डेली[10] होंर्यी–दरिद्र घर, गरीबी एवं मुसीबत से घिरे हुए।

गरीबै तौलि अमीरा घौर कब औलि–अमीर की गरीब की सम्पत्ति पर कुदृष्टि।

---

1. मनुष्य 2. पेट 3. खाना 4. घाटा 5. ग्रहण 6. वस्त्र 7. अवसर 8. आकाश 9. बरसना 10. दरवाजा

गरीबौ खिन्नौ पाथु–गरीब की बात महत्त्वहीन।

गरीबौ नौ[1] **डोमा**–आर्थिक विषमता से सामाजिक विषमता होना, गरीब को क्रूर समाज अच्छा नाम रखने भी नहीं देता था।

गरीबौ मान हींणो[2]–गरीब का सर्वत्र अपमान होता है।

गरीबो बाबु मरु, कर्ज तरु[3]–गरीब से कर्ज वसूली कठिन।

गरुड़ा घोल[4] **माँ सिकार**–असंगत बात।

गरुड़न गाल्या[5] **आँखा**–आँख न देखना, गाली।

गरुड़ा जन पंख्यूड़[6]–चिथड़े, फटे पुराने वस्त्र।

गरुड़ा जन स्वीणा[7]–रहस्य का आभास होना।

गरुड़ै नजर लाँस पर–सबके अपने अपने स्वार्थ।

गरु होंण–अकड़ना, खुशामद चाहना।

गल्का उगौंण[8]–बिना निमंत्रण के लोगों के यहाँ-वहाँ भोजन करना, बेशर्मी से पेट भरना।

गल्-गल् ओंण–मुसीबत में फँसना।

गल्सटि मान–जो मुँह में आया बोलना।

गला कि घंडोलि होंण–होना। अतिप्रिय होना।

गला जांद गास, नाक जांदि बास–अपने-अपने रास्ते सबका अपना काम नियत।

गला ढोल पड़ीत बजौण पड़लु–आफत मोल ले ली तो झेलनी पड़ेगी।

गला[9] **पड़ी**–पीछे पड़ना।

गला पर गाँठि[10]**, हाथ पर जाँठि**–गले में अभयदान का प्रतीक हाथ में तलवार, साधु।

गला पर चन्द्रहार, गौं कनी पुकार–बगल में छोरा नगर में ढिंढोरा।

गला मढ़ंन[11]–गले में पड़ना, बला को सुपर्द करना।

गला मिलण–मित्रता।

गला लगण–छुटकारा पाने को आतुर, गले में फँसना, परेशानी।

गला लगण्या बात–अपने वचन निभाने में असमर्थता।

गलि उगरी नि सकण–कमजोर, उत्तीर्ण न होना।

गलि[12] **उमेखेणी**[13]–दम घुटना।

गलेदार बणी–फरेवी, अविश्वसनीय व्यापारी।

गलु काटण–जिंदगी बर्बाद करना, अन्याय करना।

गलोड़ा[14] **बजौण**–गला बजाने, चाँटे मारना, पीटना, गाली।

गल्का खाँण, हुल्का[15] **तापण**–आलसी, मिठल्ले।

---

1. नाम 2. हीन, 3. ऋणअदायगी 4. घोंसला 5. निकाल दिये 6. पंख 7. स्वप्न 8. वसूलना 9. गर्दन 10. सुरक्षा कवच 11. मढ़ना 12. गर्दन 13. दम घुटना 14. गाल 15. घास की आग

गल्कि खाँण, सल्की लाँण—घर-घर खाना, गप्पें हाँकना।
गल्दारि[1] चाल—झूठी फरेबी आदत।
गवा चुस्त, मुदै[2] सुस्त—जिसका काम वह सुस्त, अन्य चालाक।
गवै देण खड़ु उठी, तमाकु पेंण बैठी—अदालत में गवाही उठकर देनी, तंबाकू बैठकर पीना चाहिए।
गवै[3] होंदि मुकदमैं दवै[4]—मुकदमे में गवाही जरूरी।
गस खैलि—गमगीन होना, खौफ खाना।

गा

गाँठ पड़ी—मनमुटाव होना।
गाँठ बांधणी—मन में बात दबाकर रखना, मनमलिन रखना।
गाँठि न पल्ला, तम्बाकु चलम भला—पास कुछ न होने पर कुछ करने की सोचना।
गाँठु बांधण—विपत्ति से बचने के उपाय सोचना, बच्चे की सुरक्षा का प्रबंध।
गांठु तोण—अपनी जीवन लीला समाप्त करना।
गाँड नी च पर भसारु ह्वैगि—असलियत को छिपाना।
गाँड मालि—बोलती बंद करना।
गाँड घटौंण गै, भैर गाँड लगैक ऐ—भला काम करने गया पर हुए बुरे हाल।
गाँदारा[5] कि गलि, अर नच्वाड़ै खोटि कैन रोकि—गायक का मुँह और नर्तकी का पाँव समय पर अपने आप चलता है।
गांव कु जोगी जोगणी, भैरो सिद्ध—अपने घर गाँव में अनादर, बाहर आदर होना।
ग्वाँणू मैं त्वै तैं नखरि छौं, पर ग्वीरछोरों का हाथ-हाथ माँ रैंदु—पति की अप्रीति, बाहरी लोगों से दोस्ती।
गागरि निसा हिल्लु—जहाँ आदमी रहते हैं वहाँ झगड़ा या गंदा हो ही जाता है।
गाछा[6] चलण—बदनामी युगों तक चलनी, गीत या कविताओं में अमर होता है।
गाछु लगी—लंबे समय तक नाम या बदनाम चलना।
गाजि[7] गवैं[8], बण्याँ स्याणा—नुकसान उठाकर चतुर बने।
गाँठा गंणा—मनुष्य गरीबी में काल्पनिक योजना बनाता है आय के स्रोत ढूँढ़ता है।
गाड का वाद्यौन[9] गायो, न बजायो—गधेरे की आवाज में वहाँ गायकों का गाना-बजाना कोई नहीं सुनता।

---

1. पशु का व्यापारी 2. मुदई 3. गवाही 4. दवाई 5. गवैया 6. नाम-बदनाम 7. पशु 8. गवाही 9. ढोलक वादक

गाड पड़्या पिड़ा होंण—बहुत दर्द होना।

गाड पार स्याला बालू क्या लगद?—अपने अधिकार क्षेत्र का अतिक्रमण करना अनुचित।

गाड-भेल पंण[1]—आत्महत्या करना।

गाड मेटीक[2] **गंगा**—थोड़ा-थोड़ा कर जोड़ना, कण-कण से मण।

गाड वार लगलो, गाड पार तुमड़ो—बेमेल बात या काम।

गाडा मुख पगार[3], **धोनारा मुख अंगार**[4]—नाले के सामने पत्थ का पुश्ता और नाविक के पास ज्ञान अच्छा नहीं होता है।

गाडा हाल क्वी नि देखदा, मच्छा-मच्छा सवि वोदा—असलियत को कोई नहीं जानता, बाहरी आकलन करते हैं।

गाड़ि अटकी—काम में व्यवधान पड़ गया।

गाड़ि देखी पैर थकदा—सुविधाएँ आदमी को आलसी बनाती हैं।

गाड़ि बुक ह्वेगि—गर्भवती होना।

गाडु डौका मना—गधेरों का सूखना।

गाडौ गगड़ाट, सासू ककड़ाट—गधेरे की आवाज और सास का बोलना कौन रोक सकता है।

गाण न बजौंण, पादि-पादि रिझौंण—गंदा मनोरंजन, अश्लीलता में प्रसन्नता समझनेवाले।

गाणि कन—अलभ्य वस्तु को पाने की चाहत।

गाणे-बजाणे को न आये तो झक[5] **मारने आये**—जिस काम को आये वह न करे तो क्या करे।

गात गुण नि जीब स्वाद नी—निष्ठुर व्यक्ति।

गात पर आग लगण—ईर्ष्यालु होना, गुस्सा आना।

गात नांगि छाति हुगाड़ि—कोई गोपनीयता नहीं।

गात पर छपि-छपि पंण—मन की मुराद पूरी होना, संतुष्टि होना।

गात पर नी धागा, नौ चन्द्रभागा—खाली नाम के बड़े।

गात पर नी लता[6], **तम्बाकु पेंद अलबत्ता**—गरीबी में भी तंबाकू नहीं छोड़ते।

गात पिड़ा होंण—बिना पूछे बीच में टाँग अड़ाना।

गात भीजी—मन मैत्री होना, बात समझ में आना।

गादि माँ बैठण—मातृपक्ष या पितृपक्ष के बुजुर्ग के गुणों के अनुसार काम करनेवाला।

गाब[7] **डाल्या**—लेन-देन के हिसाब को छिपाना।

गाय न वाछि नींद ऐ आच्छी[8]—कोई काम होने पर सोये रहना।

---

1. पड़ना 2. इकट्ठा कर 3. पुस्ता 4. अग्नि 5. मछली मारना 6. वस्त्र 7. पुस्ते के अंदर 8. अच्छी

गारु जन बिनाणू[1]—बार-बार कष्टदायक।

गाल बजौंण—शेखी बघारना।

गाल् मान वेल मान—कभी-कभी गाली देना और रात में खाना न खाना अपशकुन करते हैं।

गालि अर स्वाँलि खाणैक होंदि—गाली और पूड़ी खाने को ही होती है। गाली की प्रवाह न करना।

गाल्यूंन[2] **मनखि नि मरदा, ताता पाणीन कुड़ि नि फुकेंद**—गाली खाने पर बेशर्मी दिखाना।

गावा-नाचा दिलरिझावा, खाणक अपना घर जावा—मुफ्तखोर।

गास[3] **देंण, पर वास नि देंण**—किसी को खाना दो पर अपरिचित को रात्रि निवास न दो।

ग्यार आदिमू का बार बाटा—प्रत्येक का पृथक जीवनयापन के तरीके।

ग्वाया[4] **लगौंणा**—घुटनों के बल चलना।

ग्वालदम-स्वालदम कना—मनमानी करना।

ग्वाला की धाक गोस्यूँ तक—छोटे आदमी का सीमित दायरा।

ग्वालो न गणों गोस्यूँ[5] **न पूछो**—नगण्य व्यक्ति।

गि

गिच-बिच होंण—भीड़ भड़ाका, गंदगी।

गिच्चा कीड़ा पंण—गंद्री या अशुभ बात करने वाले को गाली, केकैयी को भी भरत ने ऐसा ही कहा था।

गिच्चा खून लगी—चस्का लगना।

गिच्चा गारा कोचण—दंड देना, गाली।

गिच्चा तीता[6]**, पेट रीता**—स्पष्ट वक्ता मन का साफ होता है।

गिच्चान अन्ने खांण—मुँह तो अनाज ही खाता है, मुँह से निकले वचनों का पालन करना।

गिच्चा पर कंट्रोल नी—अनियंत्रित मुँह।

गिच्चा पर तालु लगौंण—बोलती बंद करना।

गिच्चा पर बकड़ लगण—उपरोक्त।

गिच्चा पर बुज्याड़ा धन—मौन रखना।

---

1. चुभना 2. गाली से 3. भोजन 4. हाथ-पाँव के बल चलना 5. मालिक 6. तीखे

गिच्चा पर मख्याला[1] लगौंण—शर्मिंदगी, कहने की स्थिति में नहीं। निरुत्तर करना।
गिच्चा परो होंण—पिंडदान, गाली।
गिच्चा बाबू क्या जाँद—कुछ भी बोलने से मुँह को नुकसान नहीं।
गिच्चा माँ ओंण—बिना सोचे-समझे बोलना।
गिच्चा माँ प्रेम, दिल माँ घींण—दिखावटी प्रेम।
गिच्चा माँ सौत[2], पेट माँ बिस—मुख में राम-राम बगल में छुरी।
गिच्चा सुवाक न कपालि भाग—न मृदु वाणी, न भाग्यशाली।
गिच्चान खाँणू—वाक्पटुता से स्वार्थ सिद्धि।
गिच्चि काँसै थालि जन वाजर्णी—तेज आवाज, कर्कश वाणी।
गिच्चि बोलदि, कपालि हँसदि—हम कुछ सोचते, भाग्य कुछ करता है।
गिच्चु खतण—माँगने पर कोई वस्तु न मिलना। बात का अनादर, किसी को गाली देना।
गिच्चु घाम लगी—मरना।
गिच्चु चलौंण—गंदी बात करना, बातूनी।
गिच्चु छोड़लि—अवाक् रहना।
गिच्चु दिखौंण—खाली आना।
गिच्चु बजौंण—जवाब देना, गाल बजाना।
गिच्चु बिगाँण—मुँह से गंदी बात करना, झूठ बोलना।
गिच्चु बूजण—चुप रहना, बदनामी न करना।
गिच्चु बोदै[3] मैंन कुछ निखै, पेट वोद यख कुछ निऐ[4]—जब मुँह से खाएँगे तभी पेट में जाएगा।
गिच्चु नि बिगाण—मुँह से अप्रिय बात न करना।
गिच्चु मोंण—नफरत करना, मुँह फेरना।
गिच्चु रड़्यूं—मुँह लटका हुआ।
गिच्चु सम्भाली बात करन—मुँह पर नियंत्रण रखना।
गिच्चु सिल्यूँ—बोलती बंद कर रखी है, मौन धारण।
गिच्चु सूखण—प्यास लगना।
गिंजारोपणी होणी—सब अस्तव्यस्त, सर्वत्र कीचड़ ही कीचड़, लिखने में कट-फट करना।
गिणातणि कन—घुटनों के बल चलना, शक्ति से अधिक काम करने की चेष्टा करना।
गिन माँ नुकसान नी, पड़्यूँ रौण माँ च—गिरने से हानि नहीं, पड़े रहने में है। अवनति होने पर पुनः प्रयास करना उचित।

---

1. मक्खी 2. शहद 3. बोलता 4. नहीं आया

गिबजाट होंण—अनियंत्रित भीड़, कीड़े-मकोड़ों की भीड़, संड़े में कीड़ों की भरमार।

गिरि गधा से, गुस्सा कुमार पर—निर्दोष को पीटना, दोषी को छोड़ना।

गिरि त 'हर गंगे'—मजबूरी का नाम महात्मा गाँधी, झूठा समाधान।

गिलासु कु पाणि दगाबाजौ दगुड़ु[1]—गिलास का पानी और दगाबाज का साथ धोखा देता है।

गी

गीत कबीत लगौंण—बदनामी फैलाना।

गीत न वास, सरीलौ उदास—लययुक्त गीत न होना, मन भावना नहीं।

गीत लगी—एक ही रट, बात चलन में आ गई।

गीला हातु का सबि दगड्या—संपन्न के सभी साथी।

गीलु गुड़ाखु, कोलैं[2] **कि आग, क्वोदै रोटि, तोरी साग, सीलु विस्तरु, सेजा**[3] **साब**—गीला तंबाकू, चीड़ के अंगारे जो जल्दी बुझ जाते हैं। कोदो का आटा, तोर की दाल, गीला बिस्तर होने पर मेहमान को सोने को कहना, अव्यवस्था।

ग्वीर[4] **छोरा तैं भट्ट मिलि जौं त एक गोरु नी घर औण्या**—ग्वाले को व्यवधान होने पर गायों को खतरा होता है।

ग्वीराल[5] **खैक, खंकराल**—पिछले संकट के दिन भूलकर वर्तमान समर्थ अवस्था में इतराना।

गु

गुंठा निसानी वालु—अनपढ़ व्यक्ति।

गुंण-गुंण होण—गुपचुप बातें होनी।

गुण्यां न पढ्या, धोता कर्दोड़ा गू माँ भर्याँ, खाँणि-व्याणी[6] **माँ उन्दु**[7] **रड्या, खालि जाति का घोड़ा चड्याँ**—न पढ़े लिखे, गंदे, रिश्ते सब कंगालों में, खाली जाति का गुमान करना।

गुंदा पड़ी—बुरी तरह से फँसना, घिरना।

गुओण सब—काम बिगाड़ना, गंदा करना, बदनामी करना।

---

1. दोस्ती, साथ 2. चीड़ की 3. सो जाओ 4. ग्वाला 5. कचनार 6. वैवाहिक संबंध 7. नीचे

गुजर गई, गुजराम, क्या झोंपड़ी क्या मैदान?—सब एक समान, बीते समय पर पश्चात्ताप न करना।

गुज्यारा पड़ी—हीन दशा को प्राप्त, गंदी जगह पड़ना, निम्नस्तर को प्राप्त जाति बिरादरी से गिरना।

गुज्यारा[1] भी उठण—हीन दशा से उठना।

गुठ्यारा बैठी—वृद्ध, अशक्त।

गुड़ अन्ध्यारा माँ भी खात मिठो उज्याला माँ भी खात मिठु—कोई वस्तु अपना गुण नहीं छोड़ती, कहीं भी ले जायें।

गुड़ कु गोबर कन—अच्छी वस्तु की बर्बादी, काम बिगाड़ना।

गुड़मच होण—वृद्ध होना।

गुड़ दिखौंदि[2], पिन्ना चखौंदि—कहने और करने में अंतर, झूठे आश्वासन देना।

गुड़-मिछोलि[3] बाँटण—मनोरथपूर्ण होने पर उत्सव मनाना।

गुड़्या न पैलि गुड़ नि खै, तब कोलु चाटि—समय पर लाभ न उठाकर समय निकलने पर प्रयास करना, मूर्खतापूर्ण कार्य।

गुण कु मारयूं हेरु उन्दु, थप्पड़ मारयूँ हेरु उब्बु—जिस पर अहसान किया हो दंडित करने पर आँख नहीं उठाता, जिसको बिना बात के पीटा हो वह आँख दिखाता है। अहसान से दवा, विनम्र होता है।

गुण गांण--प्रशंसा करना, अहसान मानना।

गुणत्याला[4] होंण—गुणी होना, आभारी होना।

गुणी का घर कु माँड भी भलु होंद—गुणवान की कमियाँ भी अच्छी लगती हैं।

गुणी ही गुणत्याला पछाँणद—गुणवान ही गुणी की पहचान करता है।

गुदड़ी कु लाल—गरीबी से उठा सफल व्यक्ति।

गुदि सरकी—पूर्वाभास होना।

गुर-गुर[5] जांण/औंण—बिना आनाकानी के जान/आना।

गुरमुला[6] उठण—मन में विकार उत्पन्न।

गुदड़ा जन—हिमाचल की एक पिछड़ी जाति जैसा।

गुरु कन जाँणी[7], पाँणि पेंण छाणी—गुरु परख कर माने, पानी साफ कर पीना चाहिए।

गुरु कि लात, जिन्दगिभर छकी भात—गुरु की ताड़ना जीवन को सुधारती है।

गुरु गुड़ै रैगी, चेला शक्कर हूवैगि—गुरु से शिष्य विद्वान।

गुरु घंटाल होंण—बड़ा दादा बनना, समर्थवान, साबरी।

गुरु निकली—उस्ताद निकलना, बढ़कर होना, दादा बनना।

---

1. गन्दे स्थान 2. दिखाता है 3. मिठाई-इनाम 4. गुणवान 5. बिना रुकावट के आना 6. मनमुटाव 7. जानना

गुरु-वर्मा नि समझण—किसी से न डरना, निर्भीक, उद्दंडता।
गुरौं[1] **जन**—साँप जैसा विषैला।
गुल खिलौंण—चमत्कार दिखाना।
गुलछर्रा उणैण/मान—मौजमस्ती करना।
गुल धन—जलते कपड़े से शरीर स्पर्श करना।
गुल्थ्या पाथु कन—खूब पीटना, मानमर्दन करना।
गुवाँण औंणी—बदनामी होना।
गुवाँण गान—गंदगी निकालना, बदनामी करना।
गुवा कोला खांण—बदनामी की जिंदगी जीना, बेइज्जत होना।
गुस्यारू कि बढ़लि मौ, मस्त[2] **लगौला धौ**—अधिक काम कराने वाले होने पर काम करने वाले का लाभ, माँग बढ़ने से कीमत में वृद्धि।
गुस्सा अर नसा खराब होंद—गुस्सा और नशा हानिकारक।
गुस्सा ऐ[3] **मार खै**—गुस्सा आने पर मार पड़ती है।
गुस्सा खो[4]**, अपणी मौ, नसा खो विराणी मौ**—गुस्सा अपने लिए हानिकारक, नशा औरों के लिए भी हानिकारक।
गुस्सा छै होंई, तवारि भैभी ऐगि—रूठी पत्नी को अनुकूल अवसर मिलना।, आग में घी पड़ना।
गुस्सा पेंण[5]—सहनशीलता।

गू

गूँगु[6] **गवै देण वलु**—असंगत बात।
गू[7] **कु कीड़ु गूमाँ खुस**—पापी पाप करने में मस्त रहता है।
गू कु टोखरु[8] **मुण्ड माँ धन**—दुनिया की बदनामी मोल लेना।
गू कु भै पाद, पादौ भै गू—दोनों में एक से गुण।
गू खांण—पतित होना, हीन काम करना।
गू खांण त हाथी कु खांण—अगर घूस खानी है तो खूब खाओ, बड़े आदमी से लो।
गू खैक अकाल नि कटेदि—विष खाकर भूख नहीं मिटती, गलत काम करके सफलता नहीं मिलती।
गू खैलि—भारी गलती कर दी।

---
1. सांप 2. अधिक 3. आया 4. खोना 5. पीना 6. गूंगा 7. टट्टी 8. टोकरी

गू गोवर तैं बोद, 'त्वैपर वास औंणी'–अपने दोषों की अनदेखी, दूसरे के दोष देखना। लाभ के लिए निम्नस्तरीय कार्य करना।

निगू नि खांण त क्या खांण–कोई विकल्प न होना।

ग्यूँ[1] किरोटि खाँण–समृद्धि का सूचक।

ग्यूँ-ग्यूँ कि रासि[2], जौ-जौ कि रासि–सब अपना-अपना साथ देखते हैं।

ग्यूँ दगड़ि घूण पिसेंदा–बुरे के साथ भले की भी मौत।

ग्यूँ फिन–गाली, अगली गेहूँ की फसल से पूर्व मौत होना।

ग्यूँ सोल[3], जौ सोल–भले-बुरे की पहचान नहीं।

गे

गेंजड़ा जन–बेडौल शरीर वाला।

गेगाड़ा-छेपाड़ा–टेढ़ामेढ़ा लेख, छोटे बच्चे, तुच्छ प्राणी।

गेठि कड़ि-कड़ि, स्या[4] भी अछूतै–वस्तु पहले ही कड़ी वह भी अछूत से मिली, सब प्रकार से अग्राह्य।

गेड़ि[5] कु पक्कु–गाँठ का पूरा, धनी।

गेड़ि गाँठु कन–जतन से संग्रह करना।

गेड़ि न पल्ला द्वी ब्यौ कला–पास कुछ नहीं शादी की चिंता वह भी दो पत्नियाँ।

गेड़ि मान–कंठस्थ करना।

गेद्दा[6] बण–फजीहत, चारों तरफ से मार पड़ना।

गै

गैंगा जन कुल्ली–सड़क के मजदूर, लोक निर्माण विभाग के मजदूर जो आराम से काम करते हैं, मालिक के सामने ही काम करने वाले मजदूर।

गैंडु[7] जन–बदसूरत, मोटा व्यक्ति।

गैंणि[8] सी होंण–सुंदर नारी।

गैरोलि पाताल रैंण, रात कैन स्यौंण–गैरोली पाताल स्थान पर नंदा देवी के तीर्थयात्री हर स्थिति में खुले आसमान में रहते हैं, जैसा देश वैसा वेश।

गैलु[9] गान–बदला चुकाना।

---

1. गेहूँ 2. ढेर 3. सोलह 4. वह भी 5. गाँठ 6. गेंद 7. गैंडा 8. तारा 9. बदला

गो

गोगला घस्यारि[1], मेंढ़का पंध्यारि[2]—काम करने वाले सब अनजान, बच्चे।
गोगुल जन—बदसूरत, आलसी।
गोटि फिट कन—काम निकालने की तरकीब करना, सौदा पटाना।
गोठ[3] नि रै[4] एक रात, घाघरु फूकि बत्तीस हाथ—काम कम, नुकसान अधिक।
गोणि आपड़ु पुछड़ छोदु देखद—अपने दोष की अनदेखी करना।
गोणि जन गलूं—डरपोक।
गोणि मरी न मासु न चाम—निष्प्रयोज्य वस्तु।
गोणी का मार्‍या काखड़[5] कैन खैन?—असमर्थ से बड़े काम की आशा व्यर्थ।
गोता पड़ी—घाटा पड़ना।
गोद भरी—बच्चा होना।
गोदा[6] का माच्छा चुकायाँ—बनाबनाया काम बिगड़ना, हाथ के तोते उड़ना, नासमझी का कुफल।
गोपिचन्द वणी—त्यागी होना।
गोरख धन्दा—मायाजाल, कई काम जोड़ना।
गोरख्याणि मर्ची—अन्यायी राज, गढ़वाल में सन् 1803 से 1815 तक गोरखों का अत्याचारी राज रहा।
गोरणी कु सीं पंच—मनमानी, पक्षपाती। (पुराने जमाने की बात), हँसी मजाक।
गोरिला कौथिक जाणा दुनियाभर का, पर गोरिला की मूर्ति ना—जिसके प्रति आस्था उसका अस्तित्व न होना।
गोरु अर घरवालि कि देख-रेख खुद कन पड़दि—पत्नी और गाय की देखरेख जरूरी होती है।
गोरुन उज्याड़ खै, ग्वीरन मारखै—गलती किसी की दंड अन्य को।
गोरु काटण—अन्याय करना।
गोरु का किन्ना फीटदा[7], छेंदुला का पेट पालि जांद—सबका लाभ।
गोरु का पूँछ मोंण[8]—ग्वाला, तुच्छ काम, सामान्य काम।
गोरु खांण- घृणित काम, पापकर्म।
गोरु गणद नी, गोस्युँ पूछद नी—कहीं भी आदर नहीं, सब जगह उपेक्षा।
गोरु चरौंण[9]—गँवार काम।

---

1. घास काटने वाली 2. पानी भरने वाली 3. गायों का बाड़ा 4. रहना 5. हिरन 6. जाल 7. मिटना 8. गर्दन 9. चराना

गोरु जन डंगर्डेण[1]–बेदर्दी से मारना, पशुवत् व्यवहार।

गोरु न बखरा, खालि नखरा–काम करने का व्यर्थ नाटक।

गोरु-भैंसु एकु सेटगु[2]–सबके साथ एक सा व्यवहार, भेद न समझना।

गोरु सीं–सीधे, सरल।

गोला लाठि भन–कठोर दंड देना, हाथ-पैर बाँधकर दंडित करना।

गोलि का माफिक दोंण–तीव्र गति से भागना, जाना।

गोलि मारा–छोड़ना, उपेक्षा करना, लालच छोड़ना।

गोसा[3] **कु डाम धन**–पीड़ादायक सजा, गाली, मरने पर अंत्येष्टि।

गोस्यूँ कि भितर चोलि, कज्याणी कि घाघरि फोलि–पति फटेहाल, पत्नी फैशन परस्त।

गोस्यूँ की रीस, घ्यूराणि-जेठानियों कि टीस, पड़ोसियों की हीस क्वी[4] **नि चैंद मैंसे**[5] **धीस**[6]–सबसे शत्रुता रखने वाला शांति की व्यर्थ चाहत करता है।

गोस्यूँ तै डडवारै स्याणि–मालिक ही मुँहताज।

गोस्यूँ मरि, रौंड बुर्की[7], **खाँणु पकि आग घुर्की**–पति के मरने पर दुराचारी औरतें नजाकत में आतीं, भोजन पकने पर आग भभकती है।

गौ

गौ आयु–आदत बन जाना, अनुकूलता।

गौंकारा[8] **कन**–किसी काम को करने की हिम्मत बाँधना।

गौ[9] **कि नीं मार, अगौ**[10] **देण काख**–अनुकूलता में परेशानी नहीं, प्रतिकूलता में किनारा कशी करनी चाहिए। परिस्थिति के अनुसार कार्य करना लाभदायक।

गौं ख्वै[11] **सभापत्तियोंन, मौ ख्वै चायपत्तियोंन**–गाँव के कुछ घूसखोर प्रधानों और चायपत्तियों ने गाँव को बर्बाद किया है।

गौ गंगा गैत्री बर्णी–पवित्रतम वस्तु।

गौं छोडण पर मौ नि छोडण–मँगता को गाँव छोड़ना चाहिए लेकिन परिवार नहीं छोड़ना चाहिए।

गौ जन, गौस्वरूप–सरल इनसान।

गौं जैक बात, बण जैक पात–गाँव जाकर ही समाचार मिलते हैं। जंगल जाकर ही घास-पात मिलता है।

---

1. पीटना 2. पशुओं को हांकने की लट्ठी 3. ओपला 4. कोई 5. मुझसे 6. ऊपर 7. उठन-कूद करना, इतराना 8. हिम्मत करना 9. अनुकूलता आना 10. परेशानी 11. खोया

गौ दूध नी, मनखि बुद्ध नी—सब निर्दयी, कलि का दुष्प्रभाव सब मनुष्य और पशुओं पर।

गौ न बाछि, नींद ऐ अच्छि—बिना साधन जुटाये आराम से सोना, गृहस्थ न जोड़ने में आनंद।

गौं पेड़ा[1] माँ रौण—सबसे अच्छे संबंध रखना।

गौं बिगाड़े रौंडन, साग बिगाड़े माडन—गाँव को दुष्ट औरतें और साग को माँड बिगाड़ता है।

गौं माँ भलि छौं, पर आग क्वी नि देंद—अगर अपने को अच्छा इनसान मानते हैं तो लोगों से बातचीत क्यों नहीं है? बोलचाल बंद क्यों है? अपने को भला दूसरों को बुरा समझना।

गौ माँ भोज[2], कुकुरु कि मौज—भोज में सब प्राणियों को भर पेट भोजन मिलता है।

गौं माथ्यों[3] झगड़ा, दिन रात ढुग्यौ—दुष्टों की संगत से परेशानी।

गौं रेगला-बेगला[4], रीतभाँत एक—सब गाँव एक से हैं।

गौंकि कन—परिस्थितिअनुसार काम करना।

गौंकु आदिम सहर माँ चोर जनु—गँवार शहर में अजनबी लगता है।

गौंकु जोगी जोगणा, भैरौ सिद्ध—अपने घर-गाँव में व्यक्ति की उपेक्षा होती है, बाहरी व्यक्ति का आदर करते हैं।

गौंकु बाँठु[5], सहर कु लाटु[6] बराबर—गाँव का चतुर और शहर का मूर्ख बराबर होता है, शहरी चालाक ग्रामीण कम चालाक होते हैं।

गौंकु माधु, भैर कु मधुसूधन—गाँव में अपमान, बाहर आदर, नाम घर का और होता है, रिकार्ड में और होता है।

गौंकु सगोर[7] गुज्यारा पर—गाँव की जाँच गाँव के किनारे पर होना।

गौंकु सयाणु[8] कख जायूँ, बल चोरि कन जायूँ—जहाँ गाँव का सयाना ही चोर हो तो सामान्यजन कैसा होगा।

गौंकु सेर, सहर कु कुत्ता बराबर—शहर का अनपढ़, गाँव के पढ़े-लिखे से चतुर होता है।

गौं चुलि गोरु मंत्रण—अधूरे के बजाय पूरा काम करना, पक्की व्यवस्था करना, बुराई की जड़ मिटाना।

गौजो[9] जन बागि[10]—मार-मार कर गाँव की सीमा में घुमाना, मुसीबत में फँसाये इनसान।

गौड़ा पिछूवाड़ि वाछलु होंण—माँ के साथ बच्चा, व्यापार में वृद्धि।

---

1. परिवार 2. सामूहिक भोजन 3. ऊपर का 4. अलग-अलग 5. चतुर 6. गूँगा बहरा 7. सलीका 8. सयाना 9. बेला को मारने का तमाशा 10. बेला

गौंण-पूछ कन—जानकारी हासिल करना।

गौंणिक अर खौंणीक[1] **क्या नि निकलद**—बात बढ़ाकर कई निष्कर्ष निकलते हैं वाक्या, भूत-भविष्य वक्ता के बोलने पर बहुत सी बातें मालूम होती हैं, जमीन खोदकर कई चीजें मिलती हैं। गाँव में आज भी कई अंधविश्वासी लोग किसी देवता के भक्त (ओझा, वाक्या) के पास जाकर चावल, मिठाई, धूपबत्ती, पैसे ले जाकर अपने या परिवार का रोग-दुख का कारण पूछते हैं। तब वह काँपकर अनेक प्रकार के दोष, या अभिशापों का प्रभाव बताते हैं। फिर दोष निवारण हेतु उपाय बताते हैं।)

गौणु कट्याँ सी—चलने-फिरने में असमर्थ, घर से बाहर न जाने की विवशता।

गौणु बावु देलु, पर रौण कु देलु?—गहने, वस्त्र तो बाप देगा, पर रहने को पति ही देगा।

गौंणू डब्बा, जननौ कलेजु ठंडु रखद—नारी गहनों की तीव्र अभिलाषिनी।

गौंतणू च—डर के मारे भयभीत होना, पाँवों में पेशाब करना।

गौंत चुलि गोरु मंत्रण—काम पक्का करना।

गौंत[2] **सूंगणू**—हर समय पत्नी के साथ रहना।

गौं तिर्योण पर मौ नि तिर्योण—गाँव को सौगात देने से छोड़ो पर गाँव के एक परिवार को न छोड़ो, गाँव के लोगों को कुछ न दो पर निकट परिजन को न छोड़ो।

गौतौंणू—परेशान करना, रातदिन माँग करना, डराना-धमकाना।

गौंथ्यालु[3] **जन**—हर समय किसी के साथ चलना/रहना।

गौला[4] **बैठीगे**—रसातल को पहुँचना, चलने-फिरने में असमर्थ, पतनोन्मुख।

गौलि उगरी नी सकणू—असमर्थ, उत्तीर्ण न होना।

गौलु उगरी[5] **फालि**—काम निकलने पर अकड़ना।

गौलु उधार सवि देंदा, पर बांटु उधार क्वीनिं देंदा—अनाज या वस्तुएँ उधार मिलेंगे, पर रास्ता (समय) उधार नहीं मिलता।

गौलु गाड़ीक फौलु—अपना काम निकलने पर बात तक न करना।

गौंवु जौ पर नौ नि जो—जान जाये पर मान न जाये।

घ

घंटा पकड़—कोई क्या बिगाड़ सकता है, धिक्कारना, निर्लज्जता, गाली।

घंटा माँ गयाँ—त्यागना, परवाह न करना, तुच्छता प्रकट, गाली।

---

1. खोद कर 2. गोमूत्र 3. गोमूत्र रखने का बरतन 4. गली 5. पार करना

घंटा बराबर नि समझण–कोई इज्जत न करना।

घंतर जन–अनमेल इनसान, बेडौल पत्थर जैसा।

घंन चक्कर होंण–बेवकूफी करने वाला, डाँटना।

घंन घपोल[1] होणी–गड़बड़ होना, गाजे-बाजे बजकर उत्सव।

घट जन बैठी–अचल होना।

घट पिसै अर नाई कि मुडै जरूर देंण–काम करने की मजदूरी जरूर दें।

घट बैठी–गुस्सा शांत होना, बहुत वृद्ध होना, चलने फिरने में असमर्थ।

घट फूटे घटै राण्ड, पण्डालु[2] फूटै घटै राण्ड–सब प्रकार से परिवार के मुखिया का नुकसान होना।

घट मू वण्यूँ बिना खारा कु जोगि–व्यर्थ का दिखावा।

घचड़क[3] रैगि–अवाक् रहना, अचम्भित होना, थककर चकनाचूर।

घचोनू इखारि[4]–बार-बार तंग करना।

घटन आटु पीसण, ठकटेंणा[5] न मुण्ड फोण–काम करने वाला काम कर अन्य व्यर्थ बकवास करते हैं।

घटागलि देखण–बेसमय देखना, मुश्किल के समय शत्रु को दबोचना, समय पर शत्रु को मारना।

घट्वाला भूख, पंद्यारि तीस[6]–असंगत बात, मूर्खतापूर्ण कार्य।

घड़ा कु मुख वुजेंद, पर घड्वासाँ कु नि वुजेंद–बदनामी पर परिजनं चुप रहेंगे पर समाज चुप नहीं रहता।

घड़ा भितरो पाथ्यूँ जन–बेदाग।

घड़ा मुड़ि हिलु–स्वभावगत कार्य।

घड़ि गणू–अंतिम समय निकट।

घड़ि भन्नू–मृत्युशय्या पर पड़ा हुआ।

घण घुसी कुलाडु–निरंतर परिश्रम का सुफल।

घणा बासा कन–सफर में धीरे-धीरे चलना।

घत-मत देखण–समय की अनुकूलता देखकर काम करना।

घतेर जगा–दुर्घटना वाला स्थान, हत्यारी जगह।

घत्येर होण–दूसरों का अनिष्ट करने वाला।

घन घपोलु कन–मनमानी, अव्यवस्था करना।

घनोल्या[7] बाखरी घनोल्या चेनाखि–जैसों के तैसे।

घपरोला मेसौंण[8]–झगड़ा शुरू करना, विवाद बढ़ाना।

---

1. घपला 2. लकड़ी का पानी का नल 3. अवाक 4. बार-बार 5. पनचक्की के ऊपर अनाज के बरतन के नीचे लगे लकड़ी के दो टुकड़े जो अनाज गिराने में सहायता करते हैं 6. प्यास 7. घंटी 8. आराम करना

घमताघोर पड़ी—बहुत बीमार पड़ना, बेहोश होना, बेखबर।
घमा-घम औंण—बार-बार आना जाना (गम = जाना, आगम = आना)।
घमोसा-घमोसि कन—वाक् युद्ध की स्थिति पैदा करना।
घर आयां दिल्ली छ्वी, दिल्ली गया घरै छ्वीं—गाँव में दिल्ली की बात दिल्ली में घर की बातें करना।
घर आयुँ, कज्याणिन हरायूँ, बौण गयूँ बागन डरायूँ—सर्वत्र परेशानी।
घर उजड़ी—घर की बर्बादी, पत्नीविहीन घर।
घर का जोगी जोगंणा, बाहर का सिद्ध—निकटवर्ती का अनादर बाहरी का आदर करना।
घर काटण औंणू—घर में मुर्दानी छाना, नीरसता आना।
घर का न घाट का दुस्मन नाज[1] का—किसी के नहीं, खाली पेटू हैं।
घर का न घाट का रौण—किसी काम के न रहना, बर्बाद होना।
घर कि आधा, भैर कि पूरी बराबर—अपने अधिकार की वस्तु लाभदायक।
घर कि आधि भली—घर पर जो कुछ मिले, अच्छा होता है।
घर कि दारु बुरालि[2] होंण—अपना ही माल खराब होना, अपनी ही संतान से घर को क्षति पहुँचना।
घर कि मुर्गी दाल बराबर—भीतर की वस्तु पर पूर्णाधिकार।
घर की बात छ—भीतर की बात है।
घर की बात बच्चों कि जीबि पर—बच्चे घर की गोपनीय बात लोगों से भी कह देते हैं।
घर की रोटि छ—स्वादिष्ट भोजन।
घर कु वैद, अर कौंणी की दवाई—घर की वस्तु सबसे अच्छी।
घर कु अच्छु—अच्छे परिवार का।
घर कु उज्यालु[3]—घर की योग्य संतान।
घर कूड़ि फूकण—घर की सब प्रकार से बर्बादी।
घर खोई घर कूड़ि, बण ख्वै पितर[4] कूड़ि—सर्वत्र बर्बादी, सर्वत्र बदनामी, या घाटा।
घर-घर मिट्टी का चुलड़ा छन—सब जगह एक सी स्थिति।
घरचणा कन—रोते-रोते अपनी वेदना जताना, पैर रगड़ते रोना।
घर जवाई गधा बराबर—ससुराल पर आधारित दामाद का अपमानित जीवन।
घर दुःख, बौंण[5] दुःख, मामा घर भी नि पै सुख—सर्वत्र परेशानी ही परेशानी।
घर न बार, खालि, हल्लादार—दिखावा, बिना परिवार के शोरगुल।
घर नि छौंदो[6] घाटो—गरीब घर।
घर नी आटु पाव, मूछु पर ताव—बाहरी दिखावा।

---

1. अनाज 2. बुरी 3. प्रकाश 4. पैतृक 5. बन, जंगल 6. अनुपलब्धता

घर पर अंध्यारु, मन्दिर माँ दिवा[1]—धर्मभीरु, उल्टे काम करना।

घर पर पड़ि फूट, गौं पड़ि लूट—परिवार के मनमुटाव से गाँव को लाभ।

घर पर बर्त, भैर लगौंण खाणै सर्त—घरवालों से छिपकर खाने वालों पर व्यंग्य।

घर पौंछि यति, जनानु ऋतुमति—वक्त मौके पर व्यवधान पड़ना।

घर फुकीत क्वी बात नी, पर मूसुत फुकी—छोटे नुकसान के लिए बड़े नुकसान सहने वाले मूर्ख।

घर फूटण—परिवार में फूट, जुदा होना।

घर बसौंण—किसी उजड़ी गृहस्थी को सँजोना।

घरवारि बणी—घर की कुंजी वाली।

घर बिगाँण—घर की बर्बादी, बदनामी।

घर बैठी—किसी दूसरे पुरुष से शादी करना, घर बसाना।

घर बैठी अब—कहीं आने-जाने में असमर्थ।

घर बैठेलि[2]—नौकरी से निष्कासित।

घर बौंण—बहुत दिनों बाद घर लौटना।

घर भरण—घूस खाकर जमा धन।

घर मू नी गौसाला, तीर्थ बणौण धर्मसाला—घर की हालत खस्ता पर बाहर दानी बनना।

घर रखदु त मूसा खाँदा, बौंण रखदुत गरुड़ खाँदा—दुर्लभ वस्तु की सुरक्षा कठिन होती है।

घर रैंया न तीरथ गैयाँ[3]—मंझदार में रहना।

घर लूटण—नुकसान पहुँचाना।

घर से भैर सोमवार-सनिवार कखि जाँण होत, दक्षिण की तरफ देखण चैंद—विश्वास कुछ लोगों का। बात-बात में अंधविश्वास।

घर से पैर निकाळ—परिवार के नियंत्रण से बाहर होना।

घर से भाज्यु[4] **तख छौ नाग, बौंण गयूँ तख छौ बाग**—सर्वत्र परेशानियाँ।

घर से सोनु देया पर जमानत नि देण—जमानत देना कष्टकर।

घर हीणु[5] **हो, पर बर हीणु न हो**—लड़की को घर जैसा भी, पर वर योग्य चाहिए।

घरवाळि तिर लगण त भै दूर, भै कि तिर लगणत घरवाळि दूर—धर्म-संकट में पड़ना।

घरवाळि तैं धक्का, भैरवाळि का पक्का—पत्नी से अप्रीति, बाहरी स्त्री से घनिष्ठता रखने वाले मूर्ख।

घरवाळि दगड़ि स्याळ, भैरवालु दगड़ि सेर—पत्नी से डरना, बाहर रौब डालना।

घरवाळिन मछि खाई, बिराळै मौत आई—अपराध किसी का, दंड किसी को।

---

1. दीपक 2. बिठा लिया 3. गये 4. भगना 5. हीन

घरवालि़ से बैर, लोकु दगड़ि सैर–अपनों को ठुकराना, दूसरों को अपनाना।
घरी[1] अब–अब गुस्सा, जवानी, ताकत, पैसा समाप्त हो गया।
घलकोण खाण–बुरी मार पड़ना।
घलाक होण–घायल होना।
घल़ोरी भली कै–बुरी तरह से घायल।
घसकटु[2] कु मौ हो पर मसकटू कि ना हो–गरीब का घर बनेगा, पर चुगलखोर कभी नहीं पनपता।
घसकटै होंणी–लापरवाही का काम करना।
घस्या खौला[3] हरचण[4]–अनिष्ट होना। आश्चर्यजनक बात।

घा

घांण कि घांण औण–बहुत संख्या में।
घांण गान–अपना काम निकालना।
घागरा[5] पिछाड़ि[6] लाग[7], बाखरा पिछाड़ि बाग–स्त्री के पीछे पर पुरुष की कुदृष्टि, बकरी के पीछे शेर की कुदृष्टि रहती है, सबके अपने-अपने शिकार।
घागरु खोलण–रहस्य खोलना, प्रतिष्ठा को धक्का लगाना।
घागरु चिरण[8]–किसी के चरित्र का या शील का हनन करना।
घागरु नचौण[9]–शानशौकत दिखाना, निर्लज्जता प्रदर्शित करना।
घाट[10]-घाट रीटण–जगह-जगह भटकना।
घाट-घाटो पाणि पेण–जीवन का विशाल अनुभव।
घाट परौ तैयार–मृत्यु समीप, बहुत वृद्ध।
घात लगण–बददुआएँ लगना।
घात लगौण/घात खेन–शत्रु के अनिष्ट की चाहत। (पुराने जमाने में यहाँ तक आज भी अंधविश्वासी लोग जब किसी के अन्याय से दुखी होते हैं तब अपने इष्ट देवता या अन्य कोई प्रचलित देवता के पास चावल-चंदन और पैसे देकर क्रोधित होकर रोकर अन्यायी के अनिष्ट की दुआ माँगते हैं। पत्थर या धरती पर हाथों से जोर की चोट (घात) मारते हैं। वास्तविक अन्यायी का अहित अवश्य होता है। बाद में वह भी पूजन कर अन्याय का समाधान कर पिण्ड छुड़ाता है)।

---

1. शांत होना 2. घास काटने वाला 3. आँगन, चौक 4. खो जाना 5. पेटीकोट, घाघरा 6. पीछे 7. लग्न 8. फाड़ना 9. नचाना 10. जगह-जगह

घान[1] चढ़ौण—मनवांछित फल मिलने पर इष्ट देवता के मंदिर में पूजन कर घाँड चढ़ाते हैं। मनौती मनाना।
घाबड़ि औंणि—मुसीबत आना, किंकर्तव्यविमूढ़ होना।
घाम[2] तपै कन—व्यर्थ समय बर्बाद करना।
घाम-पाँणि पचौंण—भले-बुरे समय की मार सहना।
घाम लगण—बर्बाद होना, मरना।
घार्चु-मार्चु कन—किसी प्रकार भोजन व्यवस्था करना।
घाव मिटद पर बोल्यूँ नि मिटद—मारा निशान मिट जाता है पर कटुवाणी नहीं भूली जाती है।
घास कटै होंण—लापरवाही का काम करना।
घास का पुला[3] कु भी दुख होंद—घास की गड्डी के खोने का भी दुख होता है। छोटी बात के नुकसान पर भी दुःख होना।
घास खाणू कि अन्न—नासमझी का काम।
घास नीं डाँला—ध्यान न देना, उपेक्षा करना।
घ्याँ-म्याँ होंण—बहुत बच्चे होना, गरीबी की दशा में बड़ा परिवार।

घी

घी का घड़ा पर भी धरा तनोतनि[4]—सब कुछ देने पर भी असंतुष्ट।
घी का घड़ा फूट्या कऊ राज पड़ि—योग्य के अभाव में अयोग्यों का राज।
घी का दिवा जौगण—वैभवशाली जिंदगी।
घ्वीड़ काखड अपणु चांत[5] प्यारु, कवा तैं अपनु पूत प्यारु—अपनी जन्मभूमि और बच्चा सबको प्रिय होता है।

घु

घुंजड़ी अब—मर गया, घर से बाहर आने-जाने में असमर्थ।
घुंजा बैठण—वृद्धावस्था में चलने में असमर्थ।
घुंडा भांचण[6]—असमर्थता प्रकट करना।

---

1. बड़ी घंटी 2. धूप 3. घास की गट्ठी 4. वैसे का वैसा 5. जन्मस्थान 6. मोड़ना

घुंडी-क्वीनि[1] लगीं—कष्ट के दिन झेले हैं, ठोकर खाना।

घुंडु-घुंडु फुकेण्यी[2], किराण[3] नि ऐ—भारी असफलता पर भी न सँभलना।

घुगता कु घोल, घुगतू जाणद मोल—जतन से तैयार की गई वस्तु का मूल्य वही जानता है जिसने बनाई है।

घुगता जन बैठ्यां—आँख मूँदकर बैठना।

घुगता[4] दोवण[5]—चुपचाप निठल्ले बैठना।

घुगति मरि मैं जुगती, तिधरी मेरा भितरी—सबकी वस्तु हड़पना, महास्वार्थी।

घुगारु माँ मध्यारु—काम की भीड़ भारी बोझ और बड़ा बोझ लादना।

घुगु[6] का जन आँखा—उल्लू की सी बड़ी आँखें।

घुगु गाडलु आँखा—गाली, आँख न देखना।

घुटि पेंण—शराब पीना।

घुटि-घुटि मन—मन ही मन में जलन करना।

घुटीं रकम—बहुत चतुर, अनुभवी।

घुतु-घुतु उमलूँ—अंदर ही अंदर गुस्सा आना, पर कह न सकना।

घुतु यख घनसाली कख—दूर-दूर स्थित।

घुमोसा-घमोसी—शीत युद्ध।

घुर्पलु[7] उठण—मन में कड़ुवाहट।

घुस-घुस माई डेलिमाँ आई—धीरे-धीरे कब्जा करना, अंगुली पकड़कर बाँह पकड़ना।

घुसघुसी सोरा ध्वै-ध्वै[8] गोरा नि होंदा—जबर्दस्ती कार्य करने पर कार्यसिद्धि नहीं होती।

घुसम घुसा चालण—किसी प्रकार से काम चलाना।

घुस्या[9] हाकम, रुस्या[10] चाकर—घूसखोर अधिकारी और नाराज चपरासी कष्ट कर होता है।

घू

घूण[11] लग्या—अराध्य रोग लगना, विनाश काल आरंभ।

घूस खांण, नरक जाँण—घूस खाना पाप कर्म।

घूस दे मेरा नन्दन, फोकट कि चन्दन—फोकट का माल उड़ाना।

---

1. कोहनी 2. जलना 3. ऊन के जलने की गंध 4. कपोती 5. छिपकर देखना 6. उल्लू 7. गोला 8. धो-धो कर 9. घूसखोर 10. क्रोधी 11. घुन

घूस वालु कभी नि तूस[1]—घूसखोर सदा असंतुष्ट जीवन जीता है, डरा रहता है।

घ्यू[2] **का घड़ा उन्दु भी धरा त, रुख्वे-रुखो**—चाहे कई खिदमत करें पर असंतुष्ट ही रहना।

घ्यू कु कबाड़ थौरा, मैं कु ऐंच—घी का कवाड़ नीचे, मधु की ऊपर आता है, सबके अपने-अपने गुण प्रकट होते हैं।

घ्यू खतेंणि दालि माँ—गलती भी फायदेमंद।

घ्यू खाल मेरू ज्यू, दै निर्यो कै, दूध खालु मूरू पूत, छां खांद तब सै—अच्छी चीज अपने पास रखना, खराब वस्तु देकर दानी बनना।

घ्यू छोड़लि चट्टापिपल, दाँत तोंण गयाँ गाँडापिपल[3]—पैसे मार्ग में छूट गये, सामान लेने या इलाज करने गये बाजार। नासमझी का काम।

घ्यू जामण बैठि तवारि कमोलि फूटी—वक्त मौके पर व्यवधान पड़ना।

घ्यू न स्यू, खा मेरु ज्यू[4]—जब घी नहीं है, मेरे प्राण ले लो, अभाव में वस्तु की माँग करना।

घे-घै

घेंदुड़ा[5] **मान तैं तोप-ताँण**—छोटी बात के लिए बड़ा प्रयास व्यर्थ।

घेतासारि कन—एक-एक कर ले जाना।

घेति जांण—एक ही परिवार में निरंतर मौत होना। गाली देना।

घेस से ऐंच देस नीं—घेस बधाँण से ऊपर आबादी नहीं है।

घैतु होंण/कन—घायल होना।

घो

घोंतु घोचण—अनादर करना।

घोंतु प्या[6]—गुंठा दिखाना, जावो जो कुछ करना है की धमकी, व्यंग्य।

घोचण[7] **पड़त इखारी**[8]—हर समय याद दिलाना, हर समय तंग करना।

घोच्र-पेंच कन—दाँव पेंच चलाने।

1. संतुष्ट 2. घी 3. कर्णप्रयाग का पुराना नाम 4. प्राण 5. गौरैया 6. पीना 7. घुसाना 8. हर बार

घोटंत[1] विद्या, रटंत पाणी—विद्या रटने, पानी साफ करने से लाभ।
घोड़ा कु मूत, परायु पूत—किसी काम के न होना।
घोड़ा कु मोल़ न लीपण न खादक—घोड़े का गोबर व्यर्थ, अनुपयोगी वस्तु।
घोड़ा-गधा एकु भौ बिकणा—अच्छे-बुरे की पहचान नहीं।
घोड़ा घास अर पटवारि अन्न निखाँद—पुराने जमाने में पटवारी घोड़े को घास के बजाय दाना देता और पटवारी अन्न के बजाय दूध-घी खाता था।
घोड़ा चढ़्याँ—घमंडी।
घोड़ा जांण अग्वाडि, हाकिमा जांण पिछ्वाडि—घोड़े के पीछे और अफ़सर के आगे नहीं जाना चाहिए।
घोड़ा दगड़ि काठि भी—संबंधित सामग्री भी जरूरी।
घोड़ा दवौंण, पान चवौण—घोड़ा सवारी, पान चवाने को, वस्तुओं की उपयोगिता उसकी गुणवत्ता के अनुसार होना।
घोड़ा पांणि मू मै लिजौलु, पर प्यौलु[2] स्वै[3]—अनिच्छा से काम नहीं कराया जा सकता।
घोड़ा से बड़ि लपोड़—घोड़ा पालने में परेशानी।
घोड़ा वालि़ चालि—तेज चलना।
घोडि कसण—तैयारी करना।
घोड़िया लाति चलण—घोड़े की सी घातक लातें, मार।
घोड़ेलि सबि—काम किसी तरह पूरा कर लिया, भगा दिया है।
घोड़्या-घाटु जाण—बुरे हाल होना, शरीर जर्जर।
घोपलेलि भली कैक—बुरी तरह से घूँसे और लात से मारना, घायल करना।
घोर अन्ध्यारु[4] होंण—अन्याय होना।
घोर कलियुग ऐगि—वर्तमान समय बहुत बुरा आ गया।
घोर घाट होंण—घर न लौटने योग्य होना, गाली।

घौ

घौंणा घूसी कुलाडु—परिश्रम से तैयार की हुई वस्तु।
घौंणा[5] बासा[6]—निकट-निकट रात्रि विश्राम, एक ही जगह पर कई दिन तक रहना।
घौंणा मुख पर कमि नि रौण—खतरनाक के सम्मुख रहना वर्जित।

1. रटना 2. पीयेगा 3. वही 4. अँधेरा 5. घने 6. रात्रि विश्राम

च

चंगेरा[1] पर पाणिं लेला तो भी विश्वास नी–अविश्वसनीय व्यक्ति।
चंचल राँडा, मनमौजी छोरा–बिगड़ी माँ के बिगड़ैल बच्चे।
चंट वर्णी–सतर्क हो गया।
चंडाल चौकड़ि–गुंडों और चुगलखोरों का जमघट।
चंडाल होंण–नीच, धूर्त।
चंदन लगी–घाटा होना।
चंदनै सी[2] गेंडखि[3]–पवित्रा, सुगंधित वस्तु।
चंद दिनों का मैमान[4]–मृत्यु सन्निकट।
चंदलेणा का बिन्दलेणा, नतर दुबख्याला सै–वंश का कुछ न कुछ प्रभाव पड़ना।
चंदू भी लगि तै धन्दु[5]–किसी की बातों में आना।
चंद्रमा चंडाल का घर भी उज्यालु कदि–ईश्वर की कृपा सब पर बराबर, महान लोग समान दृष्टि रखते हैं।
चंद्रैण[6] लगी–पापकर्म करना, कलंकित होना। टिहरी राजा को भेंट देकर चंद्रायण से मुक्ति मिलती थी।
चंद्रैण सुझौण–पाप कर्म से मुक्ति पाना, पुराने जमाने पापी के हाथ का पानी नहीं पीते थे। वह अछूत सा रहता था, पाप कर्म से मुक्ति के लिए महीने व्रत रखना, पूजन, यज्ञादि करना पड़ता था। तब उस पापी के हाथ का पानी टिहरी के राजा पीते थे। तब जाकर वह पाप मुक्त माना जाता था। उसी को चन्द्रायण सुझाना कहते थे।
च निकाली–प्रसंग छोड़ा, झगड़े की बात प्रारंभ करना, चर्चा प्रारंभ।
चई-परचई होंण–भूत-भविष्य वक्ता, अदृश्य की जानकारी वाला।
चकचुन्दर जन–इधर की बात-उधर करने वाला।
चकड़ैत वण–होशियार बनना।
चकन्यो कन–मजाक करना, बचकाने काम करना।
चकर काटण–बार-बार आना-जाना, कई फेरे लगाना।
चकरचाल कन–सब अस्तव्यस्त करना, बर्बाद करना, बनी बात को बिगाड़ना।
चकर माँ औण–किसी के जाल में फँसना।
चकर माँ पंण–फेर में पड़ना, वशीभूत होना।

---

1. घास लाने का रिंगाल की कण्डी 2. जैसी 3. टुकमड़ी 4. मेहमान 5. बस में 6. अभियोग लगाना

चकाचौंद कलि—दर्शनीय बनाना, तड़क-भड़क वाला बनाना।
चकुन डाला नि कार्टेंदा—छोटों से बड़े काम नहीं हो सकते।
चकोर होंण—चतुर होना, बातूनी।
चक्की पीसण—जेल होना।
चक्की माँ पिसेंण—व्यर्थ लपेट में आना।
चखल-पखल कन—खुले हाथ से बाँटना, खानेपीने की पर्याप्त व्यवस्था।
चखुड़ि[1] जन रीटण—वेदना से तड़पना।
चख्वा बणी—घर-घर जाकर मुफ्तखोरी करना।
चचराँणू च—गुस्से में आकर धमकाना।
चटक-फटक होंण—फुर्ती, तड़क-भड़क होना।
चटणी कन—बुरी तरह से पीटना।
चटणी सीं चाखण—अल्पाहार करना।
चट मंगणी पट ब्यौ[2]—अभी मगनी तभी शीघ्र विवाह।
चट रोटि, पट दाल—काम को शीघ्र निपटाना।
चड़कताल होंण—मरना, गाली।
चड़क उठी—किसी काम को करने की अचानक उतावली, पीड़ा।
चड़कटूयाँ[3] काम—बिगड़े, ओछे काम, बचकाना, छिछोरे काम।
चड़ि न पड़ि, मेरि कामलि माँ ऐ रड़ि—बिना सूचना या परिचय के आ धमकना, बैठ गया।
चड़ी स्वर्ग, पड़ी पाताल जौ—कहीं भी जायँ भला न होगा, काम नहीं बनेगा, सब प्रयास व्यर्थ जाना।
चड़े का बाद उत्तरै—कष्ट के बाद सुख, परेशानी के बाद आराम।
चड़े वालु घोड़ा नी, उतार वालु जोड़ा नी—असंगत जोड़ा, चढ़ाई पर चढ़ने वाला घोड़ा नहीं है, उतार पर चढ़ने वाला सवार नहीं है। एक तरफ एक कष्ट दूसरी तरफ दूसरा।
चढ़ने को आया, बोकण्याँ होये—लाभ के बजाय हानि।
चतुर का चार जगा फटदि—अधिक चतुर को धोखा होता है।
चतुर बूझो[4] बातून, मूर्ख बूझु लातुन[5]—चतुर बातों से मूर्ख लातों से समझता है।
चपत लगौंण—घाटा देना, चाँटा मारना, धोखा देना।
चमकताल पड़ि—शिक्षा मिल गई, किए कार्य का फल मिलना। तेज धूप लगना।
चपरासी चलीग्या गंठड़ि छोड़ीग्या—मरने के बाद निशान छोड़ना।
चपै[6]-चपै बोन—मुख से नपेतुले शब्द बोलना, धीरे-धीरे बोलना।
चमड़ि जौ पर दमड़ि नि जौ—मार पड़े पर खर्च न करना।

---

1. चकोर 2. विवाह 3. बिगड़े हुए 4. समझे 5. लातों से 6. चबाकर

चरचरकार बणि—स्वस्थ शरीर, लालिमा, आभायुक्त।
चरचरु-बरबरु—स्वादिष्ट भोजन, तेज, गुसैल, मिर्च मसालेदार भोजन।
चरण जाँणदा, मरण कु बाटु—पाँव मौत के रास्ते पर ले जाते हैं।
चरण ध्वैक पैंण—श्रद्धा व्यक्त करना।
चक्रचोटी कु सी बागि—चारों ओर परेशानी में फँसना, बेला को मारने से पूर्व मोटी रस्सियों से बाधकर चक्र में लाया जाता है। फिर गाँव का मुखिया पहले बेले की गर्दन पर खुखरी से मारता है तब अन्य लोग बेदर्दी से फरसों से गर्दन काटते हैं।
चर्खा चलण—व्यवस्थित घर गृहस्थी चलाना, अच्छा कारोबार।
चर्खी का डंडा कभि ऐंच कभी निसा—उत्थान-पतन की अनिवार्यता।
चलका-मुताणि होंण—घबराहट होना।
चल घोड़ि बधाँण का बटा, उम्र घटि भट्यूड़[1] कटा—जवानी में हर काम के लिए समर्थ, बुढ़ापे में असमर्थ।
चलती का चार-चार—अनुकूल समय में लाभ ही लाभ होता है।
चलती का यार सवि होंदा—अच्छे दिनों में सब दोस्त होते हैं।
चलती कु नौ गाड़ी—जो जीता वो सिकंदर, असमर्थ का बड़ा काम करने पर वीरता की उपाधि।
चलतु वणी—चला जाना।
चल बेटा कुल्लु, बणि जा उल्लु—कुल्लु (हिमाचल) जाने पर धर्मात्मा भी डिग जाते हैं। वे भी सुंदर स्त्रियों के गुलाम बन जाते हैं।
चल बै दौला, जख जोला, तखि खौला—जहाँ जाना वहीं बिन बुलाये डेरा जमाना।
चल बै रगड़ा, तला[2] पुँगड़ा[3]—लापरवाही का काम, गैरजिम्मेदारी।
'चल' बोलि 'बैठु', त गुस्सा औंद—आज्ञा की अवहेलना करने पर क्रोध आता है।
चल मेरि घोड़ी, जहाँ मन तहाँ गमन—स्वतंत्र जीवन, यायावर।
चल सोटा[4] जख घ्यू रोटा—जहाँ दावत हो, वहीं गमन करना।
चली त ठेका, नतर झोका—काम बन गया तो लाभ अन्यथा सब व्यर्थ, ठेका के साथ निरर्थक शब्द झोका (ठेका-झोका, पानी-पूनी)।
चलौ जनानु—घर-घर बसने वाली बदचलन स्त्री।
चलौंणू लोकु तैं—गुमराह करना, फँसाना, करवट में निकालना।
चवन्नी चटबेटी, अठन्नी मलमपटी, रुप्या सुट—जितना लालच करोगे उतना ही नुक़सान होगा।
च्यलांग[5] जन पड़ि—छीनाझपटी करना।

---

1. पसल्ली 2. नीचे के 3. खेत 4. डंडा 5. चील

चा

चाँट रखण—मन में प्रतिशोध रखना।

चांत प्यारु होंण—अपना वतन सबको प्यारा होता है।

चाँद कु टुकड़ा—बहुत सुंदर, प्यारा, दुर्लभ।

चाँद पर एक बाल नि रखण—जूते मारना, बेइज्जत करना, गाली।

चाँद पर थूकण—बड़ों का अपमान करना।

चाँदि का जुता मारा—रिश्वत दो।

चाँदि का जुता लगौण पड़ि—रिश्वत देकर काम निकालना पड़ा।

चांदि कि जुति क्या नि करदी—घूस देकर क्या काम नहीं होते हैं।

चाँदी अर चमड़े जुति द्वी लगि—रिश्वत और जूते से (धमकी) काम निकालना।

चाँदी कु जुता लगी—अर्थदंड पड़ना।

चाँदी पठालि[1] लगौण—धनी, वैभवशाली जीवन।

चाँदी बर्खी—बहुत कमाना, लाभ होना।

चाँला[2] पर भी पाँणि लेलु[3], विश्वास नीं[4]—अविश्वसनीय व्यक्ति।

चाँलु च बात तैं—छिपाना, तोड़-मरोड़ कर बात करना, वाक्पटु।

चाँलु बोनू स्यूणा तैं 'तेरा पूठा पर छेद छ'—अपनी कमी न देखकर दूसरों के दोष देखना।

चाकरि माँ नाकरि कख छौ—नौकरी करने वाले को आज्ञापालन करना होता है।

चाखुलि[5] सीं रीटूणी—वियोग में तड़पना, विलाप करना।

चाचा मरलु त कोट मेरु—महास्वार्थी।

चाटण मिलिगे—मुफ्त खाने वाले को मिलना।

चाटि पोंजी खाँण—सब खतम करना, कुछ शेष न रखना, शोषण करना।

चाडि बड़ी की चतुरै—चतुराई बड़ी कि जरूरत बड़ी है।

चाडी[6] कि खाण पड़दि वाड़ी—जरूरत पड़ने पर सब कुछ करना पड़ता है।

चादरि फुक्याँ जन—लाचारी, विवशता, मायूस।

चाबि घुमैलि—किसी को गुप्त मंत्रणा देना, विचार बदल दिया।

चाबि मैंमूच[7] तैकि—समस्या सुलझाने की विधि जानने वाला।

चार आँखा छन—चतुर।

चार आँख्या—चश्मेवाला।

---

1. पत्थर की शिला 2. छलनी 3. लाएगा 4. नहीं 5. चकवी 6. जरूरत 7. मेरे पास है

चार कुलि[1] लगी–परिवार में कई कमाने वाले।

चार गौकु सयाणु, अट्ठार गौंकु रौ[2], मेरा काम नि औत, ऐसी-तैसी माँ जौ–जो अपने काम न आये उसका क्या महत्त्व।

चार घाटा चार वाटा देखल्या–जीवन का विशाल अनुभव।

चार चाँद लगण–सब तरफ से लाभ।

चार छन जीत, जौंका रात दिन गीत, भोग भाता सीत–रायडी रणजीत, पिल्लू कर्मजीत, सिल्ला सिलाजीत, अगस्त्यमुनि भोगाजीत के बड़े-बड़े चमत्कार हैं जिनकी सुबह शाम पूजा होती है, भोग उनका भात (चावल) होता है।

चार दिन की चाँदणी, फेर अंध्यारी रात–अच्छे दिन सदा नहीं रहते बुरे भी आते हैं।

चार दिन रौण धरती माँ–मनुष्य मरणशील है, मनुष्य जीवन छोटा होता है।

चार दिनै जिन्दगी–जीवन क्षणभंगुर।

चार बुलायाँ चौद[3] आयाँ–अधिक मेहमानदारी, मुफ्तखोर लोग।

चार भै[4] मेलू का, कर्दोड़ा सेलु का–निकम्मे जवान भाई।

चार लेंलुत, तीन मैंक[5] एक त्वैक–अपनी ही स्वार्थ सिद्धि।

चार सौ बीस–धोखेबाज, धूर्त, जालसाजी की धारा।

चारपै पकड़लि–बीमार होना।

चारु नी–और कोई रास्ता नहीं।

चाल चलण–धोखा देना।

चालाक कवा, गू खावा–अपनी कार्य सिद्धि के लिए धूर्त व्यक्ति कुछ भी कर सकता है।

चालाकै बड़ि खलाक–अधिक चतुर बनने से धोखा खाते हैं।

चालु पुर्जा–कार्यसाधक, तिकड़मी।

चि

चिंता खाँदि, सरील, नमक खाँद हड्डी–चिंता स्वास्थ्य को और नमक हड्डी को क्षति पहुँचाता है।

चिंता बुढ़ापा, सन्तोष जवानी–चिंता से बुढ़ापा शीघ्र आता है, संतोषी स्वस्थ रहता है।

चिंथड़ू वाला कमौन, सूट वाला समौन–परिश्रम मजदूर करता है, मौज बड़े लोग करते हैं।

---

1. गूल 2. राजा 3. चौदह 4. चाहना 5. मुझको

चिड़्याँ कूड़ा, जण्यां[1] नौना—मकान बनाए जाते, बच्चे पैदा किए जाते, सारी व्यवस्था परिपूर्ण।

चिड़ि चार माँ, बाप खारा माँ—जहाँ स्त्री सजीधजी पति फटेहाल हों।

चित कलि—मार दिया।

चित नी बूझणू—विश्वास न होना, मन में बात न समाना।

चित बुझौण—संतोष करना।

चित माँ बैठी—मन में बैठना, मन में समाना।

चित मान—जान से मारना, इच्छा को दबाना।

चित मिले तो चेला, नहीं तो अकेला—मनोनुकूल साथी मिले ठीक है अन्यथा अकेले जीवन भला।

चित लगी—मन लगना।

चिपकी अब—नौकरी पर लग गया। जहाँ गया वहीं रहा।

चिपकौण कखि—नौकरी पर लगाना।

चिफला[2] गिचा कु—बचनों का कच्चा, अविश्वसनीय।

चिफलि गिचि सबि प्यौंदा—सब सुंदरता के पुजारी होते हैं।

चिफलु आदमी—गंगा मिले गंगादास, जमुना मिले जमुनादास।

चिमटा लगौंण—बलपूर्वक काम लेना, बार-बार परेशान करना।

चिमटि उठौंण—सम्मान देना।

चिमटि सी—पतली लड़की।

चिलम भन वालु—छोटी हैसियत का आदमी।

चिलांग जन पंण—एकाएक अपहरण करना।

ची

चींटी बराबर—बहुत छोटी हैसियत वाला।

चींणा का बोट[3] पर गाड़ि अटगि[3] जाँदि—समय आने पर बड़ा भी छोटे से परास्त हो जाता है, बड़े का छोटे से काम पड़ता है।

चीरा डाँल—जली कटी बातें सुनाना।

चीरी तैं थेगलु[4] नी, उफारी धागु नी—किसी काम का न होना, निष्प्रोज्य।

---

1. पैदा किये हुए 2. चिकने 3. पौधा 4. रुकना 4. पैबंद

चु

चुगलखोरु बिना गौं नि बणदा—गाँव बसने के साथ चुगलखोर भी बसते हैं, गाँव की विशेषता परस्पर चुगलखोरी करना।

चुटकि माँ—तत्काल आना, थोड़ा सा।

चुड़ैल जन—दुष्ट नारी, विध्वंसकारी नारी।

चुपड़ी बात—चिकनी, झूठी बात, चापलूसी वाली बात।

चुप भलि—मौन सबसे भली।

चुफला माँ चढौण—सर में चढ़ाना।

चुफलि डूबण—कर्ज के बोझ से दबना।

चुफलि मूडण—बेइज्जत करना, गृह त्याग कर साधु बनना, लाड़-प्यार में पला बच्चा।

चुफलु काटण—संन्यास धारण करना, गृह त्याग।

चुफ्या दौ[1] लेंण—प्रतिशोध का भाव।

चुफ्या बणी—नेता बनना, होशियार बनना, सबमें श्रेष्ठ।

चुफ्यों[2] का चुपा पकड़ा लोलौ[3] का क्या पकड़ा—इज्जतदार को पकड़ो, बेइज्जत का क्या करेंगे?

चुरेड़[4] रंगालि[5]—कोरी गप्पें, अतिशयोक्तिपूर्ण बातें।

चुरेड़ सल्कु[6], गरीबो हल्कु—चूड़ी बेचने वाले को लोग गप मारने वाले मानते हैं, गरीब की बात को लोग हल्के रूप में लेते हैं।

चुलखांदा[7] माँ धराला[8] तेरि बाँट—मरने की कामना, गाली, पर्वतीय अंचल में मृत व्यक्ति को खाने से पूर्व थोड़ा भोजन पत्ती में चूल्हे के ऊपर रखते हैं।

चुल घोचु—घर से बाहर न जाने वाला, निठल्ला, गृह प्रेमी।

चुलबुल्या[9] बणी—रंगीला, खुशमिजाजी, सुंदर।

चुला आग न घड़ा पांणि—घर पर कुछ नहीं है, खाली घर।

चुला कु भेल होंण—सामान्य बात से दुर्घटना होना।

चुला पर जांण वाला बण्यां—श्रेष्ठ पंडित जिसका पकाया भात सब खाते हैं।

चुला पर पांणि होंण—सुविधाजनक गाँव/घर।

चुला माँ पाकी, सबून चाखि—घर जो कुछ बनता है, सब खाते हैं।

चुलु उजड़ी—पत्नी का स्वर्गवास, गृहस्थी उजड़ी।

चुलो बोलद मैंन बावन व्यंजन पकायां, आग बोलदी मैं दगड़ा छौ—झूठ बोलने

1. दाँव 2. चोटी वाले, इज्जतदार 3. नंगे, बिना बालों के 4. चूड़ी बेचने वाले 5. गप्पें 6. झूठ 7. चूल्हे में 8. रखना 9. खूबसूरत

वाले की पोल खोलना।

चुसणाँ माँ गैगि—सब व्यर्थ जाना, लाभ-हानि का दुख न होना।

चुसणु चुसौंण—खाली हाथ लौटना।

चुसणु बतौंण—गुँठा बताना, मना करना।

चू

चूक होंण—भूल होना, गलती करना।

चूतिया[1] मरि गैन, औलाद छोड़ि गैन—बेवकूफ मर गये पर नालायक औलाद परेशानी करने को छोड़ गये।

चूनु लगौण[2]—हानि पहुँचाना।

चूस अब—अब क्या कर लेगा हमारा, जावो, मना करना, गाली।

च्यूड़ि भी बेचीं, मेलु भी देखि—एक पंथ दो काज।

चे

चेत-तेत, जवारि[3] निगै[4] सरु[5] खेत—समय रहते सँभल जावो, बाद में भारी क्षति होगी।

चेति बरती रा[6]—सावधानी से रहो, सावधान करना।

चेला[7] छ त—ललकारना।

चेला मूडी[8] देस भाजि[9]—जो भी सागिर्द (भक्त) बनाया वही भागा।

चेली का चेला-बेटी का बेटा—सारे परिजन।

चेली-देखलु मैं—सावधान करना, बदले की भावना।

चै

चै[10] औ नि और बर, सेंधि पर सिन्दूर भर—मान न मान मैं तेरा मेहमान, महास्वार्थी, उतावलापन, खानापूरी करना।

1. मूर्ख, बेवकूफ, दुष्ट 2. लगाना 3. जब तक 4. नहीं गया 5. सारा 6. रहो 7. सागिर्द, शिष्य 8. मुंडन 9. भगा 10. चाहे

चै[1] जीरा, मिलि हीरा–आशातीत माँग पूरी होना।
चैनकि नींद सेंण–निश्चिंत होना, बेफिक्र होना, आराम से रहना।
चैन की बांसुलि बजौंण–निश्चिंत रहना।
चैन पड़ी अब–शांति होना।
चैन से निरौण–अशांत होना।
चै नौनू मरु, पर ब्वारि रांड चैंदि होंई–बहू के प्रति असीम द्वेष, दुर्भावना, बदला लेने के लिए पुत्र का बलिदान भी स्वीकार्य है।

चो

चोखा वणीन–निर्दोष बनना।
चोखु काम–सच्चा काम।
चोन वाला एक, खाँण वाला सौ पाप–चोर से चोरी का माल खाने वाले महापापी।
चोर कि दवै जेल–चोर दंड देकार ही सुधरता है।
चोर की नजर गठरि पर–जिसकी जैसी सोच, वैसी ही दृष्टि।
चोर कुतिया दगड़ि मिल्यां–चोर चौकीदार से मिले हैं।
चोर कु विस्वास कन पर नाटौ नि कन–नाटे कद का व्यक्ति या पुत्रहीन आदमी को अविश्वसनीय मानते हैं।
चोर कु भै डाकु–अपराधियों के घर पर महाअपराधी ही होते हैं, बड़ों से छोटे शिक्षा लेते हैं।
चोर कु माल चण्डाल खौ–बुरी कमाई बर्बादी में जाती है।
चोर कु साखी[2] बटमार–दुष्ट का साथी दुष्ट।
चोर गीजि[3] काखड़ि भी, बाग गीजि बाखरि भी–चोरी छोटी-छोटी वस्तुओं से आरंभ होती है।
चोर चरचरों[4], जार जरजरों[5]–चोर शेखी बघारता है, बदमाश अकड़ा रहता है।
चोर तैं अंध्यारु प्यारु–उजाला चोर का शत्रु, अंधकार मित्र होता है।
चोर तैं चोर पकड़द–चोर, चोर की कलाबाजी जानता है।
चोर तैं चोर पछाणद–अपने मन से जानिए, पराये मन की बात।
चोर दगड़ि[6] चोर सौ[7] दगड़ि जाग–सबसे मिले, किसी का विश्वसनीय न होना।
चोर पकण[8] पुंगड़ा माँ, जार पकंण खाट माँ–चोर को खेत में जार को दुष्कर्म करते तत्काल पकड़ना पड़ता है।

---

1. चाहा 2. साथी 3. आदत पड़ी 4. चतुर 5. गुस्सैल 6. साथ 7. चौकीदार 8. पकड़ना

चोर बोदै[1] मैं हका[2] घर जौलू, पर ऐ घरौ क्या होलु–आर्थिक तंगी में चोर भी दुखी रहता है।

चोर भला बेवकूफ बुरा–बेवकूफों से चोर अच्छे होते हैं।

चोर सबुतैं चोर, जार सबुतैं जार समझद–दूसरों को अपना जैसा समझने का मनोविज्ञान।

चोरि कु गुड़ मिठ्ठु–मुफ्त माल अच्छा होता है।

चोरि भी सीना जोरी भी–गलती भी करे और अकड़ भी दिखाए ।

चोरि वाला मू चोरि करौण, सौकार मू जाग द्यौंण–सभी पक्षों में मिले हुए।

चौंरै घरवालि सदा विधवा–चोर की घरवाली का सुहाग सदैव खतरे में रहता है।

चौंरै चरिचरि खाब[3]–चोर बहुत पाक साफ बनता है।

चौंरै हातै लंगोटि सै–चोर का माल जितना भी मिल सके उतना ही अच्छा होता है।

चोला बदलण–मरना। हिंदुओं का विश्वास है कि मरने के बाद पुनर्जन्म होता है।

चोलु[4] पकण–किसी पुरुष का दामन पकड़ना, सहारा लेना।

चौ

चौकड़ि भूलण–दुविधा में पड़ना, धोखा खाना।

चौडंडा[5] पार कन–दूर करना।

चौडंडि बितैलि–बुरी गत कर दी।

चौतरफा नजर–सतर्क निगाहें।

चौद[6] करम होंण–बुरी गति होना, दुर्गति होना।

चौपन्थ नाचण–सब जगह फिरना, जाना।

चौरंग्या वणी–हाथ-पाँवों का काम न करना, अपाहिज।

चौरंग्या बाग बाणी–बहुत धूर्त बनना।

चौरासि बितैलि–बहुत तंग करना, बुरे हाल करना।

चौरासि लाख जोनि[7]–हिंदुओं का विश्वास है कि मनुष्य 84 लाख योनि (जन्म) पारकर पुनः मनुष्य बनता है।

चौंल छोड़ि, बूसातैं झगड़ा–तुच्छ बात पर लालच, मूल्यवान वस्तु की उपेक्षा करना।

'चौंल नीत', 'भात बणा'–जो अप्राप्य है, उसी की चाहत व्यर्थ।

चौंल बुसेण–अनर्थ, असंगत, बिगड़ी संतान।

---

1. कहता है 2. दूसरा 3. मुह 4. चोला 5. चार पहाड़ियों 6. चौदह 7. योनि (जन्म)

चौहड़्या डंडैरेलि[1]–सब प्रकार से क्षति पहुँचाना।
चौहड़्या[2] **फरकौंण**[3]–सब प्रकार से पूछताछ कर दी।

छ

छंछर छाट होंण–सनिश्चर को किया काम बुरा होता है।
छंछर जन लग्यूं–दुष्ट ग्रह जैसा, उत्पाती।
छंतोंलि जन–नंदाराज जात में रिगांल या भोज पत्र की रंग-बिरंगी छतोंली (छाता) ब्रास्मण ले जाते हैं। जो मुख्य रूप से 12 होती हैं। पवित्रता, सुंदरता और आस्था की प्रतीक।
छंद छोप तनि रै–यथावत् रंग-ढंग।
छंद छोप बिगड़ी–रंग ढंग बिगड़ना।
छ अपणा बाबू कु की जंघा से पैदा!–अपने पिता की वैध संतान, चेतावनी, ललकारना।
छका छूटण–आश्चर्यचकित करना।
छक्का-पंजा छन–मौजमस्ती, मनमानी चलना।
छक्की[4] **खांण, डटी धाँण**–खूब काम खूब खाना।
छगटु[5] **पौंण**–मौका मिलना।
छछोलि भलीकै–अंतर्मन की पूर्ण जानकारी करना।
छटगि अब–जेल से छूटना, मुकदमे से बरी होना।
छट्टी कु दूध याद कन–माँ का दूध याद आना, होश हवास उड़ना।
छड़ि का वस विद्या–शिक्षा दंड देने पर मिलती है।
छड़ि लगि चट, विद्या ऐ झट–डाँटडपट से मूर्ख बालक रास्ते पर आते हैं।
छत्तरी रोस औण–क्षत्रिय का जोश, अनादर को न सहना, क्रोध आना।
छत्तीस बात कन–अनेक उल्टी-सीधी बातें करना।
छत्तीस रोग लगण–अनेक रोग।
छपाक लगौंण–दाग लगाना, हानि पहुँचाना, अपमानित।
छपि-छपि पंण–मनोनुकूल बात होना, शांति मिलना।
छपैल होंण–सबसे मिलने-जुलने वाली।
छप्पन वास होंण–अंतर्धान होना, कहीं छिप जाना।
छप्पर फाड़ी देंण–मनवांछित फल मिलना।

---

1. जला दिया 2. चारों तरफ से 3. उलटना 4. पेट भरकर 5. अवसर

छबोली छै[1]? नाली, वे बोली क बार[2] नालि—प्रेमभाव से शांति, दुर्वचन से अशांति होना, प्रेम से माँगने पर कुछ न देना, मूर्ख बलप्रयोग से अधिक देते हैं।
छरपट कन—बर्बाद करना, बिखेरना।
छरमंड्यालि कन—बिखेरना, गिराना।
छरोलि कन—होलिका दहन के बाद राख-कीचड़ रंग से होली खेलना, बिगड़ना।
छर्की[3] मान—गप्पें मारना।
छलकौंण[4] बैठी—लापरवाही से भरे बर्तन की सामग्री गिराना, गप्पें हाँकना।
छलभैरु जन—भूत जैसा।
छल लगी—अदृश्य आत्मा के भय से ग्रसित होना।
छलीबली विघ्न टली—पूजा-पाठ तंत्र-मंत्र से विघ्न टलता है।
छल्यूँ सी—भूत प्रेत से ग्रसित।
छसु जन—छिपकर चलने वाला ऊदबिलाव, छिपकर चलनेवाला व्यक्ति।
छसु मूसु जन—निकृष्ट श्रेणी का प्राणी।

छा

छां[5] छोलि—दौड़-धूप कराकर परेशान करना।
छाँसीक जांण त भाण्डु कींक लुकौंण?—माँगने वाले को अपनी गरीबी नहीं छिपानी चाहिए, जब माँगना है तब शर्म किस बात की?
छाँसी का बाना घ्यू चुकै—छोटी वस्तु के लिए बड़ी वस्तु की उपेक्षा करने वाले मूर्ख।
छाकु जन छकण—भरपेट भोजन करना, तृप्ति भर भोजन, (पर्वतीय अंचल में सर्दियों में पांडव नृत्य होता है, नृत्य करने वालों को गाँव और पड़ोसी गाँव के लोग भरपेट भोजन कराते हैं। उसे 'छाका' कहते हैं)।
छाटि-बाटि कन—बिखेरना, परेशान करना।
छाति देंण—सहयोग देना।
छाति नांगि कन—सब स्वीकारना।
छाति पीटण—रोना-धोना, क्रोधावस्था में शत्रु को बद्दुआएँ देना।
छाति फटण—दुखद स्थिति।
छाति माँ कीलु घैंटण[6]—सौत लाना, प्रतिद्वंद्वी लाना।
छाति माँ कुलीगी[7]—मरने पर अपने साथ कोई कुछ नहीं ले जाता है।

1. छः 2. बारह 3. गप्पें 4. गिराना 5. मट्ठा 6. गाड़ना 7. कौन ले गया

छाति माँ चुमण—अप्रिय होना।

छाति माँ दाल दंळ—किसी की इच्छा के प्रतिकूल काम करना।

छाति माँ धन—परेशान करना, पिंडदान देना।

छाति माँ बाटु लगलु, जु कैमू अपड़ि बात लगौला—अपनी गोपनीयता भंग करने पर लोग नाजायज लाभ उठाते हैं।

छाति माँ बैठण—प्रतिद्वन्द्वी तैयार करना, सौत का आना।

छानु-छिपरु जन—बिगड़ैल, बदसूरत, झगड़ालू।

छाप लगण—कलंक लगना।

छापा माँ नौ औंण—प्रसिद्धि होना, प्रचार-प्रसार।

छाबड़ि लगौंण—सामूहिक पूजन और भोज (पांडव नृत्य में पांडव पूजन के लिए लोग अपने घरों से मिठाई, पूड़ी, पकवान, खाज-खील-बताशे, दीपक, फलादि 'छाबड़े' में रखकर लाते हैं। सब एक जगह पर)।

छाबुड़ जन—घर-घर माँगने वाला, अनाज सुखाने की रिंगाल का चौड़ा बर्तन।

छाया-माया रखणी—प्रेमभाव, संरक्षण देना।

छारु लगण—नुकसान होना।

छाला[1] लगण—बहुत परिश्रम से हाथ-पाँवों पर फफोले उठना।

छाला लगौंण—कष्टों से उबारना, किनारे लगाना।

छालि[2] हिटौंण—तेज चाल।

छालु काम—साफ काम।

छालु सरील[3]—हल्का बदन, स्फूर्तिदायक।

छि-छी

छि, तैकु नौं टटि बैठण वक्त लेंण—तिरस्कृत व्यक्ति, बैरभाव रखने वाला व्यक्ति।

छिपरु जनु—झगड़ालू एवं निम्नस्तरीय व्यक्ति।

छिप्यूं रुस्तम—करामाती व्यक्ति।

छींकलि तैन—मना करना (छींक अमंगल समझते हैं)।

छीं-छाट कन—घृणा तिरस्कार करना।

छी-छी कन—नफरत करना, बार-बार टोकाटोकी करना।

छीटा कसि कन—छिद्रान्वेषण करना, दोषारोपण करना।

छ्वीं अर छाँस जथी बढ़ा—बातों को बढ़ाने से और विवाद।

छ्वीं रजौण[4]—बातें बढ़ाना, इधर-उधर की बातें करना।

---

1. फफोले 2. फुर्तीली 3. शरीर 4. बढ़ाना

छु-छू

छुँयाल्[1] आदमी अर लम्बू धागु[2] अल्जी जांद—इधर-उधर बातें लगाने वाला और लंबा तागा उलझ जाती है।
छुँयाल् मन—मन ही मन में अपनी बात करना और अपने आप सुनना।
छुई[3] उठौंण—बदनामी करना।
छुछन्दर जन—एक नुकीले मुँह वाला चूहा, झूठी बातें फैलाने वाला।
छुटि कलि[4]—काम से निकालना।
छुयाँल् रौति छुयूँ भूलि, पुगड़ि पाटली मल्छा फूलि—बातूनी नारी की खेती बर्बाद।
छुयूँक[5] नौलु भबकणू—चुगली करने की उतावली।
छुर्कि धन—मरने पर शवयात्रा में मार्ग पर स्थान-स्थान पर धान मुट्ठी भर रखना। मृतात्मा और चींटियों के लिए, गाली।
छुर्रि चलौंण—अंतर्घात करना, छिपकर मार।
छूत का दिन—रजस्वला नारी का समय, प्रसवकालीन या मृत्यु पर 13 दिन तक अपवित्र समय।
छूत कि सी बिमारी—संक्रामक रोग जैसा।
छूत झांण—बुरी तरह से डाँट पड़ना।
छू मंतर होंण—तुरंत दौड़ना, अंतर्धान होना।

छे

छेंटलु[6] व्याखुनि[7] वोदै, 'गूनिखाँण', फजल वोदै, 'गू निखाण त क्या खाँण?'—कभी किसी वस्तु से घृणा कभी प्रेम, मजबूरी में काम करना या खाना, अस्थिर मति।
छेकण कर्ज—कर्ज की राशि को ऋणदाता द्वारा काटना, पापकर्म।
छेद लग्यूँ—पीछे पड़ना, शत्रुता बढ़ाना, बुरा करना।
छेदणू रौंद—अंतर्मन की बात जानने की कोशिश करना।
छेपड़ा धाँणी, मनखि पांणि—बचकाना काम, निकम्मे काम करने वाले।

---

1. चुगलखोर 2. तागा 3. बात 4. कर दी 5. बातों को 6. घरेलू चिड़िया 7. शाम को

छेपड़ा[1] वालु दौ[2]—ठहरना, बाद में बदला लेने की चेतावनी।

छेपाड़ु रात माँ वोदै[3] दिन माँ मकान वणौंलु[4]—जरूरत पड़ने पर काम करने का विचार। (छिपकली रात में ठंड से परेशान होकर कहती है कल दिन में मकान बनाएगी। दिन में गर्मी में तपकर रात की बात भूल जाती है)।

छेवक[5] जन—बीच में व्यवधान डालने वाला, क्षेपक जैसा।

छै

छै फुट्या ज्वान—डीलडौल युवक, तंदुरुस्त लंबा युवा।

छैल कन—सहयोग करना, विश्राम आश्रय देना।

छैल पंण नि देंद—निकट आने न देना।

छैल पड़ी—बेद लगना, किसी वस्तु, पेड़, मकान, पर्वत की छाया किसी मकान पर पड़ने से अशुभ होना।

छैल[6] संगति होंण—स्त्री-पुरुष का प्रेमालाप।

छै सेरा पिस्यूँ[7] नौ सेर भग्वाड़ि[8]—मजदूरी अधिक काम कम।

छै स्यरा ज्वान—पेटू।

छै हात राजा, बारह हाथ नौकर—मालिक से नौकर की अकड़ बड़ी होना।

छो

छोकर्यूल अर कुकर्यूल बराबर—बचकाना काम और कुत्तों का लड़ना बराबर होता है।

छोकर्यूल कन—बचकाना काम करना।

'छोटा उठ काम कर' 'अभि छोटु छौं', 'छोटा उठ खाणुँ खा', 'बड़ु भाण्डु कख च?'—काम करने को टालवराई, खाने को तत्पर।

छोटा कि कन चोरि, बड़ा कि कन जारी—छोटे लोगों की चोरी पकड़ी नहीं जा सकती, बड़े लोग घर की बदनामी से शिकायत नहीं करते।

छोटा कि बाण[9], ठुला कि धाँण—छोटे की काम करने की लगन और बड़े का काम देखा जाता है।

---

1. छिपकली 2. दाँव 3. बोलता है 4. बनाएगा 5. क्षेपक 6. छाया 7. आटा 8. चक्की की सिलाई 9. लगन

छोटा को बड़ों, बड़ों को बाग, बाग कु जिवालो, जिवाला कुआग—एक से बढ़कर एक तरकीबें निकालने वाले लोग, बातों में उलझाना।

छोटा गिचा वाबा कि दुआई—बड़बोले।

छोटा गौंका खोटा लोग—छोटे गाँव के लोग झगड़ालू और बिगड़े होते हैं।

छोटा गौं सासु दगड़ि ख्यालि[1]—मजबूरी का काम।

छोटा-छोटून खेलि होलि, सारासन्तों[2] **की गई डोलि**—अपराध करने पर बड़े पकड़े जाते हैं, छोटे छूट जाते हैं।

छोटा डाला जनि चा तनि मोड़ा—बचपन में जैसा चाहें बच्चों को संस्कार दिए जा सकते हैं।

छोटा नौनौं किर्सी कूड़ि-भाँडि—बचकाना काम, कच्चा काम।

छोटा पराण घ्यू खांण—धैर्य न रखना, उतावली करना।

छोटा भी खवौंण[3] **बड़ा भी व्यवौंण**—छोटे को पहले खाना खिलाना चाहिए, बड़े की शादी पहले करनी चाहिए।

छोटा माँ नवायूँ[4] **ब्वैन**[5]**, तब नि नवायुँ कैन**—बचपन में माँ ने लाड़ प्यार किया उसके बाद किसी ने नहीं।

छोटा मुख बडू कौलु—हैसियत से बड़ी बात करना, बड़बोले।

छोटा मुखैकि बड़ि बात—अपने स्तर से बड़ी बात कहना।

छोटा लोगों का खोटा काम—छोटे लोग बुरे काम करते हैं।

छोटा सर्पै तेज विस—छोटे साँप विषैले होते हैं, गरीब की हाय लगती है, छोटे खोटे होते हैं।

छोटि गाति[6] **लगौण**—सादा जीवन बिताना।

छोटि जात करु उत्पात—निम्न स्तरीय लोग समाज में परेशानी पैदा, अव्यवस्था पैदा करते हैं।

छोटि धोति वाला—निम्न स्तरीय ब्राह्मण।

छोटौ गुस्सा मुण्ड माँ, बडौ गुस्सा खोटा माँ—छोटा शीघ्र गुस्सा करता है, बड़ा धैर्य धारण करता है।

छोटि पूँजी खसम खाँदि—गरीब को हमेशा परेशानी रहती है।

छोटु सरील कन—निरुत्साही होना, हीनभावना मन में लाना।

छोटो ना द्या, 'टपकैलि सरो'—खाने वाला कहता है कि छोटा टुकड़ा न दो, देने वाला कहता है सब हजम कर दिया।

छोड़ कूड़ि खैंदि[7]—घर और खेती आबाद हो गई।

छोड कूड़ि बंजी—घर खेत सब बर्बाद हो गये।

छोड़ कूड़ि बिकी—दिवाला निकलना।

---

1. खेल 2. शूरवीरों 3. खिलाना 4. नहलाया 5. माँ 6. वस्त्र पहनना 7. आवाद

छोड़ पर ऐगि रोटलु—मौत के दिन निकट।
छोड़्या[1] नौना अर बाँजा पुगड़ा कख छा भला—अनाथ बच्चे और बंजर खेत अच्छे नहीं होते हैं।
छोड्यां गौं को क्या नौ—छोड़े गाँव की क्या याद करनी है।
छोड्यां गौं मार खाँण जाण—छोड़ी जगह पर जाने से अपमान होता है।
छोड्यां बान्दरन लंका जगै[2]—अनियंत्रित व्यक्ति उत्पाती होता है।
छोपा माँ जन बैठण—अंडे सेंकना, निठल्ले बैठे रहना।
छोया फूटणा—अस्थायी कार्य में लाभ, अस्थायी उन्नति।
छोर पुतरु जन—अनाथ बच्चे।
छोरा कु मुण्डेणु तनि ढांडा कु पंणु—एक परेशानी में दूसरी परेशानी।
छोरा-छापर—अनाथ बच्चा।
छोरा दिन औन, राण्डा दिन जौन—गरीब का परिश्रमी बच्चा उन्नति करेगा, बेचारे गरीब माँ-बाप का समय चला गया है।
छोरा न पैर्‌या जोड़ा, माने खै थोड़ा—ओछापन, जरा सी तरक्की पर इतराना।
छोर्यूल लगी—निराश्रित, मातृ स्नेह से वंचित।
छोलकु धन्या होंण—मृत की क्रियाकर्म के समय परिजन द्वारा बाल बनाकर सर पर सफेद कपड़ा बाँधना, ग्यारह दिन बाद हटा देना, उस सफेद कपड़े को ही छोलका कहते हैं।
छोलै पूछ तनि कि तनी[3]—कुत्ते की पूँछ टेढ़ी की टेढ़ी, आदत में सुधार न आना।
छोलौ[4] मैलु खाँण—घृणित कार्य करना।
छोल्यां सातु नि खायेंदा—घृणा होना, गंदा व्यक्ति।

छौ

छौड़ा लग्याँ मुख पर—बेइज्जती होना, बदनामी होना।
छौंदा करछुला हाथ फुकेंण—सब कुछ होते हुए परेशानी उठाना।
छौंदा[5] कि छबलाट, भूका कि कबलाट[6]—संपन्नता में चहल-पहल, दरिद्रता में बेचैनी।
छौंदा कि नि छौंदि होई—सब कुछ होते हुए भी गरीबी का जीवन।
छौंदा राज-बाज—सब कुछ होते हुए भी परेशानी।

---

1. छोड़े हुए 2. जलायी 3. वैसा का वैसा ही 4. कुत्ते का बच्चा 5. भरपूर घर 6. परेशानी

छौंदाड़[1] पड़्या—दरिद्रता की प्राप्ति, जाति व्यवस्था से च्युत।

छौसु जन—एक जंगली जंतु जैसा, बेवकूफ, धोखेबाज, छिपकर चलने वाला, निशाचर।

ज

जंक जोड़ कन—जगह-जगह से संग्रह करना।

जंक लगी अकल पर—मूर्ख।

जंगल कि लकड़ी सोम कु धन—मुफ्त माल।

जंगल फुकेंद पर बाटु नि फुकेंद—आदमी मरता है पर रिश्ते अमर होते हैं।

जंगल माँ मंगल होंण—असुविधाजनक को सुविधाजनक बनाना।

जंगल सेर, बल्याण बेर—सेर जंगल में बेर बालू में। अनुकूलता अपनी-अपनी।

जंगलात भी ल्यायूँ कमैक—कठिन परिश्रम से अर्जित पूँजी।

जंगलि काम—असभ्य काम।

जंघा-पूठा लंगण—स्वस्थ।

जंजाल माँ फंस्या—उलझन में पड़ना।

जंतर-मंतर कन—जादू टोना करना।

जंनकौंण्या होण—अपाहिज।

जंद्योधरि[2] क्वै बामण निहोंद—खाली पहनावे से कोई जाति नहीं बदल सकता।

जक-वक कन—डर की स्थिति में काम, अस्थिर मति में काम करना।

जख इति, तख तति—कोई फर्क नहीं, जहाँ बहुत नुक़सान हो गया और हो जाय।

जख करुल्यौ[3] तख काल—जहाँ झगड़ा होता है वहाँ अनिष्ट अवश्य होगा।

जख कुखडु[4] तख रात नि व्याणी—काम निकालने के लिए कई विकल्प हैं।

जख गागर तख हिलो—साथ रहने में अनबन स्वाभाविक।

जख गौं तख गंवार—गाँवों में गँवारपन आ ही जाता है।

जख चालीस, तख गबतालीस—बड़ी क्षति पर छोटे की क्या चिंता।

जख चोट, तख भेंट—पीछे पड़ना, पकड़कर ही रहना।

जख जनानु तखि घर, जैकु जन्म तैकु मर—स्त्री जहाँ भी साथ हो वहीं घर हो जाता है। जन्म के बाद मृत्यु अवश्य होती है।

जख जालु तखि खालु—मनुष्य जहाँ भी जाएगा वहीं पेट पालेगा।

जख जोसि चार, तख दिन न बार—अधिक पढ़े-लिखे एकमत नहीं होते।

---

1. अशुद्ध स्थान पर 2. जनेऊ पहनकर 3. कलह 4. मुर्गा

जख जौ नन्यामल, तख अनमन[1] भांति कल—नन्यामल जहाँ भी जाएगा वहीं उपद्रव करेगा, अच्छे-बुरे का प्रभाव सर्वत्र।

जख जौ मणु नयाल, तख नौ हाथ खयाल[2]—दुष्ट जहाँ जाएगा वहीं खुराफात करेगा।

जख डाला नी, तख किरमोड़ पेड़—अंधों में काना राजा।

जख दिल तख घर—जहाँ दिल लगे वहीं घर होता है, जो दिल में बैठ गई वही घरवाली अच्छी।

जख देखि तवा परात, तखि बिताई रात—जहाँ खाना मिला वहीं डेरा जमाना।

जख दूद तख विरालु, जख रोटि तख कुत्ता, जख सौत तख म्वारा—सबको अपनी-अपनी पसंद से निकटता।

जख देण छौ तख पौंणा छन—उल्टी रीति।

जख धुवाँ तख आग, जख सुबुद्धि तख भाग—धुआँ आग के कारण होगा ही, सौभाग्य सद्‌बुद्धि से ही मिलता है।

जख धुवाँ तख आग—कार्य और कारण का अभिन्न संबंध।

जख नाक तख सोनु नी, जख सोनु तख नाक नी—जहाँ जिसकी जरूरत है, उपलब्ध नहीं, जहाँ उपलब्ध है वहाँ जरूरत नहीं, असंगत स्थिति।

जख निरौलि ब्वै, तख क्या रौलु क्वै—माँ की सबसे आवश्यकता होती है। जहाँ माँ का सा प्यार न मिला वहाँ रहना कठिन होता है।

जख न्यौ, तख नारायण—ईश्वर न्यायप्रिय होता है।

जख पंच तख परमेश्वर—पंच ही परमेश्वर होते हैं, पंचायत का महत्त्व।

जख पाणि तख हिलु—साथ रहने पर मनमुटाव हो ही जाता है।

जख पाप तख पुण्य—दुनिया में पाप भी है पुण्य भी है, गुण-दोष साथ-साथ चलते हैं।

जख बंण, तख बाग—स्वाभिमानी व्यक्ति स्वतंत्रता चाहता है, बाघ और वन का संबंध।

जख बसण, तख घसण[3]—जहाँ रहना वहाँ की सफाई, सुव्यवस्था आवश्यक है।

जख बालु[4] तख बारमास खेल—जहाँ बच्चे हैं वहाँ खेल और त्यौहार है।

जख मारि चाँदी की मेख तखि तमासु देख—पैसे से सब कुछ प्राप्त होता है।

जख मारि लात, तख निकाली भात—समर्थवान को सब कुछ प्राप्त होता है।

जख मेल तख खेल, जख फूट तख लूट—मेल-जोल में सुख, बैरभाव से नुकसान।

जख रात तख थात—जहाँ रात थाह लेनी है वहीं स्थान अच्छा माना जाता है।

जख राम तख अयोध्या—भला आदमी सर्वत्र भला ही करता है।

जख राम तख रावण—हर युग में सज्जनों के काम में दुष्टों ने बाधा डाली है, अच्छाई के साथ बुराई भी जुड़ी है।

---

1. अनेक प्रकार के 2. खाई 3. लिपाई करना 4. बच्चा

जख रोटी तखि भीड़, जख लाँस तखि गरुड़—भोज्य पदार्थ सब चाहते हैं, जहाँ स्वार्थ वहीं भीड़।

जख लतापेड लगौंण, तख पतबिडा जगौंण—मुसीबत के समय आराम करने वाले आलसी।

जख लैदु[1], तख बारमास त्यौहार—जहाँ गाय भैंस दुधारु हैं, वहाँ हमेशा मौजमस्ती, त्यौहार ही है।

जख सदा रैंण, तख नखरु नि बतौंण—जहाँ रहना है उसी में संतोष करना।

जख सौ विराला तख मूसु नि मरद—अधिक लोगों से कार्य सिद्धि नहीं होती।

जख सौ सलि[2] तख कभि नि हो भलि—अधिक चतुर विवादी होते हैं।

जख स्यूंणु[3] नि जाँद, तख सावलु[4] कोचण—असंगत कार्य करना।

जग जीतलि—कठिन काम से उबरना।

जगतौ पूजण—सभी का आदरणीय।

जगडाल् कन—आफत मोल लेना।

जगन मा विघन—भले काम में बाधा होती है।

जगन्न पुरुषो जन ब्यौ—कई विवाह करना, बहुपत्नी।

जगा का लोग—अच्छे खानदानी, प्रतिष्ठित गाँव के।

जगा खोंण पर थान खोयेंद—अपने गाँव-घर से अन्यत्र जाने, बसने से व्यक्ति का महत्व घटता है।

जगा जगौंकि लगुलि[5] रूंगी[6]—कई जगहों से कर्जा निकालना।

जगा पर धन—जेल डालना।

जगा सुनकार होंण—मृत्यु होना।

जगी जात करु उत्पात—इष्ट मित्रों में मजाक, 'जग्गी' जाति वालों से बिना बात के छेड़ने पर उत्पात कर देंगे।

जगी त आग, वजी त राख—चलती का नाम गाड़ी।

जग्स जन—यक्ष जैसा, राक्षस सा, धूर्त।

जजमान अर भगवान बराबर होंदा—वृतेश्वर ब्राह्मण के लिए यजमान भगवान के समान होता है।

जजमानी, जन्द्यो और जंगारी, बामणै कि सोभा—ब्राह्मण की पहचान तीन बातों से।

जट बुद्धि—मूर्ख, उल्टी खोपड़ी का, अनाड़ी।

जड़ काटण—समूल नष्ट करना।

जड़ काटण, टुखेंना माँ पाणि चान[7]—बाहर भलाई करने का अभिनय करना अंदर अहित चाहना, गुप्तरूप से नुकसान।

जड़ खोदण—विनाश करना, समूल नष्ट करना।

---

1. दुधारू पशु 2. मिस्त्री 3. सुई 4. सब्बल 5. बेल 6. खींचना 7. सींचना

जड़ पर पाणि चान–पुण्य कार्य करना, परोपकार।
जड़ा आगास लगौण–नष्ट करना।
जड़ा उगटैल्या–समूल नष्ट करना।
जड़ा तेल डॉल्–विषवमन करना।
जड़ा न पड़ा होंण–निःसंतान होना।
जड़ा नि रौंण–उपरोक्त।
जड़ा बैठ्यां–असाध्य रोग लगना।
जड़ा वोटलौन खमडैलि सरु ब्रह्मठांगरु–तंत्रमंत्र का चमत्कार।
जड़ा लग्यां–अविचल होना।
जड़ु मोटु होंण–आने वाली पीढ़ी समृद्ध होगी।
जड़ै नि खै कड़ै खै–लाभ के बजाय हानि, आफत मोल लेना।
जतना मोटू, ततना खोटू–मोटे शरीर में अनेक रोग।
जतनु कोनु ततनु तौ[1]–बड़े आदमी की बड़ी जिम्मेदारी।
जतनु खोटु, ततनु जुतु–जैसे को तैसा, परिस्थिति के अनुसार काम करना।
जति चुलि तति कुलि–बेगार प्रथा में प्रचलित था कि जितने परिवार हैं सब बेगार देते थे ।
जति मुख तति बात–प्रत्येक के मुख में अलग-अलग किस्म की बातें अफवाह हैं।
जतो नाम ततो गुण–नाम के अनुरूप गुण होना।
जथगा गिच्चा माँ स्वाद, तथगा पेट कवाड़–चिकनी चुपड़ी बातें पर पेट में खोट।
जथगा छोटु तथ्या खोटु–छोटे दुष्ट होते हैं।
जथगा मुण्ड, तथ्या पिण्ड–प्रत्येक मनुष्य में अलग-अलग गुण/चरित्र हैं।
जथगा मेरा बल्दन खै, तथगा कमैंनी–लाभ कम, खर्च अधिक।
जथगा हकु मनौण, तथगा घरचोड़ी अफु कनौण–औरों की खुशामद करने के बजाय स्वयं काम करना चाहिए ।
जथगा हवा सारा हिन्दुस्तान, तथगा द्यौथान–द्यौथान (पोखरी) में तीव्र हवा चलती है।
जथगा हौल्[2] **तथ्या मौल्, बाकि ज्यू कु जौल्**[3]–हल और गोबर खूब होना चाहिए अन्यथा सब बेकार।
जथी आज हैंसलु तथी भोल् रौलु–आज आराम करने वाले को कल विपत्ति झेलने पड़ेगी, रुलाई।
जथी कलि सवेर, होलि तथी अवेर–उतावली करना हानिकारक।
जथी कामलि भीजलि तथी गरि होलि–रोग जितना लंबा होगा बाद में इलाज लाइलाज होगा।
जथी खाट लम्बी तथी पैर पसान–सामर्थ्यानुसार काम।

1. गर्मी 2. हल 3. जलन

जथी गुड़ डाल्ला तथी मिठु होलु–जितना काम उतना नाम, परिश्रम का फल।
जथी जल्दी चढ़लु, तथी गिरलु–तीव्र गति से उन्नति करना हानिकारक।
जथी पर जालि चोट?–जाने कितना खर्च होगा?, खर्च का अनुमान न होना।
जथी बड़ु तथी मुडारु–बड़े की बड़ी जिम्मेदारी।
जथ्या जांण तथ्या नि बतौण, जथ्या सुण तथ्या पर विस्वास नि कण–जानकारी से कम बताना, जितना सुनना सब पर विश्वास न करना।
जदकद गंगा सौंरा पार–होनी को कोई टाल नहीं सकता, जो काम करना है उसे करना ही पड़ेगा।
जन अन्न, तनि डकार–भोजन का पाचन क्रिया पर प्रभाव, जैसा अन्न वैसा मन और स्वास्थ्य।
जन ऊधो कु तनु माधो कु–सब एक से गुण के, सबके लिए एक-सा नियम।
जन खाँणक तन धाणक–खाने और काम का संबंध।
जनखना[1] कापला चुलि आग तापला–जैसे कैसे खाने से भूखा रहना बेहतर है।
जन गुरु तनि चेला–गुरु के गुण शिष्य ग्रहण करता है।
जन गौं तनि नौ–जैसा गाँव वैसी ही उसकी छवि।
जन पेड़ तनि फल–वंश का प्रभाव अमिट।
जन बाप, तनि बेटा जनि कुमार तनि लोटा–उपरोक्त।
जन बोलु तनि लौलु–कर्मफल मिलता है।
जन मैड़ा तन जैड़ा–जैसी माँ वैसे बच्चे।
जन राजा तनि प्रजा–यथाराजा तथा प्रजा।
जन वलि माँडा तन पलि माँडा–सर्वत्र एक सी स्थिति।
जन साँपनाथ तनि नागनाथ–दोनों में एक से गुण।
जन होलु गौबूक तन होलु सौबूक[2]–जैसा एक को होगा वैसा दूसरे को भी होगा।
जनखना देवता जै नि बोदा–छोटे मोटे को घास न डालना।
जनखना बचणु चुलि मनु भलु–अस्तित्वहीन जीवन से मरना अच्छा।
जनखना बामण पैलागु नि बोदा–जैसे कैसे को महत्त्व न देना।
जनखना होयां से नि होंयु भलु–जैसी कैसी औलाद से निःसंतान अच्छे।
जनम-मरण-बर्खा कु पतु नी–जन्म-मरण और वर्षा की अनिश्चितता।
जनाना बराबर मिट्‌ठु अर खट्‌टु क्वै निं–नारी का रहस्यमयी होना।
जनानी कि मिट्‌ठी बाणि, क्वजाणि[3]-क्वजाणि?–स्त्रियों की मधुर वाणी में कभी दाल में काला होता है, पति से गहने या वस्त्र की माँग करने के लिए मीठी बातों से भूमिका जमाना।
जनानी जात अन्धेरी रात–नारियाँ रहस्यमयी होती हैं।

---

1. जैसे-कैसे से 2. सबको 3. क्या पता

जनानी बातु पर चलण वालु नासमझ—मूर्ख पत्नी की हर बात पर चलने वाला पति मूर्ख होता है।

जनानी बेड़ि, नौनु मुखपरो तालु—पुरुष पत्नी के अंकुश में, और पुत्र से बात करने पर भी डरना।

जनानु देखदी क्याल्यायी? माँ सोचदि नौनु राजिखुसि घर आई—पत्नी स्वार्थी, माँ ममता की भूखी।

जनानु पर्‌वाँण, खालडु सिरवाँण कख छौ—परिवार में दुष्ट स्त्री का अधिक प्रभाव होना कभी परेशानी पैदा करता है।

जनानु, बथौं अर भाग बदलेंदुरौंद—नारी, हवा और भाग्य परिवर्तनशील।

जनानु बुझौंण, अर रूणुकु रुझौंण आसान—पत्नी को समझाना आसान काम।

जनानु बैर्‌या, मर्द सोर्‌या—स्त्री-पुरुष का मतभेद।

जनानु भजाड़, सौ घरु उजाड़—दूसरों के घर-घर बसने वाली नारी कई घरों को बर्बाद करती है।

जनानु लड़ेक चुफलि काट, कुकुर लड़ेक[1] गिच्चु चाट—पत्नी को अधिक प्यार करने से सर चढ़ती है, कुत्ते को प्यार जताने से मुँह चाटता है।

जनानै छ्वीं अर झंगोरै वीं—रहस्यमयी बातें।

जनानै बाटा माँ कै बाधा—नारी को पग-पग पर कठिनाइयाँ झेलनी पड़ती हैं।

जनानै सोभा गौंणा, मर्दे सोभा जनानु—गहनों से पत्नी की शोभा, पति की इज्जत पत्नी पर निर्भर।

जनानों का रूप अनेक—स्त्रियों के अनेक रूप होते हैं।

जनानौ देख्यूँ बाग, वैखो देख्यूँ घास कु विश्वास नी—स्त्री ने शेर देखा हो, पुरुष ने अच्छा घास देखा हो तो ये विश्वसनीय बातें नहीं हैं।

जनि करनी, तनि भरणी—जैसे कर्म वैसा फल।

जनि कलु गौं, तनि करलु गँवार—जैसा गाँव के करेंगे वैसे गाँव का आदमी भी करेगा, गाँव के अनुसार काम।

जनि कलु तनि भलु—करणी का फल मिलता है।

जनि गोस्यूँ कि नि देणि बांण, तनि ल्वारै कचिकचि पांण—देने में कंजूसी तो काम में टालबराई।

जनि गौड़ि रंग्वाल च, तनि दुधाल होंदित—देखने में अच्छी, काम की बेकार।

जनि जात, तनि थात—जातीय गुण के अनुसार गाँव।

जनि तिल, तनि तेल—जैसों के तैसे।

जनि तेरि बाजणी[2] तनि मेरी नाचणीं—जैसा को तैसा, जैसा बाजा वैसा नाच।

जनि दुद्‌[3] तनि बुद्धि—जैसा दूध पिया वैसी बुद्धि, माँ का प्रभाव बच्चे पर।

1. प्यार कर 2. बाजे 3. दूध

जनि देंणी तनि लेंणी–जैसा दोगे, वैसा पाओगे।

जनि देवता तनि पूजा–पात्रानुसार सम्मान करना।

जनि देस तनि भेस–प्रत्येक देश की भाषा, व्यवहार, रीतिरिवाज अलग-अलग होते हैं।

जनि नेथ तनि बरगत–जैसी भावना वैसा फल।

जनि पसु तनि गैनु–स्वभावानुसार व्यवस्था। जैसे को तैसा।

जनि बाजु लगलु तनि नाचला–परिस्थितिअनुसार काम।

जनि बांणी तनि धाणी–जैसी बातूनी वैसे काम करने वाली भी।

जनि ब्वै, तनि बेटि, जनि ग्यूँ तनि रोटी–जैसों के तैसे।

जनि मुख तनि बाणी–व्यवहार से ही आदमी की पहचान होती है।

जनि मैड़ा, तनि जैड़ा–जैसे माँ-बाप, वैसे बच्चे।

जनि सोच तनि मोच–सोच और मोच का संबंध, आदमी जैसा सोचता है ऐसा हो जाता है।

जनु अन्न तनि मन–जैसा खाना वैसे विचार।

जनु करोलु तनु भरलु–जैसा करेगा वैसा फल पायेगा।

जनु का तना, नतर हूवल्ला कना?–जैसों के तैसा, जैसे माँ-बाप वैसी संतान।

जनु पाणि तनि बाणि–जैसा पानी वैसी वाणी।

जनु साँचु तनि ढाँचु–माँ-बाप जैसी औलाद।

जनेऊ तोंण–अनादर करना, मृत्यु होना, गाली।

जनो गुड़ तनि मिठु–वस्तु की गुणवत्ता पर, जितना परिश्रम, उतना फल।

जनो देला तनि पौला–जैसा को तैसा।

जनो बाजो तनि नाचो–परिस्थिति अनुसार काम करना।

जनो बूतण तनो लोंण–करनी का फल मिलना।

जनो राखो राम तनि करनो काम–प्रभु इच्छा पर विश्वास।

जनो रीजक[1] **तनि वुध**–बुद्धि पर भोजन का प्रभाव।

जन्म से क्वै छोटु-बड्ु नि होंदु, कर्म से होंदु–जन्म से सब एक समान होते हैं, कर्म से इनसान छोटा-बड़ा होता है।

जन्मपत्री सबून देखि कर्मपत्री कैन देखी–वर्तमान सब देखते हैं भविष्य किसने देखा।

जप माँ सी बैण्यूँ–चुप बैठे रहना।

जपारोलि[2] **कन**–अँधेरे में हाथ मारना।

जब आँखा खुल्या, तब सुबेर–ज्ञान चक्षु खुलने पर ही आत्मज्ञान और संसार का ज्ञान होता है।

---

1. अन्न-जल 2. अँधेरे में खोजबीन करना

जब आत्मा तब परमात्मा—आत्मरक्षा से प्रभु की भक्ति संभव।

जब औंदा गर्दिस का दिन मकड़जाल पर सेर फंसि जांद—बुरे दिनों में छोटी बाधा भी जानलेवा होती है।

जब औंदि बर्खा, तब चलद किसानों चर्खा—किसान वर्षा पर निर्भर।

जब उतर गई लोई, तब क्या करे कोई—एक बार बेइज्जत होने पर फिर लज्जा नहीं आती।

जब कमर कस तब खावड़ि[1] रस—कर्मठ को सुख मिलता।

जब कीलु नी गोरु कख बांधण—किसी वस्तु की खरीद से पूर्व रखने की व्यवस्था जरूरी चाहिए।

जब खाल झड़े, तब खबर पड़े—दुष्ट दंड देने पर ही सुधरता है।

जब गढ़ तब गढ़वाल—गढ़ों की प्रधानता और अधिकता के कारण गढ़वाल नाम पड़ा, अन्यथा और नाम होता। कई गाँवों का नाम जातियों के कारण, जातियों का नाम गाँवों के कारण पड़े हैं।

जब जोग कि दसा खराब होंदी अपड़ा भी पराया ह्वैं जांदा—विपरीत परिस्थितियों में कोई साथ नहीं देता।

जब ठोकर लगदि तब ओंखा खुलदा—मुसीबत और गरीबी सबसे बड़ी सीख देती है।

जब डंडा पड़दा, तब बाबु बोद—अपराधी पर डंडे पड़ने पर वह सच्ची बात बोलता है, चाप पड़े बाप बोले, भय में बाप का स्मरण होता है।

जब तक घाम घेरु[2], तब तक ठाकुर तेरु, जब नी घाम घेरु क्या कन कैन मेरु—मजदूर! कर्मचारी निर्धारित समय तक काम करे बाद में चले जाने पर कोई क्या बिगाड़ेगा।

जब तक लोई तब तक सब कोई—जवानी में सब दोस्त होते हैं, बुढ़ापे में कोई नहीं।

जब तैं दम तब तै गम—दुःख कभी इनसान का साथ नहीं छोड़ता।

जब तैं सास तब तैं आस—जीवन पर्यन्त आशावादी।

जब तोसु[3] तब भरोसु—संतोष में ही सुख है।

जब तौलि बगी तब आयां अकली का पुल्ला—काम बिगड़ने पर होश आना।

जब देवता की डोरि लगलि तब जांण—प्रभु इच्छा पर सब काम होते हैं।

जब नर खुस तब नारायण खुस—मनुष्य की खुशी में प्रभु खुश होते हैं।

जब वाड़ तब राड़—सुरक्षा व्यवस्था के बाद ही नुक़सान रोक सकते हैं।

जब बिगड़े काम, तब ऐ बैसागु बाबाकु का नाम—काम बिगाड़ने पर अक्ल आना (एक बार एक साधु वैसागू के घर रुके। रात में बाबा को पेशाब लगी परेशान हुआ। वह वैसागू को जगाते, पर उसका नाम भूल गये। फलतः जोर की पेशाब में बाहर जाने का रास्ता न पाकर वह धोती में पेशाब कर बैठे, तब

---

1. मुंह 2. धूप का घेरा 3. संतोष

जाकर उन्हें वैसागू बाबा का नाम याद आया, पर क्या फायदा? लंगोट और धोती गीली हो चुकी थी।)।

जब विरांणा जड़ा मादु लगौंण तब अपड़ा जड़ा लगद—दूसरों की भलाई में अपनी भलाई।

जब बोद टक्का, तब न्याय तैं लगद धक्का—रिश्वतखोरी न्याय का गला घोंटती है।

जब भला आदमीन पकड़ि वाँह, तब कनगैक[1] बोन छौ ना—जब कोई सज्जन व्यक्ति तुच्छ काम की माँग करता है मना नहीं किया जा सकता है।

जब ल्यार्यी च डोला ढसगैक, तब कींक रखणि फसगैक—जब खुलेआम विधिवत् शादी कर पत्नी लाये हैं तब उसको फुसलाने की आवश्यकता नहीं।

जब रावण तब राम—रावण के कारण ही राम महिमामंडित हुए, बुराई में ही अच्छाई का ज्ञान होता है।

जब समय आच्छु औंद, सब ठीक होंद—समय की प्रतीक्षा करनी चाहिए।

जब सुखि देलु, तब दुखि खालु—बीमार स्वस्थजन पर निर्भर।

जब स्यालै मौता दिन औंदा, तब गौंका नजीक जाँद—मनुष्य की मौत वह स्वयं बुलाता है, स्वयं परेशानी पैदा करना।

जबार खांण मन बोद छौ तवार छौनी[2], अब खाणु छ त मन नि वोद—बचपन में गरीबी, बुढ़ापे में संपन्नता।

जबारि छै ब्वै तबारि सवि धाणी ह्वै, जबनी ब्वै तब आई ख्वै—माँ के रहते सब कुछ उपलब्ध होता, माँ के न रहने पर अनेक कष्ट होते हैं।

जबारि जोगी कु भाग रास्ता माँ औंद, तवारि राखु उड़ि जांद—जब भाग्य रास्ते में आया था तभी शरीर अशक्त हो जाता है।

जबारि जाँठु उठौंद, तवारि गुस्सा ठंडेंद—वक्त मौके पर व्यवधान पड़ना, समय की चूक।

जबारि लोणं मिलै, तवारि साग खतम—बेवक्त काम व्यर्थ।

जबारि स्याली तरुणि, तवारि भेना[3] घोड्याघाटु—जब तक साली युवा होती है तभी जीजा जी बूढ़े हो जाते हैं, समय की मार बड़ी होती है।

जबारि[4] हजारों छो तवार बोली मैंगु च, अब 10 लाखौ ह्वैगि त अब क्या कन—समय की चूक कभी ठीक नहीं होती।

जम कि दाड़ि मू पड़ि—किसी शक्तिशाली के कब्जे में आना, मरने की तैयारी।

जम कु सीं दूत—यमदूत जैसा भयंकर।

जमाना की हवा लगण—जमाने का प्रभाव अमिट होता है।

जमी अब—अब ठीक रास्ते पर आना, कारोबार व्यवस्थित होना, स्थायित्व आना।

जमीन आसमान कु अंतर—भारी अंतर होना।

1. कैसे 2. था नहीं 3. जीजा 4. जब तक

जमीनन करि कौरौंकु नास, जनाना से है रावणौं नास—जमीन और नारी लड़ाई की जड़।

जमीन माँ खोटु निधन—घमंडी।

जयराम जी कि ह्वैगि—चला गया, मना कर दिया।

जर-जमीन झगड़ा कि जड़—झगड़े की जड़ स्त्री और संपत्ति।

जरूरत पंण पर सतहल्या, एक हल्या मूं जांद—समय का फेर, आवश्यकता पड़ने पर बड़े को भी छोटे की सहायता लेनी होती है।

जल्दी दोस्ती न जोंण न तोंण—मित्र समझबूझ कर बनाओ, मित्रता शीघ्र न तोड़ो।

जल्दी ब्यौ नौनी दगड़ि अन्यौ—बालविवाह हानिकारक।

जल्यां पर नमक डांल—भार में महाभार।

जल्लाद जन—बेरहम, खतरनाक।

जवार रोजगार, कत्यौंकु[1] बेड़ा पार—जवाहर रोजगार योजना से कइयों की चाँदी बन गई।

जस कमौण—यश प्राप्ति।

जस गांण—यशगान।

जसपुर का गोरु भी डलख्वा[2] होंदा—जसपुर के पेड़ पर चढ़ने के माहिर।

जस मिली—वरदान मिला, भला हो गया।

जसीली होंण—यशस्वी के आने पर शुभकार्य होना।

जहां का खाँणा, वहाँ का गीता गाँणा—जिसके घर खाना उसकी स्तुति करना।

जा

जाओ नैपाल, साथ जाओ कपाल—भाग्य साथ नहीं छोड़ता।

जाख देवता जन—प्रचाधारी देवता, संकटों की परवाह न करने वाला व्यक्ति। आग के अंगारों में कूदने वाला नर देवता।

जाग देंण—पहरा देना।

जाग बाड़ कन—रखवाली करना।

जाग-जाग रै छुर्कि, इमानदार की फुर्की—चेतावनी, सत्य की विजय होती है।

जागरि पाई—सरकार से विशिष्ट स्थान प्राप्त।

जागा जागि कन—सावधानी, सतर्कता रखनी।

जाजा-खा-खा वालु—भूतप्रेत का पुजारी, तांत्रिक।

---

1. कइयों का 2. पेड़ पर चढ़ने में माहिर

जाँध नगि कन—अपनी बदनामी स्वयं करना।

जाटौ-जाटै रौण—गँवार, मूर्ख रहना।

जांण अपणा पया[1] औंण[2] घटा पया—कहीं अपनी सुविधा के अनुसार जाया जाता है, लौटना दूसरे की इच्छा पर निर्भर।

जाण नी पछांण, भाटि[3] अंग्वाल[4]—बिना पहचान के नारी से आलिंगन करने का दुस्साहस।

जाणदि कि बखाणि—जो जितना जानकारी रखता है उसी के अनुसार कहना।

जांणदो नी तांणदौ नी, बिना बातौ फोन्या—बिना जानकारी की शेखी बघारना।

जांण सौ घर ब्यांण एक घर—रिश्ते की बात कई जगह चलती पर रिश्ता एक ही जगह होता है।

जांणों न ताणों, भैंसा कु सिंग—जानकारी कुछ नहीं, कुछ भी नाम बताना।

जात पात को मारो लात, मरजात को जोड़ो हाथ—जाति का महत्त्व नहीं मर्यादा को महत्त्व दो।

जात की औलाद, दूध की बुद्ध—संतान पर खानदानी तथा बुद्धि पर माँ का प्रभाव पड़ता है।

जातकु घोड़ा, औलाद कु बछड़ा, जादा न त थोड़ा-थोड़ा—वंश परंपरा का कुछ असर हो ही जाता है, खानदानी गुण।

जात को मनखि, खांणी को ढुंगु—अच्छी खान का पत्थर और उच्च जाति के आदमी का महत्त्व होता है।

जात को बैरी जात, काठ को बैरी काठ—सजातीय ही अपना अहितकर होता है।

जात भी गवैं[5] भात भी गवै—नुक़सान ही नुक़सान, न जात की रक्षा हुई, न भोजन मिला। सम्मान भी गँवाया भोजन भी न मिला।

जातरा उरेणी[6]—कठिन कार्यारम्भ होना। विभिन्न क्षेत्रों में देवताओं की डोलियाँ निकलना, भारी जन समुदाय का चलना। विशेषकर राज जात में।

जात से थात बडि—जाति के बजाय गाँव की छवि को महत्त्व।

जात से मरजात[7] बड़ि—जाति से बड़ा महत्त्व मर्यादा का होता है।

जाति द्वी छन—स्त्री और पुरुष दोनों जातियाँ हैं।

जात्या घोड़ा चढ़्यां—जाति की शेखी मारना।

जाथल्यों करीं—लापरवाही करना।

जांदरा कि क्वीलि[8], परसव कि स्वीलि[9] बिगड़ी त कठिन से ठीक होंदि—चक्की का पेंच और प्रसवकालीन नारी बीमार पड़ गई तो मुश्किल से ठीक होती हैं।

जांदरि सीं—छोटे कद की मोटी नारी। (उपमा)

---

1. समय (प्रहर) 2. आना, लौटना 3. एकदम 4. आलिंगन 5. गँवाना (छीनना) 6. आरंभ होना 7. मर्यादा 8. पेंच (लकड़ी का टुकड़ा) 9. जिसका प्रसव हुआ हो

जादा खांण, मसाण जाण–अधिक खाने वाले अल्पजीवी होते हैं।

जादा खाँण वाला कि फान भकांदि–अधिक स्वार्थी घाटे में रहता है।

जादा खाणी तैं जोगि होया, पैल्या वासा भूखा रैयां–लाभ के कारण घर छोड़ा वहाँ भी नुकसान हुआ।

जांदा पिछवाडि क्वै निगै–मरने वाले के पीछे कोई नहीं जाता।

जादा बोन वालो को अखमान, ज्यादा घूमण वाला कु मान–वाचाल का अपमान, यायावर (घुमक्कड़) का सम्मान होता है।

जादु जन–जादूगर जैसे विचित्र वेशभूषा वाला।

जादु लगी–जादूगर के वशीभूत होना।

जांदु लिजांद होंदा[1] कि मौ–पतनोन्मुख होनहार को भी ले डूबता है।

जाँदों ढाकरि[2] क्या पूछण, औंदो पूछला–बाजार जाते समय किसी को पूछने से लाभ नहीं, आते समय पूछने से लाभ (पुराने जमाने में बकरी-भेड़ वाले कोटद्वार, ऋषिकेश, दुगड्डा से भेड़ व बकरियों में नमक, गुड़ चने वस्त्रादि लाते थे। आने-जाने में करीब डेढ़-दो माह लग जाते थे। उन बकरियों-भेड़ों को लाने-ले जाने वालों को ढाकरी कहते थे)।

जान कु भूखु–खून का प्यासा।

जान खैलि–परेशान करना।

जान छुड़ौण–पल्ला छुड़ाना।

जान छूटी–बच्चे से जच्चे का महत्त्व।

जान जौ पर इमान रौ–जान से ईमान को महत्त्व।

जान जौ, पर पैसा रौ–चमड़ी जाय पर दमड़ी न जाय।

जान हाथ माँ धर्री–जीवन की परवाह न करना।

जाप पड़ी काल कु–सब किंकर्तव्यविमूढ़, तांत्रिकों के वशीभूत होना।

जापानी माल–खराब सामग्री।

जापानी साब–थोपा गया अयोग्य अधिकारी।

जाफत कन–दावत देना।

जामदा ग्यूं घूँण लगण–जन्म से रोगी।

जामदा जौ हर्ष–बच्चे के जन्म का हर्ष।

जामू पैलि–युद्ध के वस्त्र पहनना।

जा त्यवार अपणा घर–त्यौहार की विदाई, त्यौहार की परवाह न करना।

जान कि बाजि लगौंण–प्राण खतरे में डालना।

जान देण–प्राण देना।

जार करु अपड़ा घर की सौर–दुश्चरित्र सबको चरित्रहीन समझता है।

---

1. होनहार 2. बकरियों का सामान लाने वाला गडेरिया

जार कु अगनै भतार कु पिछनै–जिसका जो अधिकारी है उसको बाद में, अन्य बाहरी को पहले देने की बात करना।

जार पुतरु–जार औलाद, अवैध संतान।

जाल गूंथण–षड्यंत्र की रचना।

जाल डाल्यूँ–फँसाने का प्रयास।

जाल माँ फँसी–गृहस्थी के भँवर में फँसना।

जालिम मर्द पर जुर्म नि मदर–दुष्ट मर जाता है पर उचित दुष्टता का प्रभाव याद रहता है।

जालि तेतालि लगौंण–झूठी-सच्ची लगाना।

जालि मनखि–झूठा आदमी।

जालु आग्यूं-सांग्यूं, औलु ग्यौते पर–इनसान देश-विदेश भ्रमण के बाद अपने ही वतन/घर आता है। उत्थान के बाद पतन भी होता है।

जालु काटण–न बोलने की स्थिति में मंत्र द्वारा बात करवाना। प्रायः जब अकाल मृत्यु वाले की आकांक्षा रहती है। तब वह भूत के रूप में प्रकट होता है। किसी प्रियजन पर पुजारी द्वारा (घड्याल्या) भूत नचाया जाता है। पर वह बात नहीं कर सकता है तब घड्याल्या (पुजारी) मंत्र द्वारा जाल काटता है। तब मृतात्मा बात कर सकती है।

जाल्यूँ[1] कु गला कंगलौ कु हल्ला–झूठ बोलने वाले। पशुओं का व्यापार (गल्ला) करते हैं, कंगले शोरगुल करते हैं।

जारि सदा करि, पर रैंणि[2] चमडूनै डालि–अवैध संबंध तो चरित्रहीन ने बहुतों से रखे पर चमडू नामक जार ने उसकी दुर्गति की। दुष्ट को कहीं न कहीं गुरु मिल जाता है।

ज्वानि कु उमाल–जवानी का जोश आना।

ज्वानि खिटौंण–वैधव्य जीवन बिताना।

ज्वानि टूटण–यौवनावस्था में मृत्यु।

ज्वानि माँ गधि भी भलि दिखेंदि–यौवन सबको प्रिय लगता है।

ज्वानि माँ बजै मुरलि, बुडेंदि वक्त गरिबि–जवानी की मस्ती बुढ़ापे में भोगनी पड़ती है।

ज्वानि माँ कर्यूँ काम, बुढ़ापा माँ औंद नाम–जिसने जवानी में परिश्रम किया उसी का बुढ़ापा सुखदायी होता है।

ज्वानि लुटेंण–शील भंग करना।

ज्वानि हरण–यौवनावस्था में मृत्यु होना।

ज्वानि रड्या होंदि–जवानी में फिसलन होती है, इनसान कभी भी गलत मार्ग पर

1.फरेबी 2. गलत काम दुबारा न करने की हिम्मत न होना

जा सकता है।

ज्वानै नि मरू ज्वै, बाला नि मरू ब्वै—जवान की पत्नी और बच्चे की माँ न मरे।

ज्वाल्पा[1] औंणि—गुस्सा आना, पौड़ी की ज्वाल्पा देवी।

झि

जिकुड़ि झुरौण[2]—दुःख पहुँचाना, परेशान करना।

जिकुड़ि[3] जलौण—तंग करना, क्रोध निकलवाना।

जिकुड़ि ठंडि होंण—मन को शांति मिलना।

जिकुड़ि पर चीरा पण—कठोर वचन बोलना।

जिकुड़ि माँ वांणमान—कठोर दंड देना, कठोर बात करना, अप्रिय शब्द।

जिकुड़ि माँ बसण—अतिप्रिय होना।

जिकुड़ि मोटि होंण—साहसी होना, निष्ठुर होना।

जिठाजी[4] मन त मरि गैन, पर कुकर्म करि गैन—मरने से पूर्व बुरे कर्म करने वाले।

जितमु[5] तोड़ी दीनि—प्राण देना, अति प्रेम का प्रदर्शन करना।

जिन्दगी का पडौ तीन, सेयां वाले दसा हीन—जीवन की अवस्थाएँ बचपन, जवानी और बुढ़ापा है उनमें न सँभले तो दुर्गति होती है।

जिन्दगी कु क्या भरोसु—जीवन अनिश्चित।

जिदमार होंण—हठी होना, मनमानी करने वाला।

जिसका जोत, उसका खेत—खेत पर काम करने वाले का अधिकार।

जिसका बाप खोये, पूत रोये—पिता या पूर्वजों की गलती का प्रभाव बच्चों पर पड़ता है।

जिसका भत्ता खांण, उसका गिता गाँणा—जिसका खाना उसका गाना।

जिसकी विद्या उसको साजे, औरों को ठिंगा बाजे—जिसके पास जो हुनर है, उसी को शोभा देता है, अन्य को नहीं।

जिव्या व्याण[6]—बोलने का प्रभाव होना, बात बढ़ाना।

जिव्या छालि होंण—साफ-साफ बोलना।

---

1. ज्वाल्पा देवी 2. तंग करना 3. दिल 4. पति के बड़े भाई, जेठ 5. प्राण 6. बात बढ़ना

जी

जी उखरोल्योणू[1]—शरीर में बेचैनी, घबराहट, उल्टी होना और मन मचलना।
जी कनू—इच्छा होना।
जी कांपण—मन घबराना।
जी खट्ट होंण—मन दुखी होना।
जी चुरौण—मन न लगाना।
जी छोट्ट कन—मन में संकोच करना।
जी जान लगैक काम कन—मन लगाकर काम करना।
जीति जोन्या नि होंण—बेहोश, बेखबर होना, मूर्ख।
जीनि[2] **जुकड़्या**[3]—जिद्दी, मनमाना करने वाले।
जीभ माँ सौत[4], **मन माँ विस**—मुँह में मृदु वाणी, दिल में द्वेष-भाव।
जीभ माँ स्वाद नी, ह्रदय माँ गुण नी—अपकारी, ह्रदयहीन।
जी लगौण—मन लगाना।
जी ह्जुरी कन—हाँ में हाँ मिलाना।
जी हाँ, जी हाँ कन—चापलूसी करना।

जु

जु[5] **अपड़ा ब्वे-बाबु**[6] **नि समझद औरु तैं क्या समझलु**—औरों का आदर वही करता है जो अपने माँ-बाप का सम्मान करता है।
जु आई पोर स्या निकलि चोर जु ऐ परार, स्या निकलि लबार, जुए ऐंसु स्या खौ मैंसु[7]—कई विवाह किए किंतु कोई भी अच्छी नहीं है। सबमें कुछ न कुछ दोष पाये जाते हैं।
जु आग बुझै नि सकद, सु लगौंद किलै च—सामर्थ्यानुसार ही कार्य करना ठीक होता है।
जु उतावलु सु बावलु—उतावली हर प्रकार से अहितकर है।
जुंओं का डर घाघरु नि फुकेंद—छोटे नुकसान के खातिर बड़ा नुकसान नहीं उठाया

1. मन मचलना 2. कठोर 3. दिल 4. शहद 5. जो 6. माता-पिता 7. पति

जा सकता है।

जु औरु तैं खाड खोदद तैकतैं कुंआ तैयार होंद—दूसरों का बुरा चाहने वाले का और बुरा होता है।

जुऔ[1] का भैसा कितलू[2] का नाग, स्यूणा[3] का साबला, विराला का बाग—अतिशयोक्तिपूर्ण बात।

जु कद हका[4] कि टोंणी, तैंक तैं होंदि रोणि—दूसरों का बुरा चाहने वाले का स्वयं ही बुरा होता है।

जु कद हक्का कि इज्जत, तैकि नि होंदि छिजत—दूसरों का सम्मान करने वाले का नुक़सान या घाटा नहीं होता है।

जुकरु नेकचार[5] तैक धिक्कार—ईमानदार को धिक्कारना बुरा होता है।

जु खालू खौरी[6] सु पौलु तौरी—कष्ट उठाने वाला ही सुखी जीवन जिएगा।

जुखाम[7] लग्यूँ—अप्राप्य को पाने की इच्छा रखना।

जु खौ[8] पनै कि कुण्डलि सु द्यौ लोभागढ़ मुण्डलि—जोखिम उठाने वाले को ही लाभ—पंवार वंशीय राजाओं के समय कुमायूँ और गढ़वाल के राजाओं के बीच युद्ध होता रहता था। लोभागढ़ी दोनों इलाकों की सीमा पर था। पंवार वंश का फरमान था कि जो लोभागढ़ी की रक्षा में बलिदान देने को तैयार होगा उसी को (गोचर-पनाई) की उपजाऊ भूमि मिलेगी।

जुगता[9] जुड़ी—समविचार वालों की दोस्ती, जन्मपत्री जुड़ना।

जुगजुग ज्यूँण—लंबी आयु प्राप्त करना।

जु गरजद सु बरसद नी—गरजते बादल बरसते नहीं।

जु गरीब अमीर कु नाटक कद, कभी अमीर नी होंद—गरीब अमीर बनने का नाटक करे तो कभी अमीर नहीं हो सकता।

जुगाड़ औंण—किसी बात पर गंभीरतापूर्वक विचार करना।

जुगाड़ कन—प्रबंध करना, युक्ति भिड़ाना।

जुगाड़ लगौंण—किसी बात की युक्ति पर विचार करना।

जु गुड़ दीक मरद, तैक विस कींक देण—छोटे उपाय से काम बन जाय तो बड़ा उपाय क्यों करें?

जुंग्यालू का जोगा[10] पकड़ा, निरजोग्यों का क्या पकड़ा—इज्जतदार आदमी इज्जत से डरता है। बेइज्जत क्यों डरेगा।

जु चढ़ि तै डाँड पड़ि—उद्दंड को दंड मिलता है।

जु चलि गल्ला, त कख धला, निचलि गला, त क्या कला—सट्टेबाजी का भविष्य अनिश्चित।

---

1. जूँ 2. केंचुआ 3. सुई 4. दूसरे का 5. ईमानदारी 6. कष्ट 7. जुकाम 8. खायेगा 9. युक्ति 10. मोछ

जु चौ[1] पेड़ा, सु क्या देंण नेड़ा—घर की वस्तु पर पहले घर और परिजनों का अधिकार औरों का बाद में।

जु छा ल्वार[2], सी हूवैग्या गलेदार, जु औजि सी ढाकि, द्वी मौ कोलि बाकि—समय के फेर में सबने अपने पैतृक पेशे छोड़कर अन्य पेशे अपना लिए हैं।

जु छै सिकलि[3], वु गै निखलि—जो था वह भी गया।

जु जागलु, सु जीतलु—जीवन संग्राम में चेतन और परिश्रमी ही विजय पाएगा।

जु जोग भितर करु, सु भैर करु—भाग्य सर्वत्र साथ देता है।

जु जादा अटगदु,[4] राखु फटगदु—जल्दबाजी बुरी होती है।

जु घड़ि बचु, सु घड़्वाँस बचु—दुर्घटना से बचने पर दीर्घजीवन प्राप्त कर सकते हैं, बला टालना।

जु ठाकुर करु, सु न्यौ, जुवाबु करु सु ब्यौ—बड़े का किया न्याय और पिता का किया विवाह स्वीकार्य होता है।

जुठा पातला चाटण—अपमानपूर्ण जीवन जीना, दूसरों की दया पर जीना।

जुठु खायेंद मिठा का लोभ—लाभ के खातिर कुछ भी करना पड़ता है।

जु डरु, सु कभि नि मरु—डरपोक आदमी दीर्घजीवी होता है।

जुण्ड[5] सुधान—जटाकाटनी, मुंडन करना, गाली, अपमानित करना।

जुता का मोल नी—तुच्छ चीज।

जुता का प्रताप--किसी की कृपादृष्टि पर जीना।

जुता कु गारु[6], बिनांदुं भारु नखरु होंद—जूते का कंकड़ और पीठ के बोझ की चुभन बुरी होती है।

जुता खाँण—बेइज्जती का जीवन।

जुता खांद त यखि रौ, नि खांद त जा—द्विअर्थक बात, एक जूते खाता है तो यहीं रहो, नहीं खाता है तो जावो, या यदि खाता है तो यहीं रहो नहीं खाता है तो जावो।

जुता खायां, पर इज्जत बची—जब इज्जत लुट गई फिर बची कैसे?

जुता खायूँ जन—बेइज्जत होना।

जुतान हजामत कन—बुरी तरह से अपमानित करना, गाली।

जुता बराबर समझण—तुच्छ समझना।

जुता बराबर नि समझण--तुच्छ समझना, कोई सम्मान न करना।

जुता मान—अपमानित करना, गाली।

जुता से बात कन--अपमानित कर बात करना।

जुतु छोटु होलु त खोटु[7] नि काटेंद—छोटी वस्तु के बहाने बड़ी वस्तु को बर्बाद

---

1. चाहिए 2. लोहार 3. फटे-पुराने कपड़े, थोड़ा सामान 4. दौड़ता 5. बैल की पीठ में उभरा मांस 6. कंकड़ 7. पाँव

नहीं कर सकते।

जुतौ जन गारु होंण–कष्टकारक होना।

जु दाँतु से छूटीगे, ओठु से नि थामेंद–मुख से निकली बात कोई रोक नहीं सकता है।

जु दिन औला सीं आदरेला–समयानुसार काम करना, परिस्थितियों से समझौता करना।

जु धर्ति[1] माँ आयां, धर्ती न खायां–अंत में सब पृथ्वी में समाते हैं।

जु द्यौ[2] तैका पांच, जु निद्यौ तैका दस–भले-बुरे सबका हित चिंतन।

जुनखा उत्तान–बेइज्जत करना।

जु नि धो अपणु मुख, सुक्या द्यौ औरु सुख–जो अपना काम या भला नहीं करता औरों का क्या करेगा।

जु निल्यौ वौण[3] भी पात, गौं भी बात, तैकि क्या कन आस–जो जंगल से घास लकड़ी, बाहर के समाचार न लाया उससे बड़ी आशा क्या रखनी है।

जु नि ऐ गढ़न माँ, सु क्या औलु मढ़न माँ–जो गढ़ाई में न आया मढ़ाई में क्या आएगा?, अनाड़ी, जो सरल काम न कर सके कठिन क्या करेगा?

जु नि लगि छोटा माँ बाणि[4], तैकिं निहोणं मनख्यों माँ गांणि–बचपन में न सँभलने/सुधरने वाले की बाद में दुर्गति होती है।

जु नि द्यौ सु क्या पौ–देने वाला ही पाने का अधिकारी।

जु नेड़ु सु पेड़ु–कोई भी वस्तु पहले पड़ोसी को दें अन्य को बाद में।

जु नौकर बर्णी जाणद, सु मालिक ह्वै जांणद–आदेश का पालन करने वाला ही आदेश का पालन करा सकता है।

जु नंगन चुनेंद, सु तलवारिन कींक मान– सरल काम के लिए, कठिन परिश्रम व्यर्थ।

जु पकड़ी स्वी चोर–पकड़े जाने पर चोर, अन्यथा महात्मा।

जु पकड़्याँ तौं छोड़ा जु दौणां तौं पकड़ा–जो हाथ में है उन्हें छोड़ना, जो दूर है उनकी क्या आशा करनी है।

जु पला पड़ी स्वै[5] चरणामृत–खाने को जो मिले वही शिरोधार्य है।

जु पेड़ा चैंद, सु गौं क्या देंण, जू गौं चैद सु मुल्क क्या देंण–किसी वस्तु पर परिवार का प्रथम अधिकार बाद में गाँव या मुल्क का होता है।

जु बचलु सु रंचलु–जो जीवित रहेगा, व्यवस्था करेगा।

जु बात कु कच्चु तैका द्वी बाबु–झूठा जारपुत्र होता है।

जु बीतलि सबुपर स्या बीतलि मेरा गौबु पर–परिस्थितियों की मार सब पर पड़ती है।

जु बैठि-बैठी पादण[6] गीजी, सु क्या जौ हगण–आलसी निठल्ले को खाना मिलता रहे तो काम क्यों करेगा।

---

1. पृथ्वी 2. देना 3. जंगल 4. अच्छी आदतें 5. वही 6. बदबू निकालना

जु बोद, 'करदु-करदु' सु करद छ, जु बोदै 'मरदु-मरदु' सु मरद–जैसा सोचेंगे वैसा होगा।

जु बोलु, सु काटलु–करने वाला फल पाएगा।

जु भितर सेर भैर स्याल–जो घर पर रौब जमाता है बाहर दब्बू रहता है।

जु भितर चैंद भैर कीक देण–बाहरी को बाद में पहले घर को।

जु मरद सु भग्यान[1]**, जु बचद सु निरभाग**–बचने वाले से मरने वाला भाग्यशाली। (असहाय बूढ़ों के लिए।)

जुम जुम्या नारी, मर्द द्यौ संघारि–गुमसुम रहने वाली नारी पति हंता होती है।

जु माई आई, स्या माई खायी–जो कमाया सो खाया, बचत नहीं।

जुमान समाँली बात कन–मुख पर नियंत्रण रखना। अप्रिय बात न करना।

जु मरद सु क्यानि करद–बचने के लिए मरने वाला क्या नहीं करता।

जु मरि सु तरि–मरने वाला सांसारिक कष्टों से मुक्त।

जु मरि भौत खैक मरि–अधिक लालची को कष्ट होना।

जु मारु गपोड़ि, तैक भात पकोड़ि–खाली गाल बजाने वाले को बेवकूफ खाना खिलाते हैं।

जु मैं द्यौ[2] **मेरु ठाकुर, जु नि द्यौ कुकरौ ठाकुर**–मदद करने वाले का सम्मान या लिहाज किया जाता है शेष का किस बात का।

जु मैंसे गोरु, सु धौल्या कोड़ि–दूसरे की प्रशंसा या खूबसूरती बर्दाश्त न करना।

जु रजलो[3] **सु फबलो**[4]–जिसकी वंशवृद्धि होगी वही तरक्की करेगा।

जु लात मारदा छा, सु सलाम कनू–उल्टी रीति, परिस्थितियों ने सत्तासीन को गुलाम बना दिया।

जु ससुरो नि रखु ब्वारि की साड़ी, स्या क्या रखो ससुरा की दाढ़ि–जो ससुर बहू की इज्जत न करे वह बहू क्यों ससुर की इज्जत करेगी।

जु सेलु, सु खोलु–आलसी नुक़सान उठाएगा।

जु सौलू[5] **स्वी लौलू**[6]–कष्ट सहने वाला ही फल पाएगा।

जुवा का सी बल्द[7]–जोड़ीदार, अभिन्न मित्र।

जुवा खेन–दाँव पर लगाना।

जुवान बिगड़ी–मुँह से गंदे शब्द निकालना।

जुवान कु कच्चु–झूठा।

जुवान कु पक्कु–वचनबद्धता, सत्यवादी।

जुवान चलौंण–बातूनी, मुँह लगाना।

जुवान देंण–वचन देना, शादी तय करना।

जुवान पर तालु लगौंण–बोलती बंद करना।

---

1. भाग्यशाली 2. देगा 3. वंश वृद्धि होगी 4. फलदायी होगा 5. सहेगा 6. काटेगा 7. बैल

जुवान पर लगाम लगौंण—बोलती बंद करना, वाणी संयम।
जुवान बन्द कन—बोलती बंद करना।
जुवा लगदि साल[1], मुण्ड लगदिपाल् भलि होंदि—गौशाला अधिक ऊँची नहीं होनी चाहिए।
जुवान लड़ौण—प्रत्युत्तर देना।
जुवा हान—दाँव हारना, हानि उठाना।
जु हंसद सु पौंद, जु रौद, सु खोंद—प्रसन्नचित उन्नति करता है, रोती सूरत अवन्नति कारक होती है।
जु हंसि, सु फंसि—स्त्री के लिए पर पुरुष पर अकारण हँसना अनुचित।
जु होंदि ब्वै, कींक होंण छै र्‍ब्वै—माँ के बिना कष्ट।

ज्यू

ज्यू[2] कु नास कन—शरीर को कष्ट पहुँचाना।
ज्यू कु लेंदारो, पाणि देंदारो—अंत में यमराज और पानी देने वाला।
ज्यूड़ा को सर्प होंण—भ्रम की स्थिति में पड़ना, धोखा खाना।
ज्यूँ डालिं, फलदि, त्यूँ निसेदि—विनम्रता, समृद्धि, विद्वत्ता का प्रतीक।
ज्यूडु फुकेंणी, पर उमोंड़[3] नि फुकेणि—सब कुछ बर्बाद होने पर भी अकड़ पूर्ववत्।
ज्यूंदा नि दीनी माँड[4] मर्‍या माँ खांड[5]—जब तक जीवित थे अपने माँ-बाप की सेवा नहीं की, मरने के बाद पूजा पाठ पर खूब खर्च करने से क्या लाभ।
ज्यूंदा बाप से मर्‍यूँ बाप कीमति होंद—जीवित में कम खर्च, मरने पर अधिक खर्च लगता है।
ज्यूंदा प्राण क्या नि बोलेंद, क्यानि सोचेंद, क्या नि करेंद—जीवित अवस्था में अनेक भलेबुरे कर्म करने होते हैं।
ज्यूँदाल[6] पड़्या—किसी के निमित्त निश्चित रखना।
ज्यूँदाल मागण्या कलि—चोरी पता लगाने की स्थिति लाना।
ज्यूंदि आछरी[7]—लावण्यमयी नारी।
ज्यूंदै स्वर्ग जांण—जीवितावस्था में वैभवपूर्ण जीवनयापन।
ज्यूंदो जागदो होंण—जागरूक होना।
जूनिन[8] सुखद, मूतन[9] बगद[10]—भावुक, उतावलापन, हल्कापन।

---

1. गौशाला 2. शरीर 3. बनावट 4. उबले चावलों का पानी 5. चीनी 6. चावल 7. वनदेवी 8. चाँद से 9. पेशाब से 10. बहता है

ज्यूँरागलि जन–काल के गाल में जाने वाला नाजुक मार्ग, नंदादेवी की राजजात के अंतिम पड़ाव पर रूपकुंड और होमकुंड के बीच 27 हजार फीट की ऊँचाई पार करने का भयानक और खतरनाक मार्ग।

ज्यूँरा[1] तैं भी भलु चैंद–अच्छे लोग ही पहले मरते हैं।

ज्यूँरा घौर जगा नी–जीवन से परेशान होकर मौत का स्मरण करना।

जे

जेठाजी[2] मनत मरिगैन, पर कुकर्म करिगैन–जीवितावस्था और मरने के बाद भी अपना दुष्प्रभाव/ बदनामी छोड़ना।

जेठाणा कु नौ पेट माँ–पति के बड़े भाई का नाम तो मुख से बाहर नहीं निकालते, पर मन में नाम आ ही जाता है। गुप्त बात मन ही मन में रहती है।

जेठाणा वैद होंण–निरर्थक वस्तु, असंगत स्थिति।

जेठाणा बारि कु दगडु–असंगत मेल।

जेठाजी नि औंदा छा[3] त भारि बात ह्वैगि छै–नासमझ की नासमझी को महत्त्व देना। (कहते हैं एक बार एक भैंस के बच्चे का सिर परिया ('छाछ' तैयार करने का बर्तन) में फँस गया। गाँव के लोग परेशान हो उठे। अंत में गाँव के एक बुजुर्ग बुलाये गये। उन्होंने गंभीरता से सोचकर युक्ति सुझाई। पहले भैंस के बच्चे का सर काटा गया, फिर परिया को फाड़कर सिर बाहर निकाला गया। लोगों ने राहत की साँस ली। (व्यंग) औरों ने कहा 'जेठा जी निछै'। भैंस का बच्चा भी गया परिया भी फटा, फिर कहते हैं कि- 'जेठा जी ...छै।')

जेठा भी बेवोण[4], काँणसा[5] भी खवौण–बड़े की पहले शादी चाहिए, छोटे को पहले भोज न कराना चाहिए।

जेठि[6] जुमान[7] कन–अपनी बात की पुष्टि करना, महत्त्व देना।

जेठु बंण–सयाना बनना।

जेल धर्यूँ–कष्ट में रखना।

जेल होई–कष्टपूर्ण जीवन।

---

1. मौत का देवता, यमराज 2. पति के बड़े भाई 3. थे 4. शादी करना 5. छोटे 6. बड़ी (महत्त्वपूर्ण) 7. शब्द, बात

जै

जै कि क्वै जात नी है सु बणि नेगी—गढ़वाल में नेगी सत्ताईस किस्म के हैं। इस जाति की अधिक संख्या के कारण लोग मजाक करते हैं।

जै गौं नि जाण, तैकु बाटु क्या पूछण?—जिससे कोई लाभ नहीं उसकी जानकारी व्यर्थ।

जै घर जन्मो चौसिंग्या खाडू, तैकु मुण्ड डाडू—किसी के यहाँ चार सींग वाला मेढ़ा पैदा होना लाभदायी होता है। नंदादेवी राजजात में उसकी उपयोगिता होती है।

जै घर बच्चा, तख बारमास कौथिग[1]—जहाँ बच्चे वहाँ मनोरंजन।

जै घर बेटि बसु ब्वारि[2] नसु—जिस घर लड़की बसती है उस घर की बहू नाराज रहती है।

जै चुलि भलु खाणौ कर्ज गान तै चै अपणु मन मान—कर्जा निकालने से बेहतर है कि आदमी इच्छाओं पर नियंत्रण रखे।

जै जै कार होंणी—स्वागत करना।

जै जोगन राज तपण नि दीनी, सु भीख माँगण क्या देलु—जो भाग्य सुख को लूट देता है वह दुख ही देगा।

जै ढुंगिन मेरा वावून घुघति मारि, तैन मैंन भी मानि—रूढ़िवादी विचार।

जै तैं जगा दीनी स्वै मणीस[3] होंण आई—जिसका भला किया वही बुरा करता है।

जै तै हो ब्याये रौड़[4] सु बेचु हला बौड़—जरूरतमंद क्या नहीं करता।

जै तैं सरम तैकु फूट्यों करम—अधिक संकोची घाटे में रहता है।

जै तोया तै तोया—यथावत्।

जैं थाली पर खाण, तैं पर छेद कन—जहाँ खाना वहीं खोना।

जै दिन बी ब्वारि प्रधानि हूवै, तै दिन भी स्या ब्वारि नि रै—पद पाने से इतराने वालों पर कटाक्ष।

जैं दौरि माच्छा पायाँ स्या घोचण—जहाँ फायदा हो वहीं बार-बार जाना।

जै नि देंदा लतासेर, तै पर किलै हेर—जो किसी नारी से कोई संबंध नहीं रखता हो उस पर कुदृष्टि क्यों रखनी है।

जै पर कातण सु बांगो, जै तैं कातण सु नागो—जिस पर कातना है वह टेढ़ा है, जिसके लिए कातना है वह नंगा है। सब काम खराब होना।

जैं पाल बांधि गैनु[5] कटु हूवै—जहाँ भी रखो वहीं दुखदायी।

---

1. खेलकूद, तमाशा 2. बहू 3. सहवास 4. तीव्र इच्छा 5. पशुओं को बाँधने की रस्सी

जै फांगा[1] पर बैठण, स्वै काटण—कृतघ्न, मूर्ख

जै वासा तेरा आसा—जहाँ भी रहें, उससे दुबारा उम्मीद रखें।

जै भौ ऐ छौ तै भौ गै—लाभ हानि कुछ नहीं।

जै राज माँ सवि आफुतै नेता समजदा कखै हौण भल्यार[2]—सौ बिल्लियाँ चूहे नहीं मार सकती।

जै राम जी की हूवैगि—मना करना, चला जाना।

जै लगो ताति, सु उठु अधाराति—जिसको कष्ट हो वही रात में उठता है।

जैका आँखा सौंण फूट्या सु हर्यूँ-हर्यूँ देखद—सावन के अंधे को हरा ही दिखाई देता है।

जैका कमौदार वौंण, तैकि ठाड़ि मौंण—नौकरी वालों का सम्मानपूर्ण जीवन।

जैका घर लैंदु, तैक वौण क्या चैंदु—घर में दुधारू पशु होने पर सर्वगुण संपन्नता।

जैका घर नि छैकवारि लोंणें गारि, आज नौटून भरीं तिजोरि सारी—कभी का कंगाल आज का रईस।

जैका घर रौंण, तैकि बोलि सौंण—आश्रित को विनम्र रहना चाहिए।

जैका जौ, तैकि मौ—जौ की उपयोगिता महान।

जैका दादा छा कवारि नौकर बार, आज खांणा होटलु माँ खानसामू कि मार—अमीरों की निर्धन औलाद।

जैका नल प्यारु, तैका फल प्यारु—प्रियजनों की संतान प्रिय लगती है।

जैका नी दांत, कखै बचण आंत—खूब चबाकर भोजन न करने वाले का भोजन अपाच्य, रोगी शरीर।

जैका नी पत, तैकि क्या होंण खत—अप्रतिष्ठित व्यक्ति, जिसकी प्रतिष्ठा न हो उसकी प्रतिष्ठा क्या जाएगी?

जैका पास नी धन, तैकु च मन, जैका पास धन तैकु नी मन—निर्धन दानी होता है, धनी कंजूस होता है।

जैका पेट आग, तैक क्या चैंद साग—भूखे को स्वादिष्ट लगता है भोजन।

जैका वावून नि देखि कुर्सी, तैका मुण्ड माँ धरिया—जिसका बाप उच्च पद पर न बैठा हो उसको चपरासी बना दो।

जैका मन माँ चैन, सुखि रौंण तैन—शांत मन ही सुखी रहता है।

जैका मातहत रौण, तैकि कटक सौंण[3]—जिसके अधीन कार्य करना उसकी डाँटडपट सहनी होती है।

जैकार मान—गुस्से में देवता की मूर्ति के समक्ष दुश्मन के प्रति अनिष्ट याचना करना।

जैकारेणू च—गुस्से में घनिष्ठ की कामना करने वाला।

---

1. टहनी 2. भलाई 3. सहन करना

जैका हाथ होई, तैका सब कोई—सब मतलब के यार होते हैं।

जैका सिर भगवान, अर बेटा गोद होलु सू झुटि गवै क्या देलु?—ईश्वर भक्त और औलाद वाला झूठी गवाही नहीं देता।

जैका पास पैसा, सु झुकै देंद कैसा-कैसा—धनवान बड़े-बड़ों को झुका देता है।

जैका पूठा छाकभि नांगा, आज लोगू बोना कांगा—कभी गरीबी का जीवन जीने वाले आज संपन्नता में लोगों पर ताने कसते हैं।

जैका बावून मारि छै तलवार तैका नाति बिकणा पैसा का चार-चार—प्रभावशाली की औलाद नगण्य।

जैका बाबुन नि देखि छै चवन्नी कु मुख, तैकु नौनु भोगणू कोठी कु सुख—गरीब का अमीर पुत्र।

जैका लम्बा हाथ, सु कद दिन कि रात—पहुँच वाला सब कुछ कर लेता है।

जैका सरीर पर बीतदि, स्वीजांणद—घायल की गति घायल जाने।

जैका[1] सिलोटा[2] लोंण, सबुन चाटण औंण—सब स्वार्थ सिद्धि वाले।

जैका हाथै खे नी बडु रस्वाल[3], जै दगड़ि रैंयांनी स्या भलि घरवालि—जो न देखा-परखा वही अच्छा।

जैकि करि बड़ि आस तैन दीनी झंगोरा कि गास—आशा का निराशा में बदलना।

जैकि गलि बाजो, तैकि नलि गाजो—गवैया को लाभ मिलता है।

जैकि चुलि[4], तैकि कुल्ली—सुबह उठने वाले की ही खेती सफल होती है।

जैकि छाया तैकि माया—संरक्षण करने वाला ही प्रेमी होता है।

जैकि छै डर, सुनी घर जनि सकद तनि कर—जिसका भय है वह है नहीं, अतः मनमानी करने की स्वतंत्रता है।

जैकिछे राणी, सुलीगि तांणि[5]—स्त्री पर पति का पूर्ण अधिकार।

जैकि निछै खबर सार, सु ऐगि डेली[6] पार—जिसको ढूँढ़ रहे थे वही सामने है।

जैकि नी ब्वे, तैकु नी क्वै—मातृविहीन अनाथ रहता है।

जैकि ब्वे, तैकु सब क्वै—जिसकी माँ है उसको कोई कमी नहीं है।

जैकि जनि लौ[7], तैकि तनि मौ[8]—परिवार का जैसा ढर्रा होगा वैसा ही बनेगा।

जैकि तृष्णा बड़ि, स्वै गुज्यारा पड़ि—लालची की अधोगति।

जैकि नी धांण[9], बल्दौ पूछ ताँण—कुछ न कुछ करते रहना।

जैकि बड़ि इज्जत, तैकि बड़ि छिजत—बड़े आदमी का खर्चा भी बड़ा होता है।

जैकि बाण, तैकि धाण—काम करने वाले की लगन से ही कार्य सिद्धि होती है।

जैकि बिंवार फटदि, स्वै जाणद पराई पिड़ा—दुखी ही पराये दुःख को जानता है।

जैकि बूढ़ तैकि ऊड़[10]—बुजुर्गों का संरक्षण अच्छा होता है।

---

1. जिसके 2. सिलबटा 3. भोजन बनाने वाला, बावर्ची 4. चूल्हा 5. बेफिक्र होकर 6. दरवाजा, द्वार 7. कार्य करने की आदत 8. परिवार 9. काम 10. संरक्षण

जैकि मरु ब्वे, तै नि पूछद क्वे—मातृविहीन बालक को कोई नहीं पूछता है।
जैकि सुद्ध आत्मा, सू बड्डु धर्मात्मा—शुद्ध विचार वाला ही धर्मात्मा।
जैकि सूणा तैकि सचि—जिसकी सुनो उसकी बात सच्ची लगती है।
जैकु खांणु तैकु गांणु—जिसका खाना खाना उसकी तारीफ करना।
जैकु गिच्चु तैकि ब्वे दगड़ा मा—वाचाल के सभी सहायक।
जैकु चुन, तैकु पुन—पुण्य दानी को मिलता है।
जैकु जुतु, तैका मुंड—अपना ही अपना शत्रु होता है, अपनों से ही अपमानित होना।
जैकु ठाकुर खड़ाखड़ि[1] मूतद, तैकु चाकर फेरादीक मूतद—बड़ों की नकल छोटे भी करते हैं।
जैकु दिन तैकि रात—दिन के बाद ही रात की गिनती होती है।
जैकु दिल साफ तैकु भगवान बाप—पवित्र दिल वाले पर प्रभु कृपा होती है।
जैकु नी नौलु, तैकु कखै ल्योंण[2] फौलु—जो उपलब्ध नहीं है, कहाँ से लाना है।
जैकु बावू रिखन खायी सु काला मूंडा देखीक डरद—जिसके पुरखों को किसी से खतरा रहा हो उसके वंशज भी उस खतरे से डरते हैं।
जैकु मठ तैकु ठट[3]—मठाधीश, बड़े आदमी के घर चहल-पहल, शानशौकत रहती है।
जैकु मरद, सु क्या नि करद—मरता क्या न करता। जिसका मरता है वे कितने परेशान होते हैं वही जानते हैं।
जैकु माल, तैका बुरा हाल, भैरा खैक होंणा लाल—कमाये कोई, मौज उड़ाए कोई।
जैकु मामा कृष्ण तैक क्या डर—समर्थवान सहायक होने पर हमेशा निश्चिंत रहता है।
जैकु मुख नि देखण छौ पूठु[4] देखी—विपत्ति में शत्रु की भी खुशामद करनी पड़ती है।
जैकु मूत नि पीनि तैकु चुराण्या[5]—खट्टे अंगूर।
जैकु राग, तैकु भाग—अवसरवादी ही सफल होता है।
जैकु राज, तैकु ताज—शासक को सब कुछ उपलब्ध होता है।
जैकु साफ चित तैकु सदाहित—साफ दिल वाले का भला होता है।
जैकु होलु तैकु मरद—जन्म लेने वाला ही मरता है।
जैको काम तैको छाजो, हक्का कु ठिंगाबाजो—जिसका काम होता है वही चिंतित रहता है, अन्य की बला से। जानकारी सबमें नहीं होती है।
जैको जांठों[6] तैको बाँटो—जिसकी लाठी उसकी भैंस।
जैको जालो तैको जालु, धोबी का बाबू कु क्या जालु—जिसका नुकसान होगा उसी को कष्ट, अन्य को क्या मतलब।
जैको तालो तैको खालो—सुरक्षा से ही वस्तु सुरक्षित।
जैको पाप तैको बाप—पापकर्म आगे आते हैं।
जैको बांण[7] वीं खाण—अपनी करनी का फल भुगतना।

---

1. खड़े-खड़े 2. लाना 3. ठाट-बाट 4. नितंब 5. पेशाब की गंध 6. डंडा 7. तीर

जैको ब्यौ तै धोरा[1] ना ल्यौ—जिसकी जरूरत है उसको निकट आने न देना।

जैको भत्ता खाण, तैका गीता गाण—जिसकी नौकरी करनी उसी के प्रति वफादार रहना।

जैको राम धनी, तैक क्या कमि—ईश्वर भक्त को कोई अभाव नहीं।

जैको सांई संकर, तैको क्या कर भयंकर—जिस पर ईश्वर कृपा है, उसकी रक्षा हो जाती है।

जैन कन हक्का[2] कि हीस, तैकि होंण टीस—ईर्ष्यालु का खुद नुकसान होता है।

जैन कन हक्का टोंणि[3] तैकि होंण रोणी—दूसरों का बुरा चाहने वाले का ही बुरा होता है।

जैन करि गाणी[4] तैकि नि हो धाणी[5]—खाली योजना बनाने वाले का काम नहीं बनता है।

जैन करि नेक चार वेक धक्कामार, जैन करि वास्यापार तै पथाचार, जैन गाये भाग्या नौला, तैन पाये फौलो, जैन गाये विष्णु पदी, तैक कुछ न कती—ईमानदारी को धिक्कारना जिसने गप्पें मारीं उसको उदारतापूर्वक दिया, जिसने झूठी लगाई उसको खूब फल मिला, जिसने सच्ची बात कही उसको कुछ न मिला।

जैन दिखै तैन ख्वै, जैन छिपै तैन पै[6]—जिसने धन या शक्ति का प्रदर्शन किया उसने गँवाया, जिसने इसको छिपाकर रखा उसने प्राप्त किया है। धन और शक्ति की गोपनीयता का महत्त्व।

जैन नि माणि माँ-बाप कि अड़ति[7] तैकु बाबु ज्यूंरा—माँ-बाप की राय न मानने वाला काल को जाता है।

जैन नौकरि पै सुबणि सिपै, जैकि जात नि ह्वे सु वणि इसै—सिपाही नौकरी मिलने पर होते हैं, सामाजिक उपेक्षा के कारण लोग ईसाई बने हैं।

जैन वक्त पर हौल नि लगौंण, वैन द्वी बेलि आग कखै जगौंण—समय पर काम निपटाने से ही लाभ होता है।

जैन सारि सु कभी नि हारि—सहनशील लाभ में रहता है।

जैबार खाना तैबार पखाना—जितनी बार खाते हैं उतनी ही बार शैच जाना चाहिए।

जैमू माँगण सु ह्वैगि नंगु, जैमू[8] छः सु ह्वैगि लम्बु—सब दरवाजे बंद, पेचीदा स्थिति।

जैसिर देलु तै सेर भी देलु—ईश्वर सबका पालनहार है।

जैसी होई होत बिता, वैसी निकली, बुध—होनहार हृदय बसे।

जैसू का तैसा, नहीं तो होगा कैसा?—माँ-बाप के गुणानुसार बच्चे।

जैसे तुम वैसे हम, जैसी तैवार वैसा खम्भ—तुम हम में अंतर नहीं, आदर-अनादर अपने व्यवहार पर निर्भर।

---

1. निकट 2. दूसरे का 3. बुरा चिंतन 4. गिनती 5. काम 6. पाना 7. उपदेश 8. जिसके पास

ज्वै[1] घर नि देखि स्वै[2] भलु—जो देखा वह बुरा, जो न देखा वह भला लगता है।
ज्वै चेला मँडि स्वै भाजि—जिसको अपनाया वही पराया हुआ।
ज्वै फांगु पकड़ि स्वै टूटि—सबने धोखा दिया।
ज्वै पाकि सबुन चाखि—घर पर बनी भोज्य सामग्री सब परिजन खाते हैं।

जो

जोकर जन—हास्यास्पद व्यक्ति।
जोंका[3] जन सबलाणा[4]—कष्टप्रद स्थिति।
जोंकु जन बिल्की—कुछ लेकर ही छोड़ने वाला।
जोंकु थ्योंथी—शांत हो गया।
जोग कराला[5] लगी—भाग्य विपरीत दिशा में होना।
जोगण जन—विरक्त।
जोग ध्यान धर्यूँ—गृहस्थी से लापरवाही।
जोगन लगद रोग—भाग्य विपरीत होने पर ही रोग लगता है।
जोग माँ भोग कख छौ—साधु को सात्विक होना चाहिए।
जोगलौर ओण—अचानक मनोवृत्ति में परिवर्तन आना।
जोंगा उखाण—अपमान करना।
जोगि तैं छारु[6] अर किसान कु माटु कख नी—महात्मा को राख और किसान को खेती करने को मिल ही जाती है।
जोगि-जोगि लड़्या, तोमड़ा-तोमड़ा फोड़्या—महात्मा लड़ते हैं तो उनकी तुच्छ सामग्री भी नष्ट हो जाती है।
जोगि घरवालि न विधवा न सधवा—संन्यासी की पत्नी त्रिशंकु जैसी। (न विधवा न सधवा)।
जोगि जगा दीनी सु मणीस होंण तैयार—महात्माओं के दुराचार पर व्यंग।
जोगि झटगा, राखा माँ पटगा—साधु का अहित कोई क्या कर पाएगा?
जोगी झोलि जोग्यून झांण—महात्मा का धन महात्मा के हिस्से होता है।
जोगि तै मारला त राखु झड़लु—संन्यासी के पास कोई धन नहीं होता।
जोगि भाजि, हगणें भी—महात्मा कभी भी घर छोड़ सकता है।
जोगि मरि भोगि बिगर बातौ मरि हक्कु जोगी—कोई तो भोग करने के बाद मरा, पर कोई बिना बात के मरते हैं।

---

1. जो ही 2. वही 3. जोंक 4. उछल-कूद करना, परेशान करना 5. नीचे की तरफ 6. राख

जोग्यूँक राखू कख नी—संन्यासियों की सीमित आवश्यकताए, भ्रमणकारी प्राणी।
जोग्यूँ का घर सिकार कख छै—असंगत बात करना।
जोग्यूँ का अर सर्पा घर कख छा—साधु और साँप का घर निश्चित नहीं होता।
जोग्यूँ कु इतिहास पापि कु भविष्य नास—हर महान व्यक्ति का अतीत बुरा रहता है। हर पापी का अंत बुरा होता है।
जोंटा बांधण—विवाह होना।
जोड़ा लग्या[1]—अपमानित होना, शर्मिंदगी।
जोड़ा खाँण—अपमानित।
जोड़ा-जुता बोन—अपशब्द।
जोंड़ा जुता सौंण[2]—अनादर सहना।
जोड़ा मुण्ड माँ धरयां—कृतज्ञता से दबा हुआ।
जोड़ीदार होंण—अभिन्न मित्र, सहयोगी, पत्नी बनाना।
जोड्यूँ जुतु—खरीदी हुई पत्नी।
जोत बुझौंण—अपवित्र कार्य करना, अमंगल कार्य।
जोतलु हल, मिललु फल—परिश्रमी को ही फल मिलेगा।
जोता जबकौन[3], **सोवा सबकौन**[4]—मूर्ख देखते रहते हैं, चतुर हाथ कर देते हैं।
जोत्याँ बल्द नि देखण—बेहोश, सामने की वस्तु न देख सकने वाला बेखबर व्यक्ति।
जोन्याली रात—सुंदर आनंदमयी रात, प्रेयसी से मिलन की वेला।
जोनि[5] **बदलण**—शरीर बदलना, मरना।
जोर थोड़ा, गुस्सा भौत, आयां मार खाणा लक्षण—ताकत न होना, खाली गुस्सा निकालने वाले मार खाते हैं।
जोर आई होस जाई—जवानी में होश खोना।
जोरु कु भै सबसे अच्छो—पत्नी का भाई सबसे प्रिय।
जोरु न जाता भगवान से नाता—परिवार में कोई नहीं बस भगवान है।
जोल्[6] **लगौंण**—मिटाना, मटियामेट करना।
जो औरु निद्यौ, सु क्या पौ—देने वाला ही पाता।
जो करलु सु भरलु—करणीं का फल स्वयं भोगता है।
जो करु औरुक टोंणी[7] **तैकि होंण रोंणि**—जो दूसरों का बुरा चाहता है उसी का बुरा होता है।
जो खौ भैसा कु दूध, तैकि अकल न बूध—भैंस का दूध पीने वाला मूर्ख होता है।
जो गीजे, पडि-पडि पादण सो हगण[8] **किलै जालु**—आलसी को खाना मिल जाय काम क्यों करेगा।

1. जूते 2. सहना 3. हाथ से स्पर्श करना 4. खाना 5. जीवन 6. पाटा 7. बुरा चिंतन 8. शौच जाना

जो गौ करु सु गंवार करु–गाँव की रीति अनुसार काम करना।

जो घूस खायेगा, लड़का खायेगा–द्विअर्थक बात, घूस खाने वाले को गाली।

जो चढ़्यो सु पड़्यो–घमंडी का सर नीचे।

जो जनि कद तनि फल पौंद–कर्म फल पाना।

जो दाँतु से छूटीगे, होठु से नि पकडेंद–मुख से निकली बात रुक नहीं सकती, गया वक्त वापस नहीं होता।

जो देखा सो लेखा–सच्ची बात करना, सही निर्णय।

जो निद्यौ सू क्या पौ–जो देगा वही पाएगा, शेष कुछ नहीं।

जो बोलु, सु कुण्डि खोलु–समर्थवान ही कठिन कार्य कर सकता है, परिचित ही घर आता है।

जो नेड़ु सो पेड़ु–जो दूर देना है पहले निकट वाले को।

जो पलड़ा भारि सो झुकद–पढ़ा-लिखा विनम्र होता है।

जो बणियाँ से स्याणों, सु बावलो–व्यापारी से कोई होशियार नहीं होता।

जो बसिग्या[1] खैर-चौमासू[2] सी बसिग्यां–जिसको पाना था पा गये।

जो बालि[3] नि बुरकि[4] सु बुड्या क्या बुरकलु–जो जवानी में तेज न रहा हो बुढ़ापे में क्या होगा।

जो विधिग्या[5] सी मोति, जो रैग्या सी काँच–व्यवस्थित की ही मान्यता होती है। शेष व्यर्थ।

जो बोलु सु काटलु–जो करेगा उसी को लाभ होगा।

जो मेरि खाट औलु[6] वो पडमुताडु होलु–जो मेरी संगत में आएगा वही आलसी होगा।

जो मैं द्यौ मेरु ठाकुर, जो निद्यौ कुकुरौ ठाकुर–मेरी मदद करने वाला मेरा आदर का भाजन शेष को कोई सम्मान नहीं।

जो राजा ल्यौ स्या राणी, जो बाबु ल्यौ स्या ब्वै।–राजा की पत्नी जैसी भी हो रानी कहलाएगी। पिता की कोई भी पत्नी हो माँ कहलाएगी।

जो रोपणी पर लगण छौ, बिज्वाणा पर लगी–बहुत खर्च होना, बाद में कमी पड़ना।

जो स्यौलु, सो खोलु–आलसी की अवनति।

जो हाथ सु साथ–दिया लिया ही साथ देता है।

---

1. बस गये 2. भाबर क्षेत्र में 3. बचपन 4. उछल-कूद, मेहनत करना 5. गुँथ गए 6. आएगा

जौ

जौ का बीज तैं भेजि, पंचमी पैरी आई–छः माह बाद लौटना।
जौंका हालात खस्ता, कखै पौंण नास्ता–गरीब दिन में तीन बार भोजन नहीं कर सकता।
जौ-ज़ात बेचण–मान-मर्यादा बेचना।
जौड़ा घाम लगण–वंशनाश होना।
जौड़ु जामण–वंश चलना।
जौड़ु[1] ढुंगा[2] माँ होंण–शीघ्र नाशवान।
जौड़ु नि रखण–वंश नष्ट करना।
ज्यौदाल़ माँगण–सत्यता की खोज करना।
जौन कोरु खै, गीलु भी खाला–गरीबी का दिन बिताने वाले समय आने पर समृद्ध भी होंगे।
जौन घेंदुड़ा घोचण छा सी बणिगैन पंच–मूर्ख को उत्तरदायित्व देना।
जौ नैपाल, साथ जौ कपाल–भाग्य साथ देता है।
जौंल़ मुर्दा जाला–एक ही परिवार के दो सदस्यों की एक ही साथ मौत, गाली देना।
जौ भर होंण–अल्पमात्रा में।
ज्यौं-ज्यौं[3] कामल़ि[4] भीजलि[5] गरी[6] होलि–कर्ज के बोझ से दबना।
ज्यौंल्या सी–जुड़वाँ, एक सूरत वाले।
जौहरी बण्यां–कसौटी पर कसने वाले, मर्मज्ञ, पारखी।

ज्ञ

ज्ञान अर धन बढ़दत दुःख भी बढ़दत–ज्ञानी ज्ञान की भूख के लिए चिंतित और धनी धन के कम होने की शंका से चिंतित रहता है।
ज्ञान कि लगौण–नीतिअनुसार बात करना।
ज्ञान छांटण–पांडित्य प्रदर्शन।
ज्ञान ध्यान करा–रुपये पैसे, घूस दो।

---

1. जड़ 2. पत्थर 3. जैसे-जैसे 4. कंबल 5. भीगना 6. भारी

ज्ञान ध्यान भूल्या–स्वार्थी अधर्मी।

ज्ञान पर ध्यान–शिक्षा प्राप्त करने के लिए ध्यान देना पड़ता है।

झ

झंगोरु कुटैजन–पूरी ताकत लगाकर काम करना।

झंगोरु कूटण जन–कठिन काम।

झंगोरु खांण–मोटा खाना। गरीबी का जीवन जीना।

झंड होण–स्तब्ध रहना।

झंडा अग्वाडि रखण–नेतृत्व करना।

झंडा खड्ड कन–बखेड़ा खड़ा करना, विरोध करना।

झंडा थाम्यूँ[1]–विरासत को बनाए रखना।

झकझोर होंण–पूर्ण यौवन पर।

झकमैरै होंणी–समय बर्बाद करना।

झक मान–व्यर्थ पड़े रहना।

झकमारि बासी खाई, बासी माँगौ साग नि पाई–परेशानी के बाद भी लाभ न होना, विवशता।

झकमारी झंगोरु खै, पिछ्वाड़ि[2] **झंगोरा माँ लोंण**[3] **नि पै**–विवशता में निम्न कोटि का काम किया, उसमें भी परेशानी भोगनी पड़ी।

झगड़ा कि जड़ हाँसी, रोग की जड़ खाँसी–हँसी मजाक में कभी-कभी विवाद होता है, खाँसी से अनेक रोग लगते हैं।

झगड़ा कि तीन जड़ जमीन, जोरु-जर–जमीन, स्त्री और पैसा झगड़े का कारण।

झगड़ा कि जड़–विवाद का कारण।

झगड़ा गोस्यूं दगड़ि, अबोल्यौ गौंदगड़ि–असंगत बात, कहाँ का प्रभाव कहाँ पड़ना।

झगड़ा झुटा, कब्जा सच्चा–जिसकी जोत उसका खेत।

झगड़ा मोल लेंण–संकट पालना, मुसीबत मोल लेनी।

झगड़ै डालि[4] **लगौंण**–झगड़े की जड़ पैदा करना।

झगुला-टोपला द्वी[5] **मुख**[6] **वी**[7]–कपड़ों से सूरत नहीं बदलती।

झझक मिटौंण–संकोच मिटाना।

झझकणों च–संकोच करना, आतंकित करना।

झझकौंणो इखारि–बार-बार शर्मिंदा करना, डाँट-डपट।

---

1. खड़ा किया हुआ 2. बाद में 3. नमक 4. पेड़ 5. दो 6. मुँह 7. वही

झड़कौंण खांणी—डाँट-डपट, भला-बुरा सुनना।
झण्ड मण्ड जाण—सब सामान सहित।
झपकि औंण—हल्की नींद।
झपाक मान—ताने मारना।
झपेटा लगण—भूतप्रेत से प्रभावित।
झपोड़ा-झपोड़ि कन—मारपीट, गाली-गलौज करना।
झमण्डल कमण्डल उठौंण—सब सामान उठाना।
झमका तोंण—गीत ताल लगाना, नाच के साथ सामूहिक लोकगीत गाना।
झर होंण—कँपकँपी होना, कँपकँपी आना, होश उड़ना।
झरकु लगण—हल्का बुखार।
झुस-झुस कन—बार-बार तंग करना।
झस होंण—संकोच होना।
झसाग मान—कष्टकारक बात बोलना।
झसगौंण खांण—शर्मिंदा करना, काम करने के लिए दबाव देना, तंग करना।

झा

झाटगु जन—कँटीली झाड़ी सा, अवरोधक।
झाँट[1] बराबर नि समझण—तुच्छ समझना।
झाड़खण्डी बण्यूँ—बहुत बड़ा शावरी, भूतप्रेत पूजक।
झाड़[2] खाण—डाँट पड़ना।
झाड़ फूँक कन—मंत्रों से उपचार।
झाड़-ताड़ कन—अदृश्य शक्ति की पूजा करना।
झापड़ लगौंण—बड़ी थप्पण मारना, निरुत्तर करना।
झाड़ाफिन जाण—शौचादि जाना।
झाड़ा[3] फिरद दौ नौं लेंण—घृणा प्रदर्शित करना।
झाड़ि काटी जवाब देंण—साफ मना करना।
झाडु जन समझण—तुच्छ समझना।
झाबरि जन—अनियंत्रित बालों वाली।
झाम ताम लीगी—सारा सामान ले गया।
झामलु-कामलु—सारा सामान।

1. पुरुष का लिंग 2. झिड़की 3. टट्टी, शौच

झाल पाल काहे का है—ओछापन दिखाना। (सिपाही की कहानी—एक लड़का बहुत गरीब था, बाद में सेना में भर्ती हो गया। बहुत समय बाद घर आया, बरसात के दिनों घर पर बहुत सी बेलें लगी थीं। सिपाही ने कहा, 'माँ ए झालपाल काहे का है'।)

झाँसु देण—चकमा देना।

झि-झी

झिक-झिक बाजी कन—हर समय झंझट करना।

झिक झिकी मान—दुर्गति कर मारना।

झीला सुलार मन माँ हुलार—हर स्थिति में प्रसन्न रहने वाला व्यक्ति।

झीलि ओवरी[1] सीलिखाट—कोपभवन में जाना, नाराजगी में पड़े रहना।

झीलु[2] काखु[3], खांणमाँ माखो[4], कख छौ भलु—असुविधाजनक स्थिति, कष्टकर।

झु

झुकण पड़द—अनचाहे दूसरों की बात मानना।

झुकणू रोंद—अपनी बात पर न अड़ना, मजबूरी।

झुटा का सौ बाबू—झूठा जार पुत्र होता है।

झुटा कु मुख कालु[5], सच्चा कु बोलबालु[6]—झूठ बोलने से बदनामी होती है, सच्चाई का फल अच्छा मिलता है।

झुटा जोगि[7], गू[8] खाँदि गौ अर चोर ढाडु[9] मार्‍याँ[10] कु दोस नी—झूठ बोलने वाले साधु, मैला खाने वाली गाय और चोर-बिल्ली को मारना पाप नहीं होता।

झुटा झगड़ा, सच्चा न्यौ—झूठे लोग झगड़ा करते हैं। न्याय सच्चा होता है।

झुटा पुजारि, चोर देवता—मंदिर में चढ़ावे का दुरुपयोग, पाखंडी पुजारी, घटिया देवता।

झुरै होंण—परेशानी होना।

झुर्‍याट कन—बार-बार टोकना, तंग करना।

---

1. निचली मंजिल 2. ढीला 3. कंधों में लगाने वाली रस्सी 4. मक्खी 5. काला 6. बोलबाला 7. सन्यासी 8. टट्टी 9. बिल्ली 10. मारना

'झुलड़्यां[1]-झुस्लाण्यां किलैच'[2] साब गरीब छौ' 'ड्यूडि टोपलि[3] किलै च' 'कनु खास पट्टी[4] कु छौं'–टिहरी की खास पट्टी के लोगों की अकड़ पर, गरीबी में भी स्वाभिमानी लोग।

झुसलाण्याँ होंण–कमजोरी, चेहरे में नीरसता और चेहरे में मलिनता।

झू

झूठ का पैर नि होंदा–अफवाहें तेजी से फैल जाती हैं, निराधार बातें।

झूठ कि जड़–झूठ का कारण।

झूठ लांणि गंगापार, जु निभि जौ दिन चार–झूठ दूर कहनी चाहिए, नजदीक की झूठ की पोल खुल जाती है।

झूठाक तैं देवतों का घर न जैकार न ठाकुरा घर पुकार–झूठे पर देवता और राजा भी अप्रसन्न रहते हैं।

झूठा कु मुख कालु–झूठ बोलने वाले बदनाम हो जाते हैं, लोग उनसे दूर रहते हैं।

झूठा सच्चा पित्र[5] गया जैक[6] पछाँण्याला[7]–कहते हैं गया में पित्रों के दर्शन होते हैं, छानबीन कर वास्तिवकता का पता लगता है।

झे

झेड़ा न लाखड़ा, पकड़ा तै काखड़–बिना तैयारी के कठिन काम करने वाले मूर्ख।

झेपालु जन–आलसी, बदसूरत, अँधेरे में चलने वाला।

झेल-झुंगा उठौण–सपरिवार सामान सहित जाना।

झो

झोपड़ि पर बास, महल की आस–निर्धनता पर भी आशावादी दृष्टिकोण।

झोपड़ु जन मुण्ड–बिखरे बाल।

---

1. फटे-पुराने गन्दे कपड़े 2. क्यों है 3. टेढ़ी टोपी 4. टिहरी की एक पट्टी का नाम 5. मृतात्माएँ 6. जाकर 7. पहचान होगी

झोलि भन—वरदान देना।
झोलु तुमड्डु—सभी सामान।
झोलु मोसु पण—बदनामी होना।

झौ

झौल[1] **कम नीं करीं**—पूरी ताकत लगाना।
झौल लगीं—निरंतर हल्का गम।

ट

टंगटेपालि कन—कच्चा या अस्थायी काम।
टंगरोलि अब—अलग करना, भीड़ में से छाँटकर अलग रखना।
टंटा खड्डु कन—विवाद पैदा करना।
टंटा घंटा कन—तंत्र विद्या चलाना।
टंटा बाजि कन—शत्रुता मोल लेनी, बखेड़ा खड़ा करना।
टंडोली धन—अलग करना, छानकर फेंकना, वंचित रखना।
टकटको होंण—स्वास्थ्य में सुधार होना।
टकर मान—त्यागना, गुमसुम रहना।
टकर लेंण—प्रतिद्वंद्विता मोल लेना, बराबरी का दर्जा प्राप्त करना।
टकरेंण भली करी—जूते मारना, पीटना।
टक टूटीगे—तीव्र इच्छा का दमन, पूर्ण संतुष्टि होना।
टक लगैक देखण—ध्यान से, मन लगाकर देखना।
टकसाल लगीं—पर्याप्त आमदनी होना।
टक स्वीणा जन होंण—अतृप्त इच्छाओं का स्वप्न में पूर्ति होना।
टकरोल कन—आनाकानी करना, उपेक्षा करना।
टका तो टकटका नहीं तो झक-झका[2]—पैसों से ही सब काम होते हैं, बिना पैसों से परेशानी होती है।
टका न पैसा, गौं-गौं[3] **भैंसा**[4]—बिना पैसों का खेल।

---

1. आग की लौ 2. मायूसी 3. गाँव-गाँव 4. भैंस

टका सी जवाब देंण—कोरा उत्तर।
टटाटेर बड़ीं च—अकड़ दिखाना, घमंड।
टटि बराबर नि समझदा—अनादर करना।
टटि बैठणो सगोर[1] **नी**—मूर्ख, जड़।
टट्टु भाजण हौंण—घोड़े की तरह भागना।
टपकण कखि भी—कहीं से आ टपकना, अनायास बिना बुलाए आना।
टप टीपण बात—बातों को मन में रखना।
टपराण्यूँ जन—हैरानी से देखना।
टपस लगौंण—किसी प्रकार काम निकालना।
टपाकि मान—लार आना, बिना बुलाये मेहमान की तरह भटकना, ललचाना।
टरकौंण नी च—उपेक्षा करना, ध्यान न देना।
टल्वा जन—विवाह-शादी में काम करने वाला निम्न श्रेणी का व्यक्ति जैसा, तुच्छ व्यक्ति।
टस से मस नि होंण—स्थिर रहना, दृढ़ प्रतिज्ञ।

टा

टांक लगौंण—लोहे की गरम सलाख से शरीर पर स्पर्श करना, निशान लगाना।
टांकलि जगा पर—खूँटे पर बाँधना, किसी कर्मचारी को असुविधाजनक स्थान पर तैनात करना।
टांग[2] **अड़ौण**—व्यवधान, हस्तक्षेप करना।
टांग टूटीगे—चल फिरने में असमर्थ, अचल रहना।
टांग तोंण—बुरी तरह से पिटाई, व्यंग करना कि कौन सा भारी या महत्त्वपूर्ण कार्य किया है।
टांगड़ि खैंचण—हराना, आगे बढ़ने से रोकना।
टांग पसारी खांण—सुखपूर्वक रहना।
टांग पसारी बैठण—आराम से, बेखबर होकर बैठना।
टांगड़ा कांपण—निर्बलता, गम।
टांग फंसी—अभियुक्त होना।
टांगिघाम लगण—मृत्यु होना।
टाट का लग्यां ध्वत्ता, वण्यां नवाब का पोता—गरीबी में अमीरी का प्रदर्शन।

1. सलीका, तरीका 2. पाँव

टाट छिरौण—अधीनता स्वीकार करानी।
टापदी रौण—देखते ही रहना।
टापर मानि—चुप बैठना, ध्यान न देना।
टामि टूमि धन—बड़ी मुश्किल से तैयार करना।
टापी लगण—प्यास लगना, तंबाकू की तीव्र इच्छा होना।
टांय-टांय फिस—सब काम विफल, व्यर्थ होना।
टांल चै पाप, मिलि श्राप—पाप छिपाने वालों को बददुआएँ मिलती हैं, पाप का कुफल अवश्य मिलता है।
टालु मिक्सचर—हर काम में टालबराई।
टालु[1] लगौंण—अस्थायी व्यवस्था।
टांस लगण—गले में खरास।
ट्यापु जन—बेवकूफ जैसा, बेखबर व्यक्ति।

टि-टी

टिकट कटी—मौत होना।
टिकट काटण—गमन करना, मृत्यु का बुलाना।
टिकट नि काटेंणी अभी—मौत का परवाना न मिलना।
टिक्कड़ पकडौंण—कोदे की रूखी-सूखी रोटी देना।
टिक्का टिप्पर्णी कन—आलोचना-प्रत्यालोचना करना।
टिरि-मिरि कन—आनाकानी करना।
टिलेगि[2] भली कै—शरीर का कोई काम विशेषकर अंगुली का भारी वस्तु से दबना।
टिर्योंणू च—वंचित करना, सबको देना, एक को न देना।
टीटपिड़ा[3] खांण—ममता, दया-दर्द।
टीपण[4] बात—किसी बात को मन में रखना, समझना।
टीप लगौंण—जन्मपत्री, वर्षफल तैयार करना।

टु-टू

टुकड़ा तोड़ी दीनि—निष्ठुरता से माँग ठुकराना।
टुकड़ा तोणू—दूसरों के घर अपमानित होकर रहना।

1. पैबंद 2. शरीर का कोई भाग पत्थर से दबना 3. दर्द 4. बीनना

टुकड़ि-मुकड़ि—छोटे खेत, छोटे-मोटे गहने।

टुखण्डी चूनण[1]**-जड़ी मूड़ण**—होनहार को क्षति।

टुखण्डु[2] **चूनण**—विकास में अवरोध।

टुखना माँ भी भ्वीं पर औंण—पदावनत, अमीरी से गरीबी में आना, जमीन-आसमान का अंतर।

टुगणी-मुंगणी—गहने-रुपये।

टुच्ची बात कन—तुच्छ बात करना।

टुटपुच्या आदमी—नगण्य व्यक्ति जो अपने को बड़ा समझे।

टुण्ड वणी—शराब के नशे में धुत् या बेहोश।

टुन-टुन जनि—अत्यधिक छोटी और मोटी महिला।

टुप करी—चुपके से।

टूटि घुण्डी, फूटि आँखि—सब तरह से असमर्थ।

टूटि[3] **लगु पर झुटि नि लगु**—गरीबी लगे पर झूठा अभियोग न लगे।

टूटी[4] **विचारु**[5]—पस्त होना, सब तरह से हानि पहुचना।

टूटु वण्यां देखु बै[6]—दुकान चौपट होने वाला व्यापारी बहीखाता देखता है। व्यर्थ की व्यस्तता।

टूट्यों घर वणि जांद, टूट्यों दिल नि जुडद्—गम अमिट होता है। मनमुटाव दूर हो जाते हैं।

टे

टेक औंण[7]—शक्ति प्राप्त करना।

टेक रौंण—मान-मर्यादा का पालन करना।

टेक लगण—कुछ दिन और चलने लायक होना, रोग कुछ समय के लिए दूर होना, आयु बढ़ना।

टेड़ि खीर होई—कठिन कार्य होना।

टेडु-टेडु जाण—दूर-दूर रहना, शत्रुता रखना, मनमुटाव।

टेरा पूठा का—घमंडी, अकड़ू।

---

1. नाखूनों से तोड़ना 2. पेड़ का अग्रभाग 3. गरीबी 4. टूटना 5. बेचारा 6. बहीखाता 7. आना

टो-टौ

टोक लगण—नजर लगना।
टोखणा जना आंखा—बड़ी-बड़ी आँखें।
टोटकि होंण—उल्टा प्रभाव, उल्टी गति होना, वंचित रहना, गाली।
टोटा कु जोग—दुर्भाग्य, अभागी व्यक्ति।
टोटा भी अर ठटा भी—घाटा भी पड़ना और जग हँसाई भी होना।
टोपलि उच्छाल्—बदनामी।
टोपलि खोटा माँ धन—रक्षा हेतु प्रार्थना, खुशामद, क्षमायाचना।
टोपलि चलौंण—हर्षोल्लास।
टोपलि बचौंण—इज्जत बचाना।
टोपलु बदलण—काम चलना, आदान-प्रदान करना।
टोबटी बन्द होंण/कन—बोलती बंद होना, याद करना।
टोल्की वाला बजौला ढोल्की—अधिक बच्चों वाले गरीबी के कारण भीख माँगने की स्थिति में आएँगे।
टोल्क्या वाजी—बहुत बच्चों वाला।
टोल्कु[1] तरौंण—बेड़ा पार करना। सदा के लिए निष्कासित।
टौखु[2] लगौण—मरने पर गाँववालों को आवाज लगाना।
टौलकु होंद मोल—जिस व्यक्ति या पशु या खेत की जितनी अच्छी तरह परवरिश होगी तभी उसका मूल्य बढ़ेगा।
टौल[3] कन—सेवा शुश्रूषा करना।

ठ

ठंगट्याट[4] जादै च—शेखी मारना, सफाई का नाटक।
ठंडा पाणि मू चली—मरना, नदी में दाह संस्कार होना।

---

1. नाव या बेड़ा 2. शोकभरी आवाज 3. सेवा, देखभाल 4. पहाड़ों में पनचक्कियों द्वारा पिसाई का काम चलता है। अनाज वाले बर्तन के निचले भाग पर लकड़ी के दो टुकड़े लगाये जाते हैं। जो घराट (पत्थर) से टकराकर अनाज नीचे किराने में मदद करते हैं। उनसे जोर-जोर की आवाज आती है।

ठंडीगे अब—मरना, मरने के बाद, शरीर ठंडा पडता है।

ठंडी चा[1]—शराब।

ठंडु करी बोला—शांतभाव से सोच-समझकर बोलना।

ठुंडु करी सोचा—धैर्य से सोचना।

ठंडु नहेंणु, गरम खाणु कभि बैदमू नि जाणुं—ठंडे पानी से नहाने वाला, गरम भोजन करने वाला कभी बीमार नहीं पड़ता।

ठंडु होंण—शांत होना, मरना।

ठंडेलि अब—गुस्सा शांत कर दिया, जान से मार दिया है।

ठंडो पड़ी—गुस्सा शांत होना।

ठंडो पाको मिठु होलु—सब्र का फल मीठा होता है।

ठंन-ठंन गोपाल कलि—साफ मना कर दिया, पैसा दे दिया।

ठकर मकरदार—शान-शौकत, फैशन वाला।

ठगटूयौंण्यां जन—बिना बात के या बिना पूछे बीच में बात करना, अपनी टाग अड़ाने वाला बातूनी।

ठग तमोटो[2]**, चोरु सुनार, खोओ कोली**[3] **डाँड्यो**[4] **ल्वार**[5]—दोष किसी का दंड किसी और को।

ठग ठटेरा चोर सुनार—जातिगत गुण।

ठग तिथरु—चालाक धोखेबाज, बगुला भगत।

ठग निन्द—बनावटी रूप से सोना।

ठग विद्या तैमू—दूसरों को ठगाने की कला।

ठग रोटि जन—बाहर और भीतर में अंतर, दोगला।

ठगु जन—ठगने वाला।

ठट लगी—भीड़ होना, तमाशबीनों की भीड़।

ठटा फोर—अकड़।

ठठाकु मटठा होंण—हँसी-हँसी में झगड़ा होना।

ठन-ठन गोपाल कन—मना करना, पैसा देना।

ठप्प होंण—व्यवसाय चौपट होना।

ठप्पा लगी—किसी के नाम पर सुरक्षित होना/करना।

ठर्रा पेंण—कच्ची शराब पीना।

---

1. चाय 2. बर्तन बनाने वाला 3. कपड़े बुनने एवं सूत कातने वाला 4. दंडित 5. लोहार

ठ

ठाकुर अर[1] आग बस नि होंदि—अनियंत्रित व्यक्ति।
ठाकुर अर देवता बराबर होंदा—बड़े आदमी और देवता पूजनीय होते हैं।
ठाकुर कि तिवारी[2] भैर[3] लाल, भितर नाजा[4] कुहाल—हाथी के दाँत खाने के और दिखाने के और।
ठाकुर दगड़ि नहेंण बाल्—बड़े से बराबरी करने वाला।
ठाकुर दगड़ि[5] ब्यौ[6] निहोंद त न्यौ[7] भी नि होंद—किसी की कोई बराबरी न भी करे किंतु न्याय पाने में सब समान हैं।
ठाकुर देलु[8] त रोट[9] काटलु[10]—जब दाता देगा तब कुछ खाने का प्रबंध होगा, अन्यथा तरसते रहेंगे।
ठाकुर देलु त रोट काटला, नतर होंठ काटला—दूसरों के न देने पर टपकारें मारना।
ठाकुर बोनू रिखौ खायू, रिख देख्यौं बौंण जायूं—व्यर्थ आरोप लगाना।
ठाकुर सेवा नि लांदु त चबोड़ि त नि मेसौंदु—दुआ-सलाम न सही पर अनादर तो न करें।
ठांगरु[11] जन—लंबा पतला।
ठांग माँगो सी जोगी—बूढ़ा, धुएँ से मैले कपड़ों और लंबी दाढ़ी वाला एकाकी व्यक्ति।
ठाट-बाट से रण, दिमाग चण—खुशहाली वाला घमंडी होता है।
ठाड़ा मुख नि देखण—विनम्रता से रहना।
ठाडु नि देखण—विनम्र रहना।
ठांडु फौर कन—बराबरी का समझना, द्वेषभाव।
ठाणलें भलिकै—निश्चित कर लिया, दृढ़निश्चय करना।

ठि

ठिकाणा पर औंण—विवेक से काम लेने लगा है, होश आना।
ठिकाणा लगौंण—जगह पर रखना, मारना-पीटना।

---

1. और 2. बैठक 3. बाहर 4. अनाज 5. के साथ 6. विवाह 7. न्याय 8. देगा 9. मीठी रोटी 10. काटूँगा 11. बेल को सहारा देने वाली लकड़ी

ठिकाणु नीच—रहने का स्थान नहीं, विश्वास नहीं।

ठिंगराण्याँ मुण्डै—बिखरे बाल वाली।

ठिंगा मुंगरी होंण—परस्पर मन मुटाव, रात-दिन पति-पत्नी, सास-बहू में झगड़ा।

ठिंग्रदु बाग, गुस्सैल[1] नाग, कुल पर लग्यूँ[2] दाग[3] अलौ[4] ना[5] जाग[6] सर-सर[7] भाग—दुष्टों से दूरी रखना।

ठिठगी लगण—शरीर में कंपन, संकोच।

ठिपस्याणू रौंद—जलन रखना।

ठु

ठुला गोरुन[8] लोंण[9] बुकौंण[10], छोटा बाछरुन[11] थोवड़ा[12] चाटण—बड़े-बड़े माल हड़पते हैं छोटे खाली बदनाम होते या छोटी रकम पाकर संतुष्ट होते हैं।

ठुल्लि छ्वीं लगौंण, ठुल्लि पुज्यै[13] पांचि भाण्डा[14] छोटि पुज्यै भी पांचि भाण्डा—समझदारी की बात करना। काम छोटा हो या बड़ा सामान सब में चाहिए।

ठुल्लु पीस्यूँ—गेहूँ का आटा।

ठुस करी जाण—चुपके से जाना।

ठुस-ठास कना—गुपचुप, चोरी या बातें करना।

ठूणा लगौण—बहानेबाजी करना।

ठे

ठेकादार बण—जुम्मेदारी लेना।

ठेका लीन्यूँ—काम करने का बचन देना।

ठेलम ठेल होणी—किसी प्रकार से काम चलाना पड़ता है।

ठेलण्या होयूँ—बड़ी मुश्किल से सुधारना, निकालना, परीक्षा में उत्तीर्ण करना।

ठेल-पेल पर लग्या—घर से निकालने पर तुले।

ठेलि ठेलि[15]—बड़ी मुश्किल से धक्का मारकर आगे बढ़ाना।

ठेस लगौण—दिल दुखाना।

---

1. गुस्से में आया हुआ 2. लगा हुआ 3. धब्बा-बदनामी 4. अरे 5. नहीं, मत 6. ठहरना 7. जल्दी-जल्दी 8. गायों ने 9. नमक 10. खाना 11. बछड़ों ने 12. मुँह-होंठ 13. पूजा 14. बर्तन 15. धक्का देना

ठो-ठौ

ठोक ठाकी लेंण—अच्छी तरह से परखना।

ठोक बजैक लेंण—पूरी जाँच-पड़ताल के बाद लेना।

ठोकण भली कै—खूब डाँटना।

ठोकर खाँण—जगह-जगह भटकना, मुसीबत झेलना।

ठोकर पर ठोकर लगण—एक परेशानी में दूसरी परेशानी आना।

ठोकर मान—त्यागना, अपमानित करना।

ठोकर लगण—कई बार परेशानी उठाना, धक्के खाना।

ठोकर लगी जैपर पिड़ा होंदि तैपर—भुगतभोगी ही दर्द को जानता है।

ठोकर लगी भैरा ढुंगा पर, लात मारि घौरा सिलोटा पर—एक का गुस्सा दूसरे पर निकालने वाले मूर्ख।

ठोकी बात कन—स्पष्ट बात करना, निर्भीकता से, डाँटकर।

ठोस काम कन—व्यवस्थित काम।

ठोस घर/नौकरी/आदमी—हर प्रकार से अच्छा।

ठोस-पोस करी खांण—भरपेट भोजन।

ठौकु तोंण—बहानेबाजी करना।

ठौर ठिकाणु नी—कहीं रहने बसने का स्थान न होना।

ड

डंक मानू—खरी-खोटी सुनाना, गहरी चोट पहुँचाना।

डंका कि चोट लगैक बोन—सबको सुनाकर, बेझिझक बात।

डंका बजौण—खुलेआम घोषणा करना, महत्त्वपूर्ण होना, प्रभाव दूर-दूर तक फैलना।

डंका फिरैली—प्रचार-प्रसार।

डंगडोल कन—बुरे हाल करना, देखरेख में घोर उपेक्षा।

डंड तूफान मचायूँ—धूमधाम करना, उत्पात मचाना।

डंड सानू—काम न करने के लिए बहानेबाजी करना, धोखा देना।

डंडाझाल् जन उठण—बहुत पेट दर्द, किसी बात को कहने की उतावली।

डंडा धर्यूँ—चौकीदारी करना।

डंडा फूटणा—मारपीट होना।

डंडि पर जांण—सम्मानित।

डंडि मान—पक्षपात करना, कम तोलना।

डंडियाला[1] कि ओबरी[2] पुंगड़ा[3] कि डोबरी[4] कन—बड़ी वस्तु को छोटी बनाना, हैसियत घटाना।

डूयँगा मुंगरि होंणी—उपेक्षा, किसी प्रकार काम चलना।

डंसदि पुछड़ी[5] हंसदि मुखड़ि—मुख में राम-राम बगल में छुरी।

डकालि सवि—हजम करना, दूसरे की वस्तु का मुफ्त में उपभोग करना, हड़पना।

डबखा काटण—व्यर्थ फिरना।

डबड्याण सरिमानौ—भटकना, व्यर्थ इधर-उधर जाना।

डमराड़ी भली कैक—दंडित होना, पूरा जलना, परेशान, हानि पहुँचना।

डरखु मर्द सौ बार, निडरखु एक बार—कायर हर समय भयभीत, निडर सदा निर्भीक।

डरखु स्याल्, खालि करद घ्याल्—डरपोक ही शोर मचाता है।

डरख्वां स्याल—डरपोक, कायर।

डर्यौंणा जन—पुतला, फटे-पुराने गंदे कपड़ों वाला।

डला फरकौण—विरोध प्रकट, नाता तोड़ना।

डला[6] माँ दूब जामण[7]—कठिन कार्य करना।

डा

डाकु जन—झूठा, चोर, बदमाश।

डांग जन—मोटा, बेडौल, बदसूरत।

डांग पर मुण्ड टकरौण—बलवान से जूझना, टकराना।

डाँगां ऐंच[8] नि बणौंण[9] पुंगड़ि[10], निसा[11] नि बणौंण कुड़ि[12]—पत्थर के ऊपर खेती नीचे मकान नहीं बनाना चाहिए।

डाँग्यौण जन—कुल्टा स्त्री, कुचाली नारी (जौनसार-भावर में कभी रहस्यमयी स्त्रियाँ होती थीं।)।

---

1. ऊपरी मंजिल का बरामदा 2. निचली मंजिल 3. खेत 4. छोटा खेत 5. पूँछ 6. बड़ा पत्थर 7. उगना, जमना 8. ऊपर 9. बनाना 10. खेत 11. नीचे 12. मकान

डाडा वन की लकड़ी, औला[1] वन की घास—जले जंगल में लकड़ी और घास अच्छी होती है।

डाँडि चली—मरना।

डांडो फरकैक[2] ल्यौंण[3]—कठिन कार्य करना।

डांडौ जन जीव—सरल, गर्मी न सहने वाला।

डांडौं[4] पाणि सूखि गाड़ो[5] पाणि सूखि—नदी का मूल स्रोत गंदलाने पर सारी नदी गंदी होती है, पहाड़ों और मैदानों का अभिन्न संबंध।

डाँडि बोकण—दूसरे का भार वहन करना, अधीनता स्वीकारना।

डाक पौंछी—बदनामी पहुँचाना।

डाक लीगी—खबर पहुँचा दी, बदनामी का प्रचारक।

डाकिया जन—खबर लेने-देने जाने वाला, इधर-उधर की बातें करने वाला।

डाडुला कि जगा रौ, रौकि जगा डाडुल—असंगत काम।

डाबा कन—अप्राप्य की इच्छा रखना, बिना ताकत की हिम्मत करना।

डाबाल्या बण—इधर की उधर बात करने वाला कपटी।

डाम[6] धलि—घाटा पहुँचाना।

डाम लगी—हानि पहुँचना।

डामला कपालि—घाटा पहुँचाना, अपमानित करना, गाली।

डामाडोल पौंछी—बेहोश, अचेत।

डाल् फरकौंण[7]—घटना या बातों को विपरीत दिशा में पहुँचाना। (जब ओले गिरते हैं तब साबरी (ओझा) ओलों की दिशा दूसरी तरफ मंत्र से ले जाता है)।

डाला फलों कु बोझ नि समझ द—माँ बच्चों को पालने में कष्ट नहीं समझती, परोपकारी, सहनशील और विनम्र रहता है।

डाला-बोटला कठा कन—सभी प्रकार की औषधियों का प्रयोग।

डाला रौन, फल जौन—देश, समाज, घर-गाँव रहेंगे, पर मनुष्य चले जाते हैं।

डालि न बोटी, नौंक्वै बग्वान, फाँट न पट्टा नौ क्वै पदान—नाम बड़े दर्शन छोटे।

डालि लगौंण—पुण्य कार्य करना।

डि-डी

डिगची का भातै[8] एक सीत[9] से पता चलि जाँद—छोटी बात से बड़ी जानकारी मिलना।

---

1. जला 2. उलटना 3. लाना 4. पहाड़ का 5. गदेरा (पानी का नाला) 6. जलते कपड़े या लोहे से शरीर को स्पर्श करना 7. उलटना 8. पके चावल 9. पके भात का एक दाना

डिंगि मान—गप्पें मारना, अपना मुँह मियाँ मिट्ठू बनना।

डिग्री छन[1] भौत[2]—बहुत लड़कियाँ हैं विवाह योग्य।

डिग्ची डिपार्टमेंट मा—घरेलू या होटल के बर्तन साफ करने वाले नौकर।

डिमकतालि कनु—शेर के समान गर्जना करना, बदबू निकालना।

डिमड्याट मच्यूँ—नाचगान।

डीठ कि ज्वै, मुंजि कु धन—माँ की ममता कंजूस के धन के समान सुरक्षित।

डीठ-भेंट होंण—यदाकदा मुलाकात होना।

डु

डुकरदु[3] बल्द[4] सिग्वालि नि भिड़द—गरजते बादल बरसते नहीं।

डुगडुगी पीटण—बदनामी फैलाना, प्रचार-प्रसार करना।

डुडखि हाति होंण—कुष्ठ रोगी।

डुडा कांणा भलि नि होंदा—लूले लंगड़े अंधों में दुर्गुण होते हैं।

डुडा[5] कु ही भेल, डुडा कु ही बाग—भाग्यहीन को सर्वत्र विपत्ति का सामना करना पड़ता है।

डुडा गोरु[6] का सापना[7] बाछ्लु[8]—बुरों की भली औलाद, गरीब की योग्य संतान।

डुडु दगड़ि, लंगडु वीर—अंधों में काना राजा।

डुबखि लगौंण—शर्म के मारे मरना, स्नान करना।

डुबौंण कर्जन—कर्ज के बोझ से दबाना।

डू

डूबी रकम—ऋण वसूल न कर पाना, पतन को जाना।

ड्यूटि द्यौंण—खड़े-खड़े रहना, मर्यादित कार्य करना।

डे

डेड चौलौं कि खिचड़ी पकणीं—बेमेल कार्य, क्षुद्र कार्य।

डेड टट्टु बाग में डेरा—छोटी हैसियत का व्यक्ति, आडंबर।

---

1. हैं 2. बहुत 3. गर्जना 4. बैल 5. टूटी टाँग वाला 6. गाय 7. दोनों टाँग वाला 8. बछिया

डेड फुटु–बौना, छोटी औकात का व्यक्ति।
डेड बात कन–मितभाषी, दो टूक जवाब देना।
डेड सेर पिसणों आधिरात उठणों–बिना बात की परेशानी।
डेरु जमैलि–किसी के घर पर लंबे समय तक डटे रहना।
डेरु डफानु उठैलि–सब सामान सहित जाना।
डेलि-डेलि माँ जांण–घर-घर माँगने जाना।
डेलि न्यांळ[1]–पेटपूर्ति के लिए भटकना।
डेळि माँ बैठण–ऋणी के घर पर ऋणदाता का वसूली के लिए बैठना।
डेळि माँ क्वी नि बैठि–कभी किसी के ऋणी नहीं रहे।

डो-डौ

डोखल्यान पीनी भांग उन्दु मुण्डळि उब्बु टांग–छोटी श्रेणी का व्यक्ति थोड़ा नशा लेने पर या पद पाने पर इतरा जाता है।
डोखल्या लाये मुँह, नाचे तालवेताल–क्षुद्र को इज्जत देकर इतराता है।
डोखु का घर द्वी सेर दाळि, डोखु तैं उठि भरमताळि–गरीब के घर थोड़ा सामान होने पर अहंकार होता है।
डोखु का छोरान पैर्या जोड़ा, मानै[2] **खै थोड़ा**–दरिद्र थोड़ा धनी होने पर इतराता है।
डोखु का डेरा माँ घी माँणि आई डोख तैं रात नींद नि आई–उपरोक्त।
डोखु का डेरा पुज्यै[3] **हमून हाथ नि भिजै**[4]–गरीब पूजा में किसी को खिला नहीं सकता।
डोटि दिखैलि–देश निकाला, रास्ता दिखाना।
डोंडा[5] **माँ बैठ्यूं**–मझधार में रहना, खतरा मोल लेना।
डोर ढींलि कन–नियंत्रण कम करना।
डोरा लगौंण/डाळं–अपने वश में करने के उपाय करना।
डोरि लगी–किसी तीर्थ में जाने की भावना, प्रभु इच्छा।
डोल चलण–अशुभ स्वप्न, संक्रामक देवियों का प्रभाव होना, बेहोशी में चलना।
डोलवोकु[6] **होंण**–किसी का दास जैसा होना।
डोला कख जांणू–भारी भरकम स्त्री का चलना।
डोला-डाँडि लेंण–विधिवत् विवाह करना।
डोला ढसकैक ल्यार्यी–विधिवत् विवाह करना।

1. देखना 2. संसार 3. पूजा 4. भिगोना 5. नाव 6. डोली ले जाने वाले

डोला देण—लड़की का विवाह करना।
डोलि उठणी—मरना, गाली।
डोलि सान—रोग निवारण हेतु पूजन।
डौंडि पीटण—प्रचार करना, बदनामी फैलाना।
डौ पण्याँ मार—इतना पीटना कि भीतरी घाव हो, खून निकल आया।
डौर्याँ बाँदर[1] **जन पूठा**—हृष्टपुष्ट व्यक्ति।

ढ

ढंग-ढाल ठीक छन—हालत अच्छे हैं।
ढंग ढाल् बिगड़ी—रहन-सहन का तरीका, हालचाल बिगड़ना।
ढंग ढिपाली कन—कच्चे काम करना।
ढंग-रंग ठीक नी—आचरण में या काम में त्रुटियाँ हैं।
ढंचर-मंचर ठीक नी—रहन-सहन अव्यवस्थित है।
ढंट बण्यूँ—दुराचारी, घमंडी।
ढक-चक बिगड़ी—रंगढंग बिगड़ना।
ढकमोलि कन—सब, उलटना, खर्च करना।
ढक्कण लगी—बोलती बंद होना।
ढक्यूँ[2] **च त लाख, हुगड़ी**[3] **त खाक**—किसी की बुराई, प्रकाश में न आने पर सज्जन, प्रकाश में आने पर दुर्जन बन जाता है, रहस्योद्‌घाटन होने पर असलियत का पता चलना।
ढगड्याँदि[4] **ढुँगि**[5] **माँ खोटु**[6] **नि धन, कुमनखी कु दगडु**[7] **नि कन**—बुरी वस्तु और व्यक्ति की संगति का कुफल, हिलते पत्थर में पाँव नहीं रखने चाहिए, बुरे व्यक्ति की संगति नहीं करनी चाहिए।
ढगड्याँदु ढुँगु जन—अस्थिर व्यक्ति, धोखेबाज व्यक्ति।
ढट्टुपट्टु उठी—खूब मार पड़ना, दंडित होना, नुक़सान।
ढब तोंण—आदत तोड़ना।
ढब पड़ी—आदत बन गई।
ढपोड़ संख—गप्पी, शेखीबाज।
ढर्रा बिगड़ी—अव्यवस्थित, पहले से अव्यवस्थित होना।
ढलकंण कै तिर—किसी के पक्ष में होना, अस्थिर।

---

1. बंदरों का मुखिया 2. ढका हुआ 3. खुला 4. हिलती हुई 5. पत्थर 6. पाँव 7. साथ

ढ

ढाई हाथ काखड़ि नौ हाथ बीज—अतिशयोक्तिपूर्ण बात, छोटे मुँह बड़ी बात करना।
ढाक का तीन पात—कोई परिणाम/लाभ नहीं।
ढाकर जाण—कठिन काम करना।
ढाकर ल्याई फरकैक—मानो कितना कष्ट उठाया हो, व्यंग।
ढाकरि बोदै पूरु तोल, बणियाँ बोदै हारि जौ बैठ—सबका, अपना-अपना स्वार्थ होता है।
ढाकरियों कु कुकूर औंदा दगड़ि कु औंदु, जांदा दगडियूँ कु जाँदु—जिस किसी की बातों में आने वाला, अविश्वसनीय व्यक्ति।
ढाकरिया बाँट जन—सारा बना भोजन पहले ही बराबर बांटना।
ढांगु जन—बूढ़ा, कमजोर, लम्बा व्यक्ति।
ढाँट जन—मोटा ताजा, स्वस्थ्य बेकार युवक जो इश्कबाजी के चक्कर में रहता है।
ढांडु पड़ी—नुक़सान हो गया, बर्वाद करना।
ढाँमणा माँगै सी चोट—बुरी चोट, मर्माहत पीड़ा।
ढाल तलवार बांधण—युद्ध के लिए तैयार होना।
ढाल न तलवार, चन्द्रू सुबेदार—बिनाबात के बड़ा बनना।

ढी

ढीका गणू—बेरोजगार युवक।
ढीका देखीक नि डन, फोण नीत क्या कन—बड़े शरीर को देखकर नहीं डरना चाहिए।
ढीका माँगौ दौड़ै होंणी—व्यर्थ परेशानी उठाना।
ढीका लदोड़ा माँ धन—मिट्टी में दफनाना।
ढीट होण—धूर्त, निर्भय होना।
ढीलु पंण—शिथिल होना, गुस्सा शाँत होना।

ढु

ढुंगा कोंगला[1] होंदा छात स्यालून[2] भूखन मन छौ?—पत्थर कोमल होते तो गीदड़ भूख से न मरते। खाद्य सामग्री आसानी से नहीं मिलती।

ढुंगा दगड़ि गाब धन—बड़ों के साथ छोटों का मेल।

ढुंगा वाच औंण—संकोची का वाचाल होना, गूँगे का बोलना।

ढुँगा माँ ऐसान धन—कृतघ्नता।

ढुँगा माँ पाणि पड़ि, न रुझी न भीजी—पत्थर पर पानी का कोई प्रभाव नहीं पड़ता, कठोर दिल वाले पर जैसी वैसी कोमल बातों का असर नहीं पड़ता।

ढुँगा माँ धलि—तिरस्कृत करना, बर्बादी के मार्ग पर रखना।

ढुँगा मागै मो—अस्तित्वहीन परिवार।

ढुंगा मुड़ि[3] कु हाथ च—किसी विपत्ति में फँसे हुए, किसी के उपकार से दबे हुए हैं।

ढुंगि-ढुग्यूँ माँ नाचण—ओछापन दिखाना।

ढुंगु घड़ा माँ पड़ित घड़ा कि रांड, घड़ा माँ ढुंगु पड़ि त घड़ा की रांड—सब प्रकार से कमजोर को हानि।

ढुँगु फरकैलि[4]—रिश्ता खतम करना।

ढुँगु फरकौण—उधर कभी न जाना।

ढुँगून भरा घर पर मेहमानुन ना भर—मेहमाननवाजी से नुकसान।

ढुंगौ कु बाग, चुला कु भेल—छोटी बात को बढ़ाचढ़ाकर कहना, छोटी बात से खतरा।

ढुग्यौंण[5] जग-जग भी—कई लोगों को जगह-जगह से बुलाना, सब तरफ से परेशान करना।

ढुडाभांडि[6] कन—किसी खोई वस्तु की खोज करना, उलट-पलट करना।

ढे

ढेवरिया चाल—जहाँ एक जाता सब जाते हैं, अंधानुकरण करने वाले।

ढेबरि[7] जखि[8] भी जालि तखि मुंडेलि[9]—अशक्त जहाँ भी जाएगा उसको हानि ही पहुँचेगी, शोषण होगा।

---

1. कोमल 2. सियार 3. नीचे 4. पलटना 5. पथराव करना 6. खोजबीन 7. भेड़ 8. जहाँ भी 9. बाल काटना

ढेबरि टैट कन—खूब कसना, टस में मस न हो सकना।

ढेबरिया सौड़—सब का एक ही जगह इकट्ठा होना।

ढेवरी की ढेवरी मेंडि, गू को गू खवैगे—सब प्रकार से हानि, मार में महामार करना।

ढो-ढौ

ढोंग गान—प्रपंच रचना।

ढोल की पोल खुलीगे—बदनामी, गोपनीयता भंग होना।

ढोल खौ मार, ढोल्क्या पैसा सार—कोई कष्ट उठाये, कोई लाभ उठाए, सीधा घाटे में और चतुर लाभ में रहता है।

ढोल जन गेर—बड़ा पेट।

ढोल दमौ दगड़ि, कमच्चा कि ख़्वी च्वीं—बड़े के साथ छोटे का प्रभाव कम होना।

ढोल पर द्वी तरफ से मार पड़दि—मूर्ख दंड देने पर ही काम करता है, निरीह पर सब तरफ से मार पड़ती है।

ढोल बाजण—बदनामी।

ढोलकि कुण्डलि जनाना कि मुडलि—अनाड़ी के साथ अनाड़ीपन।

ढोलकि सजण्यां होई—गरीबी की नौबत आना।

ढौडि-ढौडि खांण—छलकपट, धोखा देकर गुजर बसर कना।

त

तंग औंण—परेशान होना।

तंग तेपालि कन—कच्चा साज सामान करना।

तंणी टूटण—भयभीत होना।

तंतर-मंतर कन—झाड़-फूँक करना, जादू टोना करना।

तकदीर उल्टु होंण—विपरीत भाग्य।

तकदीर का अग्वाड़ि ततबीर क्या करि सकदि—परिश्रम से भाग्य प्रबल होता है।

तकदीर कि तदबीर होंण—भाग्यानुसार ही परिश्रम होता है।

तकदीर कु खेल पैलि कैन देखि—भाग्य का खेल पहले किसी ने नहीं देखा है।

तकदीर कु द्वार खुली—भाग्योदय होना।

तकदीर फूटीगे—भाग्यहीनता, विपरीत भाग्यफल।

तकदीर माँ लेख्यूँ नि मिटद—भाग्यानुसार कार्य होके रहता है।
तकदीर से तद्बीर बड़ि—भाग्य से परिश्रम का महत्त्व अधिक।
तखि खांण तखि खोंण वाला—जहाँ खाना वही खोने वाले, कृतघ्न।
तखि मू पाणि धारि, तखि मू सातु भारी—वहीं पर सब सुविधाएँ।
तखि मू सर्पे दूंली, तखि मुं माछै मुंडलि—रक्षक और भक्षक की निकटता की स्थिति।
तड़तडु भाग—भाग्यवान होना।
तड़ि-तड़ि कपालि कु—भाग्यशाली।
तड़ि-तड़ि नाक जन—सीधी खड़ी चढ़ाई।
तथ्या मेरा बल्दन बैंनी जथ्या खेच—आय से व्यय अधिक।
तन ढकण लाज रखण—कपड़े पहनने से लज्जा ढकी जाती है।
तना-तना पेट माँ छन धर्या—किसी की परवाह न करना, निर्भीक।
तन-बदन पर आग लगण—बहुत क्रोध आना।
तनि खाणकि तनि धाणकि—जैसा खाना वैसा काम।
तनि खाण्या-निखाण्यां घर तनि छैमासी जर—गरीबी में लंबी बीमारी।
तनि छोरा का मुण्डेणु, तनि ढांडौ कु पणु—विपत्त में विपत्ति, अनाथ बच्चा, सिर मुँडाते ओले गिरने।
तनि तनौं का होला कना?—जैसों के तैसे होते हैं।
तनि तान तनि तून, तनि ढेबरि तनि ऊन—सब काम खराब ही खराब।
तनि तेरि काचि-काचि पांण, तनि मेरि नि देंणी धांण—खराब काम करने वाले को खराब ही दिया जाता है। जैसे को तैसा।
तनि नकलि छकली, तनि डुडख्या हौल, तनि डांगुलि पुँगड़ि तन पड़्वागौल—सब प्रकार से त्रुटियाँ ही त्रुटियाँ।
तनि बूढ़ कु मनु, तनि ढांडौ कु पंणु—विपत्ति में विपत्ति आना।
तनि मनि छना—तुच्छ हैं।
तनि-मनि समझण—तुच्छ समझना।
तनि समय कम रैगि, तनि मेरि गौलि गबजैगि—रंग-ढंग सब बिगड़ गये।
तनि वलि माँडा, जनि पलि माँडा—जैसा यहाँ वैसा ही वहाँ, सर्वत्र एक सी स्थिति।
तपस्या कन—कठिन परिश्रम करना, कष्ट सहना।
तब मिलला सोना का सूत, जब छुड़ौला बाबु दी पूत—बाप-बेटे मिलकर काम करेंगे तभी सोना धन प्राप्त होगा।
तबारि अलग्यौंण तबारि निसेंण—तभी जोश देना, तभी शांत करना।
तबारि कटमकटा, तबारि चटमचटा—तभी झगड़ा, तभी प्रेमभाव।
तबियत भारी—मन भर गया, मन ऊब गया।
तभि तोलभर तथी मासा भर—अस्थिर रहना, जमीन-आसमान का अंतर आना।

तमाकु ऐसी मोहनी जांके लम्बे पात लाख रुपये की आदमी जाय पसारे हाथ—व्यसनी का अपमान।

तमाकू पेंण बैठी, गवै देण खड़ू उठी—तंबाकू बैठकर पीना चाहिए और गवाही खड़ा उठकर देनी चाहिए, ऐसा शिष्टाचार बताता है।

तमासू देखण—शत्रु के बुरे दिन देखने की लालसा।

तमोटा कि गागर फूटी—असंगत बात।

तराजू की डंडि कभि ऐंच कभि निसा—मनुष्य की स्थिति परिवर्तनीय रहती है।

तराजू दगड़ि क्या जिदैण?—न्यायप्रिय के साथ या न्यायालय का निर्णय सर्वमान्य होता है।

तरास औंण—दया आना, दयार्द्र होना। गहरी सहानुभूति।

तरुणु नि जांणद अपुणु मरणु—जवान मरने की परवाह नहीं करता।

तलप न तनखा भजराम हवलदार—बिना बात का बड़ा नाम।

तलब लंगण—तम्बाकू पीने का मन करना, आतुरता।

तलवार छै पर बनगड़ रैगि—समय पर वस्तु उपलब्ध न होना।

तलवार मान—जीतना, नाम कमाना, सम्पत्ति को अधिकार में करना।

तलवारि चलण—युद्ध, झगड़ा, विवाद।

तवा कि मेरी, हाथ कि तेरि—खाने में उतावली करना, भूखे, सब प्रकार से अपना ही स्वार्थ देखना।

तवा क्या जाणु रोटीकु स्वाद—मूर्ख गुणवान को नहीं पहचानता।

तवा धाण नि होंण—चूल्हा न जलना।

तवा पतेलु तु लीगे, ढुंगला, पकौंण्या मैकु करीगे—सब सामान लुट जाने पर दुर्दिन होना।

ता

ताक पर धन—दूर करना, उपेक्षा।

ताक पर रौंण—छिपकर प्रतीक्षा करना।

ताकुलि सी रीटण—इधर-उधर जाना, उद्विग्न होना।

ताड़का जनि—बदसूरत, लंबी तगड़ी, बीभत्स रूप वाली, कर्कश वाणी वाली नारी।

ताड़ि-फाड़ि होंण—बेचैनी, तेज बुखार में उठना-बैठना।

ताडु-झाडु कन—तंत्र-मंत्र करना।

ताता तेलै कड़ै उन्दु मुण्ड धन—खतरा मोल लेना।

ताता पाणिन कूडु नि फुकेंद मैक्यून मनखि नि मरद—जैसी कैसी बात का असर

न होना।

ताता बाखरै कि खाल गाड़ेंदी—लोहा गरम होने पर चोट मारना, अवसर को न गँवाना।

ताता रोस मार नि कनि—गुस्से में मारपीट नहीं करनी चाहिए।

ताति नि पैंण—कोई काम उतावली में न करना, गुस्से में मुँह बंद रखना।

तातु दूध न घुटेंद न थूकेंद—असमंजस में पड़ना, दुविधा में पड़ना, धर्म संकट होना।

तातु दूध होंण—असमंजस में पड़ना, दुविधा होना, धर्मसंकट में पड़ना।

तातु पाणि—चाय।

तापलि सबि—खत्म होना, नहीं मिलेगा।

ताम-झाम चली—सारे सामान सहित प्रस्थान करना।

तामा कि मेख करामात देख—चालाकी से धन प्राप्त करने का तरीका।

तार-भाँत देखण—मरीज की हालत देखना।

तारा देखण—कठिनाई का सामना करना।

ताल चूक्यों औसर वीत्यों—गया समय आता नहीं।

ताल ठोकण—लड़ाई के लिए ललकारना।

ताळा चुलि, खारु लाण नि देंद—बड़े कष्ट के बजाय छोटा कष्ट सहने को तैयार नहीं, किसी काम के लिए काम करने के बजाय बात करने भी न देना।

ताळा सीं डर—बहुत डरना।

ताळि कुँजि सौंपण—घर-गृहस्थी का भार सौंपना।

ताळि यका हाथन नि बजदि—झगड़ने में दोनों पक्ष दोषी होते हैं।

तालु लगौंण—घर में कोई न रहना, सब के सब मर गये।

तासीर देखण—हालात देखना।

तासीर बिगण—हालात बिगड़ना, स्वास्थ्य में गिरावट आना।

त्याग माँ भाग होंद—त्याग करने से ही उपलब्धि होती है।

ति

तिकड़म भिड़ौंण—तरकीब सोचना।

तिजोरि ख्वोलि—उदारतापूर्वक दान।

तिथरा का मुख लक्ष्मी—महत्त्व न समझना।

तिथरी फंसे, चाखुड़ी फंसे, तुम क्यों फंसे कागा? भत-भत हमने भी सुना, हम भी फंसे बाबा—बिना बात की परेशानी मोल लेना, मूर्ख लपेट में आये पर

चतुर क्यों फँसे।

तिथरी मारि भितरी, घुघती मारि मेरा जुग्ती[1]—सब प्रकार से अपनी ही स्वार्थ सिद्धि।

तिथरि मेरा भितरी, चकोर मेरु नौनु भकोर[2], **घुघति मेरा जुग्ती**—सब तरह से अपना लाभ देखना, महास्वार्थी।

तिथरिया ठग जन—बहुत बड़ा ठग, चतुराई।

तिबारी कु जन खम—मजबूत, दृढ़।

तिबारी कु नक्सा छाजा से मालूम होंद—भीतर की बात बाहरी हालत से ही पता चलता है।

तिमला का तिमला खतेण्या, नांगा का नागा देखेण्या—सब प्रकार से अहित होना।

तिमला कु फूल, बिराळा कि औंर[3] **कैन देखि**—अदृश्य वस्तुएँ।

तिरण छोड़ पर ऐगि—मरने की तैयारी, विनाश सन्निकट आना।

तिरण नि रौण—सब नष्ट होना, तृण (भोज्य सामग्री) समाप्त होना, जीवन के दिन शेष न रहना।

तिरण नि तोंण—कुछ न करना, कुछ न खाना।

तिरसणा जगौंण, सांति भगौंण—अतिशय, इच्छा, अशांति कारक।

तिरिया चरित्र अर पुरुष कु भाग कैन देखि?—स्त्री का चरित्र और पुरुष का भाग्य कोई नहीं जानता।

तिऱ्वाल परो सीं ढुंगु—बहुत बूढ़ा व्यक्ति, कम जीवित रहने वाला।

तिल कु ताड़ कन—बढ़ाचढ़ाकर बताना।

तिल खोजणू, हाथी नी सोचणू—मूर्खता, नगण्य की चिंता करना, मूल्यवान के लिए बेफिक्र रहना।

तिल धन जगानी—भारी भीड़ होना, जगह की भारी कमी।

तिल बराबर—बहुत कम।

तिल माँ न्यांण[4] **धन**—छोटी बात के लिए उत्पात मचाना।

तिलै दाणि भी बाँटण—परस्पर अगाध प्रेम, छोटी-छोटी वस्तु का भी बँटवारा करना।

तिसमली तीस होंण—पानी का भारी संकट होना।

ती

तीजै जनि जोन—दुष्प्राप्य होना, दुर्लभ वस्तु।

---

1. हवाले 2. जल्दी-जल्दी खाना 3. नाल 4. लोहे की पैनी छैनी

तीन कौड़ि का–तुच्छ, नगण्य होना।

तीन ताक पर रखण–घोर उपेक्षा करना।

तीन तिरगट, महा बिर्गट–तीन आदमियों का एक साथ जाना अशुभ होता है।

तीन ब्यौ वाला का बड़ा भाग, द्वी लिजाला डांडि, एक लिजालि आग–तीन विवाह वालों की दुर्गति होती है।

तीन पाँच कन–इधर-उधर की बात करना, अंटशंट बोलना।

तीन माँ न तेरे माँ–तटस्थ रहना।

तीन लोक से मथुरा न्यारी–तटस्थ व्यक्ति।

तीन सौ चोटी वाला कट्ठा रैला, पर तीन चुफला[1] वाली कट्ठा नि रै सकदि–स्त्रियों का बातूनी होने पर अतिशयोक्तिपूर्ण व्यंग्य।

तीर न कमान, कींकु पठान–बिना योग्यता की शेखी मारना।

तीर मू धन–तिरस्कार करना।

तीर लक्ष्मण पर लगि, पिढ़ा है राम पर–भाई का दर्द, परिणाम कहाँ का कहाँ पड़ना।

तीर्थ कु पाणि गन्दु कख! कुलवान की बेटि कालि कख!–तीर्थ का पानी गंदा भी पवित्र होता है। कुलीन बाप की बेटी काली भी हो तो ग्राह्य होती है। सूरत नहीं गुण देखने हैं।

त्वी[2] क्या चैंद कांणा? द्वी[3] आँख साणा–अंधे को दोनों आँखें चाहिए, मनवांछित फल की चाहत।

त्वी[4] जा मूसि, त्वी जांगुडि[5] दुखी द्वी–आलसी नारी, बहानेबाजी करना, चूहा-चुहिया की लोककथा।

'त्वीन मामा किलै मारि', 'मैन चाचा समझि'–बात को बदलना।

तु

तु कख जाँद बल, नैलि कुंड, मैं भी औंदु नांगै मुण्ड–जिस किसी के साथ जाने को तैयार रहने वाला।

तु कोलि, मैं ल्वार, तेरु-मेरु क्या व्यवहार–जब किसी का परस्पर संबंध न हो।

तुखम तासीर, सोबत असर–संगत का फल मिलना।

तुगलक बासा जन–पागल सा व्यवहार करने वाला।

तु जाँदि त जा, मैंन जाणत दौड़–हर प्रकार दूसरे से ही काम कराना।

तु ठगणी को ठग, मैं जाति कु ठग–सेर में सवासेर होना।

तुड़का देंण–बातों में नमकमिर्च मिलाना, बीच में बात करना।

---

1. चोटी 2. तुमको 3. दो 4. तुम ही 5. जाँघ

तु डंडा त मैं तिरसूल—सेर में सवासेर होना।

तु नैरा त मैं दैरा—सेर में सवा सेर होना।

तुफान मचौंण—उत्पात मचाना।

तुफानन पाड़ भी उड़ि जांदा, रुई कि क्या बात!—घोर मुसीबत में बड़ी-बड़ी हस्तियाँ मिट जाती हैं, गरीब की क्या बात!, प्रतिकूल परिस्थितियों का असर सब पर पड़ता है।

तुभी नंगु माँ नौ तेर, पाथा माँ छै सेर—अंधों में काना सरदार।

तुम बल्दू वायूँ खाँदा कि घोड़ा कु बायूँ खाँदा—सब बैलों द्वारा जोते खेत का अन्न खाते हैं।

तुम बिन सभा नि सोभदि नारायण—श्रेष्ठ व्यक्ति के बिना सभा शोभा नहीं देती है।

तुमणि को घ्यू और बणियाँ कु ज्यू[1]—दिल की बात का पता न चलना।

तुमन अभि बूढ़ मरद कख देखि?—अभी मुसीबत कहाँ झेली है।

तुम मैं कन मंणदा[2]**, जन तुम माणदा**—जैसे को तैसा व्यवहार।

तुमसे मूसि नि मरदि—छोटा काम करने में भी असमर्थ।

तुम हमारा घर औला[3] **त क्या लेला, हम तुमारा घर औला त क्या देला**—सब प्रकार से अपना ही लाभ देखना।

तुमारा जौ तुम्हारु जाँदरु[4]**, मेरु क्या च बांदरु**—सब कुछ तुम्हारा है, मुझे क्या मतलब है।

'तुमारा मुण्ड पर विच्छि', 'निकालि द्या'—जिसने खतरा बताया, उसी को दूर करने को कहना।

तुमारो भैंसो, मैं कींक हींस्यौ[5]—किसी की तरक्की से क्यों जलना।

तुमुन[6] **हम मू ऐ जाण, पर हमून तुम मू नि औंण**[7]—बच्चों को वृद्धावस्था में आना ही है पर वृद्ध बच्चा नहीं बन सकेगा।

तुरन्त दान महाकल्याण—दान शीघ्र देना ही लाभदायक होता है।

तुरफुक्यां जन—तुच्छ व्यक्ति

तु राणी, मैं राणीं, कु कूटलु चीणा दांणि[8]—सब बड़े फिर काम कौन करेगा।

तू

तू तड़ाक होंण—झगड़ा, कहासुनी होना।

तूति बजण—बोलबाला होना।

---

1. दिल 2. मानते हैं 3. आयेंगे 4. हाथ से पीसने की चक्की 5. ईर्ष्या 6. तुमने 7. आना है 8. दाना

तू तू मैं मैं होंण—विवाद, कहासुनी होना, अपशब्दों का प्रयोग करना।

तू ना बोलि कि—इज्जत से बात करो, अपशब्द न कहो, सावधान करना।

तूफान मचैलि—बखेड़ा खड़ा करना, शोरगुल, झगड़ा करना।

तूलि[1] कु डाम धलि—अपमानित करना, दंड देना, गाली, गरम तूल (प्राचीन समय में तोलने के लिए लोहे का तराजू) से इलाज।

तूलि तन्थ महापंथ—कमजोर, कृशकाय होना।

तूलि, माँ न कौंणि[2] माँ—किसी में शामिल नहीं।

तृ

तृया चरित्र अर पुरुष कु भाग कैन देखि?—स्त्री का चरित्र और पुरुष का भाग्य अदृश्य होता है।

तृया चरित्र कैन जाणी—स्त्री चरित्र कोई नहीं जानता।

तृया चरित्र जांणि न कोई, पति मरे सती होये—स्त्री चरित्र का रहस्य। स्त्री के गहन भावों को विरले ही अनुभव करते हैं।

तृस्णाजग्गी शांति भगी—अभिलाषायें बढ़ने पर शांति भंग होती है।

तृजुगी जन आग—जिस घर में हर समय चूल्हा जलता हो, त्रियुगी में शिव-पार्वती के विवाह की अग्नि साक्षी है तीनों युगों से।

तृसूल जन खड़ु—सीधे चुपचाप खड़ा रहना।

तृसूल जमैलि—अधिकार जमाना।

तृस्णा बराबर रोग नी, गृहस्थी बराबर भोग नी—अतिशय आकांक्षा दुःख कारक, गृहस्थी में भोग विलास।

ते

तेरा क्या छन माच्छा संणा[3]—कौन सी सड़ने वाली वस्तु है, जिसको सस्ते में बेचे, कौन सी जलती है।

तेरा गात क्या खजयालि[4] उठि—बिना बात के किसी के काम में क्यों टाँगें अड़ानी हैं।

---

1. सामान तोलने की प्राचीन समय में तुला 2. झंगोरे की जाति का अनाज 3. सड़ना 4. खुजली

तेरा गौं दी ऐग्यू[1] त ज्या बोदि—पर घर जाने पर कोई जैसा भी व्यवहार करे, चुप रहना पड़ता है।

तेरा जौ तेरि हाथि—सब काम तुम्हारे ही हाथ से होना है।

तेरा मेरा बीच अंड-बंडु, कु बांटलु कल्यौ कंडु—जब परिवार में परस्पर बातचीत न हो कैसे काम चलेगा?

तेरि जुति तेरा सिर—अपनी करनी का फल भुगतना।

तेरि दवै न मरि त्वी ढोल्यौ—तुमने गलती की तुम ही भुगतो।

तेरि दाथलि तेरा जौ, जब चाँदि तब लौ—तुम्हारा हाथ तुम्हारा जगन्नाथ, पूर्ण स्वतंत्रता।

तेरि दिल्ली से मेरि बामणि भलि—अपना गाँव घर सबको प्रिय होता है।

तेरि-मेरि कब बिगडि, जब लेणि देंणि ह्वै—लेन-देन होने पर ही विवाद होता है।

तेरि मेरि कना—अपने और अपनों के लिए बटोरना।

तेरि सेवा मेरि कथैं—तुम्हारे नमस्कार से मुझे कोई मतलब नहीं।

तेरु घट पिस्यौं ना पिस्यौ मैं भग्वाड़ि[2] चैंदि—चाहे कुछ हो मेरा फायदा होना चाहिए।

तेरु ढाकरि औ ना और मेरु लोंण आयूँ चैंद—तुम्हारा नफा नुकसान कुछ भी मेरा नुकसान नहीं होना चाहिए।

तेरु नाचणु मेरु देख्यूँ च, मेरा नौना ना पितोड़ि[3]—नापसंदी कर कार्य देखना व्यर्थ।

तेरु बाबु डांडा कौंणि नि बूतद छौ त मेरु बावु रिखन नि खाँण छौ—तुम्हारे कारण हमारा नुकसान, बहानेबाजी करना।

तेरु ब्यौ कल सौ वर्ष बाद—समय निकलने पर काम का क्या वायदा।

तेरु मेरु कन—भेदभाव करना।

तेरु हल दी लगौंण कि तेरा भट्ट दी बुखौंण[4]—दो काम एक साथ नहीं हो सकते हैं।

तेरु हाथ मैंन पकड़ि, मेरु त्वीन पकड़ि गाड़ तरै कींकि—काम निकलने पर चालाकी।

तेल उठौण—विवाह से पूर्व वर-वधू पर तेल लगाना।

तेलकम चिबड़ाट[5] जादा—काम कम हल्ला अधिक।

तेल तैं चचणांद नाडु—दुष्ट को मारकर सीधा किया जाता है।

तेलै तेसेरि, पाथी द्वि सेरि—असंगत काम।

तेल्यों तेलै सूझि नौनू बालु, खौलै[6] सूझि--तेली को तेल की चिंता बच्चों को खली खाने की चिंता।

---

1. आ गया 2. पनचक्की की पिसाई 3. पिचकाना 4. चबाना 5. आवाज निकालना 6. खलियान

तै

तैकाल्यौ नर मर कुंजर मर—बेखबर व्यक्ति, संशय की स्थिति। तटस्थ रहना।
तैकि जुति तैका सिर—मियां की जूति मियां के सिर।
तैकू मर तैकै नौधर—सब प्रकार से बदनामी।
तैकि बुद्धि दैवन हरलि—ईश्वर ने बुद्धि नष्ट कर दी।
तै छिपरा दगड़ि ना छेड़ा—क्षुद्र व्यक्ति से दूर रहना चाहिए।
तै ढुँगी दगडि, दुबारा टकराण भलु नी—समर्थवान से टक्कर लेना खतरनाक।
तै दगड़ि का ढुँगा भी नि रैया—बहुत बूढ़ा व्यक्ति।
तै परकण्डियाल़ घाम पर धौरा—चोरी साबित करने का तरीका (एक बार मंदिर के भंडार में घी की चोरी हो गई, चोर का पता न लगने पर भंडार के तोते ने कहा कि उस परकड्याल़ (भंडारी) को धूप में रखो, भंडारी ने घी टोपी के अंदर छिपाया था। धूप से घी पिघल गया। चोरी साबित हो गई।)
तै पातलि माँ खांण तै पर छेद कन—जहाँ खाना वहाँ खोना।
तै मुरदा देखीक डर लगदि जु पड़ि-पड़ि खांद—निठल्ला बैठे रहने वाला मुर्दे की तरह होता है।
तैं रांडो मरलू जैंकु होलु नी—व्यर्थ की कामना, असंगत बात, निराधार बातें।
तैलु होंण—गरम मिजाजी, स्फूर्तिवान होना।
तैं सालि[1] का गोरुन[2] यनि[3] हगण[4]—घर या वंश से सब एक से व्यवहार वाले होना।
त्वैकु न मैकु भ्वींचाल़ा रास—किसी का अधिकार न होना, बर्बादी ही बेहतर समझना।
त्वै मेरा सौ छन, जु तु मैं तैं भलु नि माणलु—मान न मान, मैं तेरा मेहमान।

तो

तोता चसम—निरर्थक बात करना।
तोता-मैणा जन—सुंदर जोड़ी।
तोता रटन्त—बार-बार पढ़कर याद करना।
तोप्याल़ की तोपताप, चौण्डयाल़ कु राज—कोई बलशक्ति प्रदर्शित करता है, कोई

1. गौशाला 2. गायों ने 3. ऐसा ही 4. मल त्यागना

बुद्धि के बल राज करता है। तोप गाँव के तोपवाल ने तोप चलाई, चौंड वाले सरदार ने चालाकी से राज्य पर कब्जा किया।

तोफु लगौंण—कलंक लगाना।

तोमड़ा अन्न होंण—कम अनाज होना।

तोमड़ा कि तोम्यांण ऐई जांदि—जातिगत गुण अमिट होते हैं।

तोमडा कु झौण[1] होंण—घर पर ही रहने वाला व्यक्ति।

तोमड़ा तु हल्कु किले च, मेरि जातै इनी च—जातीय स्वभाव, रोता क्यों सूरत ही ऐसी है।

तोमा पर तोमड़ा ऐई जांद—पेड़ पर फल लग ही जाते हैं पैतृक गुण अमिट होते हैं।

तोली बात कन—सोच-समझकर नपी-तुली बात करना।

तौ

तौंका जुता का मोला नी छन—बड़ों के सामने छोटे तुच्छ होते हैं।

तौंणा[2] तोण[3]—भयभीत करना।

तौंणा मौणा टूटीगिन—भयभीत होना, डराना।

तौं[4] द्वियूँ[5] मैं जाणदु[6], अग्वाड़ी[7] फुनु ज्वै[8] हों, पिछूवाडि फुनू कु मैं नि पछाण्दु[9]—नासमझी की बात करने पर भी अपने को समझदार समझना।

तौ न तलब, खालि भजराम हवलदार—बिना हैसियत से बड़ा बनना।

तौला पिडालु, ऐंच पात, कांणा कऊ कि एकु जात—अरबी (धुयाँ) के फल नीचे रहते, पत्ते ऊपर होते हैं। सारे कवै एक से होते हैं। जातिगत गुण अमिट होते हैं।

तौली-बठुली होंण—हानि उठाना, घाटा पड़ना।

थ

थंगतेगि अब—थककर शिथिल पड़ना, गुस्सा शांत होना।

थकर्च होंण—थक कर चूर-चूर होना, विस्मित होना।

थकित भयो सरीर, आंगमन भयो परदेस—शरीर अशक्त होने पर अपने घर में चल फिरने में असमर्थ।

थकौंण पर आयूँ—परेशान करने पर तुला या झुकाने पर तुला है।

---

1. कीड़ा 2. बदन के कपड़े बाँधने की डोरी 3. तोड़ना 4. उन 5. दोनों को 6. जानता 7. आगे वाला 8. पत्ता नहीं कौन है 9. पहचानता

थप्पड़ मार्यूँ देखु उब्बु[1] कौला मार्यूँ देखु उन्दु[2]—दंड देने पर जवाब देने को तैयार होते हैं पर उपकृत विनम्र रहता है।

थर-थर काँपण—भयभीत होना।

थरा किटकि नी, ऐंच भिटकि नी—एकाएक दुर्घटना हो गई।

थरा न ऐंच—आधारहीन व्यक्ति।

थरु पड़ी—दिल का अंदर ही अंदर काँपना।

थ्वबड़ा[3] उस्यांयाँ[4]—गुस्से की स्थिति में रहना।

था

था-था होंण—मुश्किल से खड़ा करना।

थाती[5] सूनि, विरति[6] बांजा[7] कख छै?—सम्माननीय लोगों के गाँव का उजड़ना और कामगार के मालिक का घर उजाड़ना बुरा लगता है।

थान भ्रष्ट होंण—अपने पुरखों के गाँव को छोड़कर अन्यत्र बसने वाला।

थानी कु कुत्ता, बेथानी[8] कु ठाकुर बराबर—सम्मानित लोगों के गाँव के गरीब, निम्नस्तरीय लोगों के गाँव का अमीर बराबर होता है।

थान्यूँ[9] ढुँगु—सम्मानित स्थान की वस्तु।

थान्यौं-मान्यूँ होंण—अपने स्थान का महत्त्व होता है।

थांपण भली कै—स्थापित करना, जबर्दस्ती थोपना।

थाबड़ु[10] जन—आकाश में स्थिर रहने वाला।

थामि-थूमी खड़ु कन—बुरी स्थिति से उबारना।

थारी अब—भैंस या गाय का गर्भाधान के बाद स्थिर या चुप रहना, संतुष्टि होना।

थ्याँग-थुंग मेरा मुण्ड माँ होंण—सारा भार, परेशानी उठाना।

थि

थिड़ेंदा[11] बच्चा पिछ्वाडि[12] होंदा अच्छा—जो बच्चे बाल्यकाल में बहुत नटखट, रोने-धोने वाले होते हैं, बाद में अच्छे होते हैं।

---

1. ऊपर 2. नीचे 3. होंठ 4. सूजन, गुस्से से मोटे लाल होना 5. सम्मानित लोगों का गाँव 6. कामगार के मालिक 7. बंजर उजाड़ 8. थानी का विलोम बेथानी 9. स्थापित, पूजित 10. एक चिड़िया का नाम जो उड़ते समय आकाश में कभी स्थिर रहती है 11. रोना धोना, हाथपाँव पटकना 12. बाद में

थू

थूक का आँसु लगौंण[1]–बनावटी आँसू, छलकपट करना।
थूक घूटण–गुस्से को पीना।
थूक लगैक गण–कंजूसी करना।
थूकलि तैन–त्याग दिया, छोड़ दिया।
थूक हथगुलि[2] **माँ धरी घूटण/डूवण**–शर्मिंदा होना, बेइज्जत होकर बाजी हारना, अपनी बातों पर अडिग न रहने वालों पर व्यंग।
थूका आंसु र्वौंण–बनावटी रुदन।
थूकि द्या–छोड़ो, त्यागो, माफ करो।
थूक्यों थूक चाटण–वचन भंग करना।
थूक्यों थूक नि देखणू–घोर अंधकार।
थू-थू कन–नफरत करना, बदनामी होना।
थूवर[3] **लगण**–पुठौं पर मांस चढ़ना, हृष्ट-पुष्ट होना।

थे-थै

थेगलि[4] **लगायी कभी, आज भगवानैं दया से ससि**[5]–कभी गरीबी के दिन झेले आज संपन्नता में।
थैला सौज्या–भीख माँगने की स्थिति में।

थो

थोकदार कु बच्चा बण्यूँ–बड़े आदमी का लड़का, बिना परिश्रम के खाने वाला।
थोकदार[6] **जन**–बड़े आदमी जैसा, जो खाली सम्मान का पात्र हो।

---

1. लगाना 2. हथेली 3. पशुओं की एक बीमारी जिसमें उनके गले पर सूजन होती है 4. पैबंद, फटे पुराने वस्त्र 5. सब कुछ 6. पहले जमाने में किसी इलाके में कोई प्रभावशाली और प्रतिष्ठित व्यक्ति अंग्रेजों द्वारा थोकदार नियुक्त किया जाता था, उसको उस क्षेत्र की मालगुजारी वसूल करने का अधिकार रहता था, उसको सम्मान देने और मालगुजारी वसूल करने के लिए बहुत जमीन भी दी जाती थी। जो वंश परंपरागत रूप से पिता की मृत्यु पर ज्येष्ठ पुत्र को प्राप्त होती थी, अब थोकदारी, जमींदारी और हिस्सेदारी प्रथा समाप्त हो गयी है

थोक बढ्ढ आदिम चढ्ढ—बड़ी बिरादरी वाले घमण्डी होते हैं।
थोड़दिन्या होंण—जिसका जीवन अब थोड़ा शेष हो, घमंडी, उद्दंड।
थोड़ा खाण सुखि रौंण—संतोषी ही सुखी रहता है।
थोड़ा खाणु, बनारसी रौणु—खाना थोड़ा, तपस्वी की तरह रहना।
थोड़ा दूध का बराबर समझण—बहुत प्यारा, बहुत चाहना।
थोड़ा पड़ि हल् छुटि, ज्यादा पड़ि कोड़ि टूटि—थोड़ा पढ़ने पर हल लगाना छोड़ते हैं, अधिक पढ़ने पर घर-गाँव छोड़ देते हैं।
थोड़ा बोलि, भौत[1] बींगी[2]—थोड़ा कहने पर ही समझना।
थोड़ा रैगि, बहुत चली गई—जीवन का अधिकांश समय व्यतीत हो गया।
थोड़ा लेखे जादा समझण—चतुर को इशारा काफी।
थोड़िरण अब—बहुत कम समय शेष।
थोपणू लोकु पर—किसी पर इल्जाम को थोपना।
थोबड़ु चाढायूँ—गुस्से में घोर नाराजगी दिखाना।
थोबड़ु बैण्ड कन—मुख पर घूँसे मारना।

थौ

थौक नि जांणदि, मासन्त-संग्रांद—थकान नहीं देखती कि दिन कौन सा है।
थौक सबसे बढ़िया सिखाँणु—थकान में गहरी नींद।
थौं[3] टेकण—विश्राम करना।
थ्यौंती अब—शांत होना।
थौला कु मुख खोन—उदारतापूर्वक देना।
थौलि सींक[4] रया[5]—व्यंग्य, तैयार रहना, लेने के लिए पर मिलेगा नहीं।
थौलि सजलि—भिखारी बनना।
थौरु पड़ी—भयभीत होना।

द

दंग-दंग माँ रंग-भंग—उत्सव में व्यवधान आना।
दंग मंग मर्ची—खाने-पीने का मजा आना।

---

1. बहुत 2. समझना 3. विश्राम 4. सिलाई कर 5. रहना

दंग मंग होंणी—भीड़-भड़ाका होना, चहल-पहल होना।

दंडतूफान कना—बड़ी धूमधाम, भीड़-भड़ाका, दिखावा करना।

दंदाला[1] कि बात[2] होंणी—काम करने का उचित समय आना।

दंदोल होंण—दुविधा में पड़ना।

दगड़ि छोड़ि लगड़ि नि खांण—किसी को धोखा न देना।

दगडु[3] कन सूरा[4] कू या पूरा कू[5]—साथ वीर या संपन्न का करना चाहिए।

दड़िमें[6] दाणि[7] आपना मुण्ड माँ खाड खँणदि—दाड़िम का फल अपने सर में गड्ढा खोदता है, अपने लिए खुद परेशानी पैदा करना।

द-द-म-म छ—खुशहाली है।

दबेलदार होंण—दासता स्वीकारना, अधीन रहना।

दम एगि नाक माँ—बहुत परेशानी आना।

दम खुसक होंण—थकान आना, परेशानी होना।

दम देंण—प्रोत्साहित करना, हिम्मत देना।

दम निकलण—प्राण निकलने।

दम भरण—हिम्मत देना।

दमड़ि कु सौदा, बाजार खलल[8]—छोटे काम में शोरगुल।

दमड़ि ना जौ, चमड़ि जौ—शारीरिक नुकसान हो पर पैसा खर्च न हो, कंजूसी।

दही-दूध तेरु, हाथ-माथ मेरु—दूसरों के प्रयास का यश लूटना।

दया का बराबर धर्म नीं, परोपकार का बराबर कर्म नीं—दया और परोपकार श्रेष्ठ गुण।

दया कु मनखि धर्म की डालि[9]—दयालु होना सबसे बड़ा धर्म है।

दया कु मनखि माया को नाज—जिस पर बड़े का वरदहस्त हो, गुड़ाई का अनाज खूब पनपता है।

दर गुजर होंण—मुश्किल से जीवनयापन होना।

दरवार मा हारु, घर ऐ जनाना मारु—बाहर का गुस्सा घर पर उतारना।

दरवालु जन धंगध्याणू[10]—शराबी जैसी हरकतें करना।

दरि दूब खरि खूब—शुद्ध काम, विनम्रता से सम्मान मिलता है।

दल कि होंदि सरदारि—दल-बल का ही सरदार होता है।

दलेदर लगण—गरीबी, अधिक बच्चे होना।

दस आदिम, ग्यार गुण—प्रत्येक के गुण/ प्रवृत्ति भिन्न-भिन्न होती है।

दस आदिम, दस रास्ता—प्रत्येक के विचार अलग-अलग होते हैं, जीवनयापन के तरीके और सिद्धांत अलग-अलग होते हैं।

दस नमरी—धोखेबाज, जालसाज, 26 जनवरी, 1921 को अंग्रेजों के विरुद्ध चमोली

---

1. छोटे पौधों में खरपतवार निकालना 2. अवसर 3. साथ 4. शूरवीर 5. का 6. अनार 7. फल 8. हलचल 9. पेड़ 10. लड़खड़ाना

के 86 गाँवों ने घोर आंदोलन किया। अंग्रेजों ने उन्हें दस नंबरी घोषित किया था, अब वे लोग स्वतंत्रता सेनानी हैं।

दस नागपुरी एक चांद्पुरी–चांदपुर पट्‌टी के लोगों की चतुराई पर।

दस पीढ़ी तक रिस्ता ढुढा त नाई भी रिस्तेदार मिललु–कोई भी अपनी जाति की शुद्धता का दावा नहीं कर सकता है।

दस बोतली कु नसा लग्यूँ–घमंडी, बेहोशी की स्थिति वाला।

दसादेखीक कुकुर काटद–कमजोरी आने पर सभी डराते हैं।

दस्त लगण–डरना।

दस्याण[1] लगण–सबका बीमार पड़ना।

दा

दांणि-पाणि करीक नाज, पाणि-पाणिप करीक छांस–कण-कण से मण जुड़ना।

दांणु-पाणि टूटण–अंजल पूरा होना, मौत होना।

दांत कि जड़ हिसौण–परेशान करना, गुस्सा आने की बात करना।

दांतकिटु लगण–बेहोशी की अवस्था में।

दांत कीटण–गुस्सा दिखाना।

दांत चमलांण–गुस्सा आना, कुछ खाने की इच्छा होना।

दांत तोण–गाली, बेइज्जती कर पीटना।

दांत तोड़ी कन–पैसे ही नहीं हैं, किससे काम चलाएँ।

दांत तोड़ी दक्षिणा–अभाव में दान देने की बात।

दाता देखि माँगण, खेत देखी बूतण–माँगना और देना पात्रानुसार।

दांत दिखौण–निर्लज्जता प्रदर्शित करना, लाचारी प्रकट करना।

दांत न खुर, कब उडालु फुरर–बहुत वृद्ध व्यक्ति।

दांत निकलीन, केस फूलीन–बुढ़ापा आना, समझदारी आना।

दांत निखोला कन–बहुत पीटना, बेइज्जती करना, गाली।

दांत निपोण–खिसियाना।

दांति घाम लगलि–मृत्यु होना, गाली।

दांतु का अग्वाड़ि[2] जीब–बड़ों के सामने छोटों का वाचाल बनना।

दांतु काटी दोस्ती–अगाध प्रेम भाव।

दांतु कि काटी देंण–अगाध प्रेमभाव।

---

1. काँपना 2. आगे

दांतु दगड़ि जीव स्याणी—कठोर वाणी से कोमल वाणी प्रभावकारी, बात करने में जीभ की प्रमुख भूमिका।

दांतु पर अंगुलि धन—सोच में पड़ना, चकित होना।

दांतु माँ धरी—चौबीस घंटे झिड़कना, परेशान करना।

दांतै जन पिड़ा सौंण[1]—कुछ कर या कह न सकना।

दांतौं जन कीड़ु/खड़—पीड़ादायक, धीरे-धीरे कष्ट देने वाला।

दाग लगण—टोक लगाना, नजर लगाना, कलंक लगाना।

दाड़ि सिलि कलि—निरुत्तर करना।

दाड़ि पीसण—गुस्सा करना।

दाड़ि मूछ वालै कि इज्जत, घस्यारि डांड़ि कि नि होंदि छिज्जत[2]—दाढ़ी-मूँछ वाले का सम्मान, वनस्पति वाले पहाड़ की शोभा होती है।

दाड़ि रमर्यांणी—किसी काम को करने की उतावली होना, गुस्सा आना।

दाडिम्यौजन फूल—सुंदर वस्तु या व्यक्ति।

दाता से सोम भलु, जु तुरन्त दी द्यौ—तुरंत दान देने वाला गरीब अच्छा है, विलंब से देने वाले अमीर से।

दादा चोरि करु, नाति मरु—पुरखों की काली करतूतों का फल वंशजों को भुगतना पड़ता है।

दादा देखलि—परेशानी में पड़ना, पुरखों का स्मरण करना।

दान दरवाजै बटा जांद, खिड़की बटा आंद—परोपकार से लाभ ही लाभ होता है।

दान होंद वित् समाँन—अपनी सामर्थ्यानुसार दान दिया जाता है।

दाना गोरु का दांत नि देखेंदा—मुफ्त वस्तु जैसी भी हो अधिक छानबीन नहीं होती है।

दानि बुडिलि अर दस वैद्य बराबर—अनुभवी बुढ़िया को बच्चों की छोटी-मोटी बीमारियों के इलाज की जानकारी होती है।

दानि स्याणि छ्वीं—बुजुर्गों की सीख, बुद्धिमत्तापूर्ण और अनुभवी बात।

दानी कु हाथ कैन रोकि—दान देने वाले की इच्छा कोई रोक नहीं सकता।

दानी बुडलि कै भग्यानै हो?—घर पर बच्चों की देखरेख के लिए भाग्यशाली के घर पर बुढ़िया रहती है।

दानु-दिवानौं की अकल कख जैक मिलदी?—बुजुर्गों की सीख बहुमूल्य होती है।

दानु स्याणु बण्यूँ—बुजुर्ग बनना, अपने को समझदार समझना।

दानै कि अड़ति, औला कु स्वाद बाद माँ औंद—बुजुर्ग की सीख और आँवले का स्वाद का पता बाद में चलता है।

दानो दुसमन, नादान दोस्त से भलु—बुजुर्ग दुश्मन बेवकूफ दोस्त से अच्छा होता

1. सहना 2. बर्बादी, हानि

है, बुजुर्ग के अनुभव से लाभ मिलता है।

दानौं गिचु, वाला कु हाथ खजांद—बूढ़े का मुँह और बच्चे का हाथ चलता है।

दाम करे काम, बीवी करे सलाम—पैसों की बलिहारी अपार है।

दाम का दाम, चाम का चाम—खरा हिसाब।

दायी पिडा कि, स्वीलि[1] पिड़ा[2]—जरूरतमंद कष्ट उठाये या और कोई।

दायी से पेट नि छिपायेंद—जरूरत पड़ने पर सारी गोपनीयता भी भंग करनी पड़ती है, या शर्म नहीं करनी चाहिए।

दारियून देश खै, दारि कैन नि खै—बदचलन-दुष्ट औरतें देश-विदेश जाकर गुजर करती हैं, पर उनको किसी ने अपना नहीं बनाया।

दारियों[3] का दरोटा[4] खिन्ना[5] परोठा[6]—बदचलन औरतों के आशिक क्षणिक प्रेमी होते हैं।

दारी-दरपट[7] घर कु छर्पट[8]—बदचलन औरत लोगों की घर गृहस्थी को बर्बाद करती है।

दाल़ दलेणि मुण्ड माँ—बहुत कष्ट देना।

दाल़ नि गल़दि—परस्पर विचार नहीं मिलते, काम नहीं बन पाता।

दाल़ भात माँ मूसलचन्द—खाने में या आनंद में व्यवधान।

दाल़ माँ काल़ो—दाल में काला होना, कुछ गड़बड़ अवश्य है।

दाल़ माँ थोड़ा नमक सच्चि माँ जरा झुट्टि होंदी च—थोड़ा बहुत झूठ लगानी ही पड़ती है। जगव्यवहार में कभी झूठ भी बोलना पड़ता है।

दाल़ रोटि कु गुजारु—साधारण गुजारा।

दाल लबेटी भात, भात लेबेटी दाल—परस्पर संबंध।

दाव-पेच चलण—चाल चलना, युक्ति भिड़ाना।

द्वार कुत्ता बांधण—रोक लगाना, घर पर किसी को न आने देना।

द्वार खुला छन—कोई रोकटोक नहीं।

द्वार खुलण—हर्ष का अवसर, भाग्योदय होना।

द्वार छेंदुलु[9] तब देखि जब बिस्तरु गीलु[10] ह्वैगि—समय पर आवश्यक वस्तु उपलब्ध न होना।

द्वार ढक्कि होंण—वंश नष्ट होना।

द्वार बन्द होंण—वंश समाप्त होना, प्रवेश निषिद्ध।

द्वार मोर फोंण[11]—चोरी करना, परनारी गमन करना।

---

1. प्रसव 2. दर्द 3. दुष्ट नारियाँ 4. दुष्ट नारियों की चाल-ढाल 5. पेड़ का नाम 6. दोना 7. बदचलन स्त्रियाँ 8. बर्बादी 9. छेद 10. गीला 11. तोड़ना

दि

दिक कन–परेशान करना।

दिकदारी औण–संकट में पड़ना।

दिखेण माँ पिंगलपद[1] चाखण माँ अलोणकट[2]–देखने में सुंदर पर गुणों में चौपट।

दिख्वालु होंण–गरीब का अमीर बनना, पशु का बच्चा होने की उम्मीद।

दिठीकि[3] ज्वै[4], मुठी कु धन–स्त्री को दृष्टि में रखना, धन छिपाकर रखना चाहिए।

दिदा कु भलु होंण वौ कु निर्विजु होंया–भाई का भला भाभी का बुरा चाहना, असंगत बात।

दिदा[5] भी भलु, बौ[6] भी भलि–सबसे मेल-मिलाप, अच्छे-बुरे में फर्क न करना।

दिन औंण–अच्छे दिन आने, शुभ काम होना।

दिन कन–शुभ कार्य करने का दिन नियत करना, शुभ मुहूर्त।

दिन कटै होंण–समय बर्बाद करना।

दिन चलि जांदा, बात रै जाँदी–समय चला जाता है पर बातें अमिट होती हैं।

दिन छोड़ पर औंण–मरने की तैयारी, गाली।

दिन जांण–अवसर चूकना।

दिन टेरा होंण–समय बर्बाद करना।

दिन दिखौंण–शुभ मुहूर्त दिखाना।

दिन-दोफरी माँ–खुलेआम।

दिन पूरा कन–जीवन के दिन पूरे करना, व्यर्थ जीवन बिताना।

दिन बौडदा[7] पर ज्वानि[8] नि बौड़दि–गयी जवानी वापस नहीं आती पर मौसम लौट जाता है।

दिन माँ डर्द रात सर्माद–संकोची और डरपोक।

दिन माँगण–विवाह करना, विवाह की तारीख तय करना।

दिन रात एक कन–कठोर परिश्रम करना।

दिन लम्बू भी होलु त घामन छिपणै च–चाहे आयु लंबी भी हो एक न एक दिन सबको मरना है।

दिनसारा कन–कम समय वाले काम को जानबूझकर लंबा खींचना।

दिमाग खपौण–पढ़ाई करना, किसी को बार-बार समझाना।

---

1. पीलापन 2. बिना नमक के 3. दृष्टि की 4. स्त्री 5. बड़ा भाई 6. भाभी 7. लौटना 8. जवानी

दिमाग चाटण–तंग करना, अपनी ही बात करना।
दिमाग ठिकाणा लगौंण–दंडित करना।
दियों लियों संग चले, खायों पियों अंग लगे–दान की महिमा और भोजन का महत्त्व।
दिल कि बात सबु मूं नि बोलेंदि–मन की बात जिस किसी से नहीं कही जाती।
दिल की बात दिलै माँ–मन ही मन में रखना, बाहर न कहना।
दिल कु कच्चु–कायर होना।
दिल कु राजा–उदार होना।
दिल खटु कन–नाराज करना।
दिल गवै देंणू–दिल में सूझना, असलियत को समझना।
दिल गवै नी देणू–दिल में बात न बैठना, सच की परख न कर पाना।
दिल छोटु कन–कायरता दिखाना, संकीर्णता।
दिल जलौंण–परेशान करना, गुस्सा निकालना।
दिल दिवानू होंयू–रोमांटिक होना, उल्लसित मन होना, आशिक बनना।
दिल देंण–प्रेम, मुहब्बत होना।
दिल पकण[1]–मनमुटाव होना।
दिल पर चुभण–अप्रिय बात।
दिल पक्कु कन–दृढ़ निश्चय करना, साहस करना।
दिल पाक्यां–मनमुटाव, पुराना झगड़ा।
दिल फाटण–मनमुटाव होना।
दिल बढणू च–अहंकार होना, घमंड करना, हर्षित होना, उदारता दिखाना।
दिल बुझौंण–अपने को समझाना, संतुष्ट करना, स्वयं को सांत्वना देना।
दिल बुझी–मन में बात समा गई, बात समझ में आ गई।
दिल भरेंण–मन का ऊबना।
दिल माँ गाँठ बाँधण–मन में बात रखना, बैर पालना।
दिल माँ चुभण–मन में खटकना, कष्ट होना।
दिल माँ चोर बैठण–कपटी होना।
दिल माँ चोर बैठ्यूँ–दगाबाजी करना।
दिल माँ झस होंण–आशंकित होना, दिल दुखना।
दिल माँ धन–बात को मन में रखना, बैर रखना।
दिल माँ फरक औंण–दुर्भावना, प्रेम में अंतर आना।
दिल मिलण–मैत्री होना, विचार मिलना।
दिल मोटु कन–साहसी होना, भरोसा करना, निर्भीक होना।

1. पकना या मनमुटाव

दिल मोटु कलि—धीरज बाँधना, हिम्मत बाँधना।

दिल हट होंण—निराशा।

दिल हल्कु होंण—मन की गाँठ खोलना।

दिलदार छन—उदार।

दिलासु देंण—सांत्वना देना।

दिलेर होंण—उदार होना।

दिल्ली का दिलवाला, मुख का चोपड़ा पेट का खाली—दिल्लीवासी शानशौकत करते हैं बात अच्छी करते हैं पर घर पर रहने देने में मजबूर हैं।

दिल्ली को राजा भी कै ब्वेकु[1] नौनु होलु—चाहे कोई इनसान बड़ा हो भगवान नहीं होता, माँ ही जन्म देती है।

दिल्ली रैंया[2] बार वर्स पर भाड़ै झोकि—अच्छी जगह पर रहने पर भी समझ न आई।

दिल्ली वाला बेदिल्ली होंदा—प्रायः दिल्ली में बसने वालों की अपने घर-गाँव व पड़ोस व परिजनों से बाहरी प्रेम जताने की मजबूरी होती है।

दिवा जगणू—खुशी, हर्ष के दिन, समाज में प्रभाव होना।

दिवा पर रात काटण—कष्ट की रात बिताना।

दिवा[3] बुझौण—पाप कर्म करना, दीप बुझाना (पहले जमाने में सच-झूठ की जाँच के लिए एक पक्ष का आदमी दीपक जलाता तथा दूसरे पक्ष का बुझाता था, फिर दोनों पक्षों में खान-पान का संबंध विच्छेद होता था। उसको 'द्यौ' कहते थे)।

दिवा बूझण—हानि, घर की आशा समाप्त होना।

दिवा मुड़ि अन्ध्यारु[4]—सुविधा होते हुए भी वंचित रहना।

दिवान खोजण—मन लगाकर ढूँढ़ना।

दिवाबत्ती कन—पूजा-पाठ करना।

दिवालु निकांल[5]—घाटा करना, घर के सामान की नीलामी होना।

दिवालु पीटण—डुगडुगी पीटना, बदनामी होना।

दिवानु होंण—किसी वस्तु पर फिदा होना।

दिस्सा कांणी होंण—रिश्ता खत्म होना, रिश्ते में कोई सदस्य न रहना।

दिस्सां फिन—शौचादि जाना।

द्विटक[6] होंण—एकाग्रता का अभाव, मन अस्थिर होना, दुविधा में पड़ना।

---

1. माँ का 2. रहे, निवास किया 3. दीपक 4. अँधेरा 5. निकालना 6. दुविधा

दी

दीक[1] **मिलद**[2]**, लीक**[3] **नि मिलद**–त्याग के बाद ही मिलता है, पाकर नहीं।
दी तैं क्वा[4] **कलि त क्या फैदा च**–देकर कड़ी बात कह दी तो क्या फायदा?
दीदि मरि भेना कींकु?–जब बहिन मर गई, जीजा किस बात का।
दीन-दुनिया की खबर नीं–बेखबर।
दीन दुनियां से अलग रौंण–सांसारिक चक्कर में न पड़ना।
द्वी कदम अग्वाड़ि, द्वी कदम पिछ्वाड़ि देखी बात कन–सोच-समझकर बात करना।
द्वीकि[5] **चार लगोंण**–झूठ बोलना, बढ़ा-चढ़ाकर कहना।
द्वी कौड़ी का आदिम–तुच्छ व्यक्ति।
द्वी पत्ति की चोपत्ती होंण–उन्नति करना।
द्वी पाल्या गैना[6] **काटण**–दोनों तरफ मिले हुए हैं, दोनों पक्षों को लड़ाना।
द्वी बाबु तैंका–झूठा आदमी, गाली।
द्वी भै ग्यौला[7]**, धोता लग्यॉं स्यौला**[8] **का**–दोनों भाई बड़े बनते हैं पर वस्त्र फटे-पुराने हैं।
द्वी माँ दोस्ती, तीन माँ झगड़ा–छोटा परिवार, सुखी परिवार।
द्वी लड़्या, डांड पड़्या, वकील्वा पैसा झड़्या–दोनों की लड़ाई से वकीलों को लाभ।
द्वी राजि, तेसरो पाजी–जब दो मिल गये हों तीसरा बिचौलिया बेवकूफ बनता है।
द्वी हाथौं माँ सगून[9] **छ**–सब तरफ से लाभ ही लाभ।

दु

दुकान मंदिर समान–जहाँ कोई भी जा सकता है, सार्वजनिक स्थान, फलदायी स्थान।
दुख काटीक सुख, सुख का पिछ्वाड़ि[10] **दुःख**–दुःख के बाद सुख, सुख के बाद दुःख होता है।
दुखणा ठेस, बैरि भेंट सुदि[11] **होंदि**–अनचाहे शत्रु से सामना हो जाता है, शरीर

1. देकर 2. मिलता है 3. लेकर 4. दिये का बखान करना 5. देकर 6. पशुओं को बाँधने की रस्सी 7. किसी का नाम 8. रेशेदार घास का पेड़ 9. शुभ, शिकार 10. पीछे 11. बिना बात के

के दुखते भाग पर टक्कर लग ही जाती है।

दुख पेंण, सुख देंण—दुःख स्वयं भोगना होता है, सुख सबमें बाँटना चाहिए।

दुख माँ देखेंदा अपना दोस, सुख माँ विराणा[1]—सुख में दूसरों के और दुःख में अपने दोष दिखते हैं।

दुखि तैं बैद्य प्यारु—बीमार डॉक्टर की बात मानता है।

दुण धांण[2] **कन**—किए हुए काम में काम करना।

दुणबांट लेण—दुबारा हिस्सा लेना।

दुत्ता राग मेसौंण—नखरे दिखाना, बचकाना, हँसी की बात करना।

दुत्ती[3] **छूर्वी**—इधर-उधर की झूठी बातें करना।

दुत्ती धांण—बनावटी काम करना, काम करने का नाटक करना।

दुत्ती रांड—दुष्ट औरत।

दुन्दर होण—झगड़ालू, इधर की बात उधर करने वाली।

दुन्दकारी होंण—दुष्ट, उद्दंड, उत्पाती, पौराणिक कथानुसार आत्मदेव का पुत्र दुंदुभी के गर्भ से जन्मा लड़का, महात्मा गौकर्ण का सौतेला भाई।

दुधारु गोरु कि लात सहेदि छ—लाभदायक व्यक्ति की अनुचित बात भी सहनी पड़ती है।

दुनियाँ कि हवा लगण—सांसारिक बातों का प्रभाव पड़ना।

दुनियाँ कु दगड्डु कन—सामाजिक मर्यादा निभाना।

दुनियां तैं धोखा दी सकता पर भगवान तैं ना—प्रभु अंतर्यामी हैं।

दुनियाँभर का—सबके सब, अधिक संख्या में।

दुनियाँ मरि नीत गै कख—मनुष्य मरणशील है, एक न एक दिन सबको मरना है।

दुनियाँ माँ अमर क्वे नि रै—मनुष्य मरणशील है।

दुनियाँ माँ कैन निखै, कैन नि खाण?—दुनियाँ में जो भी पैदा होता है पेट भरता है, भूखा कोई न रहा।

दुनियाँ माँ नखरा नि होंन त नखरावाला कख जौन?—नखरों के कारण नखरेबाज होते हैं।

दुनियाँ माँ द्वी जाति छन-एक गरीब अर अमीर या लौड़ी[4]**-बैख**[5]—समाज में दो वर्ग, स्त्री-पुरुष, गरीब-अमीर। जातिवादी मानसिकता पर चोट।

दुनियाँ माँ सच्चा दगड्या कैका नीं—सच्चे मित्रों की कल्पना भी व्यर्थ है, सब स्वार्थी होते हैं।

दुनियाँ से उठण—मौत होना।

दुनियाँ से चलि जांण—सबने मरना है, संसार से विदा होना।

दुबला की स्वीण[6] **सबकी बौ**[7]—गरीब की वस्तु पर सबकी नजर।

---

1. दूसरों के 2. काम 3. इधर-उधर की बात करने वाली 4. स्त्री 5. पुरुष 6. पत्नी 7. भाभी

दुबला कु पाथु अप्रवांण—गरीब की बात अप्रमाणित, अनसुनी करना।

दुबली कि गौड़ि कु बड़ु ऐंणु—गरीब की गाय अधिक दुधारू समझना, गरीब की गरीबी न देखना।

दुबरसो, तिवरसौं, ठगौंण—छोटे का बड़े को धोखा देना।

दुम दबी—चुप रहना, डरना।

दुरंगी चाल चलण—वाणी और व्यवहार में अंतर।

दुर-दुर कन—अनादर करना।

दुराचारी कु इनाम दुख—दुराचारी को कष्ट भोगने पड़ते हैं।

दुर्बल को साथि भगवान—कमजोरी का सहायक ईश्वर होता है।

दुर्बा देण—शुभचिंतक।

दुसमन अपणाँ होंदा—घर के चिराग से घर को आग लगती है।

दुसमन कि आख्यूँ माँ लोण-मर्च[1] डांल[2]—शत्रु की इच्छा के प्रतिकूल कार्य करना।

दुसमन हंसौंण—शत्रुओं की इच्छा के अनुकूल कार्य करना।

दू

दूदौ धोयूँ जन—पाक-साफ।

दूध कि कड़े कु जग्वालु ढाड़ु—चोर को ही चौकीदार बनाना, असंगत बात।

दूध कि बुद्ध, बाबू की औकात, जाति का गुण होंदा—बच्चे की माँ के कारण बुद्धि, पिता के कारण आदतें, जाति के कारण गुण होते हैं।

दुध कु उमाल, ज्वानि कु ल्वै[3]—जवानी का जोश दूध के उबाल के समान क्षणिक होना।

दूध कु जल्यौं छास भी फूकद—अनुभवी व्यक्ति सावधान रहता है।

दूध कु दूध पाणि कु पाणी—सच्चाई का पता चलना, क्षीर-नीर विवेकी।

दूध कु सी उमाल—जल्दी गुस्से में आना।

दूध पीन्यू[4] कैन नि[5] देखी, बिरालु मार्‌यूँ सबून देखि—नुकसान सबने देखा, चोरी किसी ने नहीं देखी, असलियत की जानकारी नहीं होनी।

दूध फाट्यूँ अर दिल फाट्याँ नि मिलदा—फटा दूध और फटे मन नहीं मिलते।

दूध माँगौं सी माख्यालु[6] फेंकण—दूध में गिरी मक्खी सा फेंकना, अपने से दूर करना।

दूध से गोरू नि पछाणेंद—गाय की पहचान मात्र दूध से नहीं होती, व्यक्ति की पहचान कपड़ों से नहीं होती।

---

1. नमक-मिर्च 2. डालना 3. खून 4. पिया हुआ 5. नहीं 6. मक्खी

दूब सी मौलि[1]-चाम रसीं मौलि—दूब पुनः हरी और त्वचा ठीक हो जाती है।

दूब हरी रौंदि—धर्म स्थायी होता है, धर्म अमिट होता है, धर्म की जय होना।

दूर का अणसाला[2] चुलि नजदीक कि पर्लेण[3] भलि—दूर की मूल्यवान वस्तु से निकट की तुच्छ वस्तु लाभकारी होती है।

दूर का पाड़ अच्छा लगदा—दूर के ढोल सुहावने होते हैं।

दूर का सौ नजदीक का नौ बराबर होंदा—दूर के बजाय निकट की वस्तु कम भी अच्छी होती है।

दूर जवांई दूध बराबर, नजदीक जवांई आधा, घर जवांई गधे बराबर, जब चाहे लादा—दूर के दामाद की खूब सेवा होती है। निकट के दामाद की आधा मन से सेवा होती है। पर घरजवांई जिसको ससुराल में ही पत्नी के साथ रहना पड़े, गधे बराबर होता है। उससे चाहे जो काम ले लो।

दूर सौडालु[4] बरखा नेड़ु[5], सौडालु नेड़ु बरखा दूर—रात्रि में चंद्रमा पर गोलाकार रंग अगर दूर है तो वर्षा निकट होगी, अगर गोलाकार निकट फैला हो तो समझो वर्षा बहुत समय बाद आएगी।

दूरै हिटै, नजीकै खुटै—चलने वाला कहता है बहुत दूर गया पर घर पर काम करने वाला भी काम करते-करते बहुत चलता है पर उसका महत्त्व नहीं समझते।

दे

देखद तु अपणी पोटगी का तार—किसी की धमकी पर कटाक्ष करना।

देख-देख मरदू कि फेरी, या ब्वे तेरी कि मेरी—पुरुषों की चाल को देखो उसका पत्ता नहीं चलता।

देखलि माई[6] अब ढकले—जब लज्जा उत्तर गई तब शर्माने से क्या लाभ।

देखलु त्वै सणिं—चुनौती देना।

देखलु या चुप रौंण कु मतलब 'ना'—देखूँगा, कहना या मौन रहने का मतलब मना करना है।

देखा भी देखा, चड़ाभिकोड़ु भी देखा—सतर्क रहना, जोश में होश न खोना।

देखा किस्मत कु खेल, राजा कु लड़का बेचुणु तेल—परिस्थिति परिवर्तनशील।

देखि ल्वार, बल लगौ अणसालु—किसी को देखते ही अपनी स्वार्थ सिद्धि की बात करना।

---

1. ठीक होना 2. लोहार का हथियार बनाने की जगह 3. पत्थर जिस पर हथियार घिसते हैं 4. चंद्रमा के बाहर गोलाकार 5. नजदीक 6. साध्वी, संन्यासिनी

देखीक जल-जल[1]—किसी की समृद्धि पर जलना।

देखीक भूखतीस हरचदि—इतना सुंदर कि देखते ही रहते हैं।

देख्या देखि कन—अनुसरण करना।

देख्यांकि घींण, सूणीक सुतकी—देखकर घृणा होना, सुनने पर छूत मानना।

देख्यूँ कु मनखि[2] **क्या देखण, ताप्यूँ घाम**[3] **क्या तापण**[4]—देखा-परखा आदमी क्या देखना है, जिस धूप को सेंक लिया फिर क्या सेंकना है।

देख्यूँ केदार ह्वै जात्रा—जिसका प्रभाव उसी की यात्रा करना, देव दर्शन ही यात्रा होती है।

देण बादुरी, लेण् जादूगरी—देना सरल, लेना कठिन।

देण लेण से गयात, रामारुमी से भी गयाँ—लेन-देन न हो तो दुआ सलामी तो भी रहे।

देणी तिमासी, लेण उदासी—कम देना और अधिक लेने की इच्छा।

देंदि दौ गुड़ नि खांद, राति उठी कुलाडु चाटद—खाते समय मना करना, बाद में इच्छा प्रकट करना मूर्खता है।

देर होन्दि पर अंधेर नि होंदि—विलंब होगा पर अन्याय न होगा, भले-बुरे का फल अवश्य मिलेगा।

देलि माँ बाड़ि देंण—अनादर करना।

देलि माँ बैठण—प्रतीक्षा करना, ऋण वसूल कर ही लौटना।

देवता ऐगि—काम के लिए या देने को तत्पर होना, गुस्सा आना।

देवता छोटा, पर्चा बड़ा—छोटे का बड़ा प्रभाव।

देवता ख्वयाँ, अगरबत्तीन, जनानां ख्वयाँ धोतीन—देव पूजन का सरल तरीका देवताओं का महत्त्व घटाता है, स्त्रियाँ धोती पहनने के रिवाज से अधिक जागरूक हुई हैं।

देवि छोटि छल बड़ी—छोटे का बड़ा प्रभाव।

देवता जाणों मन, ठाकुर जाणों धन—देवता भक्त के मन को और मालिक सेवक के धन की स्थिति जानता है।

देवता दगड़ि भी बिगड़ि, सुंगर्याँण[5] **भी नि पचि**—गंदे काम करने से देवता भी नाराज हुए, गंदगी भी न हटी।

देवता देखण जागेश्वर, मन्दिर देखण मद्मेश्वर बाल-बच्चा माँगण कमलेश्वर, परचुं देंद नागेश्वर, जाण जरूर ताड़केश्वर—दर्शनीय स्थान जागेश्वर, भव्य मंदिर मद्यमहेश्वर, बच्चों की चाहत पूरा करता है कमलेश्वर, चमत्कारी है नागेश्वर और ताड़केश्वर तो जाना जरूरी है।

देवता वास का ही धनी होंदा—देवता भोजन नहीं, भाव और सुगंध की चाहत रखते

1. जलन होना, ईर्ष्या होना 2. मनुष्य 3. धूप 4. सेंकना 5. सूअर का मांस

हैं, अधिक दिखावा वे पसंद नहीं करते।

देवता बड़ु नि होंद, विश्वास बड़ु होंद—भाव तिष्ठति देवता।

देवता भी देखा, भेल् भी देखा—जोश के साथ होश न खोयें।

देवता-सेवता घर जाला, टाला-थेगला[1] लगौंण्या नरुक[2] होंण—देवता पूजन के बाद तो देवलोक को जाएँगे पूजक को व्यय भार सहना पड़ेगा।

देवता होण—सज्जन पुरुष।

देस माँ नि जन्मु बेला, पाड़[3] माँ नि जन्मु चेला[4]—मैदान में बेला भैंसा का और पहाड़ों में वीरों की दुर्गति होती है।

देस भेस जुदा-जुदा, रीत भांत एकु—अलग देश होते हुए भी रीति रिवाज धर्म लगभग एक से हैं।

देस ख्वै घुस्यूँन[5], पाड़ ख्वै जोस्यौंन—मैदानी भाग या देश घूसखोरों ने तथा पहाड़ों को अधिक जानकारों ने भरमाया है या भाग्य पर विश्वास करने पर अवनति हुई है।

देस देखे परदेश देखे, गंगतलो मादेव नि देखि—सब जगह देखा पर गंगतल का महादेव नहीं देखा। (रुद्रप्रयाग जिले में केदारघाटी में अगस्त्यमुनि से कुछ ही दूर पर सड़क के नीचे गंगतल का महादेव है पर देखा किसी ने नहीं है, ईश्वर है पर देखा किसी नहीं)।

देसु-देसु का औला, भाँति-भाँति बोलला—देश-देश की भाषाएँ अलग-अलग होती हैं।

देस्वालि लगौंणू—हिंदी में बात करना। पहाड़ी न बोलना।

दै

दैंई[6] कन—बुरी तरह से कुचलना।

दैंणु हाथ धोंद, बायु हाथ—एक दूसरे की मदद से काम चलता है।

दैणु ह्वैगि, बदरी नाथ—प्रभु कृपा हो गई, काम सफल हो गया है।

दै दूध कि नदी बौगणी—देश में खुशहाली होना।

दैब इच्छा—सदा दुखदर्दों का इलाज, ईश्वर इच्छा मानना।

दैब कि मार, खबर न सार—भाग्य का फेर विचित्र होना।

दैबन मिलाई जोड़ी, एक अंधु एक कोड़ि—अनुकूल जोड़ी, दोनों में खोट होना।

दैबन हरलि बाच—उत्तर न देने पर गाली, प्रभु ने आवाज बंद कर ली है।

---

1. पैबंद 2. देव पूजकों को 3. पहाड़ 4. वीर 5. घूसखोरों ने 6. गेहूँ, जौ, मडुवा, झंगोरा की बालों में बैलों को घुमाना तथा भूसा दाना अलग-अलग करना

दैब रुठ्या—विपरीत भाग्य होना, असफलता हाथ लगना।
दैमोसु[1] पैरौण—अपमानित करना।
दैल-फैल होंण—खूब खर्च करना।

दौ

दोगलि चाल चलण—धोखेबाज होना, स्पष्ट बात न करना।
दोगलु मनखि—वादी-प्रतिवादी से मिला रहना, दुहरी चाल चलने वाला, कथनी और करनी में अंतर।
दोंण कि दो तेरि पाथा कि छैसेरि—चढ़ा-बढ़ाकर वसूलना।
दोंण देण—लड़की को दुरागमन के दिन अनाज देना।
दोंण नि सकद, बीस पाथा सकद—कम न उठा पाना अधिक उठाने को तैयार होना, बेवकूफी भरी बात करना।
दोपाया कु चौपाया, चौपाया कु छपाया होंण—पति-पत्नी के चार पैर, बच्चा होने पर छः पैर होते हैं, मंगल वरदान देना।
दोपुरी[2] कि भ्यूँमुण्डि[3] कन—अवनति करना।
दोपाल्या बल्द—सब जगह समायोजित होने वाला व्यक्ति।
द्योदेखणी[4] का बुड्यान बद्रीनाथ नि देखि—तीर्थ के निकट रहने वाला दर्शनों से वंचित—बद्रीनाथ या केदारनाथ के रास्ते में जाते-जाते अंत में जहाँ से मंदिर के दर्शन होते हैं, उस स्थान को 'द्यो देखणी' कहते हैं।
दोर्पाल्या आदमी—दोनों ओर लड़ाने वाला व्यक्ति।
दोफरा माँगो कुलतोडु घट—वक्त मौके पर व्यवधान पड़ना।
दोस देंण—कलंक थोपना।
दोस लगी—किसी के प्रभाव से प्रभावित होना।
'दोस्त तुमारो दुसमन मरि', 'दोस्तन भी मन'—प्राणी मरणशील हैं, शत्रु-मित्र सभी की मौत अनिवार्य है।
द्रोणाचार्य जन—दोनों पक्षों का साथी, अविश्वसनीय व्यक्ति।

---

1. दही और कालिख 2. दोमंजिला मकान 3. एकमंजिला मकान 4. तीर्थ में जहाँ से मंदिर दिखाई देता है

दौ

दौखु धलि—खौप खाना।
दौड़ी हिट[1] त चड़ी[2] रांड, माठु-माठु[3] हिट त सड़ी रांड—हर प्रकार से बदनामी करना।
दौ न दस्तूर बिना बातै थोकदार—बिना हैसियत का बड़ा बनना।
द्यौ[4] बरखण बटोई जाण—रास्ता चलने वाला ही वर्षा का सही अनुमान लगाता है।

ध

धंगध्याणो च—शराबी का लड़खड़ाना।
धक्का दीलि—नौकरी से निकालना।
धंदरवालि पर लग्यूँ—पीछे पड़ना, चक्कर में पड़ना।
धंदा कम, धांधलि ज्यादा—काम के बजाय हेरा-फेरी का बोलबाला होना।
धक्का खाण—भटकना, बेरोजगारी।
धक्कापेल से काम चलण—धूमधाम, जोशखरोश से काम चलाना।
धक्कारोलि होंणी—किसी प्रकार काम निबटाना, सब गड़बड़ करना।
धक्का मारि कुकुर बान्दर नि मारद—किसी से जबरदस्ती काम नहीं करा सकते, जब तक उसमें काम करने की इच्छा न हो।
धक्कु माँ काम चलण—होश हवास में नहीं, बड़ी कठिनाई से काम चलना।
धक्ये-धक्ये हूवे पास—बड़ी सिफारिश और अधिक कृपांक देकर फेल को उत्तीर्ण करना।
धक्योंण्या होंयूँ—सहारा या मदद देकर आगे बढ़ाना।
धज[5] बाँधण—झंडा फहराना, सर्वश्रेष्ठ होना।
धड़ादार बण—बराबरी वाला बनना, परिवार में हिस्से का मालिक होना।
धड़ा पर चलण—बराबरी करना।
धड़ाबाँट कन—एक ही जाति के निकटवर्ती वर्ग के बीच बँटवारा करना, खेत के समूह के अनुसार बँटवारा करना।
धड़्वै[6] लगण—पक्ष लेना।

---

1. चलना 2. बिगड़ी हुई 3. धीरे-धीरे 4. आकाश, मौसम 5. झंडा 6. तरफदारी करना

धण-मण छोड़लि—बेहोशी की स्थिति, पराजय स्वीकारना, साफ मना करना।
धतुरु जामण—सर्वनाश होना, गाली।
धन अर मन चलायमान होंद—संपत्ति सदा एक घर नहीं रहती, मन चंचल रहता है।
धन अर स्त्री छोड़ला, पर नाम नि छोडदा—नाम-बदनाम अमर रहता है, सम्पत्ति और पत्नी का क्षणिक साथ होता है।
धन कमौण सरल, बचौंण कठिन—धन बचाना कमाने से कठिन।
धन करद मार—धन का प्रभाव बड़ा होता है।
धन कि माया अपार छ—धन की लीला विचित्र है।
धन क्यानि करद—धन से क्या नहीं हो सकता।
धन धराई, वस्तु पराई—धन तो रहेगा पर वस्तु नाशवान होती है।
धनपति भूखा मना, भिकारी खीर खांण—असंगत बात होना। समय का फेर, धनी कंगाल निर्धन संपन्न होना।
धन बड़्या पर मन ना बड़्या—धनी को घमंडी नहीं होना चाहिए।
धन मेरि बुट्टी, कख लगि कख छुट्टी—दवाई या व्यक्ति की चालाकी की करामात दिखाना।
धन सांजीक[1] राजाभाग, तन संजीक ज्यूरा भाग—धन संग्रह का लाभ राजा को मिलेगा, शरीर सुरक्षित स्वस्थ होने पर काल या यमराज के हवाले होगा।
धनी अर पागलों का पैथर[2] कति रौंदा—धनियों के और पागलों के पीछे भीड़ रहती है।
धब्बा लगण—कलंक लगना, बदनामी, खोट।
धम्मा चौकड़ कन—धींगा मुश्ती करना।
धरता कर्ता होंण—पूर्ण स्वामित्व प्राप्त होना।
धरताथापि मान—गुस्से में किसी की अनिष्ट कामना के लिए दोनों हथेलियों से जमीन पर चोट मारना।
धरति न सबि खांयाँ, धरती कैन नि खै—धरती में सब समाते हैं लेकिन धरती अमर है।
धरति निमौंण—सहनशीलता रखना।
धरति पीठ पर कैन नि लै—पृथ्वी किसी के साथ नहीं जाती।
धरति माँ डूबण—लज्जित होकर मरना।
धरति माँ बोझ होंण—व्यर्थ जीवन जीना।
धरति माँ व्यर्थ जन्म लीनि—व्यर्थ जीवन, नगण्य व्यक्ति।
धरति माँ समैगि क्या—गायब होना, कहीं पता न चलना।
धरमसिंह गया करमसिंह गया, दानसिंह गया, मानसिंह गया मतलबसिंह रह गया—धर्म कर्म मान-दान सब गये अब स्वार्थ बचा है।

---

1. सँजोकर 2. पीछे से

धरम पर रौंण–पतिव्रता होना।

धरम संकट औंण–किंकर्तव्यविमूढ़ होना।

धरलू धीर, खालु खीर–धैर्यवान सदैव सुखी रहता है।

धार घड्याल-बुबाखाल–दूर-दूर स्थान।

धर्म की डालि रखण पालि–धर्म की आड़ में लाभ पाने वालों की बातें।

धर्म की धजा गरीबों तैं सजा–अज्ञानी अंधविश्वासी होते हैं फलतः पाखंडी उनका शोषण करते हैं।

धर्म कि डालि कभि नि सूखदि–धर्म की सदैव जय होती है।

धर्म धात देवता घात–न्याय की गुहार करना।

धर्मराज वण्यां–बड़े न्याय प्रिय, न्यायविद् बनना, युधिष्ठिर जैसा नेक।

धर्मराज रैगि पलि गदरि, भतग[1] खैलि वलि गदरि–परेशानी जहाँ हो रही है सहायक वहाँ नहीं है।

धर्मराज रैगि पोर, मनुकट्या[2] रैगि ओर–उपरोक्त।

धा

धाकड़ आदिम–शूरवीर, वाचाल, प्रभावशाली व्यक्ति।

धागु सी होंद सरीर त तोडि देंदु–शरीर तागे के समान आसानी से टूटने वाला होता तो तोड़ देते, मरने की इच्छा जाहिर करना।

धाड़ा मान–आज एक स्थान पर कल दूसरे स्थान पर मार करना, लूटपाट करना (सन् 1803 से 1815 तक गढ़वाल पर गोरखों का शासन रहा उन्होंने जगह-जगह लूटपाट की उन्हीं के कुकृत्यों को 'धाड़ामान' कहते थे)।

धाँणकाज नी बल्दौ पूंछ तांण–अगर काम न हो तो गायों के साथ तो जाओ, व्यर्थ बैठे न रहना।

धाणी कु नौ नी, सरील कु थौ नी–काम कुछ नहीं व्यर्थ परेशानी उठाना, न काम न आराम।

धार का पैथर कैसा-कैसा–अदृश्य स्थान पर एक से एक बढ़कर लोग हैं।

धार का ग्यूंन घटै औंण–कोई बड़ा भी हो मौका पड़ने पर छोटे के पास भी जाएगा।

धार-गाड़ पण–आत्महत्या करना।

धार गाड़े लेंण–जगह-जगह से संग्रह करना।

धार पण–दूधारू के साथ गाय या भैंस के थन से रक्त निकलना, अपशकुन होना।

---

1. मार पड़ना 2. खतरनाक देवता

धार पुण—उदारतापूर्वक दान।
धार पैथर एक से एक रौंदा—संसार में एक से बढ़कर अनेक लोग बड़े और समर्थवान हैं।
धार माँगै कुड़ि बथौंन उड़ि—ऊँचाई में अधिक हवा होना, गरीब का थोड़ा कष्ट से नुकसान होना।
धार माँगै सी गैंणि—सुंदर, दुर्लभ।
धारण[1] लगी छुयूँ कि—लगातार बात करना, बोलते जाना।

धि-धी

धिक्का चोद माँ जौ—त्यागना, ठुकराना।
धिक्कानू च—घृणित भाव से बात करना।
धिंग्या[2] न्यौ होणू—गाँव में अज्ञान और मूर्ख मनमाना न्याय कर न्याय की धज्जियाँ उड़ाते हैं।
धियांण अर कुकुर एक समान होंद—विवाहित लड़की और कुत्ते की आदत एक सी होती है उनको दूर हटो कहो तो चले जाते हैं, और इधर आओ कहो तो निकट आ जाते हैं, मायके या मालिक से चाहत बनी रहती है।
धियांणि ध्याण—विवाहित लड़की का ध्यान रखना, आदर करना।
धियाण्यूँ जन सरील—विवाहित लड़की की मायके की चाहत रखना।
धीस-तीर[3] कन—इधर-उधर की लगाना, छुआछूत का भेद रखना।
धिस्वालो तिरवाल कन—उल्टा काम, ऊपर-नीचे करना, गड़बड़ करना।

धु-धू

धुक्कि-धुक्कि लगी—मन में तीव्र आशंका पैदा होना।
धुरयौंणु रौंद—अपमानित करना, कुत्ते का-सा डाँटना, तिरस्कृत करना।
धुर्ब घट, पूर्ब पण्डाल, द्वी सेर ग्यूं रात-दिन अंदाल—परिश्रम अधिक फल कम, अव्यवस्था से व्यवधान उत्पन्न होना।
धुसपट कन/मर्चो—जल्दी करना, खराब काम जल्दी-जल्दी पूरा करना, सामान या

1. धारा 2. नाम 3. ऊपर-नीचे

कपड़ों को बुरी तरह बर्बाद करना।

धुसली मर्ची—धूमधाम, भीड़भड़ाका, खूब खर्च करना।

धूल चटौण—मटियामेट करना।

धूल बराबर समझण—तुच्छ समझना।

धूल माँ मिलौण—मटियामेट करना, पतन को पहुँचाना।

धूलु कुखड़ु उड़ी—बहुत खर्च, बर्बाद होना।

धे-धै

धेला कु मैंगु, रुपयो कु सस्तु—सस्ती रोवै सौ बार, महँगी एक बार, चीज सस्ती न खरीदना, बाद में वही चीज महँगी खरीदना।

धेला द्यौ नौ पुड़ि खौ—खर्च कम करना खाना अधिक।

धै लगौंण्या होंया—किसी के मरने पर लोगों को आवाज देना, गाली।

ध्वैक खांण, ध्वैक निजाण—ईमानदारी से जीवनयापन करना, गलत आमदनी न करना।

ध्वै-ध्वै गोरा, घुसि-घुसि सोरा[1] नि होंदा—सफाई कर काला गौरवर्ण नहीं होता, किसी के साथ रहने मात्र से उसकी जाति के नहीं बन सकते।

ध्वै-ध्वै जुतामान—बुरी तरह से अपमानित कर पीटना, गाली।

धो-धौ

धोता कु मुन्यासु[2] पैरि मैं भी टंडेल[3]—ओछापन।

धोती बड़ि लगैक क्वै बडु पंडित नि होंद—केवल कपड़ों से कोई बड़ा नहीं बनता।

धोतु खुलण—कामातुर होना।

धोतु गट्यौंण भाजि—भयभीत होकर भागना।

धोतु ढीलु होंण—बहुत डरना, भयभीत होना।

धोत्यूं वाला कमौन (हिंदुस्तानी) टापल्यूँ वाला (अंग्रेज) समौन—गुलामी के दिनों हिंदुस्तानी कमाते थे, अंग्रेज मौज उड़ाते थे। यह भी अर्थ लगाया जा सकता है कि गरीब किसान कमाता और मजदूर कमाता है, कर्मचारी और अधिकारी एवं नेता शोषण करता है।

---

1. सजातीय 2. पगड़ी 3. मुंशी

धोबी कु कुकुर न घर कु न घाट कु—कहीं का न रहना, किसी काम का न रहना।

धोबी को मारो कुमारो कु सती—असंग काम।

धो-धो होण—मुश्किल से होना।

धौंकि-धौंकि आई—हाँफता हुआ आना, भयभीत होना।

धौड़ कन—आत्मतोल कर पूजा करना, बराबरी करना।

धौंण द्वी धोया, पैंणा द्वी होया—पशु या स्त्री का प्रसूतिकाल दो बच्चे होने पर मादा कमजोर होती है।

धौंण मौंण छोडलि—निर्जीव सा होना।

धौलाणु बासमति, कखरयाल्यूँ[1] अकल कख छै—ऊँचाई वाले स्थान पर बासमती और बगल में अक़ल कहाँ होती है।

धौलि पार कन—दूर भेजना।

धौंस जमौंण—प्रभाव जमाना, नियंत्रण में रखना।

धौंस सौंण—घुड़की सहन करना।

न

नंग चूनणा बराबर—थोटी सी, कमजोर वस्तु।

नंग धरती माँ नि रखण—निठल्ला बैठना।

नंगा चोरु दगड़ि स्यौन—गरीबों को चोरों का भय नहीं रहता।

नंगा गौंउक धोबि बेकार—गरीबों के सीमित खर्चे होते हैं।

नंगी गति, हुगाड़ि छाती रौंण—किसी प्रकार का डर या गुप्त बात न रखनी, खुले मन से रहना।

नंगु औंण[2], नंगु जांण—मनुष्य नंगा पैदा होता है और मृत्यु के बाद नंगा कर जलाया जाता है।

नंगु का कपड़ा उतान—जिनकी इज्जत नहीं उनकी क्या इज्जत उतारनी है।

नंगु कन—पोल खोलनी।

नंगु माथ नौ नीच, पागना[3] माथ गौं नीच—नाम नंगा हो गया, अब क्या रखना है? पगना सीमांत गाँव है।

नंगु नाचण—असंगत कार्य, बेशर्मी से घूमना।

नंगु हूवैगि—गरीब होना।

नंगे नौतेरि—छोटी बात को बड़ी बताना।

---

1. बगल में 2. आना 3. चमोली जिले का गाँव

नंगौ चून्यूँ, कुलाड़ौ काट्यूँ—छोटी बात को बढ़ा-चढ़ा कर बताना।

नंग्यार्ती[1] लगीं—गरीबी आना।

नंदु क्वां नौ धोता, कभि करदोड़ कु टुकड़ा भी ना—जो कभी भीख माँगने वाले थे आज संपन्न स्थिति में हैं।

न अकल न सकल—अक्ल के साथ-साथ शक्ल भी खराब।

न अगाड़ि न पिछाड़ि देखण—आगे-पीछे न देखना, बिना सोचे-समझे काम/बात करना।

न उदै[2] न हस्त—न तरक्की कर रहा है न वर्तमान में ठीक है, स्थिर रहना, सदा एक सी स्थिति।

न ए जन्मे न तै जन्मे सोचण—न भूत की, न बर्तमान की, न भविष्य की चिंता करना।

न ऐंच किटगे, न थरा भिटके—एकाएक, अचानक घटित होना।

न ऐंच पकण, न थौरा टेकण—निराधार होना।

न कटण देंद, न कटीं सौंद—न काटने देता न कटी सहते हैं। सहनशीलता का अभाव।

न करछि पर थमालु[3], न देवता बालु पिण्ड—न तो अपने पास सुलभ साधन, न प्रभावशाली व्यक्तित्व।

न काटद न काटण देंद—कुछ भी न करना।

न कालि भलि, न गोरि भलि—दोनों स्त्रियाँ एक समान होना।

न कुत्ता खौ, न वासि रौ—सब बराबर होना, शेष न रहना।

न कैकि लगौंण, न सुणी—तटस्थ रहना।

न कैकु लेंण, न देंण—न किसी का देना न लेना, स्वावलंबी होना।

न कौंणि रौ न कल्दु[4] रौ—न नुकसान करने वाला रहे न नुकसान की जाने वाली वस्तु, विवाद की जड़ समाप्त करना।

न गिच्चो सुवाक[5], न कप्पलि भाग—न वाणी में मिठास है न भाग्यशाली ही है।

न गोद कु, न अंग्वालि[6] कु—न गोद में रखने लायक न हाथों से पकड़ने लायक, या न लड़ने लायक, किसी काम का न होना।

न गोरि भलि, न कालि भलि—सब औरतें एक सी।

न घर कु न घाट कु—कहीं के काबिल न रहना।

न तीन माँ न तेरा माँ—किसी से कोई मतलब नहीं।

न तु बोल मेरि, न मैं बोलु तेरि—एक-दूसरे की बात कहीं न कहना, सबके सब दोषी।

न तेरी कातणि, न मेरी बुणणि—जब एक काम नहीं करेगा, दूसरा भी नहीं करेगा।

---

1. नंगापन 2. उदय, उन्नति 3. बड़ी दराँती 4. तोता 5. मधुर वाणी 6. आलिंगन, लड़ाई

न तै जुगो न ये जुगो–किसी काम का न रहना।

न नंग न दांत–शक्तिहीन, अधिकारविहीन।

न नीच जोगि, न ऊँच जोगि–त्रिशंकु, बेपेंदी का लोटा।

न बाछरु का पोटगा गै न गोरु का ऐंणा रै–किसी का लाभ न होना, बर्बादी व्यर्थ की।

न बाबून व्याण न भुलान होंण–असंभव कार्य।

न भलु रौंण न बुरु होंण–वर्तमान समय में भलाई से बुराई मिलती है बुरा बनना भी अहितकर है।

न मल काम न गौंत[1] काम–कुछ भी कोई काम नहीं आना।

न यतु न ततु–न इधर न उधर, रोगी का स्थिर रहना।

न यथौ न तथौ कु रौंण–किसी काम का न रहना।

न रै ऐंण[2] न रै परोठा–कहीं भी न रहना।

न रोण पड़द न बर्जण पड़द–किसी से कोई मतलब नहीं कोई प्रभाव नहीं पड़ता है।

न रौ बांस न बजलि बांसुलि–कार्य औ कारण का संबंध विच्छेद होना।

न लग माछा गड्याले[3] बांणी, भतक भुतग त्वैन भी खाणी–बड़े को छोटे की बातों में आकर नुकसान उठाना पड़ता है।

न लेंण एक न देंण द्वी–कोई मतलब न रहना, तटस्थ।

न बलि वक्त न पलि वक्त–समय बेतुका होना।

न सौत चैंद न डंक–न कष्ट उठाना न पाने की इच्छा।

नई छानि लगि आगै कि पुरानी–पुरानी वस्तु से नई का अधिक महत्त्व होना।

नई नारंगी नौ दिन तक–नयी वस्तु की सुरक्षा।

नकटि देवी कु गांडु पुजारि–घटिया अराध्य, घटिया अराधक।

नकटु का जुदा गौं नि होंदा–बुरे लोगों का गाँव अलग नहीं होता है।

नकटु कु राज–बेशर्मों का शासन।

नक फक लगण–गले लगना, अधिक व्यस्तता, मुसीबत में फँसना।

नकलि-छकलि कन–लापरवाही, टालबराई करना।

नकलि सोनु ज्यादा चमकद–छोटे स्तर के लोग अधिक दिखावा करते हैं।

नखर्याला काम–बचकाना काम, नखरेबाजों के काम।

नखरयालि, जैके पर अंग्वालि–नखरे दिखाने वाली नारी जिस किसी को नखरे दिखाती है।

नखरा दिखौंण–बचकाना हरकतें करना, नटखट कार्य करना।

नगसा बदलण–भारी परिवर्तन होना, करना।

नगथोड़ू चढ़ायूँ–गुस्से में रहना।

---

5. गौमूत्र 2. थन 3. छोटी मछली

नगर का बैख[1], **ठाकुरी-ठाकुर**—अस्वाल्स्यूँ पौड़ी में असवाल ठाकुरों के गाँव नगर में सब अपने को बड़ा समझते हैं।

नगारु सीं गेर—बड़ा पेट, फूला पेट।

नचराणू यतु-बतु—इधर-उधर जाना।

नच्वाड़ै खोटि, गितारै गिचि कैन रोकि?—नाचने वाले के पैर और गवैया का मुख कोई रोक नहीं सकता।

नजर लगण—कुदृष्टि पड़ना।

नजर लगौंण—कृपादृष्टि रखना।

नजर से दूर, दिल से दूर—मेल-मिलाप के अभाव में मित्रता घटती है।

नजरों से गिन[2]—कुदृष्टि होना।

नट जै[3] **नट काम, आफु जै सब काम**—नाचने गाने वाला अच्छा काम नहीं करता, अपना काम स्वयं करना चाहिए।

नत ह्वै[4] **खील कोंणि, न ह्वै मण्डल कि भीख**—समय व्यर्थ बर्बाद।

नत्थ्यायूँ सी बल्द—चारों ओर से जकड़ा हुआ कुछ भी कर सकने में असमर्थ।

नदि नाव कु दगड़ु—अगाध संबंध होना।

नदि पार कन लंगोटि खौसणमा[5] **दौस निच**—परिस्थिति के अनुसार काम करना।

नदि देंजी जल, मित्र देंज बल—नदी और मित्र हितकारी।

ननि[6] **आंखों कु ठुलु खेल**—आँख छोटी होती है पर देखती व्यापक क्षेत्र में है।

नपाक चढ़ी—गुस्से में आना।

नफा-टोटा लग्यूँ च—हानि-लाभ जीवन में चलता ही है।

नबरात्रा सीं बोंगठा—मारने/मरने योग्य।

नब्ज पछाण—दूसरे की आदतों की जानकारी, दूसरे के मन की बात समझना।

नब्बी फंसी—आफत आना।

नब्बी लगी—आफत आना, गले लगना।

नमक खांयू—किसी के घर पले हुए।

नमक मिर्च मिलौंण—बात को चढ़ा-बढ़ाकर कहना।

नमक हरामी—कृतघ्न होना।

नयाकु आदर, पुराणकु छि—नयी आई, पुरानी छोड़ी।

नयां जोगिकु मूलिकू संख—नया मुसलमान अधिक प्याज खाता है।

नयां गोरुका नौ पुला पराल—नई वस्तु को विशेष महत्त्व देना।

नयां जोगिका पूठा पर तिलक—नये-नये में विशेष उत्साह होता है।

नयां दौ[7] **पुराणा खिर्ता**—पुराने बैर का बदला।

नयीं आई पुरानी छोड़ी—पुरानी वस्तु के बजाय नयी को प्राथमिकता।

---

1. पुरुष 2. गिरना 3. जाकर 4. होना 5. निकालना, छीनना 6. छोटी 7. दाँव

नयुँ काठलु, नाज ठाडुलु–नई जगह पहले-पहले खेती करने से अनाज लंबा होता है।

नयु जोसि पुराणु वैद भलु होंद–नया ज्योतिषी और पुराना वैद्य अच्छा होता है।

नयुँ डोला लेंण–दूसरा विवाह करना।

नयुँ नौ दिन पुराणु सौ दिन–नयी से पुरानी बात या वस्तु टिकाऊ या मूल्यवान।

नयुँ रिसता जोड़ि, पुराण छोड़ि–पुरानी वस्तुओं से नये का महत्त्व समझना।

नयें[1] तैं भूख खैक जाडु–स्नान करने के बाद भूख और खाने के बाद जाड़ा लगता है।

नयें-नयें गोरु, घुसि-घुसि सोरु सचिव होलु–स्नान करने से गौरवर्ण तथा स्पर्श से परिजन नहीं होते।

नर जात्रा देव जात्रा–यात्रा में नर भी देवता माने जाते हैं। महान नरों के दर्शन ही यात्रा होती है।

नर मरु कुंजर मरु तैकि ल्यौ–बेखबर, दुविधा की स्थिति में, महाभारत का प्रसंग।

नरसिंग औंण–क्रोधावस्था में होना।

नरगु होंण–घृणित होना।

नर से नारायण बडु–मनुष्य से ईश्वर बड़ा होता है।

नरि चरि लगण–बुरा लगना, शौच या पेशाब की तीव्र इच्छा होना, बेचैन होना।

नरु बिना नगर सूना–भले लोगों के बिना नगर शून्य होता है।

नरोड़ेणू च–गुस्से में आना।

नवांण कन–नई फसल का अनाज खाना।

नवाडपंण–नई जगह जाने की मिठाई/दावत देना।

नवां बाणी, मुखै-मुखै–जितने मुख उतनी बातें।

नस-नस ममचण[2]–सब बातों की जानकारी करना, गोपनीय जानकारी।

नस-नस पछाणी–सब बातों की जानकारी रखना।

नसा लगण–घमंडी होना।

नसीब फूटण–भाग्य विपरीत होना।

ना

नांगा का नांगा देखेण्या, तिमला का तिला खतेण्या–नुकसान भी होना, बेइज्जत भी होना।

---

1. स्नान 2. स्पर्श करना।

नांगा कि कांणि सेकि—दरिद्र की व्यर्थ की अकड़।
नांगा मुण्डे कटकतालि सहेगी छन—नंगे सिर पर चोट सहना, भारी पीड़ा सहना।
नांगि गति हुगाड़ि छाति—किसी प्रकार का दुराव न होना, कोई गोपनीयता नहीं।
नांगि सेकि छन—गरीब की अकड़।
नांगि ह्वैकि नाची नी, सातपांचौंन देखि नी—सबने इज्जत उतरते देखा।
नांगु क्या निचोंण, क्या सुखौंण—नंगे से क्या प्राप्त करना है।
नांगै नाचण, भूखा पादण—गरीबी, दरिद्रता में मस्ती मारना।
ना आई पौणु आरु फूलद वक्त, न आई पौणु आरु पकद दौ—अभाव में मेहमान का आना कष्टप्रद होता है।
ना कि क्वै दवै नी—मना करने पर कोई क्या कर सकता है।
ना घर तेरा ना घर मेरा चिड़िया रैन बसेरा—नश्वर संसार, माया मोह सब क्षण भंगुर है। गोपीचन्द का भजन।
ना बोल गिच्चा भलि कै बोल—खूब खरी खोटी सुनाना, पहले कहना नहीं, कहना है तो अप्रिय बात कहनी।
ना मैत जावै ना स्वारा रवै—न मायके रहना न ससुराल, अधर में लटकना।
नाई की बराति माँ सबि ठाकुर—छोटों में सब अपने को बड़े मानते हैं।
नाई बाल कितने हैं? 'गिन लो'—ईंट का जवाब पत्थर से देना।
नाक कटणू—मर्यादा भंग होना, अपमानित होना, शर्मिंदा होना।
नाक कटु का जुदा गौ नि होंदा—बेशर्म समाज में ही रहते हैं।
नाक कटै होंण—बेइज्जती होना।
नाक काटीक खीसा पर धरयूँ—बेशरमी से घूमना।
नाक कि पठाल होण—बहुत शर्मिंदा या बेइज्जत होना।
नाक कु खयाल रखण—इज्जत का ध्यान रखना।
नाक घूसण—भविष्य में गलती न करने की प्रतिज्ञा करना।
नाक घूसलि—प्रतिज्ञा कर ली।
नाक घुसैलि—भविष्य में बुरा काम न करने की प्रतिज्ञा कराना।
नाक छोटूटी, नथुलि बड़ि—असंगत बात, नथ को महत्त्व देना, नाम को नहीं।
नाक दम होंण—बहुत परेशान होना, थकान।
नाक न मुख—बेशर्म, बेइज्जत व्यक्ति।
नाक नि हो त गू खै द्यो—दुष्ट लोग इज्जत की डर से संकुचित होते हैं अन्यथा वे कुछ भी गलत काम कर सकते हैं।
नाक नीच—शर्म नहीं है, इज्जत नहीं है।
नाक पर छौड़ा लग्यां—बदनामी होना।
नाक पोंजण कु सुख ह्वैगि—विधवा होना, नथ न पहनना।

नाक पोंजण सगोर नी—अज्ञान, तरीके न जानना।

नाक माँ गुस्सा, गिचा माँ गाली—तुरंत गुस्सा आना, तुरंत गाली देना।

नाक माँ मख्यालु बैठण नि देंद—जरा भी कष्ट या अपमान न सहना।

नाक माँ मिर्च लगण—बुरा लगना, तिलमिलाना।

नाक माँ हाथ धन—बेशर्मी दिखाना, इज्जत की परवाह न करना।

नाक दम होंण—बहुत परेशान होना, थकान।

नाक रेचण—शरणागत होना।

नाक लगी—बुरा लगना, अपमानित होना।

नाक लगौण्या छ्वीं—बुरी लगने वाली बात करना।

नाकड़ी सड़ी—छींकने पर गाली।

नाका भूखा छन—इज्जत के भूखे, इज्जत का विशेष ध्यान रखने वाले।

नाकि कीड़ू मू चली—छींकने पर गाली देना।

नाकै नथुलि, अर खाणै थकुलि बेचलि—सब कुछ बर्बाद करना।

नाकै नथुलि ख्वसण—ऋणी का दिवाला निकालना, विधवा होना।

नाकौ स्वालुं[1] होंण—बेइज्जती होना।

नाखरा कन—आनाकानी करना, नखरे दिखाना, बहानेबाजी करना।

नाग नच्चौण्या ह्वैगि—दोष लगने पर पूजना-नाचना।

नागपुर लगलो, धनपुर तोमड़ो—कहाँ से कहाँ, असंगत कार्य।

नागपुरी ढेबरा जन—भेड़िया धसान करना, सरल लोग, नागपुर की भेड़ें प्रसिद्ध होती हैं (तल्ला गढ़वाल के लोग मल्ला गढ़वाल वालों से मजाक करते थे वैसे ही मल्ला गढ़वाल वाले भी तल्ला गढ़वाल वालों से मजाक में सलाणी स्याल कहते थे।)।

नागल[2] गालि—काम न करने का हठ करना।

नाचदि खेलदि मुखै पर औंदि—निर्भीक, निर्भीकता से सामना करना।

नाचदि खेलदि आँख्यों हाजिर—नाच-खेल आँखें ही देखती हैं, प्रसन्न मुद्रा में उपस्थित होना।

नाचने-गाने को न आये तो झक मारने को आये—जिस काम के लिए आए हैं करना ही पड़ेगा।

नाचद नीत खांद क्या च?—पेट भरने को कुछ न कुछ करना ही पड़ता है।

नाचा भी नाचै, चडाभिकुण्ड[3] भी देखा—उत्साह रखो पर खतरा भी देखते रहो, जोश में होश न खोना।

नाज खार्येद सागन, मुल्क खार्येद भागन—अनाज खाने के लिए दाल सब्जी बनानी पड़ती है, जीवन में भाग्य का बड़ा महत्त्व है।

---

1. पूड़ी 2. लापरवाही 3. खतरनाक देवता

नाज निमड़ी, पेडु बिगड़ी—अनाज की कमी से परिवार में विवाद व बिखराव आता है, आर्थिक अभाव परिवार की एकता में बाधक।

नाटि क्या जाणुँ स्वीली पीड़ा—घायल की गति घायल जाने और न जाने कोई।

नाड़ ममचण—किसी के गुप्त भेद का पता लगाना।

नाड़ ममचलि—किसी की गुप्त भावनाओं का पता लग जाना।

नाड़ देखीक काटद कुकूर—किसी पर शत्रु का वार उसकी शक्ति देखकर ही करता है।

नाड़ि छूटण—मरणासन्नावस्था आना।

नाड़ि लगण—असंगत होना, व्यवधान आना।

नाडु खोलण—शील भंग करना।

नाडु नसुडु कसण—हल की तैयारी करना।

नातु टूटण—संबंध विच्छेद होना।

नातु बड़ो कि पाथु बड़ो—नाता-रिश्ता बड़ा है या लेनदेन बड़ा है।

नातु लगौंण—रिश्ता कायम करना।

नाथु पाण्डेय जन—अपनढ़, अज्ञान व्यक्ति।

नादान दोस्त से चालाक दुसमन भलु—शत्रु के बजाय मित्र की मूर्खता से हानि।

नादिरसा बण्यूँ—अपने को ही सर्वशक्तिमान, तानाशाह समझना।

नादिरसै होणी—अत्याचार, मारकाट होना।

नाना धौ लगौलि—कई कोशिश के बाद भी काम न बनना, मुश्किल का सामना होना।

नानि मरिगे—बोलती बंद, छट्टी का दूध याद आना, साहस टूटना।

नानि मरि नातु टूटि—नानी तक ही मामा पक्ष का रिश्ता रहता है।

नानि याद ऐगे—कठिनाई का हल न निकलना, संकट आना, हताश होना।

नापणू च—अपनी करनी को भुगतना, न्यायालय में बार-बार पेशियाँ लगना।

नापैलि बाटु—न्यायालय में फँसाना।

नाफा का गफ्फा खायेंदा—लाभ से ही मौजमस्ती होती है।

नाफै मेरि टोटै तेरि—स्वार्थी, लालची।

नाम कमौंण—यश प्राप्ति करना।

नाम कालन खै, काल कैन नि खै—नाम, यश, व्यक्ति सब काल के गर्भ में समा जाते पर समय कोई नहीं रोकता या भोग सकता है।

नाम लेवा पाणि देवा नि रौंण—वंश का आगे न बढ़ना, न चलना, सर्वनाश होना।

नामि चोर पकण जौ, नामि सौ कमै खौ—रक्षक ही भक्षक बनता है।

नामि रोंद नाम कु, पापी रोंद पेट कु—नामी लोग यश चाहते हैं, पापी पेट के लिए रोता है।

नामिले राम ना अयोध्या—असफलता हाथ लगना, कुछ भी हासिल न होना।

नारि धरति की रतन, जबारि तैं नि ह्वै पतन—नारी पृथ्वी की अमूल्य निधि है, जब तक वह सदाचारी है।

नाल़ नि उबाणि अभि—अभी-अभी पैदा हुआ, नवजात, अक्लहीन।

नाल़ा कि माटि अफ्वी बाकदि—किसी का दोष स्वयं ही प्रकट होता है।

नाल़ा वाल़ौ कौथी अपड़ा दौर—काम या नाम सीमित रहना।

न्यांखु[1] **आदिम**—घटिया, लालची आदमी।

न्याल़-छ्याल[2] **कन**—जानकारी करना।

न्याल़ लुकारा कौल़ा—दूसरों के घर जाकर बेशर्मी से पेट पालने की जुगत करना।

न्यास-ध्यान धन—दत्तचित रहना।

नि

नि करदु सत्यनारायण कि कथा, अपड़ि ब्वे देंदु लता—मरने के बाद माँ-बाप के नाम की पूजा न करते जीवित में सेवा करते, मरने के बाद मृत के नाम पूजापाठ करना व्यर्थ होता है।

निकर नि थामि सकण, जाणू बाग पकण—कमजोर बलवान का मुकाबला करने को उतावला होने पर।

निकाजु नौना से, कांणि नौनि भलि—आलसी लड़के से अंधी लड़की अच्छी।

निकाजु वण्यूँ—काम न करने वाला।

निखल्म[3] **जोगीन बिगाड़ि सजी-धजी कुटिया, निखल्म मास्टरौंन बिगाड़ि जमी-जुमी स्कूली**—आलसी, अकाजी लोग ही बर्बादी के कारक होते हैं।

निखल्म बणी—काम न करने वाला, आलसी बनना।

निखाण्या ब्वारीकि करीकरी जुमान—अभागी बहू की आवाज कर्कश होती है।

निखाण्या ब्वारि छै सेरौ खौ—आलसी का पेट बड़ा होता है।

निखाण्या ब्वारि सास-ससुरु खौ—अभागी बहू के आने पर सास-ससुर मरते हैं।

निखाणिया छ्वौरै उल्टि मति, निखल्म मनखि कुकुरगति—अभागी, आलसी की दुर्गति होती है।

निखोंदु घाट, नि खोंदु वाट, पड्यूँ रौंदु चौबाट—काम न बिगाड़ने वाला निश्चिंत रहता है।

निखै क्वी नि मरि, खैक भौत मर्या—भूख से कोई नहीं मरता, गलत खाने से

---

1. लालची 2. छानबीन करना 3. घोर आलसी

बहुत मरते हैं।

निखोलं कनी करी—निकालना किसी भी प्रकार से।

निखोल्यौं सीं ढोल—व्यर्थ की वस्तु।

निगा रखण—कृपादृष्टि रखना।

निचोड़ गालि—निष्कर्ष निकालना।

निचोड्यूं जन निमौं—सारहीन होना।

निचोड़ि भलीकरी—नंगा करना, लूटपाट करना।

निछै झगुलि टोपलि, कींक ऐ छौ पौणु वणी?—मेहमान बिना अच्छे कपड़ों के नहीं बनते।

निछोड़द कवा अपड़ि लवा—अपने गुणों को कोई नहीं छोड़ता है।

नि जांण दुस्ट का दगड़ा[1], निपण जनानौं का झगड़ा—दुष्ट के साथ नहीं जाना चाहिए, औरतों के झगड़े से दूर रहना चाहिए।

निजांद छौ बिरांणि[2] पनेलि[3], पूछ किलै लेद छौ गनेलि[4]—दूसरे घर चोरी करने पर दंड मिलता है।

निदेंण, त औ खेंण—देने को न हो तो काम करने आओ।

निदेण जौ मनखि नि धांण जौ लता—दान न देने से मनुष्य जीवन व्यर्थ, अकर्मण्य नंगा मरता है।

निदेण भंडा, अखांणा नौ—न देने का बहाना बनाना।

निधरदि ब्वारि वोलु, ढकौंदि नौलु—बड़ों के सामने पर्दा न भी करते, कम से कम पेट को तो न दिखाते।

निपायां घट सीं—परेशान, व्यर्थ बैठे रहना।

निपौंदा को भंगतेल मिठो—भूख में बुरा भोजन भी स्वादिष्ट होता है।

निपौंदान पाई, क्वचे-क्वचे[5] खाई—भूखा भोजन मिलने पर इच्छा से अधिक खाता है।

निमनखि करु कुमनखी सेवा—आदमियों की कमी में दुष्टों को भी साथ रखना पड़ता है।

निमण गया धान, तूराई मैं मौंण—वस्तु की समाप्ति पर घर का भी खस्ता हाल होना।

निमणदा नाजा भला-भला पौणा, रातव्यौंदि का भला-भला स्वींणा—अनाज खत्म होने पर अच्छे मेहमान आते हैं। प्रातः अच्छे-अच्छे स्वप्न होते हैं।

निन्यानबे का फेर माँ पंण—चक्कर में पड़ना, उलझन में पड़ना।

निन्यारा[6] बासण—उजाड़ होना, जंगल होना।

निद्यौ होण—कृपण, कंजूस होना।

निरगन्दो होंण—निष्प्रोज्य होना।

---

1. साथ 2. दूसरों की 3. घर 4. कटवाना 5. ठूँस-ठूँस कर खाना 6. पेड़ों पर बोलने वाले कीड़े

निरगन्दो फूल अर सेमल कु दार—अनुपयोगी वस्तु होना।

निरघण्ड मोटा, नफा न टोटा—बेखबर, कोई मतलब न रखना।

निरजड़ु मनखी—संतानहीन व्यक्ति।

निरपाण्याँ सी माछु—बिना पानी की सी मछली, जीवन संकट में पड़ना।

निरभागी दी भग्यान ह्वै—अभागा भाग्यवान नहीं होता।

निरभागीन भागी, अर डांगन पांग नि होंण—अभागी भाग्यवान नहीं बनता जैसे पत्थर चिकनी मिट्टी नहीं बनता।

निरभागौ[1] लीगी बाग, भग्यानौ पड़ि जाग—गरीब के या अभागे की हानि से भाग्यशाली सबक लेता है।

निरमैति[2] जन धियांण[3]—बिना माता-पिता-भाई-भतीजे वाली विवाहिता।

निरमोई[4] होंण—कठोर हृदयी होना, निर्दयी।

निरक्षर भट्टाचार्य—महामूर्ख, अनपढ़।

निरोग शरील सुखी, गुणी सौकार—स्वस्थ शरीर वाला सुखी रहता है, पढ़ा-लिखा गुणवान और धनी होता है।

निसकदि का नागल—भार न उठाने की बहानेबाजी, असमर्थता प्रकट करना।

निसकु भारा का गटा[5] काखा—असमर्थ की मजबूरी।

निसणी की बेटि निसणीक नि होंदि पूरी—पौड़ी में निसणी इतना बड़ा और विभिन्न जातियों का गाँव है कि वहाँ गाँव में ही शादियाँ होती हैं।

निसा जड़ा काटण, ऐंच पाणि देंण—बाहर मित्रता का प्रदर्शन करना अंदर शत्रुता रखना।

निसाण निरौण—जड़मूल नष्ट होना, गाली।

निसुत्ती पूफु, भतीज्यों का दैजा जौ—संतानहीन बुआ भतीजियों के घर पलती हैं।

निसूण्याँ कु नौ कन—अनसुनी करना।

निस्यौण अल्यौंण—कभी झगड़े के लिए प्रोत्साहित करना कभी शांत रहने को कहना।

निस्वण फसागु[6], त रोंण च दसा कु—मजबूरी में कुछ भी करना पड़ता है।

निहोण्या बर्खा का बड़ा-बड़ा बूंद निहोंण्या छोरा, बड़ा-बड़ा घुण्डा[7]—वर्षा के बड़ी-बड़ी बूँद वर्षा न होने का सूचक है और जीवन में तरक्की न करने वाले बच्चे के बड़े-बड़े घुटने होते हैं।

निहोंदि बुडली कि दाथलि कि कुटली—दराँती की कुदाल बनाना बर्बादी का सूचक।

निहोयाँ कु एकु दुःख, होयाँ कु सौ दुख—निःसंतान को एक ही दुख सताता है कि संतान नहीं हुई, पर जिसके बच्चे हैं उनको कई दुःख हैं।

निहोंया मामा चुलि[8], कांणु मामा भलु—अच्छा मामा न होने से तो अंधा मामा अच्छा होता है, न होने से कुछ तो हो।

---

1. अभागी 2. मायकाविहीना 3. विवाहित लड़की 4. बेप्रीत, निर्मोही 5. कसा हुआ 6. कोरा तंबाकू 7. घुटने 8. के बजाय

नी

नीच कु दगड़ु, मवासि रगड़ु—नीच का साथ होने पर परिवार बर्बाद होता है।
नीच चड़द, अकाल पड़द—दुष्ट की समृद्धि से उत्पात होता है।
नीच चड़ि ऊंच तैं डांड पड़ि—दुष्टों के प्रभावशाली होने से सज्जन परेशान रहते हैं।
नीच दगड़ि नीच होंण पड़द—घटिया के साथ घटिया व्यवहार करना है।
नीच धाणि कखै प्यौंण पाणि—नीच से वर्जना।
नीच नीचपनतैं निछोड़ु, चै बीस वर्ष तक जेल माँ सौड़ु—नीच अपनी नीचता दंड देने पर भी नहीं छोड़ता है।
नीचु देखण—अपमानित होना, शर्मिंदा होना।
नीति जैक थीति—कहीं जाने पर ही संतुष्टि होती है।
नीति लगौ टूंणी, दुबलौ रैगि सूणी—सुदूर देश की खबर कौन सुने, गरीब केवल अमीरी की बात सुनता है, कर कुछ नहीं सकता है।
नीचे तौलि[1] बोदि कब औलु ऊँचा घर—गरीब के घर के बर्तन अमीर के घर शीघ्र आते हैं। कर्ज न लौटाने पर गरीब की कुड़की होती है।
नींद जिंदगी कु नास—अधिक सोना जीवन की बर्बादी।
नींद भूख हरचणी[2] देखीक—चेहरा देखकर बहुत प्रसन्न होना।
नींद हराम त बुद्धि भी हराम—अनिद्रा बुद्धि भ्रष्ट करती है।

न्यू

न्यूति[3] क बुलौंण—मान-सम्मान के साथ आमंत्रण।
न्यूतु[4] देंण—विवाह शादी में लड़के को सेहरा भेंट, सौगात देना।

---

1. पतीला 2. खो जाना, गुम होना 3. निमंत्रण-पत्र देकर 4. सेरा भेंट, सौगात

नै-नै

नेक छेक कन—गहराई से जाँच का निर्णय देना।

नेकि नौ कोस, बद[1] सौ कोस—नाम निकट पर बदनाम दूर तक फैलता है।

नेगी मान पर नेकचारु नि मान—परंपरा कायम रखना, आदमी मरे पर परंपरा यथावत रहे।

नेता येकु, चमचा हकु—नेताओं के चमचों की भरमार पर।

नेतों का दगड्या कम दुस्मन जादा—राजनीतिज्ञों के शत्रु अधिक, सच्चे मित्र बिरले होते हैं।

नेथ डिगौंण—अनुचित लालच करना।

नेथ बिगड़ी—भाव-विचार गंदे होना।

नेथमा फर्क पड़ी—विचार बदल गये।

नैक[2] जन भन्याणू—अश्लील बातें करना।

नैक्वार्ति जन लगी—बेशर्मी का नाच-गान।

नैकि बराति माँ सबि फोसा-फोसा—नाई की बारात में सब अपने को बड़ा समझते हैं।

नैथाणा का फुरयान पैरी सीरो, वाड़ि झंगोरु खाँद छौ सुभी फीरो[3]—छोटे व्यक्ति का बड़ा पद पाने पर इतराने से हानि होती है।

नैबेद का ज्यूँदाल तैं देवि अफ्वी पेट पालदी, लोक चाँदा, परचो[4]—नैवेद्य, देवता की पूजा का भोजन, देना कम पाने की चाहत अधिक।

नैरा-दैरा होंण—सेर में सवा सेर होना। एक ही थैली के चट्टे-बट्टे होना।

नौ

नौ कमौण—यश प्राप्ति करना।

नौ करोड़िमल, तैमू न पैसा न हल—नाम बड़े दर्शन छोटे।

नौ[5] गिच्चा पर नि औंण—स्मृति में न आना।

नौ गौंकि छाँस नंदू क्वाँ खौन, नंदु क्वाँ घर छाँ माँगण जौन—जो खुद भीख माँगते हैं, उनसे क्या माँगते हैं।

---

1. बदनामी 2. देवदासियों के पुत्र 3. रूठना 4. चमत्कार 5. नाम

नौ जाँद—पति, जेठ, ससुर, ममेरा ससुर और बड़ों का नाम स्त्रियाँ नहीं लेतीं, काम चलाने के लिए संकेतात्मक नाम लेती हैं।

नौ[1] दस कन—बहानेबाजी करना।

नौ दाताराम, कर्ज माँगण काम—नाम और गुण में भारी अंतर।

नौ द्वी पड़दा-भलु या बुरु—नाम भले या बुरे का आता है।

नौ धन—दूसरों की चुगली करना।

नौ धरौण—बदनामी करवाना।

नौ धरौण्यां छ्वीं—बदनामी करने वाली हरकतें करना।

नौ नाथ सिद्धि होंण—मनोरथ पूर्ण होना।

नौ निर्मल दास, गात पर औंणी बास[2]—नाम और गुण में भारी अंतर, नाम बड़े दर्शन छोटे।

नौ नि लेण—स्मृति भी न लाना।

नौ पण—बदनामी होना।

नौ पर रौण—पति के मृत्यु के बाद भी पतिव्रता रहना।

नौ पृथ्वीपाल, घर क कुहाल—खाली के नाम के बड़े।

नौं पर मरण—नाम की चिंता।

नौ पूर्ब्या दस चुल्ला—भेदभाव।

नौ बकरियां दस ढकरिया—काम कम खाने वाले अधिक।

नौ बालि, पर एक बाल् उखाड़ि नि सकद—नाम बड़े दर्शन छोटे।

नौ बेची खाणा—अपने पुरखों के नाम का लाभ उठाना।

नौं भलो औंद या बुराकु—नाम भले या बुरे का आता है।

नौ 'महिधर' माँगु घर-घर—केवल नाम के काम कुछ नहीं।

नौ मिटौंण—बदनामी करना।

नौ रुप्या कु मारि ढाकर[3], सौ रुप्या भरि भाखर[4]—लाभ होना।

नौ होण—प्रसिद्धि पाना।

नौऊँ सबून देखी दसऊँ कैन नि देखि—भविष्य अदृश्य।

नौकरि कि जड़ ढुँगा माँ—नौकरी का कोई भरोसा नहीं।

नौकरियांणू गुस्सा झाड़ु पर—गरीब मालिक से नहीं लड़ सकता है, कमजोर से लड़ता है।

नौकु डलु फरकौंण—विरोध करना, कभी नाम न लेना।

नौकु विद्यासागर होंण—नाम बड़े दर्शन छोटे।

नौकु भूखु—प्रतिष्ठा की चाहत रखना।

नौच फोंदार पर दगड़ा माँ कुत्ता भी नीच—नाम बड़े दर्शन छोटे।

---

1. नौ (अंक) 2. बदबू, गंध 3. बकरियों की पीठ पर दूर से लाया गया सामान 4. सामान

नौच मेरु केतगी, दिन रात मेनत पर होंद वथगि[1]—परिश्रम का फल नहीं मिलता।
नौड़ि गौं का नौ बाटा[2]—काम निकालने के लिए कई तरीके होते हैं।
नौना कु नौंच सुखदेव, पर बिछौंण पराले भी नी—नाम बड़े दर्शन छोटे।
नौंना होंण राणी का, कौड़ि न काम का—नाम बड़े दर्शन छोटे।
नौना बच्यां रौला, गोरु चरै खाला—जीवित रहे तो गुजारा चल ही जाएगा।
नौनि का माँगण्या अर साट्यूँ का लेवाल[3] **कति नि औंदा**—लड़कियों की शादी के प्रस्ताव और धान के खरीददार बहुत होते हैं।
नौनु खेदण बजार (विदेश) भैंसु खेदण गजार—घसीली जगह, लड़का विदेश भेजना चाहिए तथा भैंस चरागाह में।
नौनु छौ गजब कु, पर छुयांलू[4] **कु उगटि बीज**—बुरी संगत का प्रभाव।
नौंनु बाबु चुलि दादा पर जांद—लड़के पर पिता के बजाय पितामह (दादा) के गुण अधिक आते हैं। जीन्स का संक्रमण।
नौनु सोना कु होलु त तैकु गू भी सोना कु नि होंद—श्रेष्ठ व्यक्ति की हर बात श्रेष्ठ नहीं होती।
नौन्याल[5] **कि ल्यायी आग, जनाना कु देख्यूँ नाग**—अविश्वसनीयता (स्त्रियों और बच्चों के लिए)।
नौबजणी मुख पर—मायूसी में पड़ना, उदास चेहरा।
नौबत बजण—हर्ष प्रकट करना।
नौला गोरु का नौ पुला पराल—नयी वस्तु की विशेष हिफाजत करना।
नौला परो बाल न ताड़ेंद न उखाड़ेंद—बात सरल, काम कठिन।
नौलु न फौलु होण—निरर्थक कार्य होना, वंश का आगे न पीछे।
नौलु[6] **भबकाणू छुयूँक**—किसी की चुगली लगाने की उतावली होना।
न्यौ निस्तार कन—झगड़ा निपटाना।
न्यौत[7] **डिगौण**—असंगत लोभ, लालच करना।
न्यौत माँ फर्क पण—वचन भंग करना।

प

पंख लगण—कहीं जाने की उत्सुकता होनी, कष्ट होने के दिन सन्निकट आना।
पंख्यूड़ लग्या—कहीं जाने की उत्सुकता होना।
पंच परमेश्वर होंदा—पंचायत की न्यायप्रियता पर।

1. उतना ही 2. रास्ता 3. खरीददार 4. चुगलखोर 5. लड़के 6. नाभि 7. लालची नजर

पंच पूछे करे काज, हारे जीते आवे न लाज—सर्वमान्य राय हितकर।
पंचांग फाड़ि ग्रह नि टलदा—प्रकृति का नियम अटल।
पंचुको गये सरो सेरो, नालिद्वियेक गै मेरु—गाँव वालों का सारा नुकसान हुआ मेरा तो थोड़ा ही हुआ।
पंचैति बौ जन—सबकी प्रिय भाभी जैसी, सभी के मनोविनोद का साधन।
पंछितैं घोल, बच्चूतैं माँ—पक्षियों के बच्चों को घोंसला और छोटे बच्चों को माँ का प्यार चाहिए।
पंडित जी, सिकार भी खांदा, 'सिरी-सिरि'[1]—द्विअर्थक बात, कदापि नहीं केवल बकरी का सिर।
पंडित सोई जो गाल बजावे—अधिक वाचाल और चालाकी से काम निकालना।
पंवाणां[2] **जौ, पंचु कि मौ नि होंदि**—पवांण के जौ और नेताओं का परिवार बर्बादी पर होता है।
पंवाणों सी जौ—न होने वाली वस्तु।
पकड़ मुताडु अपड़ा तम्बाकू कु मोल—अपने छोटे से उपकार का मूल्य देना।
पक्की बुनियाद होंण—परिवार में बाप-दादा का समर्थवान होना, किसी व्यक्ति की पृष्ठभूमि मजबूत होना।
पकोड़ि पाकी, सबून चाखी—किसी के घर दावत उड़ाना।
पग गये पौरुख गये, आंगन भये परदेस—जब पाँव जवाब देते हैं, शक्ति घट जाती है तब चल-फिरने में असमर्थ होते हैं, अपना ही आंगन विदेश हो जाता है।
पग चले पंथ कटे, औखद[3] **खोये रोग कटे**—चलते रहने से मार्ग कटता है, औषधि खाने से रोग कटता है।
पगड़ि कु फुर्का—शोभायमान, सम्माननीय व्यक्ति।
पगाल्या जन—बहुत तंग करने वाला व्यक्ति, ऋण वसूली के लिए बार-बार तंग करने वाला।
पगालि दारु जन—तुच्छ वस्तु भी उधार लेनी।
पच्चास किस्मा लोग—कई प्रकार के लोग।
पच्चास किस्में चीज—कई प्रकार की वस्तुएँ।
पच्चास जगौं छ्वी[4] **ल्यौंण**—जगह-जगह की बातें लाना।
पच्चास बात कन—व्यर्थ में बहुत बात करना, न देने का बहाना बनाना।
पच्छा[5] **खेती चाखुला**[6] **खौन, पच्छा नौना उत्तरै जौन**—विलंब करना अहितकर, समय की चूक बुरी होती है, बुढ़ापे की संतान कष्ट झेलती है।
पटगावन्द होंण—बिल्कुल बंद होना, रुकना, अब बच्चे पैदा न होना।

---

1. बकरी का सिर 2. शुभ घड़ी में बोये जौ 3. औषधि 4. बातें 5. विलंब से 6. चिड़िया

पट पकड़ि प्रतापनगर—पहले जमाने में टिहरी में जो भी अभियोगी होता था, उसे राजा के नौकर प्रतापनगर जेल में ले जाते थे।

पट पकडि मेरि, फुर्र उडाणि तेरी—लाभ मुझको हानि तुझको।

पट पड़ि मेरि, चित पड़ि मेरि—सब प्रकार अपना ही लाभ चिंतन।

पट मैसण—बातों का धनी।

पटड़ा पार होंण—सारी गरीबी मिटना, बहुत बर्बादी होना।

पटवारि चुलि, सटूवारि बुडु—पटवारी से चपरासी अपने को बड़ा समझता है।

'पटवारि तुमखादि उन्दु पडूयाँ', 'मैं समाधि छौं लगौंण'—चतुराई से बात बदलना, झूठा समाधान।

पटासुल्क्योंन[1] बजर, नि टलदा—सीटी मारकर बड़े संकट नहीं टलते, खाली शोरगुल व्यर्थ, बड़ी उपलब्धि के लिए बड़ा प्रयास जरूरी है।

पट्टिट पाड़ा सिखौंण—किसी बात को अच्छी प्रकार से समझाना।

पड़ेनीत अकरु कींकु—जब लिया ही नहीं तो महंगा किस बात का।

पढ़ाई-लिखाई जाट, सोल दोणी आट—व्यर्थ प्रयास, मूर्ख को समझाना व्यर्थ।

पढ़ौन फार्सी, बेचून तेल—बड़ों के छोटे काम, अल्पज्ञों का ज्ञान का बखान करना।

पढ्यां पर गुण्या नीं—पढ़े हों पर पढ़ाई का लाभ नहीं उठाते, जीवन का अनुभव नहीं। अव्यावहारिक

पढ्याँ लिख्याँ बेवकूफ छन[2]—पढ़-लिखकर भी बेवकूफीपूर्ण कार्य करना।

पत्[3] अपणी खोण नी, बिराणु मू रोण नी—दूसरों के पास अपना दुखड़ा लगाने से अपनी बेइज्जती होती है।

पतळ चटु होण—भूखे, सबसे पीछे खाने वाला दरिद्र।

पतळि अकल—सूक्ष्म दृष्टि, हल्की सोच।

पतलि छांस, पाणि नि सुहो—मिलावट में और मिलावट करना अनुचित।

पतलि तौलि—जल्दबाज, गुस्सैल।

पति पत्नी को झगड़ा खैक स्यौंण[4] तक—पति-पत्नी का झगड़ा क्षणिक।

पति परमेश्वर समझण—पतिव्रता नारी, पति का सम्मान करने वाली नारी।

पतोळ पतोळि कन—बार-बार हाथ लगाना, गंदा करना।

पत्थर पड़ि पाणि न रीझि, न भीजि[5]—मूर्ख पर ज्ञानी का प्रभाव न पड़ना।

पदमुंट्ठा की पांच—मूर्ख को सबक सिखाने का चालाकीपूर्ण तरीका (एक बार एक भानजे ने मामा के सामने बदबू निकाली। मामा ने उसको पाँच रुपये दिए। भानजा प्रसन्न हुआ, उसने एक दिन भरी सभा में अधिक रुपये पाने के लालच में फिर बदबू निकाली अब क्या था। लोगों ने उसकी धुनाई कर दी। तब भानजे को अपनी गलती का ज्ञान हुआ)।

---

1. मुँह से सीटी बजाना 2. हैं 3. प्रतिज्ञा, प्रतिष्ठा 4. सोने तक 5. भीगना

पदान[1] **चुलि गोपलि उफलि**—बड़े से छोटा इतराता है।
पदानि बण—बैठे रहना, स्त्री का काम न करना।
पदानौं जन पाथु[2]—सर्वश्रेष्ठ मापदंड।
पनपणौंच खूब—खूब फलफूल रहा है, तरक्की करना।
पन्दर कि पच्चीस होण—खूब फलना-फूलना।
पन्द्रवीं ओंण—पन्द्रहवें दिन में उत्पात मचाने वाले स्त्री या पुरुष, पागलपन का दौर आना।
पयाँपाति कन—पवित्र वस्तु, तेरवी करना।
पयाँ सीं डालि—पूजनीय वस्तु, पदम का पेड़।
परअमली करे निगार, न जगे तम्बाकू न बूझे अंगार—व्यर्थ प्रयास।
परकंडी का आवत[3] **चुलि बमोथौ बेरि भलु**—परस्पर मजाक करते हैं, जैसे कैसे मित्रों से शत्रु अच्छा।
परकंडी छोटि बिलैत—परकंडी गाँव की श्रेष्ठता।
परकंडी लांग होंण—योजना विफल होना (पुराने जमाने में परकंडी गाँव में एक बांस पर बादी नचता था, बांस के निचले भाग को एक आदमी की छाती पर रखा जाता था, बादी बांस पर चढ़कर चोटी पर पेट के बल लेटकर घूमता था। पर कभी-कभी यह योजना (खेल) विफल होता था, योजना फेल होना)।
परकंडी लेखण्या[4], **बामसु देखण्या**[5]—परकंडी पढ़े-लिखे, बामसू दर्शनीय लोग।
पर घर यौं त्यौं जाण, दुख सांजी[6] **कींक खांण**—लड़की को ससुराल जाना अनिवार्य होता है, तो दुखी होना व्यर्थ।
परजामाना पड़्यां—बेहोश, बेखबर होना।
परथारि[7] **गौंणा**[8], **डोटियाल पौणा**—बरात की मजाक।
परदा कि राणि जन—सम्मानित नारी कहीं न जाने वाली।
पर-पर सौर नि बोन—गलती पर टोकना नहीं, अति लाड़ला।
परबंग्स जन—लापरवाह, औघड़, दूसरे वंश का।
परबुद्धि का—दूसरों की बातों में आने वाले।
परमेस्वर का घर देरच पर अंधेर नी—प्रभु न्यायकारी, विलंब का फल मीठा।
परमेस्वर जब देंदत छप्पर फाड़ी देंद—ईश्वर कृपा जब होती है तब सब प्रकार से फायदा होता है।
पर लगण—दोष लगना, पंख लगना, किंतु-परंतु होना, कहीं जाने की उतावली।
पराया कपड़ा पैरि क्वी कीमत पूछलु तौ सरम की बात—परावलंबी जीवन

---

1. पुराने जमाने में मालगुजारी वसूल करने वाला गाँव का मुखिया 2. अनाज देने का पुराने जमाने का बर्तन जो लगभग दो किलो के बराबर होता था 3. मित्र 4. पढ़े-लिखे 5. दर्शनीय 6. सँजोकर 7. दूसरों के गहने माँगकर पहनना 8. गहने

अपमानजनक।

पराया घर कु धन बेटि—बेटी ससुराल वालों की संपत्ति होती है।

पराया धन से धनि कु ह्वै, पराया आंखुन कैन देखि पराई अकलन कैन खाई—दूसरों पर निर्भरता हानिकारक।

परायु धर अर पुस्तक विद्या कख छै—सामर्थ्य और अनुभव की महत्ता, कोरा पुस्तकीय ज्ञान पराया धन सा माना जाता है।

पराये की आस मन उदास—दूसरों पर आशा रखना व्यर्थ।

परायो दिल परदेस—दूसरे के दिल की बात न जानना।

पराल़[1] कोचण[2]—चापलूसी करना, खाली बड़ाई करना।

पर्व उमड़ी—खूब चहल-पहल होना, अच्छा समय आना, महोत्सव।

पर्वत कु राई राई कु पर्वत बण—अतिशयोक्ति, प्रभुकृपा से छोटे को बड़ा बनाना।

पल़ खायो अधेल़ झूरयो—थोड़ा खाने से परेशानी।

पल माँ तोला, पल माँ मासा—क्षण में खुश क्षण में नाराजी, अस्थिर मति।

पल माँ प्रलय होंद—बुरी घटना होने में समय नहीं लगता।

पलस्तर ढीलु होंण—बुरे हाल होना।

पलितिरा सबिडांडा हरियां देखेंदा—दूर के ढोल सुहावने।

पल्ला पण—हवाले होना, पल्ला पड़ना।

पल्ला पसार्यूँ—जो कुछ भी न्याय अन्याय करे सब सहने सुनने को तैयार।

पल्या[3] गौं ब्यौ, मेरा आंखा डौ—दूसरों की खुशी में गम करना, जलन रखना।

पसु जन होंया—बेखबर अज्ञान होना।

पसु मंत्र जन लगौंण—चुपके से कान में कुछ कहना।

पस्त होण—बिल्कुल निढाल होना, थकना।

पहाड़ कु बास, सरील कु नास—पहाड़ों में कठिनाई के कारण शरीर का नाश होता है।

प्रभु की माया कखि धूप कखि छाया—ईश्वर की लीला अपार है।

प्रभुन नजर लगैली—ईश्वरीय कृपा होना।

प्रभु सेवा कन—राजा और राज परिवार की सेवा करना। टिहरी में सन् 1930 से पूर्व राजा की निःशुल्क सेवा करनी पड़ती थी।

प्लानिंग का तीन काम कागजी घोड़ा, मीटिंग अर दुआ सलाम—विकास कार्यों के बजाय आँकड़ेबाजी, बैठकें और अभिवादनादि करना।

प्वटगि[4] हाथ माँ धरी—पेट भरने के लिए भटकना, केवल पेट भरने की चिंता में फिरना।

---

1. पुआल 2. घुसाना 3. दूसरा गाँव, पड़ोसी गाँव 4. पेट

पा

पाँच कि पच्चीस, एक कि इक्कीस होण—निरंतर वृद्धि, शुभकामनाएँ।

पांच जुता अर हुक्का कु पाणि—तिरस्कार कर त्यागना, गाली।

पांचि अंगुलि घी माँ, सिर कढ़ाई माँ—खाने-पीने में मजे होना।

पांचि अंगुल्यों पर पिड़ा[1] बराबर होंदि—आपसी सहमति का महत्त्व। सब पर समान प्रेम।

पांचि अंगुलि बराबर नि होंदि—एक ही कोख से अलग-अलग गुणों वाली संतानें होती हैं।

पांचौं सवार बण्यूँ रौंद—छोटे दर्जे का आदमी अपनी बराबरी बड़ों से करता है। (एक बार चार घुड़सवार जो संपन्न थे, कहीं जा रहे थे, पीछे एक सड़ियल घोड़े में एक गरीब सवार भी जा रहा था, किसी मुसाफिर ने पूछा कि तुम कहाँ जा रहे हो। उसने कहा हम पाँचों सवार दिल्ली जा रहे हैं।)

पाक्याँ जौ माँ मोल कु क्या फैदा—का बरसा जब कृषि सुखानी।

पागल भी अरभांग भी पीनी—मार में महामार।

पाछा जौ जन—बुढ़ापे की औलाद जो सही पालन-पोषण तथा संरक्षण के अभाव से पनपते नहीं हैं।

पाछि खेति गोरु खांदा[2], पाछि औलाद धक्का खांदि—असमय बोई खेती का अनाज गाय चरती हैं, बुढ़ापे की संतानें धक्का खाती हैं।

पाछु[3]-कना—काम में विलंब करना, रुक कर काम करना, फसल या काम समय पर न करना।

पाड़ कु पाणि अर ज्वानि तख नि रौंदि—पर्वतीय अंचल की जल संपदा और युवा शक्ति वहाँ नहीं रहती है।

पाड़ माँ औजि[4], बौजी[5] अर फौजि—पहाड़ में ढोल वादक, महिलाओं और सैनिकों की प्रधानता।

पाड माँ खाति देसमाँ हाति—पर्वतीय क्षेत्र में खाती लोग डीलडौल होते हैं जैसा मैदान में हाथी।

पाड़ माँ द्वी भै, द्वी पड़ौसी अर द्वी रिस्तेदार प्रेम से नि रंदा—पड़ोसी से ईर्ष्या रखना पहाड़ियों का मनोविज्ञान है।

पाड़ माँ नि जन्मु चेला, देस माँ कि जन्मु बेला—पर्वतीय क्षेत्र में वीर और शिक्षित व्यक्ति को विकास का अवसर नहीं मिलता, मैदानी क्षेत्रों में बेला (भैंसा)

1. दर्द 2. खाते हैं 3. विलंब से 4. बाजीगर 5. भाभी

को बोझ ढोने में परेशानी उठानी पड़ती है।

पाड माँ पुंगडु[1] धन्धा, धार-धार पुजेंदि[2] नन्दा—पर्वतीय अंचल में कृषि मुख्य व्यवसाय है तथा नंदादेवी के सर्वत्र मंदिर हैं।

पाड़ समान दाता नीं, लट्ठि बिना देता नी—पर्वतीय लोग अच्छा काम करने वाले होते हैं, विनम्र और ईमानदार होते हैं, दानी और उदार होते हैं, पर उन पर नियंत्रण रखना पड़ता है।

पाड़ि पुलिस कन—गाँव वालों द्वारा दुष्ट की पिटाई करना।

पाड़ि भाई किसके, भात खाके खिसगे—पर्वतीय लोग अपने लोगों के घर खाना खाकर चल देते हैं, उपकार नहीं मानते।

पाडे जी का प्राण जाणा, घरवाली मिठै मंगौणी—असंगत कार्य पति के प्रति उपेक्षा भाव।

पाँणि अर राणी कैन सकि सुजैक?—पानी और स्त्री को कौन शुद्ध कर सकता है, वे स्वतः ही शुद्ध माने जाते हैं।

पाँणि अपड़ा बाट्टा बगदा—हर कोई अपने लिए अनुकूल परिस्थिति बनाता है।

पाँणि उन्दु आग उब्बु जांदि—पानी नीचे की तरफ आग की लपटें ऊपर जाती हैं। गुणवान ऊपर उठता है, कम गुणी नीचे जाता है।

पाँणि का धारा लगणा—खूब लाभ होना, लाभ ही लाभ।

पाँणि का धारा आग लगी त बाणांग कैन बुझौण—समर्थवान ही असमर्थ हो जाता तो रक्षा कौन करेगा?

पाँणि का भांडा[3] मुड़ि हिलु होई जांद—जहाँ मनुष्य रहते हैं वहाँ थोड़ा-बहुत विवाद या गंदगी रहती है।

पाँणि छोली नौण[4] नि मिलदी—व्यर्थ प्रयास से लाभ नहीं होता।

पाँणि जागीक पतलो, ह्यूँ[5] जागीक बकलौ[6]—गंदा पानी थोड़ी देर बाद शुद्ध होता है ठंडा करने पर बर्फ बनता है, सब्र का फल मीठा होता है।

पाँणि पीक जात क्या पूछण—जब किसी के हाथ का पकाया खाना खा लिया, तब उसकी जाति क्या पूछनी है।

पाँणि पेंण नि पै—एकदम मर जाना।

पाँणि माँ मूतण, आगि माँ थूकण, तै जमाना कख लूकण[7]?—पानी में पेशाब करना, आग में थूकना बड़ा पाप कर्म होता है।

पाँणि माँ लकीर मान—असंभव कार्य करना।

पाणि सबून[8] पीनि, धारु कैन नि उठै—पानी सब पीते हैं पर पानी का नल कोई नहीं उठाता।

पाँणि सी पतलो, धुआँ सीं बकुलो—पानी और धुएँ की विशेषताएँ, शांत भी उग्र भी।

---

1. खेत 2. पूजी जाती 3. बर्तन 4. मक्खन 5. बर्फ 6. मोटा, ठोस 7. छिपना 8. सबने

पाँणि सूज कनो सगोर[1] **नी**—कोई लियाकत न होना।

पाँणि हड़ बैठी—असाध्य कष्ट होना।

पाँतड़ि खोन—अतीत और वर्तमान की कमियों और दोषों को प्रकाश में लाना।

पातर[2] **जन**—बेशर्म और बदचलन स्त्री का प्रतीक।

पातरनचौंण्यां सीं उकाल—कठिन चढ़ाई, असाध्य काम, गैरोली पातल और सीला समुद्र के बीच की चढ़ाई। (नंदाराजजात के मार्ग पर)

पाथा मुड़ि धन लै—छोटी वस्तु, आदमी।

पाथि-पूथी कर्यूँ खडु—मुश्किल से खड़ा होने लायक बनाना।

पाथु जन—छोटा मोटा।

पाथो फूटीगे, त उधारो नी छुटि—आदमी मर गया पर उसका लिया ऋण तो लौटाना ही पड़ेगा।

पादण पर सांस लैण—विकार से छुटकारा पाना, संतोष प्रकट करना।

पादन कूडि नि फुकेंद—छोटी बातों का असर नहीं पड़ता।

पान चवौण अर पाप दबौंणों—हर वस्तु की अलग-अलग विशेषता और उपयोगिता होती है।

पाप कमौंद, चोर समौंद—पाप की कमाई पापी खाते हैं।

पाप कि मजदूरी मौत—पाप का कठोर दुष्परिणाम।

पाप कु घड़ा फूटद—पाप प्रकट होता है।

पाप कु धन, पछतौ मन—पाप की कमाई से पश्चात्ताप होता है।

पाप छिपौण पाप से बड़ू—पाप का प्रकट करना ही श्रेयष्कर, पाप छिपाने वाले नर्कगामी।

पाप प्रकट धर्म गुप्त रैंद—बुरे कार्य का फल तुरंत मिलता है, अच्छाई प्रकाश में कम आती है।

पापी करद बिराणा घर की टापी[3]—पापी दूसरे घर की वस्तु पाने की इच्छा करता है।

पापि पराण नि माणद[4]—इच्छाएँ बलवती होती हैं।

पापी रो पेट को, नामी रो नाम को—दुष्ट पेट भरने को और कर्मठ नाम कमाने के लिए कष्ट उठाता है।

पापै कमै छ—अवैध संतान, घूसखोरी की कमाई।

पापौ घड़ भरैलु त फूटलु[5]—पाप करने से अवश्य बुरे फल मिलते हैं।

पाफड़ा[6] **पत्ता माँगों सी पाणि**—अस्थिर मन होना।

पार फुन कोच, दीदा दी बौ, क्या करदा? जन जैकु गौ—भाई-भाभी अपनी-अपनी मरजी से काम करने वाले।

---

1. सलीका 2. देवदासियाँ जिनसे पुरुष अश्लील व्यवहार करते थे 3. अधिक प्यास 4. मानता है 5. फूटेगा या टूटेगा 6. अरबी का पत्ता

पारु गरम होंण–गुस्सा आना।
पाला कि सेकि[1]**, धाम तक**–क्षणिक अकड़।
पाल्यूँ कुत्ता काटण औंद–भलाई करके बुरा फल मिलना।
पाव का जुत्ता बराबर समझण–तुच्छ समझना, तिरस्कृत होना।
पाव भारि होंण–गर्भवती होना।
पासो पड़ो, अनाड़ि जीतु–संयोग से लाभ होना।
पास रखदि नी, दूर सौंदि नी–पास भी न रखना, दूर रखने पर परेशान होना।
प्या[2] **हल्दी, गौरा बणी जा जल्दी**–तत्काल फलेच्छा करना।

पि

पिचकायूँ छ–किसी को अधिक तंग कर रखना, उभरने का अवसर न देना।
पिछनै कलि–उपेक्षित करना।
पिछनै कि फसल–असमय की संतान।
पिछनै कींक देखण, जब अग्वाडि[3] **जांण**–घोर परंपरावादी न होना, प्रगतिशीलता में ही प्रगति संभव है।
पिछनै देखणू–अतीत की ओर देखना।
पिछलगु वण्यूँ–किसी की बातों में आने वाला।
पिछा पण्यू–हर समय रोक-टोक करना, तंग करना।
पिछाड़ि[4] **रैंदु त पड़दि लात, अग्वाड़ि जांदु त रुठदि थात**–धर्म संकट में पढ़ना, उन्नति न करने पर अपमान, संघर्ष करने में जोखिम मोल लेना।
पिछ्वाड़ी फाट्यां जंग्या, भैर बण्यां फोडसिंग्या–फटे हाल में भी घमंडी और अकड़बाज बनना।
पिटिगा बराबर–बहुत नगण्य, तुच्छ, अशक्त।
पिटिंगा छोरो काल ऐगि[5]–छोटे का बड़े से भिड़ने का दुष्परिणाम।
पिठैं फरखौण[6]–आदर को अस्वीकारना।
पिठैं पैरा–हानि उठाना।
पिठैंन पेट नि भरैंद–पिठाईं सम्मान का प्रतीक है।
पिठैं रालि[7]–शादी की बात पक्की करना।
पिठैं लगौंण, वक्त बुलौंण पैथर[8]**, जुता खाण वक्त ऐथर**[9]–सम्मान देने के अवसर

1. अकड़ 2. पियो, पीना 3. आगे 4. पीछे 5. आ गई 6. ठुकराना 7. मिला दी 8. पीछे 9. आगे

पर सबसे पीछे, बेइज्जती करने के लिए आगे करना।

पिंड छुडौण—पीछा छुड़ाना, बला टालना, मुसीबत से छुटकारा पाना।

पिड़ा तैं जुमै फूटीक आई—घायल की गति घायल जाने।

पिड़ा माँ ब्यै, दुख माँ भगवान, डर माँ बाबु याद औंद—दर्द में माँ, दुख में भगवान, भय में बाप का स्मरण करते हैं।

पिडालो कण्डो पोर, फोसरो पूठो ओर—चोरी का पता चोरी की शारीरिक बनावट से लग जाता है।

पित् पकौंण—गुस्सा आने की बात या काम करना।

पित् पाक्याँ—पहले से ही दुश्मन हैं।

पित्र पूजीक पठाल—सदा के लिए अदृश्य करना।

पित्र समान देवता मामा समान पौणु[1] नी—मृत आत्माएँ देवताओं से बढ़कर और मामा पूजनीय मेहमान होता है।

पिफल लगौंण—पुण्य कार्य करना।

पिफलपत्तु वण्यूँ—अस्थिर, हर समय डर भयभीत रहना।

पिफले कि परिकमा मारि, पेट देखणी ब्वारी—तत्काल गर्भधारण की आशंका, तुरंत दान महाकल्याण चाहने वाले।

पिरथी पलट होंण—भारी बात होना, अन्याय होना।

पिरोलि[2] कि आग, उल्याई ब्वारि कख छै?—अगर आग को बार-बार तितर-बितर करें और बहू को तंग करते रहें तो नुकसान ही होगा।

पिस्याँ आटा घट ल्याँण—किसी काम को दुबारा करना, व्यर्थ प्रयास।

पी

पीठ पिछ्वाड़ि कि बात—अदृश्य घटना।

पीठ फरकौंण—अनदेखी करना, दुश्मनाई रखना, हार स्वीकारना।

पीठ लगौंण—सहयोग करना।

पीठि कु भैजन—सगा भाई जैसा, अभिन्न मित्र।

पीठि कु आधार भै—भाई विपत्ति में सहायक होता है।

पीठि पठाल[3] लगी—बाद में कोई न जन्मना, कोई छोटा भाई या बहन पैदा न होना।

पीड़ नि खांण—अपनत्व का भाव न छोड़ना।

पीड़ मानी कि गाल् मानि—अपनत्व के भाव को समाप्त करें या गाली की बात करें।

1. मेहमान 2. चीड़ के पत्ते, छेड़छाड़ 3. पत्थर की शिला

पीतळ कि बिराली–कीमती वस्तु।
पील नी पणी–कोई असर न पड़ना।

पु

पुंगड़ा बाड़[1] ह्वै सकदि, पर दिल माँ नि होंदि–खेत में दीवार लगा सकते हैं पर दिल को नहीं बाँध सकते। दिल सीमाहीन है।
पुकानू च–ईश्वर से अपने प्रति हुए अन्याय का बदला लेने की याचना करना।
पुकार कन–ईश्वर से प्रार्थना करना।
पुकार लगाई च–ईश्वर से वरदान माँगा है।
पुकार लगौंण–अपनी वेदना सुनाना।
पुकार सुणी–ईश्वर ने न्याय दे दिया है।
पुछड़ा[2] आग, मुख बाग–सर्वत्र खतरा ही खतरा, गंभीर संकट आना।
पुछड़ा कि मार खबर न सार–छिपकर की गई मार का पता न लगना।
पुछड़ा न डंसण–छिपकर मार करना।
पुछड़ि ठाड़ि करी भाजी–भय और आशंकित होकर भाग जाना।
पुछड़ि डंसदि मुखड़ि हंसदि–कपटी व्यक्ति, मुख में राम-राम बगल में छुरी।
पुछड़ि पकड़ी बैतरणी पार कन–दूसरों के सहारे कष्ट निवारण करना।
पुछड़ि पकड़ी मौण पकंण–थोड़ा सहारा देकर उल्टे सब कुछ हड़पने की नीति।
पुछड़ि फरकैलि–साफ मना कर दिया, नाराज होकर चला जाना।
पुछड्डु टूटी चौंर्‌यां-चौर्‌यां सिंग टूटी भौंर्‌या-भौंर्‌या–गुणहीन का मिथ्याभिमान।
पुठ्‌या जोर लगौंण–सारी ताकत लगाना।
पुड़खा बिगर सराद नि टल्द–छोटी बात के लिए बड़े काम नहीं रुकते।
पुड़खि झाड़ु–ब्रह्म भोजी।
पुड़खि देंण–मृतक को श्रद्धापूर्वक पूजना, श्राद्ध पक्ष।
पुड़खि पर धरला त्वैक–किसी को मरने की बददुआ देना, गाली।
पुड़खि बराबर पुगड़ि–छोटा किंतु उपजाऊ, खेत।
पुन्न कु भागी बण–यश का भागी बनाना।
पुप्पारोलि मर्चीं–मनमानी, पोपालीला करना।
पुरजा-पुरजा ढीला होंण–बहुत थकान लगना, बहुत मार पड़ना, बुरी तरह से घायल होना।

---
1. सुरक्षा दीवार 2. पूँछ

पुराणा खिर्ता[1] नया दौ—पुरानी दुश्मनाई का बदला लेने के नये तरीके अपनाना।
पुराणा पात झड़न, नया औन—बुजुर्गों के मरने पर नयी पीढ़ी का आगमन।
पुराणा मालिकै खोज कन—झक मारना, विवशता, जिसने मालिक को छोड़ दिया हो, बाद में गलती मानकर उसी की खोज करना।
पुराणा हवासन[2] खाई कबास[3]—जवानी के दिन और बुढ़ापे के और होते हैं, पुराने जमाने के अनुसार काम करने से नुकसान होता है।
पुराणी कौर्णी खाण—संचित धन का उपभोग करना।
पुराणु वैद नयुं जोसि भलु होंद—पुराना वैद्य और नया ज्योतिषी अच्छा होता है।
पुरुस कु भाग स्त्री कु चरित्र कैन देखि—पुरुष का भाग्य और स्त्री चरित्र अदृश्य होता है।
पुरुस लगदा भाग होंदा—जहाँ किसी पुरुष के जीवित रहने तक ही घर की समृद्धि रहती है।
पुल़-पुल़ होण—घबरा जाना, सब शेखी झड़ना।

पू

पूंछ खूसीगे पर नौं चौऱ्या रै—बर्बादी की हालत में भी अकड़बाज।
पूंछ जाँच कन—जानकारी करना।
पूंछ जांच कन जांण—देवता के पास अदृश्य की जानकारी हेतु आना।
पूंछ पकंण—सहारा लेना।
पूंछ पर हाथ नि लगण—हाथ न आना, किसी से भेंट न होना, पल्ले न पड़ना।
पूछी-छोडण—क्षीरनीर का विवेक कराना।
पूज देण[4]—देवता के पास फसल पर पूजा की सामग्री देना।
पूजा कनि—घूस देना, विनती करना, भेंट देना।
पूजा पाखण्डि करदा—पूजा करना दिखावा है। असली पूजा दया, प्रेम, सदाचार और सद्विचार हैं।
पूजा होंणी—सम्मान होना, गाली देना, व्यंग्य।
पूंजि गौल़ा बैठण—रकम गँवाना, घाटा पड़ना।
पूंजि दबौंण—धन लूटना, हड़प करना।
पूंजि मान—ऋणमोचक बनना।
पूंजि रबूज[5] होंण—सम्पत्ति नष्ट होना, भले आदमी का बिगड़ना, बर्बादी।

1. शत्रुता 2. आदत से 3. कपास 4. पूजा की सामग्री देना 5. बर्बाद

पूज्यों ढुंगु भी दोस लगद–जिसको आदर दे दिया हो वह हमेशा आदर चाहता है। अन्यथा नाराज होता है, हर पत्थर पूजनीय होता है, देवता को न पूजने पर बुरा होता है।

पूज्यौं पिफल छ–आदरणीय व्यक्ति।

पूठा कांपणा–भयभीत होना, बहुत जाड़ा लगना।

पूठा घाम लगीन–मृत्यु होनी।

पूठा चन्द्रमा लगण–सर्वत्र लाभ ही लाभ, भाग्य अनुकूल होना।

पूठा थौनी कामौं नौं नी–न काम न आराम, व्यर्थ प्रयास।

पूठा पर नी लंगोटि, नौ सौकार सिंह–नाम बड़े दर्शन छोटे।

पूठा पर पठाल जिड़खी[1]–शर्म के मारे झेंपना, कुछ कर या बोल सकने में असमर्थ होना।

पूठा पराल् कोचणा–उत्साहित करना, झूठी तारीफ कर उकसाना, मक्खन लगाना।

पूठा[2] **पोजण**[3] **कु सगोर नी**–नालायक, बेवकूफ, अज्ञानी होना।

पूठा पोजण्यां सी होयूँ–निम्नस्तरीय, घृणित होना।

पूठा बराबर नि समझद–अनादर करना, तुच्छ समझना।

पूठा बाच[4] **बैठी**–निरुत्तर होना, डरना।

पूठा मुड़ि धर्‌या–हड़पना, किसी की परवाह न करना, अनसुनी करना।

पूठा मुड़े खड़ नि सोन–कुछ काम न करना, आलसी।

पूठि कम्पणी–भयभीत होना।

पूठि जिड़खी–अपराध में फँसना।

पूठि जिड़खौलु–फँसाऊगा, मुकदमा दर्ज करने की धमकी देना।

पूठु दिखौंण–अपमानित करना, उपेक्षित करना।

पूठु फरकैलि–अनसुनी करना, तिरस्कृत करना।

पूठु माँ खून रीटणू–जवानी का जोश प्रकट होना, बलशाली।

पूड़ि धन चुलखांदा[5] **माँ**–मृत को खाने से पूर्व भोजन रखना, गाली।

पूड़िपाल जन–आदरपूर्वक किसी के घर में भोजन करने वाला साधु।

पूड़िपाल से गया पर, नमोनारायण से भी गया–भोजन न दो तो कम से कम नमस्ते तो करो, भोजन और बातचीत बंद होना।

पूडि वल्या भेल्, भी जांदि नी बचदि, पाल्या भेल जांदि नी बचदि–सब तरह खतरा ही खतरा होना।

पूत अपणु न्यौ[6] **बिराणु**–अपना तो पुत्र ही होता है न्याय सबके लिए समान होता है।

पूत-कपूत भेजि चोरी, असाड़ि आरु ल्यै तोड़ि–मूर्ख कभी उचित काम नहीं करता, कुपुत्र हमेशा गलत कार्य ही करता है।

---

1. चिपकना 2. नितंब 3. साफ करना 4. आवाज 5. चूल्हे में 6. न्याय

पूत कु बढ़ौ (उत्सव) अर बाबू कु सराद जथी खर्च करा भलु होंद–पुत्रोत्सव और पिता के मृत्यु पर खर्च बुरा नहीं होता।

पूत कुपूत ह्वे जांद पर माता कुमाता निहोंदि–लड़का माँ को दुख पहुँचा भी ले पर माँ नहीं पहुँचाना चाहती है।

पूत सैंती[1], ब्वारि कि भौंदि[2], सूत काती कोलि कि भौंदि–बहू आने पर लड़का बहू की बात मानता है, सूत कातने पर बुनकर के हवाले जाता है।

पूफू का जोंगा होंदा, चाचा बोदा–बुआ की मूँछें होती तो चाचा कहते, लिंग भेद से रिश्ते बदलते हैं।

पूरु तारु अधमिरु मारु–संपन्न व्यक्ति गरीब को उठाता है, दरिद्र नुकसान ही करता है या गर्भवती का पूरा बच्चा ठीक रहता है, गर्भपात से उत्पन्न मर जाता है या गर्भवती का पूरे दस माह का बच्चा होने पर माँ को कष्ट नहीं होता है पर अधूरा बच्चा होना माँ के लिए हानिकारक होता है।

पूर्ब जन्म का ऋणबन्ध होंदा सम्बन्ध–परस्पर संबंध पूर्वजन्म से ही निर्धारित होते हैं।

पूसा मैंना जन जौ–होनहार न होना।

पूसा मैंना जौ अर बुड़ेंद बक्ता नौना कख छा–पूस के महीने के बोये जौ और बुढ़ापे की औलाद अच्छी नहीं मानी जाती।

पूसा मैना सी बांदर–भूखे, कमजोर प्राणी।

पूसौ त्यौहार सबूकु साजु–मकरसंक्रांति को सभी मनाते हैं।

पे

पेंच घुमैलि–बने बनाये काम में व्यवधान डालना, बीच में काम बिगड़ना।

पेंच नी चलणू–तरकीब काम न आना, काबू में न आना।

पेंच मानू–किसी को न करने या करने की राय देना।

पेट उन्दु बणांग लगी–बहुत भूख लगना।

पेट करौंद जु भी करौंद–भले-बुरे कार्य पेट के खातिर करने पड़ते हैं।

पेट का बच्चा पर आस, होंया तै निर्देंदा गास[3]–जो उपलब्ध है उसकी उपेक्षा, जो अप्राप्य है उसकी अपेक्षा रखना।

पेट काटीक दीनी–स्वयं न खाकर दूसरे को देना, स्वयं कम खाकर दूसरे को खिलाना।

पेट कि पेटै माँ–मन की बात मन में ही रखना।

---

1. पालकर 2. बस में 3. भोजन का निवाला

पेट कु काटु कन—पेट की पूर्ति किसी प्रकार करना, अनिच्छा से भोजन करना।
पेट गिरौण—गर्भपात करना।
पेट जललु त दुनिया जलि जालि—भूखे लोग संसार में तबाही मचा देंगे, भूखा क्या पाप नहीं करता?
पेट टोटा कर्म खोटा—अधिक खाने वाले बुरे कार्य करते हैं।
पेट पर बच्चा अभि नौ धन[1] हीरा—उतावलापन, आशावादी दृष्टिकोण।
पेट पाल् धर्‌यू खाली—निठल्ले को खिलाना।
पेट की भूख पेट जाणदा—घायल की गति घायल ही जाने।
पेट पांल्—गुजर-बसर करना, खाली पेट भरने वाला।
पेटपिड़ा सी लगी—बहुत कष्ट होना, उतावलापन दिखाना।
पेट पूजा कन—भरपेट भोजन करना, खाली पेट भरना।
पेट बैठण—किसी का विश्वासपात्र बनकर उसका रहस्य जानना।
पेट भरि पर नेत नि भरि—पेट भर गया पर लालसा पूरी न होना।
पेट भरयौं त दम, नतर गम—भूखा सदैव चिंतित रहता है, भरपेट खाने वाला चिंताहीन रहता है।
पेट माँ औंण पर मुख माँ नि औंण—मन की बात मन ही में मुख में कहने का स्मरण न आना।
पेट माँ गुर्मुलु[2] उठण—मन में शंका होना, शत्रुता जाग्रत होना।
पेट रखद, पेट उजाड़द—जीने के लिए पेट भरते हैं, पेट के खातिर जोखिम उठाते हैं, पेट की गड़बड़ी से ही मौत होती है।
पेट रोट्‌योंक रौंण, चुफलि सांकरा रौंणी—सबको अपने-अपने स्वार्थ, सबको अपनी-अपनी चिंता है।
पेट लगीं आग, क्या चैद साग?—भूखे को क्या अच्छा-बुरा भोजन।
पेट लग्यूँ—किसी की अवैध संतान का पेट में पलना।
पेट से सभी छोट्‌टा—पेट के खातिर सबको झुकना पड़ता है।
पेटा आन्दड़ा टूटणा—हँसते-हँसते पेट फूलना, दर्द होना।
पेटा खातिर कै स्वांग रचाण पड़दा—उदरपूर्ति के लिए अनेक उपाय करने पड़ते हैं।
पेटु बण्यूँ—पेट पालने वाला निठल्ला।
पेटा खातिर क्या-क्या नि कन पड़द—पेट पालने के लिए अनेक कर्म करने पड़ते हैं।
पेटैकि सूझणी, जैंते सूझणी—सब पेट भरने के चक्करों में हैं।
पेटौंक रोंद जुभी[3] रोंद—सब पेट के खातिर कष्ट उठाते हैं।
पेड़ा पड़ि फूट गौंपड़ि लूट—घर के झगड़े से बाहर वाले लाभान्वित होते हैं।
प्रेम कि कैंचि चलौंण—प्रेमी बनकर खसोटना।

1. रखना 2. गाँठ 3. जो भी

प्रेम कु भूखू होंण—प्रेम के अलावा कुछ न चाहिए, प्रेम को ही महत्त्व अधिक देना।

प्रेम जनानै दवै—सहृदयता और प्रशंसा रूठी स्त्रियों की दवा है।

पै

पैणा कि पकोड़ि सवादि हौंदि—थोड़ी मिली वस्तु स्वादिष्ट होती है।

पैणा कु पैणु चुकायो सरिरात बथौन पूठु फुकायो—मिलने की आशा में रात भर जागकर कष्ट उठाना।

पैंणु जन बांटण—बात को घर-घर फैलाना, थोड़ा-थोड़ा देना।

पैणु न पात, बिना बातौ सामु हाथ—बिना दिए लिए बातों में बरगलाना, तुच्छ वस्तु देना।

पैणु नि फरकौंण, पर याद रखण—किसी का दिया हुआ नहीं लौटाना चाहिए पर बुरी बात या व्यवहार याद रखनी चाहिए।

पैता जन बैठी—बिना काम के नववधू जैसी बैठे रहना।

पैला कौला माँ मख्यालु—कार्यारंभ होते ही व्यवधान पड़ना।

पैलि आत्मा तब परमात्मा—आत्मरक्षा से ही भक्ति संभव।

पैलि आसण सुद्ध तब मंत्र सुद्ध—पहले रहने की जगह मिल जाय बाद में सब काम ठीक होंगे।

पैलि उपजे चुन्यापुन्या[1], तब उपजे सरि दुन्या[2]—पहले महापुरुषों ने आदर्श स्थापित किये तब सबने अनुसरण किया, पहले महापुरुष तब अन्य लोग पैदा हुए।

पैलि कन तब बोन—करके दिखाना, आदर्श स्थापित करना।

पैलि करदा छा बड़ा-बड़ौ कु भरम, अब न सर्म न धर्म—पहले की तरह अब छोटे बड़ों का न आदर करते हैं न लिहाज रखते हैं।

पैलि केदार दूजो, बदरी—पहले केदार यात्रा तब बद्रीनाथ की यात्रा करनी चाहिए।

पैलि खोजि लिख्वाड़ा तब पड़्या भंगल्वाडा—पहले ऊँची जात ढूँढ़ी फिर नीच जाति से ही रिश्ता कर लिया, अधिक छानबीन करने वाले धोखे में रहते हैं।

पैलि[3] गीत तब रीत—जैसी बाँणी वैसा काम।

पैलि घर तब वौण—नौकरी से अधिक महत्त्व घर-गृहस्थी का।

पैलि चुस्त बाद मा सुस्त—लोग कार्य आरम्भ उत्साह से करते हैं, बाद में जोश ठंडा हो जाता है।

पैलि छा क्वै-क्वै अब हूवैग्या ज्वै-क्वै—पहले विरले ही महत्त्वपूर्ण और संपन्न थे,

1. बड़े-बड़े लोग 2. दुनिया 3. पहले

अब तो कई हो गये।

पैलि छोरा खयाल तब बांध कुट्यारी[1]–पहले खाना तब सँजोना।

पैलि त कांणौ ब्यौ साणा तैं, नतर घपरोला सै–पहले अच्छा काम हो, काम न बनने पर शोरगुल ही सही।

पैलि त कोड़ि कन्यौण[2] **नी, कन्यौण त घिणाण नी**–जब किसी की मदद का संकल्प ले लिया तब संकोच किस बात का।

पैलित पदानचारी नतर खेंचुलू सै–सुविधा न मिले तो बाधा डालना।

पैलि त लाटु[3] **अपणी वाणि नतर लाटै की वाणि**–पहले तो मूर्ख को अपने अनुकूल बनाओ नहीं तो उसी की बात पर चलना पड़ता है।

पैलि पेट तब भगवान–भूखे पेट भजन न होत गोपाला।

पैलि ब्वारि पाणि नि बर्तदी[4] **जब बर्तदि त धारु नि छोड़दी**–पहले तो किसी काम से दूर रहना जब करना तो उसी में लगा रहना।

पैलि ब्वारियों कु रौद छो औलु, अब देखेंद सरु नौलु–पहले बहुएँ शर्माती थीं, अब बेझिझक हो गई हैं।

पैलि भला भलौन हेर्यूँ[5]**, अब क्वै नि हेर्यूँ**–जवानी में सब आकर्षित होते हैं। बुढ़ापे में कोई ध्यान नहीं देता है।

पैलि मति भ्रस्ट होंदि तब नुकसान होंद–मति भ्रष्ट होने पर ही हानि होती है।

पैलि मुकदमा नि जौ जिति पैलु सुल्कडु नि जौ रिति–प्रथम मुकदमा हारने में लाभ, प्रथम प्रसव बिगड़ने से हानि होती है।

पैलि मेरु गांड[6] **पकड़ा, तब लगौलु माँगल**–घेंघा का रोगी गा नहीं सकता, पहले कष्ट निवारण तब काम लेना।

पैलि रोटि भितर तब पितर–उल्टे काम करना, पहले भोजन करना तब पूजा पाठ करने वाले पेटू, भूखे पेट भजन नहीं होता।

पैलि लड़ैमा भीमसण भी हारि–अनुभव की कमी से प्रारंभ में सबको कठिनाई होती है।

पैलि हका देंदु नतर अफ्वी खांदु–अगर किसी को न देते तो स्वयं तो खाते।

पैले छै बूड गितार अब नाती दी ह्वैगि–पहले ही गीत लगाती थी बुढ़िया अब तो नाती हो गया है, जिसके साथ खूब गाएगी। मनोनुकूल परिस्थितियाँ होना।

पैर्या पूरी लंगझग, खोसी खासी सी ढंग–दूसरों के गहने या कपड़े पहनने से झूमना, वापस करने पर पूर्ववत् शक्ल सूरत रहना।

पैसा अर पद पैक आदिम पागल बणद–सम्पत्ति और पद पाकर इंसान जमीन छोड़ देता है।

---

1. पोटली 2. खुजलाना 3. गूँगा 4. शौच करना 5. देखा 6. घेंघा

पैसा का जुता मान—घूस देकर वश में करना।

पैसा का तिन-तिन विकणा—सस्ते इनसान।

पैसा क्या नि कद?—पैसा सब कुछ करता है।

पैसा कि कंजूसी रुपूया खर्च करोंदि—समय पर काम न करने से अधिक परेशानी उठानी पड़ती है।

पैसा कि गरमी होण—पैसेबाज घमंडी होता है।

पैसा कि जात पैसा की थात—पैसेबाज बड़ी जाति के लोगों से रिश्ता करता है, धनी सर्वगुण संपन्न होता है।

पैसा कि ब्वे होंण—बहुत धनी, पैसा कमाने की कला वाला।

पैसा कु ल्यौ नौ पुड़खा-खौ—कम खर्च अधिक खाना।

पैसा खिलौंण—पैसों का खेल करना।

पैसा ठोकर लगौंण—पैसों की चिंता न करना।

पैसा द्या[1] भितर आ—वेश्या का वचन, पैसों की भूख रूप रंग नहीं देखती।

पैसा धाणी, पैसा पाणि—पैसे के बल पर सब कुछ होता है।

पैसा नी पास सरु मेलु उदास—बिना पैसों के मेले में उदासी।

पैसा-पैसा तैं कमोंद—व्यापार में पैसा लगाने से पैसों में वृद्धि होती है।

पैसा बल कूदण—पैसों के घमंड से बुरे कार्य करना।

पैसा बडु कि इज्जत बड़ी—पैसे से इज्जत अधिक महत्त्वपूर्ण।

पैसा मा एक मौफत मा द्वी[2]—फोकट का खाने वाले चालाक।

पैसा माँ मुंड रेचलि[3]—बहुत कोशिश करना, बहुत खर्च करना।

पैसा रिख[4] बांदरू भी नचोंद—पैंसों की माया अपार है, पैसा सबको वश में करता है।

पैसा! हाय पैसा!! होंणी—पैसों के पीछे मरना, पैसों के लिए हायतोबा मचाना।

पैसा ही ब्वे-बाबु होंदा—संकट में पैसा ही मदद करता है।

पैसा होत् राजा नतर[5] मंगता—धनी बड़ा और निर्धन छोटा इंसान होता है, सारे गुण पैसों में होते हैं।

पो

पोखरी कु जन नखोल्या[6]—जगह-जगह विरुदावलि गाकर जीविकोपार्जन करने वाला।

---

1. दो 2. दो (अंक) 3. रगड़ दिया 4. भालू 5. नहीं तो 7. विरुदावली गाने वाला

पोखरी कु हीत[1] होंयूँ—बहादुर व्यक्ति।
पोटगी हाथ माँ धर्रीं—पेट को भरने की चिंता में भटकना।
पोटगु उस्यायूँ[2]—घूसखोर।
पोटगु नि भरेणू—असंतुष्ट रहने वाला, घूसखोर, लालची।
पोटगु मोटु होंण—धनी होना।
पोथलु का पियांन समुद्र नि सूखद—थोड़े से खर्च से धनी पर असर नहीं पड़ता।
'पोथी का भट्टा और होंदा अर खाणा का और होंदा'—खाने के दाँत और दिखाने के और होते हैं।
पोथी न पातड़ी गल्क्या[3] बंण्यूँ—अनपढ़ पंडित, खाली खाने के लिए भटकने वाला व्यक्ति।
पोपलीला दिखौंण—कोरे-झूठे उपदेश सुनाना, अंधविश्वासी।
पोर चुकै लीक[4] ओर चुके भीख—परंपरा और भिक्षा से वंचित रहना।
पोरौ कु परारातै, छकौ[5]—बातों में बरगलाना, छोटा जब बड़े को बेवकूफ बनाने की बात करता है, उल्टी बात।
पोरौं पोथलु ऐसू आण्डरू[6]—बढ़ने के बजाय घटना।
पोल खुली—रहस्य का पता चलना।

पौ

पौ[7] फटण—प्रातःकाल होना।
पौ[8] रडो जीभ डंड़ो—जुबान फिसलने पर जीव को दंड मिलना।
पौंछ छ—पहुँच होना, प्रभावशाली होना।
पौंछ पर पौंछण—पूरी तरक्की करना।
पौंड़ पनाल लगौण—श्रमसाध्य काम।
पौंणटुट्या जन—ब्रिटिश गढ़वाल और टिहरी की सीमा पर कर वसूली करने वाले धूर्त कर्मचारी।
पौंणा[9] का नौं खाणु, नौना का नौ सेणु—मेहमान के आने पर खाने की अच्छी वस्तु मिलती है, बच्चे को दूध पिलाने के बहाने महिला को विश्राम करने का अवसर मिलता है।
पौंणा का नौ पाको, सबून चाखो—मेहमान के खातिर बना भोजन सब परिजन खाते हैं।

---

1. वीर, देवता 2. सूजना 3. पेटू 4. परंपरा 5. ठगाना 6. अंडा 7. रात खुलना, प्रहर 8. पाँव, जुबान 9. मेहमान

पौंणाकि रासि जाण—मेहमान के नाम पर खर्च करना, मेहमान बनना।
पौंणा दगड़ि सैंण द्या या पल्यौ माण्डा मूतण द्या—मनमानी करने की जिद्द करना, बेतुकी बात करना।
पौंणा पूछीक पकोड़ि नि होंदि—किसी को सम्मान उसको पूछकर नहीं दिया जाता।
पौणु जन वैठ्यूँ—बिस्तर पर बैठे रहकर आदर पाने का इच्छुक।
पौंणु द्वी घर सतौ—मेहमान अपने और मेजबान के घर परेशान करता है।
पौंणु ख्वसालु[1] अपणा घर जालु—मेहमान नाराज होगा तो अपने घर जाएगा।
पौंणैं जन होंण—चहल-पहल, खाने-पीने की व्यवस्था होना।
पौबार पणी—मजे में रहना।
पौरिजन[2]—गाँव का चौकीदार।

फ

फंका फिन—भूखे भटकना, वंचित रहना, परेशानी में पड़ना।
फंक्या अब—अब क्या करोगे? अब खाओ और।
फंकेलि सबि—वंचित रह गए, घाटा पड़ गया।
फंजोड़ पट कन—बहुत पिटाई करना।
फंट्यौंण बैठी—अलग-अलग करना, पशुओं विशेषकर बकरियों को अलग-अलग करना, जिसका जो हिस्सा है उसे देना।
फंड्याझाड़ कलि—बुरी तरह से पिटाई करना।
फंण उठौंण, पर डंसण नी—फन को उठाओ पर डंक मत मारो, अधिकारी मातहत को डराये, धमकाए पर मारपीट न करे, कठोर कार्यवाही न करे, अध्यापक छात्रों को डराये पर पीटे नहीं, काम ऐसे करो कि अपनी भी रक्षा हो जाए, दूसरों को क्षति भी न पहुँचे।
फंसी अब—मुकदमे की चपेट में आना, परस्त्री गमन करना।
फंयचु[3] जन—बौना, छोटे कद वाला।
फकड़ बाबा—जिसकी कोई संतान और संपत्ति न हो।
फक्फोड़ कन—सारे रहस्य का भंडाफोड़ करना, तहलका मचाना।
फकीरी माँ अमीरि, अमीरि माँ फकीरी—गरीब उदार दिल और अमीर सादगी जीवन और विनम्र होना चाहिए।

---
1. नाराज होगा 2. प्रहरी 3. फाँक

फक्वा होंण—भलाई करने या कुछ देने के बाद किये कार्य का बखान करना।
फचोलि बुरी तरह से—बहुत मारपीट करना।
फजल जांदा झाड़ा त दिन माँ किलै तोड़दा नाड़ा—प्रातः शौचादि से निवृत्त हो जाएँ तो दिन में शौच जाने की परेशानी क्यों उठाते, समय पर काम न करने से परेशानी।
फजल झगड़ा, दिनभर रगड़ा—प्रातः झगड़ा दिनभर बड़े झगड़ों को आमंत्रण देता है।
फजल नि धन तै, मौस्या नि हो ब्वै—प्रातः तंबाकू की साज में पत्ती रखना और सौतेली माँ कष्टकारक होती है।
फजलौ मुख धोयूँ काम औंद—प्रातः मुँह धोना लाभदायक होता है।
फजिति भी अर बेज्जति भी—हर प्रकार से परेशान और अपमान होना।
फट्या द्यौ बजर पण—आश्चर्य की बात होना, भारी अन्याय होना, अनहोनी होना।
फड़कताल पड़ी—कई दिनों से वर्षा न होना, कमी पड़ना, व्यवधान पड़ना।
फपराट मची—शान-शौकत, तड़क-भड़क होना।
फफेंडुमाँ[1] आम नि झड़दा, पटासुलक्यौंन बजर नी टलदा—कोई बड़ा काम छोटे प्रयास से सफल नहीं होता।
फमकतालि कनू—बदबू निकालना।
फर[2] काटणू अर सहर फूकण—शहर को जलाना मधुमक्खी के छत्ते को काटने के समान पाप कर्म है।
फरकान्त[3] कनू—सामने की वस्तु को ठुकराना।
फरजंट बण्यूँ—प्रपंची, अपने को अधिक चतुर समझने वाला मूर्ख।
फरपंचु पड़्यूँ—फिराक में पड़ना, धोखे में आना।
'फर' 'पादन' पंचैत खराब कन—पंचायत में बदबू निकालने से बैठक का मजा खराब होता है, रंग में भंग डालना।
फर मेरि, कुडलि कथैं?—जहाँ बहुत तैयारी के बावजूद कोई काम न हो।
फल भोगण—किया का फल भोगना।
फलाणु[4] ऐछौ क्या ल्या छौ?—जिस किसी से लाभ की आशा रखना।
फलोटो ध्वैक तैं पंचामृत नि बणद—पवित्र वस्तु पवित्र और उत्तम सामग्री से ही बनती है।
फस पदेडु पादीगे, देव्यू चक्र छाड़ीगे—गंदगी निकालने वाला गंदगी निकालते ही भागकर देवी की मूर्ति छोड़ गया, घटिया लोग काम बिगाड़ कर भाग जाते हैं।
फसग[5] मान—गप्पें हाँकना।
फसगैक[6] बाजार बुलाया, तख भाण्डा मंजाया—लालच देकर धोखा देना।
फसल लगण—पशु का गर्भधारण करना।

---

1. लकड़ी का टुकड़ा 2. मधुमक्खी का छत्ता 3. लौटाना 4. अमुक व्यक्ति 5. गप्पें 6. फुसलाकर

फसोड़पट की नींद सोया—गहरी नींद, बेखबर सोना।

फ्यतना[1] आदिम—छोटी-छोटी बातों पर लड़ने, मारने को तैयार होने वाला घटिया आदमी।

फ्वँद्या बण्यूँ—अपने को बड़ी तोप समझने वाला आदमी।

फ्वसा बण्यूँ—बिना काम किए खाने-पीने वाला, निठल्ला।

फा

फांगा[2] लगण—व्यवधान पड़ना, अड़चनें आना।

फांचि[3] लगण—अवैध गर्भधारण का दोष लगाना, मुसीबत मढ़ना।

फांट[4] न पट्टा गौं को पदान, डालि न बोटली नौ को बग्वान—बिना बात या अधिकार का महत्त्व देना।

फांदु लगौंण—काम करने, अन्नादि के देने की पारी लगाना।

फांड[5] फूटलि त करदोड़ क्या थामलि—प्रकृति के विपरीत काम नहीं होता।

फाँसी लगी—मुसीबत में पड़ना।

फ्रांस कि लडै, पंवाल्याकाँठै चढ़े—दोनों कठिन काम।

फाकण दीकतैं—देने पर उसका बखान करना व्यर्थ है।

फादु पुराणु—फटे पुराने वस्त्र।

फाल्टु जन—बेकार घूमनेवाला, उद्दंडी, व्यसनी, मसूरी के होटलों में काम करने वाले पुराने जमाने के नौकर।

फारु होंण—वृद्धि होना, सामग्री का खर्च करने पर भी समाप्त न होना।

फि-फी

फिकर होंदि, आज कींक रोंदि—जिसने पहले कुछ करने का कष्ट उठाया होता तो आज क्यों परेशान रहते।

फिजा खराब होंण—माहौल बिगड़ना, अपयश पाना।

फिटकारेणू रौंदु—अनिष्टकारी शब्दों को कहना।

---

1. झगड़ालू व्यक्ति 2. टहनी, व्यवधान 3. गठरी 4. लेन-देन 5. पेट

फिटोल् कलि—तिरस्कृत होना।
फिर मोची का मोची—फिर वही हाल।
फिरणू जगा-जगा—जगह-जगह भटकना।
फिरंट[1] **होंण**—विपरीत दिशा/दशा में जाना, वंचित रहना।
फिरड़ा-फिरड़ि होंण—निरर्थक दौड़ धूप करना।
फिरती कि होंदि विरती—बार-बार आने जाने से ही काम बनता है।
फिर भंगी का भंगी बण्याँ—पुनः पूर्व दशा में आना।
फिराक माँ पड्याँ—ढूँढ़ खोज करना, चक्कर में पड़ना।
फिरोड़ा-फिरोड़ि होंणी—दौड़धूप कर ढूँढ़ना।
फिलि[2] **न्याल्**[3]—किसी की स्त्री पर कुदृष्टि रखना।
फिसड़ि फ्याँ होंण—सब किया कमाया बर्बाद होना।
फीका पड़ी—लाचार, उदास होना।
फीति लगी—पदोन्नति होना।
फीरीगे तैंक—वंचित होना, मरना, गाली।
फ्वीं फ्वां कना—चहल-पहल, रौबदाब करना।

फु

फुक झोपड़ी देख तमासा—अपनी ही हानि कर मनोरंजन करना।
फुकणी फोडि—बहुत छोटा काम कर बहादुरी दिखाना, कौन सा बड़ा काम किया।
फुकपट कलि—खूब खर्च करना, बेहूदा व्यय करना।
फुक्यां-कट्यां पर लोण मर्च डाल्—दुखी को और दुखाना।
फुक्योंणू च—अधिक इतराना।
फुटलिंग बण्यूँ—अदना सा व्यक्ति अपने को दादा समझता है।
फुटबौल बणी—चारों ओर से मार पड़ना।
फुण्डु[4] **ढोल्या होंण**—तुच्छ व्यक्ति होना।
फुण्डु फरकण—उपेक्षा करना, त्यागना।
फुण्डु फूका—उपेक्षा करना, दंड दिये बिना छोड़ना।
फुण्डु-फुण्डु बोल यथु[5]**, यथु-यथु बोलि फुण्डु**—आज्ञा के विपरीत काम करना।
फुण्डु फुण्डु होंण—दिन प्रतिदिन गिरती स्थिति में आना।
फुण्डु सौर पुफु, यतु औ भुपु—भेदभाव रखना।

1. विपरीत होना, लौटना 2. टखने 3. देखना 4. उधर, अन्यत्र 5. इधर

फुतड़ि फ्याँ बोबरा बैठ्याँ लुतड़ि क्वाँ–सब किया कराया व्यर्थ जाना।
फुनसौर बौन नि ग्यौंद–जरा सी बात का बुरा मानना।
फुफूर[1] फूटिगिन–मनमुटाव दूर होना।
फुरफुर्या होंण–शुष्क, रूखा, बदसूरत होना।
फुर्र उड़ी–हाथ न आना, शीघ्र गायब होना, प्राण निकलना।
फुर्र उड़ि तेरि, नतर[2] मेरि–नुकसान और उठाये, फायदा मुझे हो।
फुरपट होंण–सफेद बाल होना, बर्फ से सर्वत्र सफेदी होना।
फुलमुण्डो[3] बुड्या–सफेद वाला बाल बूढ़ा।
फुल्या[4] होंण–गाय या भैंस के शरीर पर सफेद दाग जो दोषयुक्त माने जाते हैं।
फुस्स होंण–सारी तैयारी व्यर्थ जाना।

फू

फूक उडण–बेहद परेशान होना, खर्चे की तंगी होना।
फूकन उडण–सरलता से जीतना, बहुत कमजोर होना, हल्का व्यक्ति।
फूक सरकी–हवाइयाँ उड़ना, असमर्थ होना, हताश, बेवश होना।
फूकि-फूकि क बोन–सोच-समझकर बात करना।
फूकी तापण–कष्ट उठाकर काम आना।
फूट डाल–मतभेद पैदा करना।
फूटलु त पटाखु, नि फूटलु त गुव्वारु–चलती का नाम गाड़ी।
फूटि गागर[5] चो[6], कपटि नारि रो–फूटा बर्तन टपकता है, कपटी नारी अधिक रोती है।
फूटीं कौड़ि नीं–निर्धन होना।
फूट्यों ढोल–मुँहफट व्यक्ति, बेसुरा।
फूट्यों भांड्डू[7] जादा बाजद–अल्पज्ञानी वाचाल होता है।
फूरु पाणि कन–छाछ या दूध में अधिक पानी डालना।
फूल कि छटि[8] निलै–कभी थोड़ा भी दंड न देना।
फूल की दुकानि माँ घास कु ब्यौपार–असंगत कार्य।
फूल छिपौला, पर सुगंध नि छिपै सकदा–गुणवान के गुणों को छिपा नहीं सकते, प्रकट हो ही जाते हैं।

1. छाले 2. नहीं तो 3. पक्के बाल 4. गाय या भैंस के शरीर में सफेद दाग होना 5. गगरी 6. टपकना 7. बर्तन 8. लट्ठी

फूलण-फलण–निरंतर उन्नति करना, वंशवृद्धि होना।

फूलदि अमलाणी[1]–युवावस्था आते ही मृत्यु होना।

फूल प्रसाद पैलि–गालियाँ खाना, पिटाई करना।

फूल सीं कंडि–हल्की सुंदर।

फूला पंण–आँखों में मोतियाबिन्द पड़ना।

फूलीं डालि–बच्चों वाली स्त्री।

फे-फै

फेंक पैसा देख तमासा–पैसेबाज ही खेल देख सकता है।

फेर जै तोया[2] **हैं तोया**–पूर्व स्थिति में आना, कोई तरक्की या सुधार न होना।

फेर फिन भलू, पाड़ चंण बुरु–समझदारी से काम लेना, जल्दबाजी के बजाय धैर्य से काम लेना।

फेर फिरणों खरो जंगार[3]**, तरणों**[4] **बुरो**–खतरा मोल लेने से विलंब करना अच्छा, जल्दबाजी घातक।

फेर माँ पड़ी–किसी के चक्कर में आना, मुसीबत में पड़ना।

फेरा भौंरा कन–विवाह संस्कार करना।

फेरु की वक्त झाड़ा[5]–खास मौके पर व्यवधान उत्पन्न।

फैसनाभौर, कना ल्वकारि[6] **सौर**[7]**, अपड़ि गरीबी नी डौर**[8]–फैशन में लोगों की नकल करना, अपनी गरीबी पर ध्यान न देने से मुसीबत मोल लेना।

फो-फौ

फोकटै सी दारु–शराब प्रायः मुफ्त में पीते हैं, मुफ्त माल।

फोड़सिंग्या बण्यूँ–बिना बात के सरदारी दिखाना।

फोड़ि नि सकद अण्डा, किलै उठोंद डंडा–सामर्थ्य से बाहर कार्य करने की सोच व्यर्थ।

फोसा बण्यूँ–बिना काम किए बैठे-बैठे खाने वाला।

---

1. मुरझाना 2. स्थिति में 3. झूला पुल 4. पार करना 5. शौच जाना 6. दूसरों की 7. नकल करना 8. डर

फौज कु जवान, मरीत नाम–फौजी की शहादत पर नाम कमाना।
फौदार बण्यूँ–फौजदार, जमींदार, अपनी सीमा में बड़ा बनने का नाटक करने वाला।
फौदारि कनौसी जांणू/औणू–दौड़कर गुस्से में हाँफते हुए भागना या आना।
फौदारेणू च–बिना ताकत के लड़ाई के लिए तैयार होना।
फौरम भर्यॉं–पत्नी का गर्भधारण करना।
फौलु लगौंण–परोपकार करना।
फ्यौंलि जन फूल–सुंदर कोमल वस्तु।

ब

बंजारू सी बड्यूं–दर-दर फिरने वाला।
बंटोई कु बांटु नि मारेंद–वैध हिस्सेदार का हिस्सा कोई मार नहीं सकता।
बंठाधार होंण–बड़ी क्षति होना।
बंदबोली छः–गुप्त बात, धनराशि का किसी को पता न होना।
बंदर का मुण्ड माँ टोपलि नि स्वांदि–कुपात्र के पास पद सुशोभित नहीं होता।
बंदर क्या जांणो अदरख कु स्वाद, बिरालु क्या जाणों पूजा कु दै[1]–गुणी ही वस्तु के गुण को परख सकता है।
बंदरबांटि कन–पकाया खाना सबमें बराबर बाँटना।
बंदर बोली लगौंण–अंग्रेजी न जानने वाले से अंग्रेजी में बात करना।
बंदूवालु जन–भटकने वाला व्यक्ति।
बंदरा-बंदरी मिल गये फीकी भयी बरात–दुल्हा-दुल्हन के मिलन पर बाराती फीके पड़ जाते हैं।
बंदूक छै पर काकर रैगि–वस्तु होने पर भी समय पर उपलब्ध न होना।
बंधक बणैलि–बंधुवा मजदूर बनाना।
बकरुल् जन–छोटे और अधिक बच्चे।
बकला बेसरम–बहुत बड़े बेशर्म।
बगछट बण्यां–शराब के नशे में धुत्त बनना, अति प्रसन्न, मस्त।
बक्त कि मार कैन नि सार–समय की मार सबको सहनी पड़ती है।
बक्त कि मार, जिन्दगीभर हार–समय की बर्बादी से अहित होना।
बक्त कैकि इन्तजारि नि कद–समय किसी की प्रतीक्षा नहीं करता।
बक्त कैन सकि रोकि–समय चलायमान है।

1. दही

बक्त दुबारा नि औंद–समय मूल्यवान है।

बक्त पर जु काम औंद स्वै अपणु–समय पर काम आने वाला ही अपना होता है।

बक्त पर सिकारि कुतिया तैं पेशाब लगदि–समय पर चूकना, समय पर व्यवधान पड़ना।

बक्ता नौना छन–समय पर के बच्चे।

बगत-बगत कि बात च–सब समय का फेर है।

बगदि गंगा हाथ धोंण[1]–मौके का लाभ उठाना।

बगमरा काखडू गीज्यौ छ–मुफ्तखोर होना।

बगसीस सौ-सौ, हिसाब जौ-जौ–इनाम तो उदारतापूर्वक देना चाहिए पर न्याय पाने या लेन-देन में पाई-पाई का हिसाब होना चाहिए।

बगुला भगत बण्यूँ–बाहर कुछ व्यवहार भीतर कुछ और, कपटी, धोखेबाज।

बगौ[2] **सौंण**[3] **अपणु हिल्लु-किचड़ु, मैं घैंटदु सोना का खम्ब**–श्रावण मास के अंत में भारी वर्षा होती है, भाद्रपद कहता है, 'हे! श्रावण तुम अपनी सीलन और कीचड़ को बहाओ मैं अपने सोने के खंभे गढ़ता हूँ।' अर्थात धान की बालियाँ सुनहरी बनाता हूँ।

बग्यायूँ बाग एक दिन जेवाला[4] **पड़ी जांद**–अनुचित काम करने वाले को एक न एक दिन दंड मिल जाता है।

बग्वाल् कन–खूब खाना, खर्च करना।

बग्वाल् पड़ी–खाने-पीने की मौजमस्ती।

बग्वालि बीति द्वीसारि रीति–दीपावली के बाद खेत खाली होते हैं।

बग्वाली सीं गोरु–खाने के लिए आतुर।

बग्वाल्या कू व्याणी गौडु, कुसालु कूँ उठपौडु[5]–किसी की खुशहाली में परेशान होना।

बग्वाला नि लगणी–सजातीय की मृत्यु पर वर्ष भर तक त्यौहार न मनाना।

बचण कन कुकर्म, मन तैं कन सुकर्म–जीवन जीने के लिए भलेबुरे काम करने पड़ते हैं। मरणोपरांत मृत के लिए भले कार्य करने पड़ते हैं।

बचण का रास्ता अनेक मना का एक–जीवित रहने पर अनेक कष्ट उठाने पड़ते हैं, मरने का एक दुःख होता है।

बचण चुलि मनै डर–जीवित रहने के बजाय मरने का भय।

बचणै कला जाण–जीवित रहने की कला जानना।

बचन दानी होंण–वचन पालक होना।

बचन देंण–कुछ काम करने का पक्का वायदा करना।

बच्चा कु मूत, क्या कन छूत?–अपने प्रिय की हर वस्तु अच्छी लगती है।

---

1. धोना 2. बहाव 3. श्रावण 4. पिंजड़ा 5. बेचैनी

बच्चा जन्मी जब, व्वै बाबु कि मौत तब—नई पीढ़ी के आगमन से पुरानी पीढ़ी की विदाई का संकेत।

बच्चा पल्ला माँ हगद, पल्ला थोड़ि कार्टेंद—छोटे के अपराध को क्षमा करना ही पड़ता है।

बच्चा सांप कु भी भलु लगद—सभी प्राणियों के बच्चे प्यारे लगते हैं।

बच्चों का भूख कुत्ता खोकला रखदा—निःसंतान अपना प्यार कुत्तों पर जताते हैं।

बच्चों तैं माटु भी मिठै—मिठाई और मिट्टी में बच्चे अंतर नहीं समझते, बच्चों की अबोधता पर।

बच्यां माँ नि पौ माँड, मर्यां दीनी खांड—जब तक बचे रहे उपेक्षा की, मरणोपरांत मृतात्मा के नाम खूब खर्च करना।

बच्यां माँ बदनाम, मरया माँ गुणगान—जीवनावस्था में अपमान, मृत्योपरांत तारीफ करना।

बच्यां रौला हका[1] साल खौला—जीवित प्राणी इस वर्ष कोई वस्तु न भी प्राप्त कर सके बाद में भी प्राप्त कर सकता है।

बच्यों रौ नादु कथ्या[2] खालो बांटु—संतानहीन कितना खाएगा, कम खर्च होगा।

बच्छा कि जन चड़ाक[3]—बर्रे से डँसने की सी पीड़ा, पीड़ादायक वाणी, कटु शब्द।

बजारि बौंछड़ा, कुमायूँ रौछड़ा—शहरी लोगों के समान चहल-पहल, उछलकूद और कुमायूँ के लोगों जैसी उमंग, उत्सव।

बजी तौं माँ—बहुत झगड़ा होना, बोल-चाल होना।

बजौंण्या शंख और होदा, देखण्या और होंदा—देखने में और काम में और दिखाई देना।

बजौ तालि, उठौ थालि—मठमंदिर में भजन कीर्तन करने सं भोजन पाना, ढोंगी बड़े साधु बनकर पैसे कमाते हैं।

बट वृक्ष की जन छाया—संकट में संरक्षण देने वाला।

बट मार होंण—मार्ग में धोखा देने वाला, तराजू में कम तोलने वाला।

बटा माँ मिलि टमटा, गाड़ मेरु चिमटा—उतावलापन दिखावा, अपने स्वार्थ को प्राथमिकता देना।

बटै पुंगड़ि, रात दिन हुगड़ि[4]—रास्ते के खेत में दीवार नहीं दे सकते।

बटैं सी डालि—सबके उपयोग की वस्तु।

बट्टा खाता माँ चली—सब नुकसान दिखाना, किया कमाया व्यर्थ।

बट्टा लगी—हानि होना।

बठुलि[5] जन रींटणी[6]—घर-घर जाने वाली बातूनी स्त्री (पर्वतीय अंचल में जब किसी की बड़ी चोरी होती है तब मंत्र द्वारा कटोरा घर-घर घूमता है और चोर तथा चोरी के सामान का पता लगाता है। यहाँ पर घर-घर जाने वाली बातूनी स्त्री

---

1. दूसरे का 2. कितना 3. डंक मारना 4. खुली 5. कटोरा 6. घूमना

से आशय है)।

बड़ अर खड़—बछड़ा और खरपतवार बराबर, नटखटी।

'बड़ कख जाणू', 'हल् छौं जाणू', 'बड़ कख भी औंणू', 'हौल छौं जायूं', नखरि बीती—अनुभव से सीख (जब नये युवा बैल को हल जाते समय पूछते हैं कि कहाँ जा रहे हो? वह अकड़कर उत्साह से कहता है 'हल लगाने जा रहा हूँ' जब हल लगाकर पस्त होकर लौटता है तब कहता है, बहुत बुरे हाल हुए हैं, थक गया हूँ)।

बड़कर्यूं[1] मुखमारु, असमान्यूँ लोटि पडु—अभिमानी मुँहतोड़ जवाब देता है। घमंडी का सिर नीचा होता है।

बड़-बड़ कन—हर समय टोकाटोकी करना, बोलते जाना।

बड़बोल्या बण्यूँ—ओछी बात करने वाला।

बड़ा की बड़ी बात—बड़ा आदमी बड़ी बातें ही करता है।

बड़ा कु गुस्सा पूठा मूं, छोटा मुण्ड माँ—बड़े लोग गंभीर और छोटे ओछे होते हैं।

बड़ा चालाके बड़ि खलाकि[2]—होशियार अधिक घाटे में रहता है।

बड़ा छन[3] बल ठाट, ढक्यांण-दस्याण[4] टाट—बुरी स्थिति में भी अच्छी स्थिति बताना।

बड़ा डाला मुड़ि क्वी डालु नि होंदा खड़ा—बड़े लोग छोटों की उन्नति में बाधा डालते हैं।

बड़ा तैं बडु पछांणद—गुणी को गुणवान ही पहचानता है।

बड़ा तैं भी सरकार का निसा[5], अर पाणि तैं पूल् का निसा रौंण[6] पडद—हर कोई किसी न किसी के अधीन है।

बड़ा नाक वालु—बड़ी इज्जत वाला, बड़ा बुरा मानने वाला, इज्जत का खयाल रखने वाला।

बड़ा बाबू नौनु—बड़े बाप का बेटा।

बड़ा बैरि कु बडु सत्कार—शत्रु को अधिक आदर देना चाहिए।

बड़ा मनौ[7] होंण—हर समय अपने को ही बड़ा समझना।

बड़ा रुस्तम बण्याँ—बड़ा बहादुर बनना।

बड़ि पोटगी—लालची, घूसखोर।

बड़ि बात होंण—गंभीर और महत्त्वपूर्ण घटना घटना।

बडु कलेजु होंण—साहसी और हिम्मत वाला होना।

बडु का बड़ा खर्च—बड़े लोगों को प्रतिष्ठा बनाये रखने के लिए अधिक खर्च करना पड़ता है।

बडु काम छोटु करु, क्वीनि पूछद—छोटे स्तर के आदमी का अच्छा काम प्रकाश

1. घमंडी 2. हैं 3. चोट 4. ओढ़ना-बिछाना 5. नीचे 6. रहना 7. मन का

में नहीं आता है।

बड़ु का बड़ा भाग—बड़े लोग भाग्यशाली होते हैं।

बड़ु कि बडि पछांण—बड़ों को सब जानते हैं।

बड़ु गल्कु छोटु उल्कु—बड़ा आदमी मुफ्तखोर और छोटा ओछी हरकतें करता है।

बड़ु नौ होंण—यशस्वी होना।

बड़ु पेट होंण—घूसखोर, असंतोषी।

बड़ु माछु छोटा माच्छा तैं खांद—बड़े छोटों का शोषण करते हैं।

बड़ु सिंग तैकु—बड़ी इज्जत और नाम, प्रभावशाली।

बडै बड़ि छ्वीं, छोटै छोटी छ्वीं[1]—बड़े की बड़ी बात, विचार छोटे की छोटी बातें या विचार।

बड़ो नि टूटु लोंणपाणी, छोटा कि नि हो होंण-खाणी—बड़ों की कभी अवनति न हो छोटा उन्नति करने पर उत्पात करता है।

बड़ो मारु, रोंण भी निद्यौ[2]—मार भी और महामार भी, मारे भी रोने भी न दे, बड़ों की मनमानी पर।

बड़ो लाड़, पड़ो खाड—अधिक लाड़प्यार नुकसानदायक होता है।

बड़ौ को बड़ु संकट—बड़ों पर बड़े दायित्व आते हैं।

बड़ौ लाठु कांधि माँ—बड़े की बात मजबूरी में सब मानते हैं, बड़े का बोलबाला।

बड़ौल् बाजणी—पुत्रजन्म पर बाजे बजना, उत्सव मनाना।

बढ़ै बजण—उत्सव में गाजे-बाजे बजना, पुत्र जन्म पर उत्सव मनाना।

बण कु बाग निखांद, मन कु बाग खांद—शंकालु सदैव भयभीत होता है, संशयात्मा विनश्यति।

बण कु राजा बाग—वन में शेर की प्रभुता।

बणगौ बसण इकुलु[3] **हंसण**—जंगली गाँव में किसी से संपर्क नहीं होता।

बणज करे बाणिज, और करें टीस, सौ में से रहे दसबीस—व्यापार सबसे नहीं चलता।

बण सुगुरून खायाँ पिडालु, घर सुगुरु का थेंच्या थुंतीर[4]—कोई करे कोई भरे, नुकसान करने वाले के बजाय भले को दंडित करना।

बणांग[5] **लगण**—नुकसान होना, गाली, आग लगना।

बणांग लगौंण—झगड़ा बढ़ाना, झगड़ा करवाना।

बणांग सी लगीं—नुकसान होना, चारों तरफ उत्पात।

बणाग्यां बौंण, कैन क्या पौण?—उजड़े घर या मुल्क में कुछ नहीं मिलेगा।

बणिया भागि, कण्डु क्वचेगि—आदमी मर जाता है पर बुराई की जड़ छोड़ जाता है।

बणौंण कठिन, बिगांण आसान—निर्माण करना कठिन होता है, विध्वंस करना सरल

1. बातें 2. कंजूस 3. अकेला 4. पशु का मुँह 5. जंगल में आग लगना

होता है।

बत्तीसिं तोंण—बहुत मारना, अपमानित करना, गाली, सब दाँत तोड़ना।

बत्तीसि दिखौंण—लाचारी प्रकट करना।

बथौं[1] कु घरवार—चलायमान व्यक्ति स्थिर नहीं रहता।

बथौं कैन रोकि सकि—बदनामी और अफवाहें कोई रोक नहीं सकता, प्रकृति के प्रवाह को कोई नहीं रोक सकता, समय को कोई नहीं रोक सकता।

बथौं बगदि रैं, ढुँगु अपड़ि जगा पर रै—अच्छा-बुरा समय आता रहता है, पर स्थिर मति घबराता नहीं है।

बथौं भगार[2] होंण—प्रकृति को दोष देना।

बथौं लगी—संगत का प्रभाव होना, भूत-प्रेत का प्रभाव।

बथौं सीं औंण और जांण—तेजी से आना तत्काल जाना।

बद भलु, बदनाम बुरु—बदनामी से मरना भला।

बदन माँ आग लगण—गुस्सा आना।

बदमास दिन माँ डरद, रात नदी पार करद—कामातुर को भय न लज्जा।

बदमास सबुतैं बदमास समझद—बुरा सबको बुरा देखता है।

बदमासू आधार घंटा पर—चरित्रहीन का आधार केवल उसकी जनेंद्रियाँ होती हैं।

बदल्याँ द्यौ कि घाम तड़ाक, ढाँडुला खसम की जांठा भड़ाक—दिन की धूप की मार और दुराचारी की मार असह्य होती है।

बदल्या सात पति, अब बणी सति—जवानी में दुराचार करने पर बुढ़ापे में सतीसावित्री बनने का ढोंग करना।

बदरीनाथ दैंणु होंण—ईश्वर की कृपा हो गई।

बदरी रैगि पलि गदरी, भतग खैलि वलि गदरी—सहायता देने वाला दूर है, संकट निकट आ गया है।

बल्द अर ब्वारि कु खायूँ काम औंद—बैल और बहू को अच्छा खाना देना लाभदायक होता है।

'बल्द कख च जाँणू' हल़ छौं जाणू, बल्द कख भी औंणु? हल भी छौं औणू—बैल हल जाते समय अधिक उत्साह नहीं दिखाता, पर काम से लौटकर उत्साहित होता है। अनुभवी लोग काम से नहीं थकते।

बल्द गंवाणा भी जालु तख भी हल़ै लगौण—काम करने वाले को अपना काम करना ही पड़ता है।

बल्द क्या जाणु रजैकि[3] राणी जनानु क्या जाणों कजैकि[4]—बैल को रानी का ज्ञान नहीं होता, पत्नी पति से नहीं डरती है।

'बल्द-डुकनू किलै च?' 'मस्ती छ', 'हगणू किले छ?' 'डनू छौं'—अपने को निडर

---

1. हवा 2. दोष 3. राजा की 4. पति की

दिखाना पर हैं डरपोक।

बल्दनाथ छ–बहुत सीधा, बैल जैसा होना।

बल्द नि हो ढंगो, आबत नि चैंद कांगो–बैल बूढ़ा और मित्र कंगला नहीं होना चाहिए।

बल्द बण्यू–दासता स्वीकारना, काम पर जुता रहना।

बल्द बुखराड़ी, जवैं[1] ससुराड़ी–बैल को अच्छा दाना पसंद, ससुराल दामाद को पसंद।

बल्द बेंच्यांकु जन–निठल्ला बैठे रहने वाला।

बल्द मान आगा काखा, जनानु मान मैंना पाखा–बैल को पीठ में न मारे, स्त्री को कभी-कभी डाँटना भी चाहिए।

बल्द मुतणी लेखण–टेढ़ामेढ़ा लिखना, मुश्किल से पढ़ने लायक।

बल्द लेंण बैंक, भैंसु लैंण द्वींक–बैल हल लगाकर और भैंस दुह कर लेनी चाहिए।

बल्द लेंण रतौ, हलौ ततौ, दाम पड़ो थ्वोड़ा ह्वैजौ जोड़ा–बैल हल्की सफेदी लिए लाल रंग का हो, हल को अच्छा हो, पैसे कम पड़े, वही जोड़ा अच्छा होता है।

बल्दा आटा पर भी चौखु[2] लगौंदा–गूंदे आटा पर घी-तेल सब लगाते हैं पर कोई इतना धर्मीकर्मी है कि बैल के आटे पर भी तेल लगाते हैं, पवित्रता का खयाल रखने वाले, धनी।

बल्दौ कुरच्यों[3]–अशक्त, नादान होना।

बधिया बैठी–हालत खराब होना, रसातल को पहुँचना।

बनती का सब साथ, नतर क्वीनि सुणदा बात–समर्थवान की तुच्छ बात को भ महत्त्व देना, निर्धन की अच्छी बातें भी अनसुनी करना।

बपोति होंयी–पुरखों की कमाई समझना, मुफ्तखोर होना।

बबण्डर मचौण–बदनामी करना, शोरगुल, उत्पात मचाना।

बबराणु च–वेदना और मुसीबत में फँसना।

बयाल जन चलण–तेज गति से चलना, अनिष्टकारी का आगमन।

बरकत होंण–वृद्धि होना, खर्च करने पर भी घटना नहीं।

बरखा न घाम पाणि, छत्री कींक तांणि?–बिना काम के परिश्रम करना।

बरखा ह्वै सिंचु जन–भीषण गर्मी में हल्की बूँदाबाँदी होना।

बरखि मौ[4] ग्यूँ जौ का थौ[5]–माघ की बारिश लाभदायक।

बरणी बांधी–किसी काम के लिए नियत रहना, संकल्पवत होना।

बरमण्ड खजाण–मार खाने की नौबत आना।

बरम ढांगरु जन–सीधा लंबा आदमी (पर्वतीय अंचल में सर्दियों में कुछ गाँव के लोग अपने गाँव के देवता को गाँव-गाँव घुमाते हैं। लोग आदरपूर्वक पूजा करते हैं। मंत्रित मूर्ति और जड़ी बूटियों को एक डोली में रखकर ऊँचे डंडे

---

1. दामाद 2. घी-तेल 3. कुचला हुआ 4. माघ का महीना 5. आराम

पर बाँधते हैं जो कभी इधर-कभी उधर लटकती हैं)।

बरमठांगरु जन ढलकणु[1]–कभी किसी दिशा में कभी किसी दिशा में झुकना। ढुलमुल नीति।

बर मरु, ब्यौंलि मरु, मेरीं दक्षिणा नि मरु–केवल अपना स्वार्थ सिद्ध करने वाले स्वार्थी।

बरस होंयाँ अस्सी, अकल गै नसी–अधिक बुढ़ापे में बुद्धि नाश।

बरस होंयाँ साठ, अकल गै नाट–साठ वर्ष बाद बुद्धि का घटना।

बरसात कु टुट्यों घर, अर बुडेन्दी वक्त कु मर्यूँ जनानु नखरु होंद–असमय की मार बुरी होती है।

बरसौं का मुर्दा खोदण–गड़े मुर्दे उखाड़ना, पुरानी बुरी बातें याद करना।

बरात तेरि, सुलार[2] **मेरु**–हर प्रकार से अपनी श्रेष्ठता कायम करना।

बरीक कातण–बड़ी गरीबी लगाना, छोटी-छोटी बातों में समय गँवाना, देने को बहानेबाजी करना।

बरीक काती टूटि जाँद–घटिया बातों से नुकसान होना, अधिक हल्का काम अस्थायी होता है।

बरीक मौणी[3] **कु**–शराब की बोतल।

बरोबरी कन–किसी बड़े से मुकाबला करना।

बरोबर्या होंण–सजातीय बंधुओं में समानता पाना, समान हकदार बनना।

बर्खो गंगाड़, सोना को संगाड़–भाबर में बरसने से खूब अनाज होता है।

बर्खो पूस ग्यूँ-जौका झूस–पूस के महीने की वर्षा से गेहूँ जौ की फसल कम होती है।

बला टांल–परेशानी दूर करना।

बला मोल लेंण–अपने आप अपने ऊपर मुसीबत लेना।

बसग्याल[4] **कमौ, ह्यूँद समौ**–बरसात में काम ही काम, ठंडियों में खाने के मजे।

बसग्यालि गदरा जन–क्षणभर का दिखावा, अस्थायी उन्नति।

बसग्यालि जोंका जन–क्षणिक उत्पत्ति वाले, क्षणभंगुर, क्षणभर के लिए प्रकट होने वाले।

बसग्यालि तोमु जन–खूब मोटा तकड़ा।

बसग्यालि मेंढखा टटरांणा–कुछ समय के लिए शोरगुल करने वाले, असंख्य रोदन करने वाले।

बसणु भलु नसणु नखरु–आबादी अच्छी बर्बादी बुरी।

बस यीं संग्रान्द[5] **समझा**–अंतिम समय आना।

बहम कि क्वै दवै नी–शंका की कोई औषधि नहीं है।

ब्यगार देण–एक अतिरिक्त बोझ पड़ना, अँग्रेजों के जमाने में बेगार प्रथा थी, गाँव

---

1. लटकना 2. पायजामा 3. गर्दन 4. बरसात 5. माह का प्रथम दिन

के लोगों का बिना मजदूरी के अंग्रेज अधिकारियों की नौकरी करने जाना पड़ता था।

ब्यगार लगाण—किसी के माथे किसी दुश्चरित्र औरत के नाजायज बच्चे का बाप बनने का दोष देना।

बा

बांको[1] बछील होंण—सजधज कर रहने वाला।

बांगा दारै, बांगि कील—जैसे को तैसा व्यवहार।

बांगु क्वै नि काटद, सामु सबि काटदा—सबको अच्छा ही चाहिए बुरा कोई पसंद नहीं करता।

बांज फोडु होंण—अनाड़ी होना।

बांजा गौंकु छेंटुलु पदान—अंधों में काना सरदार।

बांजा गौंकु मूसु पदान—महत्त्वहीन स्थान का मालिक महत्त्वहीन व्यक्ति होता है।

बांजा बौंण बर्खण—दान देना, फिजूलखर्ची होना।

बांजु खण—पुरुषार्थ करना।

बांटु उगौण—अपने हिस्से का प्राप्त करना, मरने की जल्दी में रहना।

बांटु लगौण—किसी के हिस्से का पूरा देना।

बांटीक खांण या सांटीक[2] लांण—परस्पर मेलमिलाप से रहना।

बांठु का लाटा—चतुर की मूर्ख औलाद।

बांडा कि बग्वाल, नाटा कु त्यौहार—अकेले खाने वाला।

बांण लगण—भूत प्रेत का प्रभाव होना, गहरी चोट लगना, अप्रिय बात सुनना।

बांण सी चुभण—मन को दुःखित करने वाली बात।

बांणीकि गौड़ि—सही मार्ग पर चलने वाली गाय, कहना मानने वाली समझदार स्त्री।

बांणी लगण—किसी की बातों में आना।

बांणी सी म्वारि[3]—नियम से, अनुशासित रहकर काम करने वाली।

बांणेंणु च—भूत प्रेत का प्रभाव पड़ना, बेहोश होना।

बांद ल्यायी—किसी दूसरे घर की युवती को भगाकर लाना।

बांदर का मुण्ड माँ टोपलि नि स्वांदि[4]—कुपात्र पद का मान नहीं रखता।

बांदर क्या जाणु अदरक कु स्वाद, बिरालु क्या जांणु पूजा कु दै—गुणवान ही किसी वस्तु के गुण को पहचानता है, शेष वस्तु का दुरुपयोग करते हैं, हीरे की

1. अनोखा, शौकीन, मिजाजी 2. अदल-बदल करना 3. मधुमक्खी 4. शोभा देना

परख जौहरी ही कर सकता है।

बांदर जन–अकेले जीवनयापन करने वाला व्यक्ति।

बांदर सिख्यो, गोंणि लिख्यां–असंभव बात होना, निम्न श्रेणी के लोगों की उन्नति करना।

बांदरा हाथ माँ ऐना–मूर्ख के हाथ पड़ी अच्छी वस्तु की बर्बादी।

बांदरा हाथ माँ फूलमाला–बेपारखी के हाथ में मूल्यवान वस्तु नगण्य।

बांदरु कि सी सेना–उत्पाती, भारी संख्या में।

बांदरु राजा डाला पर–अपनी हैसियत के अनुसार काम और रहन-सहन।

बांदरु मू नऱ्यूल, कुकुरु मू कपास–कुपुत्र या मूर्ख के पास अच्छी वस्तु देकर दुरुपयोग करना।

बांदु बरण, रोटि सीं भरेण–सुंदरी को हर प्रकार की सुविधा देना।

बांध्यौं मनखि नौ टक्का सिरो–मजबूर व्यक्ति से अनुचित अनुबंध करना।

बांस का जड़ा बांस, कांस का जड़ा कांस–परंपरानुसार गुण उत्पन्न होना।

बांसु बरेली पुप्पां वाई चारों जुग से होके आई–मनमानी करना/होना।

बांसुलि बजौण–नुकसान होना।

बांह टूटण–भाई का मरना।

बांह पकण–बलात्कार की कोशिश करना।

ब्यांयीं कुतिया सीं–कमजोर बीमार स्त्री।

बाक् वाणी कन–भविष्यवाणी करना।

बाक् बोलण–प्रश्नों का उत्तर देना, शुभ या अशुभ बोल बोलना।

बाक्या बण्यूं–भूत, भविष्य को बताने वाला बनना।

बाकि बात होंण–सीमा से बाहर की बात होना, अनहोनी होना।

बाखरा कि भुजि–मांस।

बाखरा कु गिच्चो, खुंक्यां[1] कु इच्छो[2]–बकरी की मौत काटने वाले पर निर्भर रहती है।

बाखरा चरौण वालु बाग बोदै, 'मैं तनखा नि चैंदि'–रिश्वतखोर, ट्यूशनबाज को वेतन की जरूरत नहीं, चोर चौकीदार को वेतन की जरूरत नहीं होती।

बाखरै नी चिन्ता, बागैच–मरने वाले से मारने वाले की चिंता, सक्षम व्यक्ति जब अपनी सीमा लाँघने लगता है।

बाखरु नि जाणद सेक[3], बेकूब नि जाणद खैक–बकरी सोने से पूर्व पाँव से जमीन खोदती है, मूर्ख के घर खाद्य सामग्री का अपव्यय होता है।

बाखरु मान–बैरी की मौत पर खुशी जाहिर करना।

बाग अर रिख से ना डरा, पुजारियों से डरा–धर्म प्रचारकों की कट्टरता पर।

---

1. बकरी मारने वाला 2. इच्छा पर 3. सोना

बाग का घेरा, सर्पा फेरा कैन देख्या–साँप और बाघ के निवास और चलने या रहने के ठिकाने का किसी को पता नहीं।

बागन खैंचि[1] भैर, कुकुरन खैंचि भितर–हर कोई अपने स्वार्थ सिद्धि का प्रयास करता है।

बाग गीजि बाखरी भी, चोर गीजि काखड़ि भी–छोटी-मोटी चोरी करने वाला ही बाद में बड़ा चोर डाकू बनता है।

बाग गौबध कू प्रचार कनू–गौ मांस खाने वाले, गौ वध के प्रचारक, असंगत बात, ढोंगी लोग।

बाग नि मारदो बाखरी, कवा नि लिजांदो हाडगि–बड़े की कृपा से छोटे को लाभ मिलता है, कार्य और कारण का संबंध होना।

बाग पड्यूँ–अप्रत्याशित आक्रमण।

बाग बकरि एक घाट पाणि पेंणा–धर्म का पालन, निर्भय शासन।

बाग बखर्वालु, अल्सी हल्या–भक्षक को रक्षक बनाना, आलसी को परिश्रम वाला काम देना व्यर्थ।

बाग बण्यूँ–बहुत गुस्से की स्थिति में, आक्रमण को तैयार होना।

बाग बल्दै सवारि कना–परस्पर शत्रु का मेल करना।

बाग-बाखरा कु दुगडु–मरने वाले और मारने वाले का साथ होना।

बाग भी भूखु नि रौ, बाखरा कु ज्यू नि जौ–साँप भी मर जाय लाट्ठी भी न टूटे, ऐसी तरकीब कि सबका हित हो।

बाग भूक मरलु, पर घास नी खाण्या–स्वाभिमानी कभी भी पेट के खातिर चोरी नहीं करेगा।

बाग मैं ना खा, तै खा–अपना हित दूसरे का अहित चिंतन, अपना संकट दूसरे के माथे डालना।

बाग लगण–मनुष्य भक्षी बाग का आतंक।

'बाग', रात किलै हिटद? 'कैकि लैंदि मारि', कैकि बिंद्यारि[2] मारि–अपराधी छिपकर मार करता है, चोर दाढ़ी में तिनका।

बागन बागै रैंण, गधान गधे रोंण–जातीय गुण अमिट।

बागन मारी त घर नि ऐ, भेल पड़ीत घर नि ऐ–सब तरह से खतरा।

बागा गिच्चा परौं सी छूट्यो–भयभीत रहना, भारी मुसीबत में फँसा व्यक्ति।

बागा घर बाखरि पौणी–असंगत बात।

बागा नंगु अर पूछ पर भी विस–खतरनाक प्राणी का हर अंग विषैला होता है।

बागि वालि लग्यार[3]–किसी वस्तु के मोह जाल में फँसना।

---

1. खींचना 2. गर्भवती गाय 3. पीछे लगना

बागै कि खाल निकांल–बारीकी से छानबीन करना।

बागै खार्यी सेलि, बल्दैखायी असेलि[1]–घर का कोई खर्च करे बुरा लगता, बाहर का नुकसान करे उसको कुछ नहीं बोलते।

बागै जन डौर–बुरी तरह से डरना।

बागौ पिछ्वाड़ि हटण कु मतलब मार–खतरा एकाएक टलने का मतलब है, बड़े खतरे की तैयारी, दुष्ट छल छद्म कर मार करता है।

बाग्यूल लगी–बाग को निकट देखने से आवाज का रुकना, बोलती बंद होना।

बाग्यों बाग जेबाला पडी जांद–गलत आदत वाला कभी न कभी फँस ही जाता है।

बाच गला बैठी–बोलती बंद होना।

बाच दैबन हरलि–कोई बात न करने वाला।

बाछलु पकणौंण–वार्षिक श्राद्ध।

बाछि छोटि, हत्या बड़ि–छोटी घटना ने बड़ा रूप लेना।

बाज का बेटान सिकारै खांण–अपना भोज्य सबको प्राप्त होना।

बाजणा चुलि घंडोलु[2] **भी नि बाजि**–शादी चुपके से करना, विवाह की साधारण व्यवस्था करना।

बाजणा बाजीन–बदनामी होना, दुष्प्रचार।

बाजद तब ढोल, भितर जब पोल–खोखला, मूर्ख बातूनी होता है।

बाँज नि सकि, बुरांस नि सकि, स्यांरू धपाक[3]–सशक्त से न भिड़कर कमजोर पर वार करना।

बाजारू औरत–बदचलन स्त्री।

बाज्या जांठा पर सी–एक मात्र वस्तु।

बाजि मालि–प्राप्त करना, जीतना।

बाजी[4] **बणैलि**–पेड़ की सारी टहनियाँ तोड़ना।

बाटा कि कूडि तम्बाकु माँ उड़ि–रास्ते का मकान मेहमानदारी वाला।

बाटा माँ मिलि टमटा, गड़ मेरु चिमटा–किसी काम को करने की उतावली करना।

बाटा माँ हगुभी, आंखा भी घुर्रो–चोरी भी सीना जोरी।

बाटि सौजी–भीख माँगना।

बाटु टूटण–किसी रिश्ते के गाँव में कोई जीवित न रहना।

बाटु बतौंण–रास्ता दिखाना, देने को साफ मना करना।

बाटु सुधान–भविष्य का मार्ग प्रशस्त करना।

बाटु भूल्यौं मिलि जांद, पर भूल नि मिलदी–रास्ता भूलने से इतनी हानि नहीं होती जितनी कि भूल से होती है।

बाटै सी डालि–परोपकारी व्यक्ति।

---

1. असहनीय 2. घंटी 3. चोट 4. साधु

बाड़ उज्याड़ खाणी—जब रक्षक ही भक्षक बना हो।

बाड़ कन—नियंत्रण रखना।

बाड़ तोंण—मर्यादा भंग करना।

बाड़ि खांण—सम्मान रहित भोजन करना, गरीबी का जीवन।

बाड़ि से भुज्जि बड़ि—निम्नस्तरीय वस्तु अधिक होने पर भी उच्च स्तरीय थोड़ी होने पर भी अधिक महत्त्वपूर्ण होती है। मात्रा के बजाय गुण को महत्त्व।

बाढ़ि नी भुजेलु त फूरु भी नि हूवै—शारीरिक वृद्धि न भी हुई हो समझ तो आनी ही चाहिए।

बात औंण—पशुओं के सहवास की इच्छा का समय आना, ऋतुमति होना।

बात कन लम्बी चौड़ी, ल्याकत नी द्वी कौड़ी—खाली गपोडशंख, हैसियत और अक्ल कुछ नहीं।

बात कु बतंगड़ बणौंण—बात को चढ़ा-बढ़ाकर कहना, व्यर्थ झमेला खड़ा करना।

बात चलौंण—किसी काम के लिए किसी के माध्यम से बात आरंभ करवाना।

बात टांल—अपने वचन का पालन न करना, अनसुनी करना।

बात टीपण[1]—कही बात को तत्काल मानना।

बात पक्की कन—शादी तय करना।

बात बड़ी, अकाल् छोटि—अकाल का समय निकल जाता है, पर कटु बात का प्रभाव यथावत रहता है।

बात बढौंण—छोटी बात को तूल देना।

बात बिगड़ि—किया कराया बर्बाद करना।

बात बैलोण[2]—पूर्व कही बातों पर अडिग न रहना, प्रसंग बदलना।

बात व्याणी—बातें बढ़ाना।

बात मुख लगण—स्मरण तो है पर नाम याद न आना।

बात मेसौंण—किसी काम को करने के लिए बहानेबाजी करना।

बात लाख कि, करनी खाक कि—कथनी, करनी में अंतर।

बातुनी भी सन्निपाति भी—मार में महामार, आग में घी।

बातु पर औंण—किसी के बहकाने में आना।

बातु-बातु माँ उड़ौंण—बातों में ही टालना।

बातु माँ टरकौंण[3]—बातें बनाकर टालना।

बातु माँ लगौंण—बातों में उलझाना।

बातुन पेट नि भरेंद—कोरी बात करना, जिससे लाभ न हो।

बातूं कु धनी—बातें बनाने में माहिर होना, जानकार होना।

बातौं माँ रात काटणी—सारी रात बातों में ही बितानी।

---

1. बीनना, पकड़ना 2. बदलना 3. टालबराई करना

बत्वाणी[1] **का बुज्याड़ा छन होणा**—अस्थायी व्यवस्था करना।

बादी जन—पति-पत्नी का सर्वत्र साथ-साथ आना-जाना। (पुरानी सोच)

बाद्यौ का पितर बिना जुत्तों का नि तूसदा[2]—मूर्ख बिना दंड के वश में नहीं हो सकते। उनके साथ सभ्य व्यवहार व्यर्थ होगा।

बाना बाजि कन—बहाने बनाना।

बाप दादै थात—पुरखों की जायदाद, पुरखों का गाँव।

बाप देवता पूत राग्स[3]—भलों की बुरी औलाद।

बाप न भया, भलु रुपया—कोई किसी का नहीं होता, रुपया अपना होता है, महास्वार्थी होना।

बाप पूत लेखो-जोखो, घी ऊजो-पैंछो—मित्रों के बीच लेन-देन में ईमानदारी होना।

बाप मारो, छाप मारो—पिता के पुरुषार्थ का लाभ बेटा पाता है।

'बाबा तुम गौं से निकाल्या?' 'मैंन खुद छोडी'—झूठा समाधान, बात बदलना।

'बाबा लंगोटि पर वास किलै औंणी', बेटा रौंदि[4] **कखच'**[5]—निवास स्थान का प्रभाव, संगति का प्रभाव।

बाबा मैं हका घौर जौलु पर ये घर कु क्या होलु—माँगने वाला अन्यत्र माँग लेगा पर गरीबी में दिन बिताने वालों का क्या होगा।

बाबु कमै न कपूत खौ, न सपूत साँजौ—पुरखों की कमाई से कोई लाभान्वित नहीं होते।

बाबु कर्यू ब्यौ[6]**, सुबेरि कु धोयूँ मुख काम ऐ जाँद**—समय पर किया काम लाभदायक होता है।

बाबु करयूं ब्यौ, पुराणू करयूं न्यौ—बाब का किया विवाह पुरखों की परंपरा माननी चाहिए।

बाबु काठबाबु, ब्वै मौस्याण—निर्दयी माँ-बाप, जब माँ दूसरे पति को जाती है उसको पहले पति से जन्मा लड़का 'काठबाबु' कहलाता है।

बाबु कि पीठि माँ खौ[7]**, हगदि दौ गीत लगौ**—बाप की कमाई में मौजमस्ती करने वाला।

बाबु कि अंगुलि पकड़ी चलण वालु कभि नि खांद—पुरुखों की कमाई पर निर्भर या मात्र माँ-बाप के सहारे चलने वाला उन्नति नहीं कर सकता है।

बाबु कि ल्योंण[8] **गैछौ, बूढ़ा कु उबाळीक ल्याये**—लेने के देने पड़े।

बाबु कु देस—लड़की का मायका।

बाबु खोजु घर, ब्वै खोजु बर, नौनु खोजु जर—बाप लड़की को अच्छा घर, माँ अच्छा दामाद और लड़का अच्छी पत्नी ढूँढ़ता है।

बाबु खोयूं नौं, पिछल्यौ कु खोयूँ गौं—माँ-बाप का रखा बुरा नाम और पुरुखों का

1. हवा और पानी 2. संतुष्ट होना 3. राक्षस 4. रहना 5. कहाँ है 6. विवाह 7. खाये 8. लाना

बुरा काम अमिट होता है।

बाबु ख्वौ[1], नौनु रो—बाप के बिगाड़े काम का फल लड़के को भुगतना पड़ता है।

बाबु गौणु देंद पर लौणु नि देंद—बेटी ने बाप के भरोसे नहीं रहना है, अपनी कुव्वत से जीवनयापन करना है।

बाबु घस्यारु, नौनु टाँगपस्यारु—बाप कर्मशील, लड़का निठल्ला।

बाबु द्यौ खार्णे थकुलि, नाकै नथुलि—पिता-पुत्री को खाने की थाली और नथ देता है, अन्य व्यवस्था ससुराल वालों को करनी होती है।

बाबु नौ घासपात, नौना कु नौ टीकाराम—नाम की महिमा, बाप से बेटा बढ़कर होना।

बाबु बदलण—बात को बदलना, वचनबद्धता न रहना।

बाबु बूढै दीनि—बुरी गाली देना।

बाबुन ब्याण नी, भुला न होंण नी—असंभव काम संभव न होना, असंगत कार्य न होना।

बाबु भीख माँगिक ल्यौणू[2], नौनु द्वी ब्यौ खोजणू—मूर्खतापूर्ण कार्य करना।

बाबु मारु पूत सारु—बाप के किए को लड़का भोगता है।

बाबु याद ऐगि—बड़ा मुश्किल का सामना करना पड़ा।

बाबु ल्यौ स्या ब्बै, ठाकुर ल्यौ स्या सै, राजा ल्यौ स्या राणी—बड़ों के किये काम पर छोटों की सहमति होना।

बाबु राडि, मेरा कन्दूडु पर हाथ छन धर्यां—किसी खतरनाक काम करने से भय प्रकट करना।

बाबु हगौणू, नौनू दिख्यौ दगौंणू[3]—अबोध का बुजुर्गों को अपमानित करना, मूर्ख संतान।

बाबु हूवै[4] कैन नि खै, बेटा हूवै सबून खै—उद्दंडता से हानि विनम्रता से समस्या का समाधान।

बामण दुर्बल—गरीब कमजोर ब्राह्मण, विनम्र।

बामण नाड़ि, जजमान गण-दोस होंद—ब्राह्मण को नाड़ी दोष, क्षत्रिय को गण दोष होता है।

बामण बिना औंस[5] नि टलदि—समय अपना काम खुद करता है।

बामण बिना भोजन माँ नि औदि रसांण[6], गद्दा बिना कख छौ दसांण—सामूहिक भोज में ब्राह्मण का पकाया हुआ भोजन स्वादिष्ट होता है बिना अच्छे गद्दे के बिस्तर अच्छा नहीं होता।

बामणी का बुड्यान बंदरी नि देखि—स्थानीय वस्तु या व्यक्ति का महत्त्व न समझना।

---

1. खोना 2. ला रहा 3. डाँटना, मुँह बनाना 4. होकर 5. अमावस्या 6. स्वाद

बामणै नकद पुंगडि जजमानि—यजमान का घर ब्राह्मण की आय का स्रोत।

बामणें पातड़ी, नौनी हातड़ि—ब्राह्मण के हाथ जन्मपत्री और लड़की के हाथ पर दराँती या कुदाल अच्छी लगती है।

बामणों माँ गडसारा, पोथलू माँ वणसारा—गुणों की समानता पर।

बामसु भण्डार, मैखण्डा तालु—कहाँ वस्तु रखना, कहाँ सुरक्षा प्रबंध, असंगत व्यवस्था।

बायाँजुता बराबर समझण—कोई इज्जत न करना, तुच्छ समझना।

बायाँ पूठान नि टेन—बिल्कुल उपेक्षित करना।

बायूं हाथ देंणा हाथ तैं धोंद—परस्पर सहयोग से काम चलाना।

बार कु पौणु अबेर[1] **कु ढाकरि**—अच्छे दिन में मेहमान का आना, स्वजन का बाहर से देर रात आना अच्छा लगता है।

बारजात्या गौं—एक गाँव में कई जातियों के लोगों का बसना, एकता का अभाव।

बार बग्वालि ऐ, मेरि दौ रिति गै—किसी भी उत्सव का लाभ न मिलना।

बार वर्स दिल्ली रै भाड़े झोकि—मूर्ख को कई समझाओ नहीं समझता है।

बारमास्या निंद छैमास्या फुंकार—गहरी नींद वाला कुंभकरण।

बार फुटै सड़क दिखैलि—देने या काम करने से साफ मना करना, घर से निकालना।

बार ब्यंजन छत्तीस प्रकार—नाना प्रकार के भोज्य पदार्थ।

बार बर्षो नौनु थामु तलवार, बार बर्षे जौनि थामु घरबार—बाल्यकाल से ही उत्तरदायित्व सँभालना।

बार भाराकु होंण—बहुत अकड़ दिखाना।

बार मुनि तेर मत—मतमतांतरों की भरमार, हर बड़े मुनि का भिन्न मत।

बार मैंना, तेर भिकारि—भिखारियों की भरमार पर।

बाल बच्चोंदार—गृहस्थी।

बाल् जब मुण्ड पर रौंदा इज्जत होंदि, काटण पर बेइजती होंदि—पद पर रहते हुए सम्मान होता है बिना पद के अपमान, उपेक्षा होना।

बाल देण—परिजन की मृत्यु पर मुंडन करना।

बाल बराबर—थोड़ा सा, सूक्ष्म वस्तु।

बाल बाँको नि करि सकण—कुछ न कर पाना, कुछ न बिगाड़ सकना।

बाला अर भगवान तैं, सबि नर एकसर[2]—बालक और भगवान किसी में भेद नहीं रखते।

बाला कु हाथ, दानौं कु गिच्चु खज्यांद—बच्चे का हाथ और बूढ़े का मुँह अधिक चलता है।

बालि नि बुरकि बुडेन्द द बुरकि—वचन में सुस्त रहना, बुढ़ापे में फुर्ती आना।

1. देर 2. एक समान

बालि माया होंण—बचपन का प्रेम।

बावन व्यंजन, छत्तीस प्रकार—नाना प्रकार का भोजन।

बावत्या डूबी जांदा, पंडित भूलि जांदा—समय आने पर जानकार भी धोखा खा जाते हैं।

बास कुखड़ी मेरा मुण्ड[1] मा—माँ-बाप या नौकर की कमाई में आनंद मनाना। (पुराने जमाने में अंग्रेज अधिकारी दूर पर्वतीय अंचल में दौरे पर आते थे, उनको ताजी मुर्गी और अंडे चाहिए थे। उन दिनों मुर्गी कम लोग ही पालते थे। शहरों से मुर्गियाँ ले जाई जाती थीं। टोकरियों पर, मार्ग में मुर्गियाँ प्रातः 4.30 बजे बोलती थीं। तब सिर में टोकरी ले जाने वाला कहता था मुझे तो परेशानी हो रही है पर मुर्गी को क्या चिंता? तभी कहता, बास कुखड़ी)।

बासा का सिंगासन से अपणी खाट भलि—प्रभु ने जो भी दिया है उसी में संतोष।

बासि नि रौ, कुत्ता निखौ—सब खाना खत्म होना।

बासौ जन बाडु—वंश वृद्धि होना।

ब्याल्यो[2] जोगि आज को सिद्ध—कल का लड़का बुजुर्गों को समझाने वाला।

ब्याना[3] बटी जस मिलद—किसी वस्तु के घर पर आने से लाभ ही लाभ होता है।

ब्वारि[4] कि भौंदि पूत, कोली कि भौंदि सूत—बहू के हवाले लड़का, कपड़ा बुनने वाले के हाथ सूत का होना।

ब्वारि कु बाबु ल्याई छौ, ब्वारि का बाबून खै—जो लाया था उसी ने खाया है।

ब्वारि कु सगोर[5] दिख्यो मूतण बिटि—बहू की तमीज उसके उठने-बैठने के तरीके से पता चल जाती है।

बि

बिकूलांण[6] पंण—परेशान होना, खिन्नता आना, किसी वस्तु को खाने की अब जरा भी इच्छा न होना।

बिख[7] पोखण[8]—किसी के मार्ग में काँटे बोना।

बिगचण चुलि मनु भलु—बिगड़ने से मरना अच्छा होता है।

बिगच्याँ नौना—बिगड़े बच्चे, बिगड़ी आदत के रोगी, निठल्ले।

बिगर पाद्याँ कि पदांण नि औंदि—बिना कारण के कार्य नहीं होता।

बिगल्याँ[9] भैं सोरा बराबर—जब भाई पृथक् हो जाते हैं तब वे गाँव के सजातीय

---

1. सिर 2. कल का 3. झाडू 4. बहू 5. सलीका, ज्ञान 6. अनिच्छा 7. विष 8. बिखेरना 9. अलग हुए

भाई जैसे हो जाते हैं।

बिगार टांल—टालबराई करना, मुसीबत टालना।

बिचंलू च—किसी काम से दूर भागना।

बिछि का दुस्मन तैका बच्चा, जनाना कु दुस्मन रूप—बिच्छु का शत्रु उसके बच्चे होते हैं जो उसे खाते है, नारी का रूप उसके लिए खतरा, अपने ही अपने शत्रु होते हैं।

बिछि का नि जांणदा मंत्र, सर्पे दोंली हाथ डालं—बिना जानकारी के बड़ा काम हाथ में लेना, मूर्खतापूर्ण कृत्य।

बिछि कु जहर पूँछ पर—दुष्ट छिपकर मार करता है।

बिछि जन बिल्कण—बिच्छू की तरह चिपटना।

बिछैक खांण—खूब खर्च कर खाना।

बिजभंग होंण—परिवार या व्यक्ति समूल नष्ट होना।

बिटमणू च—चिल्ला-चिल्लाकर भला-बुरा कहना।

बिटमी-बाटमी, बाबु बूढ़ो सराद—किसी को भला-बुरा कहकर या अपमानित करने के बाद आदर देना।

बिठगि पर मुण्ड लगद कठगल पर ना—आदमी सामर्थ्यानुसार ही काम करता है।

बिठाणां संग्राद, औरूं तैं उक्रान्त—दूसरों के घर उत्सव से परेशान रहने वाले।

बिठु का नौं[1] कु मिठु पाणी—बड़ों के घर का भोजन स्वादिष्ट लगता है।

बिठे बिठाणी-तोमै तुमाणी—सब अपने स्तर के लोगों के साथ ही रहते हैं। जातीय गुण आ ही जाते हैं।

बिडि खांण जोगि होंया पैल्या बासा भूखा रैयाँ—अधिक पाने के लालची जल्दी परेशान रहते हैं।

बिण्डि[2] जूं, खाज नी, बिण्डि कर्ज लाज नीं—अति दुःख में दुःख नहीं होता है अति ऋणी होने पर लज्जा नहीं आती है।

बितगणू च—भयभीत होकर भागना।

बितण्यूँ दूध अर फटयाँ मन नि मिलदा—फटा दूध और फटे मन नहीं मिलते हैं।

बित्त समान होंद दान—सामर्थ्यानुसार दान होता है।

बिथा[3] जन—मुसीबत, झंझट जैसी।

बिथा टांल—मुसीबत या परेशानी टालना।

बिथा ठेल कन—परेशानी को दूर करना।

बिदाबाड़ि कन—किसी काम करने वाले या मेहमान की विदाई के समय पिठाईं और पैसे देना।

बिद्या अर लक्ष्मी कु बैर होंद—विद्वान गरीब होते हैं।

---

1. कुआँ 2. बहुत 3. परेशानी

बिधाता का अग्वाड़ि कैकि नि चलदि–विधि का विधान अटल है।

बिधाता कु लेख्यूँ कैन टालि?–विधि का विधान सबको मानना पड़ता है। होनी होकर रहती है।

बिधाता न मिलाई जोड़ी, एक अंधो एक कोड़ी–पति-पत्नी एक से गुण वाले।

बिधाता रसि, मनखि गाय, जख खींचु तखी जाय–भाग्य जहाँ ले जाता है वहीं जाना पड़ता है।

बिनसरौ[1] जन ल्वखर–प्रयोग में न लाने योग्य वस्तु, बिनसर का लोहा। अगर कोई काम में लाता है तो उस घर का विनाश होता था। ऐसा विश्वास था लोगों में।

बिना अफु मर्‌या स्वर्ग नि होंद–पाने के लिए खोना पड़ता है। कष्ट के बाद ही सुख प्राप्ति होती है।

बिना आग-पाणी का जन–बिना साधन के।

बिना आग्यू कु धुआँ–बिना कारण के कार्य होना।

बिना आँसू कि रोई, बिना खारै छोई[2]–तथ्यहीन बात, बिना कारण के कार्य होना।

बिना इज्जत कु भोजन खाण से मनु भलु, बिना प्रेम की पत्नी राक्षस्यौंण–भोजन उसी के घर खाना चाहिए जहाँ सम्मान मिले, बिना प्रीति की पत्नी पिशाचनी होती है।

बिना काम कु बैठण, बिना दांत कु हंसण कख छौ–निठल्ला बैठना और बिना दाँतों के हँसना अनुचित होता है।

बिना कीला कि बुर्कदि[3] बाछी–बिना नियंत्रण का आदमी उद्दंड होता है।

बिना कीला मुंगरा जन–बिना नियंत्रण के जैसे उद्दंड।

बिना गली कु गाणों, बिना प्रीति कु रुसाण–बिना सुंदर गले के गा नहीं सकते, बिना प्रेम के रुष्ट नहीं होते।

बिना गुणु कु मनखि, बिना सुगंध कु फुल बेकार–मनुष्य गुणवान और पुष्प सुगंधित अच्छा होता है।

बिना गुरु बाट[4], बिना कौड़ी हाट–बिना गुरु के दिखाये मार्ग नहीं मिलता, बिना पैसों के बाजार जाना ब्यर्थ है।

बिना गोरु कु जन बाछ्लू–अनाथ बच्चे।

बिना गोस्यूँ का जन गोरु–असहाय जैसी गायें या मनुष्य।

बिना ठोकरी का आंखा नि खुलदा–कष्ट से ज्ञान प्राप्त करना।

बिना दुखौ कु दुख–बिना कारण के दुख होना।

बिना दूध का छैमैन्या पाल्या–कलाकार, करिश्माई व्यक्ति।

बिना देख्याँ खाट नि लेंण, बिना झाड्याँ बिस्तर नि सेंण–सोने से पूर्व सावधानियाँ,

---

1. गढ़वाल और कुमायूँ की सीमा पर बिन्सर महादेव 2. पुराने जमाने में कपड़े धोने का साधन 3. उछल-कूद 4. मार्ग

बिस्तर का निरीक्षण हितकर होता है।

बिना द्यौ कु बजर–बिना कारण के कार्य।

बिना पाणी कु जन माछु–बिना पानी की सी मछली।

बिना पाद्यांकि वास नि औदि–बिना बुरे काम किए बदनामी नहीं होती।

बिना बरात्यों कु बरनारायण, बिना सिपायूँ कु सरदार कख छौ–असंगत बात अनुचित होती है।

बिना बातै छ्वीं–बिना विषय के वार्तालाप।

बिना बातै रवै–बिना कष्ट के रोना।

बिना बातौ गिरधारी, लोट्या न थालि–खाली नाम के धनी।

बिना बातौ मुण्डारु–बिना कारण के कार्य होना, बिना बात की परेशान।

बिना बृक्ष की छाया, बिना बैखै[1] माया–स्त्री को पति का सहारा चाहिए।

बिना बीठा कु भेल–बिना संकट के डरना, तुच्छ बात से खतरा।

बिना ब्वे बाबू का जन छोरा–अनाथ बच्चे।

बिना भेस नि खायेंद देस–कुछ प्राप्ति के लिए कुछ करना ही पड़ता है।

बिना माँग्या मोति मिलदा–संतोषी को सुख मिलता है।

बिना रोयां कि ब्वे भी दूध नि देंदि–कुछ पाने के लिए कुछ करना ही पड़ता है।

बिना सारा नदि पार नि होंदि, बिना विद्या का बड़ा नि बणदा–नदी पार करने के लिए सहारा और बड़ा बनने के लिए विद्या चाहिए।

बिना सिर-पैर की बात–असंगत बात।

बिना सूंणी-जाणी बात नि कन–बिना जानकारी के बात न करना।

बिना सैंक[2] गोस्यूका–निराश्रित, अनाथ।

बिमारी की जड़ खांसी लडैकि जड़ हांसी–खाँसी से बीमारी, हँसी के कारण झगड़ा होता है।

बिनान्दु होंण–परेशानी करने वाला होना, बार-बार चुभने वाली वस्तु।

बिपदा इकुलि नि औंदि–मुसीबत में और मुसीबतें आती हैं।

बिपदा बांटणी–कष्टों में हाथ बँटाना।

बिपदा लगौंण–अपने कष्टों का वर्णन करना।

बिराणा कूड़ा सेण[3] वाला निकल्दा–दूसरों पर निर्भर रहने वाले धोखा खाते हैं।

बिराणा खोटु कु हिटाग–दूसरों पर निर्भरता।

बिराणा गोदा जांण–दूसरों के हवाले होना।

बिराणा घर तातै[4] रड़[5]–दूसरों से मनवांछित वस्तु नहीं मिलती।

बिराणा तेल माँ पकोडि पकोण–दूसरों की कमाई खाना।

बिराणा देखी दुःख, दुष्ट तैं होंद सुख–दुष्ट दूसरे के दुख से प्रसन्न होते हैं।

---

1. पुरुष की 2. मालिक 3. सोना 4. गर्म-गर्म 5. इच्छा

बिराणा पूठा माँ फाळि मान—दूसरों की कमाई में मौज-मस्ती करना।

बिराणा[1] भाग कि पिठैं—दूसरों की वस्तु अच्छी न होना।

बिराणा भाता बड़ा-बड़ा अबस्वाण[2]—दूसरों की कमाई को दान देना।

बिराणा लाटा हंसौन, अपड़ा रुऔन—दूसरों के मूर्ख पुत्र हँसाते हैं और अपने रुलाते हैं।

बिराणि देखि सुख, अफु होंणु दुख—दूसरों के सुख से दुखी होना, अपने दुख से नहीं, ईर्ष्यालु लोग।

बिराणीं देखी लार्यीं पैरी, अपणी देखि नागि, मेरा बाबू कि मति मरि, मैंतै स्यै[3] नि माँगी—दूसरों की खुशहाली देखकर अपनी बदहाली का दोष पुरुखों को देना।

बिराणी पीठि माँ फाळि मान—दूसरों के कंधों पर चढ़कर वीर बनना, दूसरों की कमाई खाना।

बिराणी बातु ढुंगा[4] माँ सातु—दूसरों की बातों पर चलने वालों का काम टिकाऊ नहीं होता है।

बिराणी ब्वै कु तेलो हाथ, अपणी ब्वैकु खारौ हाथ—दूसरों की दी हुई अच्छी वस्तु अपनी माँ की दी हुई बुरी वस्तु भी अच्छी होती है।

बिराणी मवासि माँ कूदण—दूसरों की कमाई में मौजमस्ती करना।

बिराणु पूत घोड़ा कु मूत—दूसरों का बच्चा अपने किस काम का।

बिराणु सोनु नाक दुखौंद—वस्तु मुफ्त में भी मिलना कष्टकारक होती है।

बिराळ पुछ, पंगडु—खेत का एक किनारा चौड़ा, दूसरा लंबा किंतु सँकरा होना।

बिराळा का स्वीणां माँ मूसा—सबको अपने स्वार्थ की चिंता होती है।

बिराला कि औंर अर तिमला कु फूल कैन देखि?—बिल्ली की प्रसवकालीन नाल और गूलर का फूल अदृश्य होता है।

बिराळा कि नजर छिंका पर—लालची की नजर वस्तु पर रहना।

बिराळा दांत अपणा बच्चु तैं निकाटदा—माँ का बच्चों के प्रति वात्सल्य, माँ की मार में दर्द नहीं।

बिराळान बाग तैं सबि धाणि सिखाई पर डाळा जांण नि सिखै—शेर बिल्ली की जाति का है, पर पेड़ पर नहीं चढ़ सकता। सबकुछ ज्ञान होने पर भी एक कमी रह जाती है।

बिराळा नाक माँ घी लगैक, दस रोटि खांदि—बिल्ली को घी पसंद।

बिराळा भागन छींकु टूटो—संयोग से कार्य सिद्धि।

बिराला वाला सारा—स्थायी निवास न होना, एक जगह से दूसरी जगह जाना।

---

1. दूसरों का 2. भोजन करने से पूर्व थाली से भात के कुछ सीत थाली के आगे रखना 3. वही 4. पत्थर

बिराली बण—भोलीभाली बनना, दिखावा।
बिराळी बणी बाग से झगडदि—कमजोर का सबल से टक्कर लेना।
बिराळी मारी सबुन देखि, दूध पीन्यू कैन नि देखि—दोषी को मरा सब देखते हैं पर उसके दोष को कोई नहीं देखता है।
बिरालु क्या जाणु पूजा कु दै—अनजान वस्तुओं के गुण नहीं जानता है।
बिरालु क्या जांणु मोल कु दूध—मुफ्तखोर क्या जाने वस्तु की कीमत।
बिरालु वैष्णव बणु—असंभव कार्य, असंगत कार्य, ढोंगी, कपटपूर्ण कार्य, बगुलाभगत।
बिरौणा छन—पक्षपात करना, उपेक्षा करना।
बिलबिल्क्वा होंण—जाते ही चिपकना, पिंड छुड़ाना, कठिन होना।
बिस देण पर विश्वास नि देण—विश्वासघात करना विष देने से भी घातक होता है।
बिस्तर गोल कन—गमन की तैयारी करना, निकालना।

बी

बीच बाटा माँ मिलि—बिना परिश्रम के प्राप्त करना, आँधी के आम।
बीच माँ पंण[1]—मध्यस्थता करना।
बीजक खेदि[2], **पंवाणूं क आई**—विलंब से लौटना।
बीजु[3] **रैयूँ सरि रात, घाघरु फूकि बत्तीस हाथ**—बिना फल का व्यर्थ परिश्रम।
बीजै सी काखड़ि—सुरक्षित वस्तु।
बीठा फरकौंण—निष्प्रयोज्य वस्तु की उपेक्षा।
बीदा[4] **द्यौ बजर**—अचानक कोई अचंभा होना, अप्रत्याशित दुर्घटना होना।
बीमार ठीक ह्वेजो, बैद मरिजौ—अपना काम निकलने पर काम करने वाली की उपेक्षा करना, स्वार्थी होना।
बीरबला घर माँ सब होसियार—किसी बड़े की आड़ में सबको महत्त्व देना।
बीस कि उन्नीस होंण—थोड़ा अंतर होना।
बीस दाड़्या, एक लिजाणौं छौं—उत्पात मचाना।

---

1. पड़ना 2. भेजा 3. जागना 4. खुला आसमान

बु

बुक होण—गर्भवती होना।

बुगल्वाड़ि कु बल्द ससुराड़ी कु जवैं—दामाद की ससुराल में खूब दावत होती है, खूब चारा बैल को पसंद होता है।

बुगला कु द्वार लातीन खोन वाला—दिखावटी बहादुर, शक्ति प्रदर्शन करने वाले।

बुड़बौल् लगण—बूढ़ौ का मजाकिया या रोमांटिक होना।

'बुडली बल चणामृत भी खांदी' 'भी खांदी' 'बल बाबू कीकतैं छौं आयूँ'—असंगत बात करना, सरल को कठिन और कठिन को सरल समझना।

बुड्या कि अकल अर औंला[1] कु स्वाद बाद मा औंद—जैसे आँवला चबाते समय कसैला लगता है। पर बाद में स्वाद आता है। उसी प्रकार बुजुर्ग की बात पहले बुरी लगे भी उसका महत्त्व बाद में मालूम होता है।

बुड्या जनाना तै जारि सिखैंण—अनुभवी और जानकारों को नासमझों द्वारा समझाना।

बुड्या बल्द न आफु उकल्‌दे न हक्का तैं उकल् देंद—जब कोई न स्वयं काम कर सकता है, न औरों को करने देता है।

बुड्या तैं बेटिं दीक दुखै पायी—बूढ़े को जवान लड़की देना दुखदायी होता है।

बुड्या बीमारि कि कुट्यारी—बुढ़ापा बीमारी की गठरी, बीमारी का घर होता है।

बुड्या बोलीक मारेंद नी, तरुण बोलीक पाल्येंद नी—बूढ़े को मार नहीं सकते। जवान को खुद ही पेट पालने की सोचनी चाहिए।

बुडया ह्वैगि[2] पर अभि मूतण नि जाणद—बुढ़ापे में भी समझ न आना।

बुड्यौकि पूठा तचै, खाणु पचै—बूढ़े लोग, धूप सेंक कर भोजन पचाते हैं।

बुड्या बामताल्यौं[3], ज्वान सुनताल्यौं[4]—बूढ़े उमंगित और जोशीले हों, जवान बेहोश और निरुत्साहित हों, जवान सुस्त और बूढ़े स्फूर्तिवान होने पर।

बुतण जांद लैक[5] आंद—विलंब से लौटना।

बुध कु जांणु, जनि जांणु तनि आणु—बुधवार को कहीं किसी कार्य के लिए जाना लाभदायक नहीं होता।

बुधिमाँ पर्दा पड़ी—समय पर अकल से काम न लेना।

बुन्याद कचि पणी—गरीब परिवार का बच्चा, छोटी कक्षा में अच्छी पढ़ाई न होना।

बुरा देखी कर्ता डरु—बुरे से सभी डरते हैं, दुष्ट, दुर्दांत से कुछ समय के लिए भगवान भी डरते हैं।

---

1. आँवला 2. हो गया 3. उतावला, जोशीला 4. आलसी 5. फसल काट कर

बुराँसौ जन फूल—सुंदर, स्वस्थ व्यक्ति।

बुरो धन मोर[1] कि बाटा नि औलुत कौरा का बांटा निकलद—बुरी कमाई शीघ्र बाहर निकलती है।

बुरों का भला—बुरे लोगों की भली संतान।

बुलांण होंण—बदनामी होना।

बुवा बोलण—बहुत परेशान होना, असमर्थ होना, भयभीत होना।

बू

बूड़ पुराणि ठमका[2] नया—बूढ़ों का अधिक शानशौकत दिखाना।

बूड़ मरि खट्टा बिगर—अप्राप्य पाने की तीव्र इच्छा।

बूड़ रांड सबू माँ मरदि बूड़ माँ क्वी[3] निमरद—बुढ़िया सबको अच्छा मानती है, पर उसका ध्यान कोई नहीं रखते।

बूड़ स्यौं पर कूड़[4] नि सैंण द्यौ—कोई आराम करना चाहे पर चिंताएँ आराम करने नहीं देती हैं।

बूढ़ कि बात लाख कि छ, पर सुणद कुच?—बुजुर्गों की बातें तो अच्छी होती हैं पर सुनता कोई नहीं।

बूढ़ौ क्वी नाती खेललो गेंद्वा[5]—जो देगा वही पाएगा (एक बार एक आदमी बाजार जा रहा था, एक बुढ़िया ने कुछ पैसे देकर अपने नाती के लिए गेंद मँगाई। बस क्या था और लोगों ने भी बिना पैसे दिए गेंद और सामान मँगवाया, इस बार बाजार जाने वाले ने सबको हाँ-हाँ कहते हुए कहा कि बुढ़िया ने पैसे दिए हैं उसी के नाती को गेंद लाऊँगा)।

बूढ़ौ मन तनि ढाँडौं[6] पण—सिर मुँडाते ही ओले गिरना। गरीबी में विपत्तियाँ आना।

बूसा का मुठेंडा होंण—खाली लड़कियाँ ही लड़कियाँ होना।

बे

बेअमलियूँन[7] कराई निगार[8], न सुल्क्यो तम्बाकु, न बुज्यो अंगार—अनजानों का तरकीब से काम न लेना।

---

1. दरवाजा 2. नखरे 3. कोई भी 4. कूबड़ 5. गेंद 6. ओला 7. तंबाकू न पीने वाले 8. तम्बाकू भरवाना

बेकार मनखि सबकु वकील—बेकार दिमाग बुराइयों का घर, बेकार सबकी बातों में टाँग अड़ाता है।

बेकार से बेगार[1] भलि—निठल्ला बैठने से कुछ करना अच्छा।

बेकूफ दोस्त से चतुर दुस्मन भलु—नासमझ मित्र से चतुर शत्रु अच्छा होता है।

बेगल्याँ[2] भै सोरा बराबर—जो भाई पृथक-पृथक रहते हैं, वे गाँव के सजातीय बंधुओं के समान होते हैं।

बेगार टली—आफत टलना।

बेगार सी लगी—परेशानी होना, पुराने जमाने में अंग्रेज और टिहरी के राजा जनता से बिना मजदूरी के काम करवाते थे।

बेजाँ[3] बात बोन—असह्य बात करना।

बेटि उच्च घर भी जाँदि, नीच घर भी जाँदि—लड़कियों की शादी में अच्छा घर देखकर, जाति का ध्यान नहीं रखा जाता।

बेटि घर हींणा[4] दैंण, वर बर हींणा नि दैंण—बेटी गरीब घर दें परंतु दामाद योग्य होना चाहिए।

बेटि चुलि[5] जवै प्यारु—बेटी से दामाद प्रिय होना।

बेटि जिन्दगीभर बेटी रौंदि, बेटा ब्वारि लेक ब्वारी भौंदि—बेटी जीवनभर बेटी रहती है पर बेटा बहू के आने पर उसके वश में हो जाता है।

बेटि दीक बेटा मिलद—बेटी की शादी कर बेटे के समान दामाद मिलता है।

बेटि देण घर-बर देखी, ब्वारि ल्यौण मैड़ि देखी—बेटी को घर-वर देखकर और बहू को उसकी माँ को देखकर लाना चाहिए।

बेटि देण सम्पन्न घर, ब्वारि लेंण गरीब घर—बेटी संपन्न घर देनी चाहिए, बहू गरीब घर की लानी चाहिए।

बेटि परायु धन—पुत्री दूसरों के घर की संपत्ति होती है।

बेटि भाजीक मैत[6], कूल[7] टूटीक गाड़ औंदि—मायका लड़की के दुःख में सहारा होता है।

बेटि समान ब्वारि समझण—बहू को बेटी के बराबर मानें।

बेटि सुधरीं भलि, नतर मरीं भलि—बेटी अच्छे गुण वाली हो अन्यथा मरी अच्छी है।

बेटूयूँ अर भाटूया[8] दगड़ि कु सकद—बेटी जो माँगे देना पड़ता है, वैसे ही धान के खेत का कीड़ा पौधा काटकर रखता है।

बेटूयूँ का चाटूयाँ घर अर खरकौ चाटूयों बण कख छौ?—बेटियाँ कभी मायके का नाजायज फायदा उठाती हैं, पशुओं के चलने से जंगल नष्ट होते हैं।

बेटूयूँ कि सेकि[9] अणब्यौ[10] तक—लड़की शादी के बाद बंधनयुक्त हो जाती है।

---

1. बिना मजदूरी का काम 2. अलग-अलग होना 3. अधिक, सीमा से बाहर 4. हीन 5. के बजाय 6. मायका 7. गूल, छोटी नहर 8. पौधों को काटने वाला कीड़ा 9. शान 10. अविवाहित

बेट्यूँ कु घर अर बड़[1] को गोठ कख छौ?—घर में बेटियाँ और गोठ में खाली बछड़े अच्छे नहीं होते।

बेट्यूँ कु सुख चार दिन कु—बेटी का सुख विवाह तक।

बेड़ा पार होंण—कष्ट से मुक्ति पाना।

बेतभर काटी, हाथभर बाढ़ी—दवाई करते गये मर्ज बढ़ता गया।

बेतभर जीभ, हाथभर बात—छोटे मुँह बड़ी बात।

बेदान्ति होंण—बिना दाँतों वाला।

बेप्रीत होंण—प्रेमी न होना।

बेमौत मन—बुरी गति को प्राप्त होना।

बेल़ छोडण मौड़ा[2] क, तेल छोड़ण जौड़ा क—प्रथानुसार कार्य करना पड़ता है।

बेल़ि उगौंण—दूसरों के घर खाना।

बेसर्म कु नाक काटि, हाथ भर बाढ़ि—बेशर्म को बेइज्जत करने से कोई फर्क नहीं पड़ता।

बेसर्म गल्कु[3], नासमझ हल्कु—बेशर्म मुफ्तखोरी करते हैं और नासमझ हल्की बात करते हैं।

बै

बैकुट जांण—स्वर्ग सिधारना, आनंदित होना।

बैख[4] अर सोनु बुड्या नि होंद—पुरुष और सोना पुराना नहीं होता।

बैख का दोस निकाल़ जनानौकु काम—पत्नियाँ पति के दोष निकालती हैं।

बैख कि जात, गौं करद बात, मुल्क मारद हाथ—पुरुष जाति के लोग गाँव जाकर काम की बात करते हैं। देश-विदेश जाकर काम करते हैं।

बैखकिसार लौड़िमू[5]—पुरुष स्त्री के अधीन।

बैख कु खाणू जनाना कु नहेंणु[6]—पुरुष जल्दी खाते हैं स्त्रियाँ जल्दी नहाती हैं।

बैख कु दिल मजबूद, जनानौ कमर मजबूद—पुरुष साहसी, स्त्री ताकतवर होती है।

बैठु बण्या भार तोलु—बिक्री न होने पर लाला व्यर्थ प्रयास करता है।

बैठु बैख बर्बाद, चलौ जनानु बर्बाद—पुरुष का घर बैठा रहना अवनतिकारक स्त्री का घर से निकल कर दूसरे घर बसना बर्बादी का कारण होता है।

बैंण[7] आसा कि, जनानी सुख की—बहिन भाई की शुभचिंतक होती है, स्त्री सुख

1. बछड़ा 2. मरा हुआ आदमी 3. मुफ्त खाने वाला पेटू 4. पुरुष 5. स्त्रियों के पास 6. नहाना 7. बहन

की साथिनी होती है।

बैण का मन से औंस[1], **भैका मन से पूर्णमासि निरूकदि**–प्रकृति किसी के जन्म-मरण पर अपना काम नहीं रोकती।

बैदु का घर बिमार–असंगत बात, बीमारी को कोई टाल नहीं सकता।

बैदु का घर रांड, ओडु[2] **का घर टांड**–विपरीत स्थिति।

बैधु होंण–अनसुनी करना।

बैम कि क्वी दवै नीच–शंका की कोई दवाई नहीं है।

बैरि का बाछलु प्यवायाँ सुख–शत्रु का कुछ न कुछ नुकसान करने में आनंद आना।

बैरि मारी निर्वेरि होंण–शत्रु को नष्ट कर शत्रुविहीन होना।

बैरि सामणि चैंद–शत्रु के पास रहने से सतर्क रहते हैं।

बैरी का छौंदाड़ आगे से–दुश्मन का कुछ न कुछ नुकसान अच्छा लगना।

बैर्यो बाधण–दुश्मनाई करना।

ब्वे कि लडीत[3] **दारि, बाबु कुलड़ीत जुबारि**–माँ की अति दुलारी लड़की आचरणहीन और पिता का अति प्रिय पुत्र जुआरी होता है।

ब्वे तै बिसन–मातृभूमि को भूलना।

ब्वे-बाबु कु खोंयूं नौ पिछल्यौं[4] **कु खोयूँ गौं**–माँ-बाप ने जो बुरा नाम रख दिया है और पुरखों के हाथ से कोई गाँव चला गया हो कोई सुधार नहीं हो सकता।

ब्वे बाबु कु ब्यौ होंद देखण–कठिनाई का सामना करना।

ब्वे बाबु दी बोद छौत लाटु कींक बोन छौ?–गूँगा बेटा।

ब्वे-बाबु पर मानां लात, कज्याणीं[5] **लिजाणा अपणा साथ**–बुजुर्गों को घर बेसहारा छोड़कर गुलछर्रे उड़ाना।

ब्वे-बाबु मारि, बौनु मैं छोरा ह्वैग्यूं–अपने कुकृत्यों का फल भोगना, अपने पाँव अपने आप कुल्हाड़ी लगाकर पछताना।

ब्वे-ब्वे छै स्या ब्वे कख छै?–माँ माँ ही थी, अपनी माँ जैसी ममतामयी कौन होगी।

ब्वे याद कन–पीड़ा, दुख होना।

ब्वे होयां, ब्वेकु जाया, परदेस मा सबि पराया–परदेश में अपने ही पराये हो जाते हैं।

बौ

बोई होंदि त किलै औंदि रोई–माँ के रहने तक बच्चे को कष्ट नहीं होता है।

बोगठ्या[6] **जन बमताल्यांणा**–स्त्रियों को मात्र भोग की वस्तु समझने वाले कामातुर

1. अमावस्या 2. मकान बनाने वाला मिस्त्री 3. लाडला, प्यारा 4. पुरखों का 5. स्त्री 6. बकरा

मूर्ख लोग।

बोगठ्या बोद 'मैं बग्वाल[1] खोलु पर बीच माँ नवरात्रा नि देखद'–मानव भावी योजना बनाता है पर बीच में पड़ने वाली दैवी आपदाओं का भान नहीं होता है।

बोग्सा जन–भाबर, जौनसार, रवाँई की जनजातियां, सीधे-सरल लोग।

बोझ पड़ी–दायित्व सँभालना, भार पड़ना।

बोझ बोकण–किसी की गुलामी करना।

बोटि-बोटि उतान–बुरी तरह से पिटाई होना।

बोतलि कि बोलती चलण–खूब शराब पीना।

बोतलि लमडौंण[2]–शराब पीना।

बोतली पर ध्यान–शराबी का केवल शराब पर ध्यान।

बोतली फूटणी–उपरोक्त।

बोतली लंण–खूब शराब पीना।

बोदखु सौजण[3]–गरीबी झेलना, याचक बनना।

बोदु[4] त गौं पड़द बैदु[5], नि बोदत ब्वारि घाघरु लांदि कैदु[6]–कहते हैं तो बदनामी न कहते हैं तो बहू बिगड़ती है। धर्म संकट में पड़ना।

बोन त माँ मरदि, नि बोन त बाप कुत्ता खांद–धर्म संकट में पड़ना (एक समय एक औरत ने अपने पति के लिए कुत्ते का मांस बनाया। लड़का अगर बाप से सच्चाई कहता है तो पिता माँ को मारता है न कहे तो बाप कुत्ते का मांस खाता है)।

बोन लै बात नी–गोपनीय बात, घटिया काम करने वाले।

बोन सरल, कन कठिन–कहा क्या नहीं जाता पर करना कठिन है।

बोन वालु कद नी, कन वालु बोद नी–करने वाला बात नहीं बढ़ाता न करने वाला बहानेबाजी करता रहता है।

बोन वालु बुद्धु, सुण बालु लाटु–दोनों एक से, बोलने और सुनने वाले नासमझ।

बोरि बिस्तर बांधण–गमन की तैयारी।

बोल अमर कित साका अमर–बातें और किस्से अमर होते हैं।

बोल-बोलण–अप्रिय बात कहना।

बोल-बाला होंण–वैभवशाली जीवनयापन, दादागीरी चलाना, प्रभाव होना।

बोलती बन्द होंण–कुछ कहने में संकोच होना।

बोल मार से बटमार भलु–कटु बैनि से चोर या धोखेबाज़ अच्छा होता है।

बोल रै जांदा–अप्रिय बातें भूली नहीं जातीं।

बोलांदा बद्रीनाथ जन–टिहरी नरेश, चमत्कारिक व्यक्ति।

बोलि-चाली स्यै कथा, भरी-भरी बीस पाथा–बार-बार एक ही बात करने से कोई

---

1. दीपावली 2. लुढ़काना 3. रखना 4. कहता हूँ 5. बदनामी 6. तिरछा

लाभ नहीं होता है।

बोलि द्यो बतैं द्यौं जै[1] रै जै—किसी बात को द्विअर्थक में कहना, स्पष्ट कहने पर भी न समझना।

बोलि-बोलि बैडु[2] पल्यै-पल्यै खोनु[3]—किसी को बार-बार कहने से उल्टी दिशा में जाता है। जैसे कोई हथियार बार-बार रगड़ने पर धार मोटी हो जाती है।

बोलि-भासा जुदी-जुदी[4] रीत-भान्त एकु—बोली-भाषा अलग होने पर भी रीतिरिवाज एक से।

बोली बतौन—निष्कलंक की दृढ़ता।

बोलु बेटि सुणौं ब्वारि—किसी को कहना, सुनाना किसी और को, कहे बेटी को सुनाये बहू को।

बोलै बणिया, सुल्याई धणिया—कुछ कहना, कुछ सुनना।

बौ

बौ[5] का तैल माँ, द्वी पकोड़ि मेरी भी—दूसरों के माल का उपभोग करना।

बौकु ल्यायूँ बौ का भैन खाई—जो लाया उसी ने खाया।

बौगणा छन—अवनति की ओर जाना।

बौग[6] मानू—अनसुनी करना।

बौग सादण—चुप्पी साधना।

बौर्गी रोटि पितरौं का नौ—झूठा समाधान।

बौछाड़ा मान—उछलकूद करना, मजे मारना।

बौजी का हाथ माँ बात, रोटि खावा या भात—भाभी के हाथ में घर की सारी व्यवस्था, भाभी की मनमानी चलना।

बौड़ अर खड़ बराबर—बछड़ा और खरपतवार परेशानी करते हैं।

बौड कि वबरि कन—अवनति करना।

बौण्ड गै[7] वबरा गै, थकुलु ध्वै[8] तथी हूवै—अति आलसी होना, बिना काम की व्यस्तता।

बौंडा पढ़ाया, वबरा का सट्टा—किसी को तरकीब बताई फायदा औरों ने उठाया।

बौम कि क्वी दवै नी—आशंका की कोई दवाई नहीं, भ्रम का इलाज न होना। जीवन का शत्रु रोग से अधिक संदेह है। शंशयात्मा विनश्यति।

---

1. जाना, एक फूल का नाम 2. उल्टी मति 3. धाररहित 4. अलग-अलग 5. भाभी 6. अनसुनी 7. गया 8. धोया

बौमि तैं अफु पर बौंम[1]—शक्की को स्वयं पर भी शक होता है।
बौरु उगौंणा—बहुत खाने वाला, मरने की उतावली करना।
बौऌ लगी—बाबला होना।
बौंऌि बिट्यौंणा—झगड़े की तैयारी करना, मुकाबला करने को तैयार होना।
बौलु कन—किसी की मजदूरी करना।
बौलेण बैठी—पगलाना, खेल खेलना।
ब्यौका बाद मंडप पर लात—काम निकलने पर अपमान करना, उपेक्षा करना।
ब्यौका माँगलु माँ सितऌा माँगऌ—शुभ कार्य में अशुभ बातें करना, असंगत बात करना।
ब्यौत निं ह्वे बारात्या कति छा—बिना बात के बात पूछना, आधारहीन बात।
ब्यौत संयोग से होंद, मनखि साक्षी मात्र—विवाह भाग्यानुसार होता है।
ब्यौ न बन्द डेलि माँ खंद—बिना बात की परेशानी।
ब्यौ न स्यौ खालि घपरोऌा—बिना बात के शोरगुल।
ब्यौ न स्यौ, खालि नौना कि फजिति—बिना बात की परेशानी होना।
ब्यौ नि ह्वे पर बरात्यों माँ कति गयूँ—अनुभवी व्यक्ति, अविवाहित बुजुर्ग।
ब्यौ बरि नि लगु त न्यौवरि भी नि लगु—परस्पर वैवाहिक संबंध न भी हो तो न्याय तो सबको एक समान होता है।
ब्यौ बरी होंण—समकक्षी।
ब्यौ ब्यवयाँ कूड़ा चिण्यां[2]—माँ-बाप ने लड़कों को सब कुछ सुविधा उपलब्ध कर रखी है।
ब्यौ ल्यौंण कुल सोधीक, पाणि पेंण मूल सोधीक—शादी परिवार की मर्यादा देखकर करवा और पानी मूल को देखकर पीना चाहिए।
बौल्या बण्यां—बावले होना, पागल बनना।
ब्यौंलि जन—सुंदर लड़की, नववधू।
ब्यौंली जन बैठीं—काम की भीड़ में बहू का भीतर बैठे रहना।
ब्यौलि तैं होंई छौं (रजस्वला), ब्यौला बोनु भितर औं—धर्मसंकट, वक्त मौके पर व्यवधान पड़ना।

भ

भंकोरि बजाणी—बदनामी होना।
भंगिजन मेहनत करलात, लाटसाब जन रौला—परिश्रमी गरीब गौरवशाली जीवन जिएगा।

1. बहम 2. मकान बनाये हुए, चिनाई की हुई

भंग्याझाड़ु कन—बहुत पिटाई करना।

भकबीर[1] बण—बहुत गुस्सा आना, बब्रुवाहन को पहाड़ी में भभरीक कहते हैं, उसी से भकवीर बना है। उसने कौरवों पर क्रोध किया था।

भकूरोलि[2] कन—खूब खर्च करना, अनाज और खाद्य सामग्री को उदारतापूर्वक खर्च करना, मुफ्त देना।

भक्ति माँ सक्ति होंदि—ईश्वर भक्ति से आत्मबल बढ़ता है।

भगता जोगि लंगोटि हाथ—नंगे से कुछ तो हाथ लगे।

भगवति औंण—गुस्सा आना।

भगवति फिरण—बुरे दिन आना, कुदृष्टि होना, विमुख।

भगवान जे सिर देंद तै सेर भी देंद—ईश्वर जिसको जन्म देता है उसका पालन भी करता है।

भगवान का घर देर च पर अंधेर नीच—ईश्वर कृपा होने में विलंब होगा पर न्याय जरूर मिलेगा।

भगवान का नौ, अपणी पेट-पूजा—भगवान के नाम पर दावत उड़ाना।

भगवान का भरोसा छोड़लि—सब ईश्वर भरोसे छोड़ना।

भगवान कि दया, अर माँ की माया बराबर—माता और ईश्वर हितकारी होते हैं।

भगवान कि माया अपार च—ईश्वर की लीला अपार है।

भगवान जु भी कद भलै का वास्ता कद—भगवान जो भी करता है इनसान की भलाई के लिए करता है।

भगवान जैकु यार, तैकु बेड़ा पार—प्रभु कृपा से सब कष्ट दूर होते हैं।

भगवान देखलु—न्याय-अन्याय ईश्वर देखता है।

भगवान देद भक्त लेद—ईश्वर देता है भक्त लाभ उठाता है।

भगवान देंद भी अर खिलौंद भी—भगवान सबकी रक्षा करता है।

भगवान देलु पर पुजारी नी देण्या—पुजारी लालची होते हैं, ईश्वर उदार होता है।

भगवान भगार[3] नि लांण—अपनी गलती के लिए ईश्वर द्वारा किया गया दोष नहीं बताना चाहिए।

भगवानन सूणिले—प्रभुकृपा हो गई।

भगवानो नौ लेक बणियां नी छोड़द—लाला पैसों का भूखा होता है, भगवान पर नहीं पैसों पर विश्वास करता है।

भगार औंण/लांण—दूसरे के बुरे कर्मों का उल्टा दोष मढ़ा जाना।

भगब्याणू[4] नौलु छुयूंक—बातें करने के लिए उत्सुकता।

भगौंण्या ल्यॉयी—परायी स्त्री को फुसलाकर अपनी पत्नी बनाकर लाना।

भग्यान पड़ि जाग, निर्भागौ लीगि बांग—अभागी के नुकसान का लाभ भाग्यशाली

1. क्रोधित होना, बब्रुवाहन-सा वीर 2. बिखेरना 3. दोष देना 4. उतावली करना

उठाता है।

भग्यान बल्दा द्वी लेवाल्[1]—भाग्यशाली की वस्तु के अधिक ग्राहक होते हैं।

भग्याना घर जन्मी हीरा, दुश्मनों का पेट पड्यां चीरा—भाग्यशाली के घर सुयोग्य पुत्र होने से शत्रुओं को बहुत बुरा लगता है।

भग्याना नौना खणी खाड मिली—भाग्यशाली को पहले ही सब कुछ मिलता है।

भग्यानै कि कोदा गोडै[2] **का दिन बर्खा, निर्भागै रोपणीं का दिन बर्खा**—भाग्यशाली के कोदा गोड़ाई के दिन वर्षा होती है। अभागी के धान की रोपाई के दिन वर्षा होती है। भाग्यशाली को अनुकूल और अभागी को प्रतिकूल परिस्थितियाँ आती हैं।

भग्यानौ भै कालु अभाग्यू नौनु कालु—भाग्यशाली का भाई गूँगा बहरा होता है। अभागी माँ-बाप का पुत्र गूँगा-बहरा होता है।

भजक[3] **खांण**—किसी द्वारा पीटा जाना।

भज कल्दार करा—पैसा ऐंठना।

भजकताल् लगी—आघात लगना, धक्का लगना, हानि होना।

भज गोविन्द होयूँ च—सब तरह से हीन होना।

भजगोपाल होण—किसी का कर्जा न लौटाना, भग जाना, सब कुछ लुट जाना।

भजन कन गै मन्दिर माँ, मठाधीस बणी—धीरे-धीरे सबकुछ हड़पने वाले साधु।

भजाड़ जनानु, सौ घर उजाड़—चालू नारी कई घरों को बरबाद करती हैं।

भतक[4] **खांण**—हल्की मार पड़ना।

भटकचारि वालु—शेखीबाज होना।

भटक भारि, खीसा[5] **खालि**—गरीबी में अकड़बाज होना।

भटक मारि, कटक[6] **सौंण**[7]—अकड़बाज मार खाता है।

भट्ट भूजण्या कन—सर्वनाश करना।

भट्टा बैठण—भारी अहित होना, रसातल को जाना।

भट्टा सरील कु लठा—बैंगन खाना स्वास्थ्य के लिए हानिकारक।

भड़कताल मान—जूते से पीटना, बहुत बड़ी हानि होना।

भड़[8] **बण्यू**—वीर बनना।

भतखौं बण्यू—माँगकर खाने वाला।

भत्तार होंणू—पति का स्थान लेने वाला दुराचारी, गाली।

भद पीटेण—बदनामी होना।

भदालि् परा माच्छा, चुकौंण—बने काम को बिगाड़ना, हाथ लगी वस्तु को गँवाना।

भन्नो कु जन कुड़वाक्या—अप्रिय, अमंगल वाणी बोलने वाला (भन्नौं गाँव में एक आदमी हमेशा अशुभ बात करने वाला था, वह हर शुभ कार्य के समय भी

---

1. खरीददार 2. गुड़ाई 3. मार पड़ना 4. मार पड़ना 5. जेब 6. चोट 7. सहना 8. वीर

अमंगल बातें करता था। एक बार गाँव में किसी का मकान बन रहा था, मकान बनाते समय दरवाजा रखना शुभ माना जाता है, लोगों ने चुपके परामर्श किया कि उस अमंगल बात करने वाले को गाँव से बाहर किसी काम के लिए भेजा जाय। जब वह जाने लगा तो उसने कहा 'दरवाजा इतना चौड़ा बनाओ कि दो-दो मुर्दे एक साथ बाहर निकाले जा सकें।')।

भरपूर भण्डार—संपन्नता।

भर बोकु—मजदूर, गुलाम।

भरमैलि लोकुन—अपनी बातों में लाना, अपने वश में करना, भ्रमित करना।

भरि भूरी बीसि पाथा बोलि-बाली स्यै[1] कथा—बार-बार कहने का एक ही मतलब होना।

भरीं कोख हरचण—संतान की मृत्यु होना।

भरीं गोद—पुत्रवती होना।

भरीं दुकान खांदि ग्राहक तैं, खालि दुकान खांदि दुकानदार तैं—सामान से भरी दुकान में ग्राहकों की भीड़ होती है, खाली दुकान लाला को परेशान करती है।

भरी डाली अर-गुणी मनखि झुकद—गुणवान और फलदार पौधा झुकता है।

भरीं भाण्डि फरकौंण—गर्भवती बहू का निरादर करना।

भर्‍याँ पेट नि छोडण सामल[2] बीदा द्यौ नि छोडण कामल—यात्रा में आवश्यक सामग्री रखनी चाहिए।

भर्‍याँ पेट खीर भी मोल[3] लगदि—भूख भोजन का सर्वोत्तम मसाला होता है।

भला आदीमन पूछण—जूते मारना, गाली।

भला खातिर बुलै गौंकु राणूँ, तैकु देख्यौ आखुँ कांणु—अच्छा जानकर ढूँढ़कर लाये वह भी दोषयुक्त निकला।

भला नौ काल भी निखांद—अच्छे कार्य करने वाले का नाम अमर होता है।

भला फूलै मालि बासना, भला मनखी भलि नामना[4]—कुलीन व्यक्ति में अच्छे गुण होते हैं, अच्छे पुष्प में अच्छी खुशबू आती है।

भलि दी होंदि, तै बाबा तैं रौंदि?—दुष्ट के साथ दुष्ट ही खप सकता है।

भलि दी होंदि त पैल्या घर नि रौंदि—अच्छी स्त्रियाँ अपना घर बसाती हैं।

भलि ब्वे कि माँगण लौड़ि, भलि मौ किलेंणि गौड़ी—बहू और गाय अच्छे परिवार की लानी चाहिए।

भलि भाषा माँ समझौंण—गाली देकर समझाना, व्यंग्य।

भली दी होंदि त टंगरोलि नि खांदि—जहाँ सब सुविधाएँ थीं। अच्छी औरत होती तो जहाँ प्रथम शादी हुई थी वहीं बसती। अपनी गृहस्थी चलाती दूसरे घर न जाती।

---

1. वही 2. खाद्य-सामग्री 3. गोबर 4. प्रचार

भलु करि बुरु होंण—कृतघ्नता, भलाई का फल बुरा।

भलू का बुरा—कभी-कभी अच्छे माँ-बाप की बुरी संतानें होती हैं।

भलू का भला, बुरु का बुरा—अच्छे माँ-बाप के अच्छे बुरे माँ-बाप के बुरे बच्चे होते हैं।

भलू ही होंदू त खाण्डा का गदरा किले सड़दू—खण्डा (पौड़ी) तत्कालीन सरकार की जेल थी।

भलैते खाई बुट्टिट पूठा ब्राटा कर्दोड़ छुट्टी—लाभ के बजाय हानि होना।

भवानु का घर तिथिरि भैर खौलु कि भितरि—गरीब के घर पर दुर्लभ खाद्य-वस्तु आने पर खाने की उतावली करता है।

भसम कन—सब कुछ पचाना।

भस[1] बुलांण, खस खांण—असभ्य बात करना, कच्चा-पक्का मोटा अनाज खाना।

भसम होंण—सब कुछ नष्ट होना।

भ्यल ढोंल—गलत काम के लिए उकसाना।

भ्यल्कु लगी—अवैध गर्भ धारण।

भ्वड़ा कूटण—बहुत मार पड़ना।

भा

भांगलु जन खायूं—असंगत कार्य करना, अनर्गल बात करना।

भांगलु जामण—सब तहस-नहस करना।

भांगलु बूतण्या कन—बर्बाद करना।

भाँगाबाड़ा माँ चली—सारा परिश्रम व्यर्थ जाना।

भांडा नामान पूठु, तैमाँ भी ढक्कण नी—गरीबी, दरिद्रता, जो कुछ है वह भी अधूरा है।

भांडा भी लड़ना—मनुष्य तो हुए ही बर्तन भी लड़ाकू।

भांडा भौरीक नि ह्वै त चाटीक होंद पूरु—भरी थाली से पेट न भरा तो थाली चाटकर क्या पेट भरेगा।

भांडा सोना हौ, पर घर माटौ हो—बर्तन कीमती हों पर घर साधारण हो, समृद्धि में भी सादगीपूर्ण जीवन हो।

भांडु भरेंद भैर खतेंद[2]—आँसू द्वारा दुख प्रकट करना, अति करने से बर्बादी होती है।

भाई भतीजा कुटुम्ब घनेरा, अन्तकाल कोई नहिं मेरा—मरते समय कोई साथ नहीं देता है। गोपीचन्द का भजन।

---

1. असभ्य 2. गिराना

भाई बेगळा साटि वोखळा—भाइयों के अलग होने पर सब अपनी डफली अपना राग अलापते हैं।

भाई भय स्वै जांदा कभि—सगा भाई ही अपना शत्रु बन जाता है।

भाक् मानि—अहित कामना करना।

भाग अर ईश्वर पर विश्वास कन—सब काम भाग्यानुसार और ईश्वराधीन होते हैं।

भाग अर धन अफ्वी[1] औंद—भाग्य और धन स्वतः ही आता है।

भाग कि भतागि, उगट्या[2] कामैं चटागि[3]—भाग्यानुसार प्राप्त होना, गलती का फल मिलना।

भाग खुलण—भाग्योदय होना।

भागता जोगी लंगोटि हाथ—जाने वाले से कुछ तो प्राप्त हो, गरीब से क्या प्राप्त हो सकता है?

भाग डाळा लगण—भाग्य बाधक होना।

भाग पलटण—भाग्य विमुख होना।

भाग फूटण—सुहाग लुटना।

भाग फीरी—दुर्भाग्य आना।

भागै बलिहारी छन—भाग्य की अपार माया है।

भागै बांटि नि होंदि—भाग्य बाँटा नहीं जाता, सबको अपने भाग्यानुसार जीवन यापन करना पड़ता है।

भागै भताक कर्मे लटाक—भाग्य और कर्मफल पाना।

भाजण वाळ् नांगु, पिछवाणि भी जांण वाळ् कांगु—नंगे के पीछे कंगला ही जाता है।

भाटु[4] का बढ़ौन, भितने[5] लेंड़[6] गडौन—विरुदावली गाने वाले अतिशयोक्तिपूर्ण बात कहकर बहुत हँसाते हैं।

भाड़ झोंकण—चूल्हे का काम करना, झक मारना।

भाड़ पड़ी—संकट में पड़ना।

भाड़ माँ जौं सब—सब बर्बाद होना।

भाड़ै गंळी च काकरै हैंसणी च—चूल्हे में जलती लकड़ी रो रही है। पर सुखाने रखी लकड़ी हँस रही हैं, उसको यह पत्ता नहीं कि उसका भी नंबर आने वाला है।

भाणजु धांणीक, तिथरु पाणी कख छौ?—असंगत कार्य कराना।

भात अर जात कु सम्बन्ध होंद—वर्ग विशेष में खान-पान के संबंध होते हैं।

भात चलण—बिरादरी में लाना।

भात छोड़ण पर साथ नि छोड़ण—खाना छोड़ना पड़े छोड़ दो पर कभी साथ न छोड़ो।

भात पातली आबत बोटली भाग्य से मिलदा—खाने के लिए पत्तल और मित्र-रिश्तेदार भाग्य से ही मिलते हैं।

---

1. अपने आप 2. बिगड़े 3. मार 4. विरुदावली लगाने वाले 5. भीतर की तरफ 6. टट्टी

भात लपोड़ी दाल, दाल लपोड़ी भात—परस्पर अभिन्न संबंध होना।

भायूँ का बाँटा हथगुलियों की रेखा कैन मेटि—भाइयों का हिस्सा और हथेली की रेखाएँ कोई नहीं मिटा सकता है।

भार पण—उत्तरदायित्व पड़ना।

भारबोकु होंण—गरीब होना, मजदूर बनना।

भारा माँ मथारु[1] रखण—भार के ऊपर और भार रखना।

भारि छन माच्छा संणा—कौन सी क्षणिक वस्तु नष्ट हो रही है, कौन सी जल्दी हो रही है।

भारि जाण दिल्ली-कलकत्ता—अधिक तैयारी करना, काम कुछ नहीं, कौन-सा बड़ा काम करना पड़ रहा है।

भारि दीन्या हाथी घोड़ा—कौन-सी बड़ी संपत्ति दी है?

भारि धज[2] बांधलि—बहुत बड़ा नाम होना।

भालु क्या जाणद पदानै बौराण[3]—अनजान मूर्ख किसी की क्या कीमत जानता है?

भालु जन बिल्कण[4]—खतरनाक जैसा झटकना।

भाव माँ देवता होंदा—भाव में ही देवता होते हैं, श्रद्धावान को ही ईश्वर की कृपा होती है।

भासण झाण खालि—कोरी बातें करना।

भासरो-भासरो क्या बोलद, गांडै बोल—साफ-साफ दोष बताने के बजाय संकेतात्मक भाषा में बोलना।

भासा बींगण[5]—सांकेतिक भाषा समझना।

भि-भी

भितर खांण बाखरा, भैर कन नाखरा—घर पर गलत काम करना, बाहर सज्जन बनना।

भितर देखण खाणु, भैर देखेंद लाणु—घर के भीतर खाने का स्तर और बाहर पहनावा देखते हैं।

भितर नि जाणद अ-आ आखर, भैर कना-लिख्यां-पढ्यां का नाखरा—मूर्ख ज्ञानी बनने का प्रदर्शन करता है।

भितर नी लोट्या थाली, भैर बोना जननि ह्वेगि कालि—गरीबी की चिंता नहीं, बस सुंदर पत्नी की चिंता करने वाले मूर्ख।

1. बोझ के ऊपर बोझ 2. ध्वजा 3. पत्नी 4. लड़ाई करना, चिपकना 5. जानना, समझना

भितर नींच आलण[1], **डेलि माँ नाचदा बालण**[2]—गरीबी में अधिक खर्च करना, सामर्थ्य से अधिक खर्च करना।

भितर मूत भैर छूत—कथनी और करने में अंतर, स्थान भ्रष्ट होने पर अनादर होता है।

भितरा-भितरी संणू—मन ही मन कूढ़ना।

भिमसण औंणू तै पर—गुस्सा आना, अधिक पेटू, ताकत दिखाना।

भिमसण तैं आधा रोटि, स्याभी[3] **छोटि**—असंगत बात, ऊँट के मुँह में जीरा।

भीक खतेंण[4]—माँगी चीज का गिरना।

भीक माँ भीक, तीन लोक जीत—भिखारी भीख दे तो तीनों लोक का स्वामी होगा।

भीमै गद्दा होंण—भारी, कठिन कार्य।

भीरगु भैल होंण—खतरा होना, मृत्यु मार्ग होना (हिमालय क्षेत्र में भृगु ऋषि की गुफा जाने का भयंकर मार्ग 'भृगुपंथ' कहलाता है)।

भीरि-मरि बिरालु, बिरौं करि उज्यालु[5]—कहाँ से कहाँ प्रभाव पड़ना।

भीरि मात जात नी, परकण्डी मात थात नी—भीरी और परकंडी का प्रभुत्व। (प्राचीन सोच)

भ्वीं तौड़ नि देखण—जमीन पर न देखना, घमंडी।

भ्वीं[6] **फुण्डु**[7] **नि देखण**—जमीन पर न देखना।

भीस्म प्रतिज्ञा—दृढ़वर्ती, दृढ़निश्चय करना।

भु-भू

भुकदो कुत्ता काटद नी—बातूनी काम नहीं करता, गरजते बादल बरसते नहीं।

भुकारा[8] **उमलां**—बीमारी के बाद स्वस्थ होने पर बड़ी भूख लगती है, बार-बार भूख लगना।

भुक्की[9] **पेंण**—स्नेह रखना।

भुज्जा बबलाणी[10]—बाँहें फड़कना, लड़ाई को तैयार।

भुजेलु बाड़िनी त फूरो भी नि ह्वै?—अवस्था के साथ शरीर में परिवर्तन आना अनिवार्य।

भुत्यौं घर—भूत से ग्रसित, अभिशप्त घर।

भुदरु बतौंण—नग्नता, अँगूठा दिखाना, देने से मुकरना।

भूक बलै होंदि—भूख परेशानी करती है।

---

1. चावलों के बारीक दाने 2. देवता 3. वह भी 4. गिरना 5. प्रकाश 6. भूमि 7. नीचे 8. बीमारी के बाद की भूख 9. चुंबन 10. काँपना

भूक माँ कन नि खार्येद? स्वीणा माँ क्या नि देखेंद—भूख में सब कुछ खाना पड़ता है, स्वप्न में अनाप-शनाप बातें देखी जाती हैं।

भूक माँ साग भुजि नि खोजदा, नींद माँ झीलि[1] खाट नि देखेंदी—भूख में बिना साग के भोजन होता है। गहरी नींद में बिस्तर कैसा भी हो चिंता नहीं होती है।

भूक मिट्ठी कि भोजन मिट्ठु—भूख में ही भोजन स्वादिष्ट होता है।

भूक सभी सास्त्रोतैं भूलि जान्दि—भूखे इंसान का ज्ञान भी गायब हो जाता है, भूखे पेट भजन न होत गोपाला।

भूक लगी कोदलि सूजि[2], पेट भरेणी दूरै सूजि—भूख में रूखा-सूखा खाने की चिंता, भरे पेट कुछ करने की चिंता होती है।

भूकु क्या देखु बासि भात, प्यासु क्या देखु जात—भूखा भोजन की गुणवत्ता तथा प्यासा जाति नहीं देखता है।

भूकु बाग गोबेड़ा टीपू—अभाव में तुच्छ वस्तु को भी ग्रहण करना पड़ता है।

भूकु लोखरै दिवाल भी तोड़दी—भूखा पेट उत्पाद मचाता है।

भूको क्या जाणों सवाद, वालो क्या जांणों लवाद[3]—भूखा स्वाद नहीं देखता, बच्चा गंदगी नहीं देखता।

भूजी बूत्यौं—अन्याय किया हुआ, अपने लिए काँटे बोए हुए है।

भूड़ा[4] सौंणा माँ गाड़ूयां—कठिनाई में पालन-पोषण।

भूडि पकोड़ि बणौंण—आनंद मनाना।

भूड़ि पकोड़ि धामि[5] खालो, घरो गोसि टर्कणी[6] लालो—पति की उपेक्षा बाहरी की सेवा।

भूत का सराद माँ पिचास मेहमान—दुष्टों की दुष्टों से पटती है।

भूत चण्यू—भूत सवार होना, किसी बात की तीव्र चाहत।

भूत जन—डरावना व्यक्ति।

भूत पिचास की डर चौंलु से जालि, आदिमै कुदृस्टि से क्वै नि बचद—भूतप्रेत का भय मिटाना आसान है पर मनुष्य की कुदृष्टि का असर मिटाना कठिन होता है।

भूत बण्यू—उतावला बनना, तीव्र इच्छा।

भूत वाली लालसा—मृत व्यक्ति की सी आकांक्षा।

भूतै झपाक[7] औंण—देवता आना।

भूपालु क्वां खौन असाडु क्वां उस्यौन—दूसरे की खुशहाली में जलन या कोई खाये अन्य पर असर पड़े।

भूल बिसर जांणु ईश्वर—गलती को ईश्वर ही जानता है।

भ्यूंले कील—बात का कच्चा, गंगा मिले गंगादास, जमुना मिले जमुनादास, अस्थिर

---

1. ढीली 2. याद आना 3. टट्टी, गंदगी 4. कठिन 5. देवता नचाने वाला, काम करने वाला 6. टपकारे मारना 7. झपकी

मति का मनुष्य।

भूखू बौदै बलि गदरी खौला, अगाणों बौदै पलि गदरी खौला—सबको अपनी-अपनी चिंता होती है, भूखा जल्दी खाने की बात करता है भरे पेट वाला देर में खाना चाहता है।

भ्यूंरि[1] जन पणी—कमजोरी की स्थिति में आँखों के सामने अँधेरा सा लगता है जिसमें आग की चिनगारियाँ सी दिखती हैं।

भे

भेक्ला[2] की बन्दूक ह्वैगि—अस्थायी कार्य, बचकाना कार्य।

भेंट चढ़ी—देवता को चढ़ाना।

भेंट ब्यगार पण—बिना मजदूरी के काम करना, कर देना।

भेंट सिर्यौंण—इष्ट देवता को वचन देना।

भेड़िया आया, भेड़िया आया—संकट आने का दिखावा या ढिंढोरा पीटना।

भेतु-भांगलु जामलु कूड़िपर—गाली, परिवार नष्ट होना।

भेरि मठेलि—लूटपाट करना।

भेल् ढोंल—किसी को गलत मार्ग पर ले जाना।

भेल् लमण्डु त घर नी, बाग खालु त घर नी—किसी भी प्रकार से बचने की संभावना न होना।

भेला बांदर ऐंच[3] गाना—अपने ही नुकसानकर्त्ता को प्रश्रय देना, मूर्खतापूर्ण कार्य करना।

भेलि फोंण—उत्सव मनाना।

भेल्कु[4] लगी—अवैध गर्भधारण करना।

भै

भै कि ससुराल् थमाला कि पीठ—भाई की ससुराल से वास्तविक प्रेम न मिलना, रूखा व्यवहार पाना।

भै कि बांटि, हथगुलि की रेखा कैन मेटि—भाई का हिस्सा और हथेली की रेखाएँ

---

1. चक्कर आना 2. जैतून 3. ऊपर 4. गर्भवती

कोई नहीं मिटा सकता है।

भै कु दुसमन भै–किसी के सगे भाई उसके घोर शत्रु होते हैं।

भै कु मतलब 'भय'–भाई ही भय का कारण बनता है।

भै चुलि भतिजु प्यारु–भाई से भाई का लड़का प्रिय होता है।

भै बांटि कन–पिता की संपत्ति का भाइयों में बँटवारा करना।

भै मरि जौ, बौकु घमण्ड चूर हो–भाभी के घमंडचूर के लिए भाई के मौत को सहने को तैयार, भाभी के प्रति द्वेषभाव।

भैं ब्यगला साटि बखला–जब परिवार पृथक हो जाते हैं सब अपने परिवार को देखते हैं।

भैं ब्यगला होंया, सोरा[1] होंया–भाई जुदा होने पर गाँव का सा आदमी होता है।

भैं साथ कु अस्त्र हाथ कु–भाई अस्त्र के समान जीवन रक्षक होता है।

भैर खोटा गान–नारी का घर छोड़कर जगह-जगह जाना।

भैर जोगी, भितर भोगि–हाथी के दाँत खाने के और दिखाने के और, पाखंडी।

भैर ग्वर्ला[2], भितर ग्वर्ला, अपणी विपत्त कैमू बोला–सबका स्वार्थी होना, कोई सुनने वाला नहीं, गोरला रावतों का सर्वत्र प्रभाव था किसी जमाने में।

भैर देंणा मेल-जोल का उपदेस, अपड़ा घर माँ नौना बाबू चलणू केस–कथनी और करने में अंतर।

भैर धरणा देणा, भितर रात माँ दारु पेंणा–शराब विरोधियों पर व्यंग्य।

भैर धवान्यौं[3], भितर बाड़ि-पल्यौ–बाहरी दिखावा।

भैर पैरीं सूटबूट, भितर नीं कोदै मूठ–दिखावा काम।

भैर फुनु जांण–शौचादि जाना।

भैर फुंडु लम्बी धोति, भितर कोदै रोटि–दिखावा करना।

भैर बड़्यां बड़ा सरदार, भितर खाणां जनानि मार–बनावटी बहादुर, वास्तविकता को छिपाना।

भैर राम-राम, पेट माँ और काम–बाहर मित्रता का नाटक दिखाना, अंदर शत्रुभाव रखना।

भैर लग्यूँ अलिगड़ी तालु–बाहरी दिखावा।

भैर लाल भितर कुहाल भितर नी भूसा गानौ गालु[4]–बाहरी दिखावा है वास्तविक रूप से बुरेहाल होना।

भैरा देवतु पूजण जांणा, घरा देवतु मूसा खांणा–अपनों की उपेक्षा करना बाहरी को सम्मान देना।

भैंस अर कैंस[5] बराबर–भैंस पालना, परेशानी उठाना।

---

1. सजातीय भाई 2. पौड़ी के गोर्ला रावत (रावतों की एक जाति) 3. धनी-मानी 4. चारा 5. कष्ट

भैंस ब्याणी, गोबेडु होय—आशा के विपरीत फल पाना, खोदा पहाड़ निकली चुहिया।
भैंसा क चैंद चौर[1], नौना क चैंद सौर[2]—भैंस को अच्छा चरागाह और लड़के शहर, नौकरी चाहिए।
भैंसा का गिच्चा फ्चौंलि कु फूल—ऊँट के मुँह में जीरा।
भैसा कि तीस, खसिया[3] की रीस—भैंस को अधिक प्यास लगती है, मोटी बुद्धि वाला ईर्ष्यालु होता है।
भैंसा कि थोर[4], सोना की मोर—भैंसा का बच्चा सोना देता है, उपयोगी जानवर।
भैंसा कु डौ[5] मकड़ा पर—एक का गुस्सा दूसरे पर निकालना।
भैंसा कु मोल गौड़ु हौंण—अधिक महँगाई होना।
भैंसा कु मोल[6] भैंस का ढामणा—लाभ-हानि बराबर।
भैंसा ढामणा गिण्याँ हौंया—कमजोर होना।
भैंसा पूठा हींग खोजण—असंभव कार्य।
भैसा मोल, भैसा दौर, थोरू भी लगि और—लाभ के बजाय हानि होना।
भैंसा समौंण पेट उन्दु—हजम करना, पेटू होना।
भैंसी ब्यार्यी—समृद्धि आना।
भैंसि लेणी इनि कि कालि छाजो[7] कि टेकि[8] बाजो—भैंस देखने में सुंदर हो और दूध भी खूब हो।
भैंसु जन—स्थूलकाय होना, निरक्षर।
भैंसु का गोठ गौड़ियूँ कु नास, नणदू का घर ब्वारियूं कु नास—भैंस गायों के लिए और ननद बहुओं के लिए हानिकारक।
भैसों भेल पुछड़ो हाथ—धर्मसंकट में पड़ना, बड़े नुकसान में छोटा लाभ देखना।
भैंस्या बात—मोटी, असभ्य बात।
भैंस्या हौंण—गंदा निरक्षर।

भो

भोग लगौंण—देवताओं का पूजन करना, बद्रीनाथ में विशेष चावलों के भात का भोजन दिया जाता है जहाँ मंदिर में नित पूजा होती है वहाँ पुजारी भोग लगाता है।
भोंगि हौंद रोगी—विलासी रोगग्रस्त होता है।
भोंज कु जाण, अग्वाड़ि[9], कटग जाण पिछ्वाड़ि[10]—खाने में आगे, मार पड़ने में पीछे।

---

1. चारागाह 2. शहर 3. पुरानी खस जाति, पुष्ट शरीर वाले 4. भैंस का बच्चा 5. बदला 6. गोबर 7. सुन्दर 8. दोना, लकड़ी का बर्तन 9. आगे 10. पीछे

भोंज कु रासि सौदु[1] न बासि—भोज खाने के बहाने कुछ न पाना।
भोंज देंण—विशेष अवसर पर सबको खाना खिलाना।
भोटंत[2] देखलि—अति कठिन कार्य करना, तिब्बत को भोट कहते थे कोई भूटान को।
भोर बणौंण—हजामत करना, अधिक खर्च करना, जूतों से पिटाई करना।
भोल़-भोल़[3] दिन गया सोल़—कल-कल करते-करते कई दिन निकलना।
भोला नाथ होंण—दयालु, सरल व्यक्ति।
भोला-भाला देखेण वाला दुस्ट होदा—भोली-भाली सूरत वाले कुटिल होते हैं।

भौ

भौं उस्याण[4]—गुस्सा आना।
भौं कुछ बोन—भला-बुरा सब कहना।
भौं कुछ होंण—कुछ भी होना।
भौजेटी का छन—बड़े भाई की पत्नी से उत्पन्न छोटे भाई की संतान होना।
भौंण न बास सरीलौं उदास—बेसुरा।
भौत च दै पठि बाँधी—निर्धारित दिन का न टलना।
भौत च लाट्यूँ नौनु—कौन सा गूँगी का लड़का है।
भौत च डोला ढसकैक ल्यार्यी—विधिवत् शादी कर लाना।
भौंदी होंदि लड़े—जिस पर प्रेम और विश्वास होता है उसके साथ लड़ भी सकते हैं।
भौर[5] बेताल बण—काट खाने को तैयार होना।

म

मंगत गिरि त निलगि—भांग पीने वाले के गुण ग्रहण करना, नशेड़ी मंगतगिरि साधु जैसा।
मंगै छींट, सुल्याई ईंट—बेवकूफीपूर्ण काम, बहरा, अनसुनी करने वाला।
मंगै हैड़ा, सुल्याई बैड़ा—उपरोक्त।
मंगोल़ी नौंनी चुन्नी—निकटवर्ती रिश्ते, रिश्तेदारों में हँसी मजाक।
मंतर कम फूंक जादा—आडंबरी।

---
1. ताजा 2. पुराने जमाने में गढ़वाल को भोट कहते थे 3. कल 4. सूजन 5. भँवरे, ततैया

मंतर देण—गोपनीय राय देना।

मंतर नि जांण बिच्छी का मंत्र, सर्पे दुली[1] हाथ डांल्—जानना कुछ नहीं करना चाहते बहुत कुछ।

मंतर फूकण—गोपनीय राय देना।

मंदिर मा खांणु, धर्मसाला माँ सेंणु—अकर्मण्यों का ठौरठिकाना न होना।

मंदिररौ जन मूसु—गरीब व्यक्ति।

मंदिरौ बिरालु भगवान देखीक नि डरद—बिल्ली क्या जाने पूजा का दही।

मकड़ा कुसी मूत—थोड़ी मात्रा में, साग-भाजी में कम घी या तेल डालना।

मक्वाल् स्वभौ—देना कुछ नहीं पर देने का बहाना, बातों में बरगलाना।

मखन लगौंण—चापलूसी कर अपना काम निकालना।

मखी चूस—कंजूस।

मखी पितोड़ी ध्यू बणाई—हाथों से दबाकर, निचोड़कर कंजूसी कर कमाई करना।

मख्याला न थोड़ि छींकि—जरा सा भी बाधा न पड़ना।

मख्यालान हाथि उठैलि, हाँ जी बोला—हाँ में हाँ मिलाने को कहना, अतिशयोक्तिपूर्ण बात करना।

मख्यालु मानू—कुछ काम न करना, बेकारी के दिन काटना।

मख्यालू सी भिवलाट—मक्खियों की सी भीड़।

मगज खाँणू—परेशान करना, दिमाग चाटना।

मगज चण—घमंडी होना, सिर चढ़ना।

मछली का तेलमाँ मछली भुनेंदि—अपना ही शरीर अपना शत्रु, उसी का सिर उसी का जूता।

मजबुरीकु नौ मातमागांधी—अपनी कमजोरी छिपाकर बात बदलना।

मजनु बण्यूँ—दीवाना बनना।

मजा किरकिरु कन—रंग में भंग डालना।

मजाकै कजाक होंण—छोटी सी घटना का बड़ा रूप लेना।

मजा चखौंण—सबक सिखाना।

मटरुन न बाजार जांण, न हाथिन स्वीलि होंण—असंभव कार्य।

मटि खराब कन—दुर्दशा करना।

मटि डांल—क्षमा करना।

मटियामेट कन—छिपाना, समूल नष्ट करना।

मटि पलीत होण—बुरे हाल होना।

मठ उज्याण कख छौ भलु—धर्मस्थलों को तोड़ना अनुचित है।

मठाधीस बण्यू—बैठकर खाने वाला धर्मात्मा, संपत्ति या शासन पर अधिकार जमाना।

1. छेद

मड़दि का माँगल् छन गायेणा—मौत पर रोना-धोना।

मडु मरीगे, भांगलु कटण्याँ करीगे—मरने वाला मर गया पर पीछे कर्जा छोड़ गया।

मढ़ी रौ, गढ़ी जौ—धर्म अमर राज्य नाशवान, मठ मंदिर युगों तक रहते हैं, पर राजधानियाँ समय के थपेड़ों में उजड़ जाती हैं।

मणभर बात से तोलाभर अच्छी—काम अधिक बातें कम होनी चाहिए, मितभाषी बातूनी से अच्छा होता है।

मतलब का यार होण—स्वार्थी होना।

मति जाण—समझ से काम न लेना।

मति भ्रष्ट होंण—बुद्धि बिगड़ना, उल्टे काम करना।

मति मारेण—घबराना, दुर्बुद्धि।

मतोड़पट करी जाँण/औंण—सीधे बिना किसी की राय के आना/जाना।

मतोड़ा-मतोड़ि कन—दूसरों की वस्तु हड़पना।

मथामालि कना/होंणी—बहुत भीड़ होना, एक के ऊपर दूसरे का चढ़ना।

मत्था चौंरु—फिर भी अपने को ही बड़ा समझना।

मन ऊचाट होंण—विरक्ति आना, अशांत मन।

मन करद सरदि, नौना वालि भूख मरदि—मन खाने की इच्छा करता है पर बच्चे वाली स्त्री बच्चे के खातिर ऐसी वस्तु नहीं खाती जो बच्चे को हानिकारक हो।

मन का गुब्बार गान—मन के उद्‌गार निकालना।

मन कि गांठ ख्वन[1]—मन का भेद बताना।

मन कि मनै माँ रौण—मन की बात दूसरों से न कहना, मन की इच्छा पूरी न होना।

मन कि मरजी खुसि कु सौदा—सबकी अपनी-अपनी पसंद होती है।

मन खटु कन—घृणाभाव पैदा होना।

मन खटु होंण—मन में अच्छा न लगना, नाराज होना।

मन घोड़ा माँ कर्म जोड़ा माँ—बुरे कर्म होने पर भी मन में अच्छा पाने की इच्छा होना।

मन चंगा तो कठौती माँ गंगा—आस्था वालों को फल मिलता है।

मन चुलि बचणें डर—बचना लाभदायक न होना।

मन जाँणद पाप, माँ जाँणदि बाप—पाप को पापी का मन और बच्चे के असली बाप को माँ जानती है।

मन जुगी मनखि नि होंद, देण जुगी वस्तु नी मिलदी—मनुष्य मरना नहीं चाहता, देने लायक वस्तु नहीं मिलती है।

मन टटोलं—मन की बात जानना, गुप्त भेद लेना।

मन टूटण—हतोत्साहित होना।

मन त मनैच पर ग्यूंकु[2] **रोठलु खाणैंच**—जब मरना है ही तो फिर अच्छा खाना खाना

---

1. खोलना 2. गेहूँ

खाकर मरना चाहिए, मरने वालों को मनवांछित भोजन देना।

मन तै जु पसन्द, स्वै महल—जिस घर पर मन लग गया वही महल होता है, जिस घर में सकून मिलता है वही महल होता है।

मन न ठोटा[1] भैर न भितर—मन में दुविधा होना।

मन पटूवारि होंण बोद, पर दस्कत करी नि जाणद—मन तो बहुत कुछ बनने को करता है पर योग्यता नहीं है।

मन बचण कु दगडु नि होंद—मरने और जन्म का साथ नहीं दिया जाता।

मन बदलेण—मन में धोखा होना, अस्थिर मति होना।

मन बुझौंणू—संतोष करना।

मन बौलेण[2]—बावला होना।

मन मथुरा, कायाकाशी, दिल्ली आत्मा अयोध्यावासी—स्थिरता न होना, चंचल मन।

मन माँ ऐजौ, पर मुण्डलि ढगडेंद—मन से कोई काम करने की इच्छा होती है, पर सिर हिलते हुए मना करता है। मन और मस्तिष्क का तालमेल न होना।

मन माँ चोर बैठ्यू—मन में धोखा देने का विचार।

मन माँ बसण—स्नेह रखना।

मन मैलु कन—मन में दूसरे के प्रति दुर्भावना रखना।

मन मैत्री होंण—दो मनों का एक होना।

मनमैत्री हूवैगि त जन्मपत्री क्या जुडौंण?—परस्पर प्रेम भाव हो गया तो जन्मकुंडली क्या मिलानी है।

मन लड्डु खांण—खयाली पुलाव खाना, कल्पनाओं की उड़ान भरना।

मन वाला बचणा छन, बचण वाला मना छन—बूढ़े बच रहे हैं युवा मर रहे हैं।

मन से बिगचणै[3] डर—बिगड़ने से मरना अच्छा है।

मन हारे हार है मन के जीते जीत—साहसी की विजय होती है।

मन हौंसिया कर्म डंसिया—मन और कर्म में अंतर।

मनख्या बाग जन--नरभक्षी बाग सा।

मनखि आई अस्सी, अक्कल गै नस्सी—अस्सी वर्ष की अवस्था में अकल नष्ट हो जाती है।

मनखि का कै रूप होंदा—इंसान के कई रूप या गुण होते हैं।

मनखि गोरु होल, पर छैल[4] गोरु नि हौंद—मनुष्य की सूरत और गुणों में अंतर होता है।

मनखि जोनि होंण—होश में आना।

मनखि निर्गुणी, पसु सगुणी—मनुष्य से पशु वफादार होता है।

---

1. शरीर के भीतर 2. बावला 3. बिगड़ना 4. छाया

मनखि बर्णी—अच्छी स्थिति होना।

मनखि बणैंलि—अच्छा इनसान बनाना।

मनखि मरद पर नाम नि मरद—नाम अमर रहता है मनुष्य मर जाते हैं।

मनखि मरि नीत[1] गै[2] कख—मनुष्य मरणशील है।

मनखि सोचद मनखि बांणी, कर्त्ता सोचद और धांणी—मानव अपने विचार से भावी योजना बनाता है पर ईश्वर को और ही मंजूर होता है।

मनख्यालु होंण—पशु को मनुष्यों से विशेष प्रेम होना।

मनख्यूं का मनखि, मसू का मसु—जिसके जैसे रंग-ढंग होते हैं उसकी संतान के भी वैसे ही रंग-ढंग होते हैं।

मना बाद बैद बुलौण--मूर्खतापूर्ण कार्य।

मनै की फुर्सत नी—कार्य में व्यस्तता।

मनै जन लगी—उतावलापन, जल्दबाजी करना।

ममताणू खालि—असमर्थ बड़ा काम करने को तत्पर, लालायित।

ममा औलु त तौलि छुड़ौलु, कुजाणी[3] नौ और बढ़ौलु—मामा के आने से सहायता मिलेगी क्या पता सहायता के बजाय उल्टा माँग करता है।

ममा भाणजा घर जै होला, सामल् थौलि आपणी-अपणी खौला—रिश्ता तो घर पर होता है, नौकरी में तो सबको अपना-अपना खर्चा करना पड़ता है।

मयाकु नाज, दया कु मनखि—बरसाती फसल में हल द्वारा गुड़ाई करना और दया वाला व्यक्ति अच्छा होता है।

मयालु होंण—प्रेमी होना।

मरख्वा साल, भलि, बांजि नखरि—मनुष्यों को मारने वाले पशु हों तो ठीक है, पर बंजर गौशाला बुरी होती है।

मरद मरि जांदा, पंवाणा[4] रे जांदा—पुरुष मर जाते हैं पर उनके उत्तम कार्य रह जाते हैं।

मरम्मत कन--पिटाई करना, व्यंग।

मरलु तैकु होलु जैकु—जिसका होगा उसी का मरेगा।

मरि गधा, धौवेण ह्वै सति—असंगत बात, परिणाम कहाँ का कहाँ पड़ना।

मरि नीत कांधि माँ क्या च?—जब सामने वस्तु है तब क्या सबूत है।

मरि पिछने वावु, नौनौ राज चलौण वैठी अग्नै—अभिभावक के प्राण निकलते ही उद्दंड लड़के का राज चलने लगता है

मरि-मरि उठण—मुश्किल से उठना।

मरि-मरि माँडपेंणा छन—अशक्त होना।

मरि-मरि सकण—मुश्किल से उठाना।

---

1. नहीं तो 2. गया 3. क्या पता 4. याद करने लायक बातें, गीत

मरोड़ बड़ि ढक्यांण[1] ना—कोरी अकड़ दिखाना।

मर्च छोटि, बबराट बड़ि—मिर्च खाने से जीव का दर्द, छोटी वस्तु का बड़ा प्रभाव।

मर्च फांक—तेज कर्कश।

मर्च लगण—बहुत बुरा लगना।

मर्द कि जात, घड़ा कु साथ—पुरुष का नारी से क्षणिक संबंध, पुरुष द्वारा नारी से छल-कपट करना।

मर्द की कौल[2]—वचनों का धनी पुरुष।

मर्द की मरदोड़ि स्यौलू कि करदोड़ि—पुरुषों की वीरता को ललकारना।

मर्द जनानौ झगड़ा, बर्खौजन पाणि—सामान्य घटना होना, पति-पत्नी का झगड़ा क्षणिक।

मर्द मरद आन पर, नामर्द मरद खांण पर—वीर पुरुष अपनी इज्जत के लिए मरता है, कायर खाने के पीछे मरता है।

मर्द मरद बात माँ, घोड़ा मरद रात माँ—पुरुष अपने वचन पालन के लिए जान देता है, जैसे घोड़ा रात में ही मरता है, दिन में नहीं।

मर्दे मारी सबून खै—वीरों की कुर्बानी का फल पाना।

मर्दु क्या नि करदु—मरता क्या न करता है।

मर्दो नाटो[3] क्रिया न काटो, बचलो नाटो खालु आटो—निःसंतानों की विवशता पर।

मर्या सर्पा आंखा घोचण—मरने के बाद बदला लेना।

मर्या[4] प्राण—टूटे मन से।

मर्यां मन से काम कन—अनिच्छा से काम करना।

मर्यां सबून सार्या, ज्यूंदा कैन नि सार्या—मर गये तो सब चुप रहते हैं पर जीवित रहने पर खोज तो करते ही हैं।

मल पर होंद बल—टट्टी ठीक है तो शरीर भी ठीक होता है।

मल्-माटु लगौंण—अपराध को छिपाना।

मली[5] भी द्वी भी—अच्छी और अधिक की चाहत रखना।

मल्छु फूलण—खेत बंजर पड़ना।

मल्यौ सी टोल—बड़ी भीड़, एकता।

मवासि घाम लगी—परिवार बर्बाद होना।

मवासि ठंडी होंण—परिवार समाप्त होना।

मवासि[6] डोंडा माँ बैठी—परिवार खतरे में पड़ा है।

मवासि पर जोल[7] लगण—परिवार का नष्ट होना।

मसाण एकु तैं खांद, असाड़ सबु तैं खांद—मौत एक ही को मारती है पर आषाढ़

---

1. ओढ़ना 2. शर्त, प्रतिज्ञा 3. संतानहीन 4. मरे हुए 5. चुपड़ी 6. परिवार 7. पाटा

के महीने काम की भीड़ में सब लगते हैं।

मसाण जन–भूत जैसा।

मसाण भी मुर्दा पछांणद–दुष्ट को देखकर भूत भी डरता है।

मसालु मिली–विषय वस्तु मिलना, कहने की बात।

मस्कर्‍यो[1] का भूखा मर, बट मारयूँ का भेल पड़ु–मजाक करने वाले भूखे मरते, अकड़ दिखानेवाले धोखा खाते हैं।

महल मूतण स्वर्ग थूकण–धूर्त कार्य करना वर्जित होता है।

मा

माँ का मन पर बाबु चाचा होंद–माँ की मृत्यु के बाद पिता प्रेम नहीं करता है।

माँ कि गालि, बाटै धूल–क्षणिक धूल उड़ जाएगी, ममतामयी झिड़की क्षण भर के लिए होती है।

माँ कि छ्वीं, मौस्याणी मूं–अपने प्रिय की बुराई शत्रु से करना।

माँ कि ममता पिता लोभी–माँ निःस्वार्थ पिता स्वार्थी होता है।

माँकु मन कोंगलु, पिताकु पत्थर–माँ में ममता पिता में निष्ठुरता।

माँग उजाण–अपमानित करना, विधवा होना।

माँगण गै जीरा, मिलि हीरा–आशातीत प्राप्ति होना।

माँगणी का गोरु का दांत न खुर–मुक्त की वस्तु जैसे भी मिले स्वीकारना पड़ता है।

माँगदा खांदा, जब जोगि ह्वै जांदा–माँग कर खाने वाले सब गृहत्यागी होते हैं।

माँगा चोरी कन–माँगी वस्तु न लौटाना, देने वाला भी भूल जाता है।

माँगि-माँगि मैं ल्यौं, पुछी-पुछी त्वै द्यौं–परिश्रम के बाद प्राप्त वस्तु को खुशामद कर दूसरों को देना।

माँगी खांण, मरोड़ि[2] क रौण–भीख मागने पर भी अकड़कर रहना।

माँगी मक्खन, दीनि मौल–माँगना अच्छी वस्तु दी गई खराब वस्तु।

माँगी-माँगी नि मिलदी बिराणि[3] ब्वै, किलै द्यौ क्वै–दुर्लभ वस्तु माँगने पर कोई नहीं देता।

माँगी ल्यायू भीख, धाणी[4] लग्या रीख–सब उल्टे काम करना।

माँगी लीग्या, पिर्थीका, मेरिदौ खिर्तिग्या[5]–सभी के साथ प्रेम व्यवहार और उदारता, पर मेरे लिए दुर्व्यवहार और कृपणता।

माँ जाणी घी, बाबु जाणां पूत–घी की शुद्धता बनाने वाली स्त्री तथा पुत्र की पहचान

1. मजाकिया 2. अकड़ 3. दूसरों की 4. काम पर 5. गुस्सा करना

पिता से होती है।

माँ जाणु पिता, कृष्ण जाणों गीता—पुत्र का पिता कौन है माँ ही जानती है। गीता का रहस्य कृष्ण ही जानते हैं।

माँ देखीक नि लाजण, बैरी देखीक नि भाजण—माता को देखकर शर्मिंदा नहीं होना चाहिए, दुश्मन से भागना नहीं चाहिए।

माँ मरु पर मर्यादा नि मरु—माँ मरे पर मर्यादा भंग न हो।

माँ मौस्याण-बाबु कठबाबु—बच्चे की माँ सौतेली हो पर पिता माँ का दूसरा पति (कठबाबू) हो तो कैसे भला होगा।

माई अपणी भिच्चा ना द्या पर अपने कुत्ता सम्भाला—मदद न कर सको तो बेइज्जत तो न करो।

माई का लाल—वीर पुरुष, सुपुत्र, कर्मठ।

माखाकु विस मुख पर, बिछीकु पुछड़ा पर—छोटा सामने मार करता है, दुष्ट छिपकर धोखा देता है।

माखा मानु—कोई काम न करना, बेकारी के दिन काटना।

माखु घूटण—मजबूरी में बात मनाना या काम करना।

माखु मनतै तोप क्या चैंदि—छोटे काम के लिए बड़ी तैयारी व्यर्थ, असंगत काम न करना।

माखु सी फेंकण—छाँटकर फेंकना, तिरस्कृत करना।

माछा कि ब्वेकु बारमास सोकै-सोक—अनाथ को हमेशा खतरा रहता है। मछली की माँ हमेशा शोकाकुल रहती है, क्योंकि लोग उसके परिजनों को रोज मारते रहते हैं।

माछा देखि भितर हाथ, सर्प देखि भैर हाथ—लाभ देखकर लालायित और कष्ट देखकर भागना।

माछा पाणी ज्यूँ[1]—मछली का जीवन ही पानी है।

माछा-माछा सबि बोदा, गाडा हाल क्वी नि देखदा—दूसरों की अच्छी स्थिति है सब कहते हैं पर उसकी अंदरूनी हालत कोई नहीं जानता।

माछा दौ उब्बु, सर्पों दौ ऊँदु—मछली पानी से ऊपर आती है, साँप पानी के अंदर जाता है।

माछी पाणि पेंण कु देखद—मछली पानी पीते कोई नहीं देख सकता है।

माछु पकड़, माछु पकड़ डौक्वै—बताते कुछ और देते कुछ और, धोखा देना।

माछो गन्दो होंदा, पर ताल गन्दो नि होंद—व्यक्ति गंदे काम करता है पृथ्वी नहीं करती है।

माछो मरि, माछो कांडु नि मरि—मछली का काँटा रह ही जाता है। दुश्मन के मरने

1. प्राण, जीवन

पर उसका प्रभाव रह जाना।

माटा कु भाँडु,[1] काठ कु मँग्रु[2]–जैसा को तैसा व्यवहार करना, अन्याय न सहना।

माटा माँ मिलौंण–क्षमा करना, छिपाना।

माटी बाकणी–भेद खुद ही खुल जाता है।

माटु ढोल[3]–क्षमा करना, अनदेखी करना, दोष मिटाना।

माटु देंण–अंत्येष्टि क्रिया करना।

माटु विकण–सस्ता भाव, खूब बिक्री होना।

माटु होंण–बर्बाद होना, कीमती वस्तु की बर्बादी होना।

माठु-माठु चलदी त सौंणीं रांड, दौड़ी चलदि त चौणीं[4] रांड–समाज हर बात में स्त्रियों की आलोचना करता है। स्त्रियों के प्रति संकीर्ण विचार रखते थे।

माणा माथ गौनी, अट्ठार माथ दौ नी–सीमांत।

माणीक देवता, नि माणीक ढुंगु–मानने वाले के लिए पत्थर भी देवता है।

माणौं पाथो अड़्यौंद–थोड़ा देता है चौगुना माँगता है।

मात खांण–हार जाना।

माता ब्याणे बार-बार, जिभ्या ब्याणे एक बार–माँ बार-बार बच्चे देती है पर वचन एक ही दिया जाता है, बदला नहीं जाता है।

माथा पच्चीसी कन–सर खपाना।

माथ्या चौंरु–अपने को ही सर्वमान्य समझना।

माथि भी पांणि चान[5], तला भी जड़ा काटदा–दिखावा के लिए प्रेम रखते पर वास्तविक रूप से अनिष्ट करते हैं।

मान की आधा रोटि, अखमान कि द्वी रोटि–इज्जत की आधी रोटी से अपमान की दो रोटी बेकार हैं। अपमानजनक स्थिति में भोजन करना अनुचित है।

मान न मान मैं तेरु मेमान–बिन बुलाए मेहमान बनना।

मान रखण–इज्जत रखना।

मान से मप्यायूँ[6] बडु–मारने से मार देने का संकेत करना बुरा होता है।

मान वाला से बचौंण वालु बडु–मारने से बचाने वाला बड़ा होता है।

माफीदार बण्यूँ–मुफ्तखोर बनना (टिहरी के राजा ने कई लोगों को माफीदार बनाकर उनको कई गाँव और जंगलों का मालिक बना दिया था। बाद में उन्होंने उपद्रव मचाया था। देवीदत्त और हरदत्त बदनाम माफीदार थे।)।

माभारत मच्यूँ–बहुत बड़ा झगड़ा, मार काट होना।

माभारत लेंण–संघर्ष करना।

मामलु ठंडु होंण–विवाद शांत होना।

मामा समान पौंणु नी, पित्र समान देवता नी–मामा सबसे बड़ा मेहमान और

---

1. बर्तन 2. मुदगर 3. डालना 4. उद्दंड 5. सींचना 6. संकेत करना

मृतआत्माएँ सबसे बड़े देवता।
माया का बस होंण—धन के वश में होना।
माया कि मसीन होंण—प्रेमिका।
मायादार होंण—प्रेमी होना।
माया ममता बढ़ौंण—प्रेमभाव बढ़ाना।
माया मथुरा छ—धन धान्य से भरपूर।
माया मिले न राम—कहीं के न रहना।
माया लाणी—प्रेमभाव बढ़ाना, नारी के प्रति स्नेह।
मार गफ्फा, बल कींका—कहते खूब खाओ, जबकि दिया कुछ नहीं है।
मार झाडु—छोड़ो, त्यागो।
मार भी अर महामार भी—सब तरह से अहित होना।
मार मानि—समय पर संपत्ति जोड़ना।
मार मार्री—पुरुखों की कमाई।
मारि बांधीक सौदा नि होंद—व्यापार जबरन नहीं होता है।
मारि बाखरी, भड़्यौ कुखडि, खांदि दौ ले गू कि थुपड़ि[1]—बकरी मारी, मुर्गा पकाया, खाते समय कहा लो टट्टी खाओ।
मारि बांधी करौण—जबर्दस्ती कराना। दबाव देना।
मारि-मारि मुसलमान बणौंण—कोई काम जबर्दस्ती कराना।
मारु भी, रोण भी नि द्यौ—मार भी और महामार भी।
मारो गोली—त्यागना, छोड़ना, उपेक्षा करना।
मारो दिल्ली, हगु चुल्ली—बात तो दिल्ली की करे पर लियाकत कुछ नहीं है।
मार्छा[2] **अर मख्यालु कु बैर**—भोटिया लोग गर्मियों में शीतकालीन स्थानों पर जाते हैं मक्खियाँ गर्म स्थानों में आ जाती हैं, भोटियाँ ठंडियों में गर्म स्थानों पर जाते हैं मक्खियाँ ठंडियों में लोप हो जाती हैं।
मार्छया पिठै जन—बिना पैसों की पिठाई लगाना। पुरानी बात है, अब तो पैसे भी दिए जाते हैं, वे लोग काफी सभ्य और संपन्न हैं।
मार्छु बुतण्या कन—सर्वनाश करना।
मार्छो जन मुठेण्डु—कमजोर, कच्चा।
मार्‍याँ घौ मिटि जांदा, बोल्यां नि मिटदा—चोट की पीड़ा मिट जाती है पर दुर्वचन नहीं भूले जाते हैं।
मार्‍यूँ आदिम न कुछ बोलद न करद—अज्ञानी न कुछ करता, न बोलता है।
मार्‍यूँ कु क्या मान—जो मरा है उसको क्या मारना है।
माल उड़ौंण—दावत खाना।

---

1. ढेर 2. भोटिया लोग

माल जालु ल्वटठ्या ल्यौलु, चुचा परोठा तेरि क्या रौलि?—अच्छी और नयी वस्तु आने पर पुरानी की उपेक्षा और त्यागना।

माल वालु हारि जौ, गिच्चा वालु जीति जौ—संपत्ति वाला हार जाता है, गाल बजाने वाला जीत जाता है।

मालदार बर्णी—धन संपत्ति वाला।

माला गंठ्यौंण[1]—मुश्किल से जोड़ना, योजना बनाना।

माला जपण—हर समय किसी को स्मरण करना, ध्यान करना।

माला माल बणी—हर प्रकार से संपन्न बनना।

मालिक तै एकड़्या[2] **रोटि, लोकु तैं घ्यू रोटि**—पति की अवहेलना बाहरी की सेवा करना, असंगत बात।

मालिक दगड़ि झगड़ा, मैत्युंक रगड़ा—पति के झगड़े में मायके वालों को घसीटना।

मालिक मरि, जोंगू रोणी—महत्त्वपूर्ण वस्तु की उपेक्षा, तुच्छ बात की चिंता।

मालिक मरु, पर सौत रांड़ चैदि होईं—ईर्ष्या से जलना, सौतेली डाह।

मासन्तु तख जांद, जख कभि संग्रान्द[3] **नि होंदि**—जीवन में असफल व्यक्ति, नासमझी के काम करना।

मि

मिछौल[4] **बांटणी**—उत्सव मनाना, दान देना।

मिजाज चढ़ी—घमंड बढ़ना।

मिजाज ठंडु होंण—घमंड चूर होना।

मिजाजा भौर र्भ्वीं[5] **फुनु नि देखद**—अकड़ दिखाना, जमीन पर न देखना।

मिट्टी का भाव बिकण—सस्ता बिकना।

मिट्टी पलीत होंण—बुरे हाल होना।

मिट्टी बिकण—भारी खरीददारी, माँग कम आपूर्ति अधिक होना।

मिठि का जड़ा नि रखदा, कड़ा का टुकड़ा नि छूंदा[6]—अच्छी वस्तु सब ग्रहण करते हैं, बुरी को कोई पसंद नहीं करते।

मिठु काम कन—अच्छा काम करना, धीरे-धीरे काम करना।

मिठै बांटण—उत्सव मनाना, खुशी मनाना।

मीठौ जन जड़ु—बहुत हानिकरक, अप्रिय वस्तु।

---

1. गुँथना 2. रूखी-सूखी रोटी (जो एक तरफ पकी हो दूसरी तरफ कच्ची हो) 3. माह का प्रथम दिन 4. इनाम 5. जमीन पर 6. छूना, स्पर्श करना

मिट्ठा का लोभ खायेंद जुट्ठो—लाभ के कारण ही कष्ट उठाना पड़ता है।

मित्र का बोलण अग्वाड़ि,[1] शत्रु का बोलण पिछूवाडि[2]—मित्र के सम्मुख और शत्रु के पीठ पीछे बात करनी चाहिए।

मित्र ठड्यौ[3] सोरु खड्यौ[4]—जातीय भाई अहित करता है, मित्र सहायता करता है, पड़ोसी नुकसान करता है।

मित्र मू कुछ नि छिपौंण, सत्रुमू कुछ नी बतौण—मित्र से सच्ची बात करना शत्रु से गुप्त बात न बताना।

मीन मेख निकाळ्ं—गहराई से छानबीन करना, छोटी-छोटी बातों पर ध्यान देना, आलोचना करना।

मियां-बीवी राजी त क्या करो काजी—पति-पत्नी के झगड़े में तीसरे का पड़ना व्यर्थ।

मिरगौ ज्यू चलीगे क्वी वोदै, मैं सगून भी नि मिली—मृग के प्राण चल गये पर लोगों को उसके मांस खाने की चिंता है। किसी के नुकसान पर लाभ की चाहत।

मिरासि जन—नाच-गान कर खाने वाले गरीब।

मिर्च की फांक होंण—भारी बातूनी होना, तीखी बातें करना।

मिली क्या? 'तुरी कु छोड़'—कुछ हाथ न आना, आयी भी तो व्यर्थ की वस्तु।

मु

मुंगर्याड़ा[5] किलै गै 'रड़ी छौं' पीठि पर कंडी किलै च 'बोनलै नी'—लाजवाब होना, बोलती बंद होना (एक बार एक आदमी किसी के मक्कई के खेत में मक्कई चुराने गया, खेत के मालिक ने उसे देख लिया, उसने कहा, मक्कई के खेत में क्यों गया? उसने कहा कि रास्ते से फिसल गया था। फिर मालिक ने पूछा पीठ में कंडी क्यों है? वह शर्मिन्दा हो गया और कहा कि यह बात तो कहने लायक नहीं है। यानी वह चोरी ही करना चाहता था)।

मुंज-मुज्या[6] नारी, गोस्यूँ द्यौ मारि—गुमसुम रहने वाली स्त्री का पति जल्दी मर जाता है।

मुंज-मुज्यूँ न ख्वे गौं, चरचरौं तैं पड़ि नौं—चुप रहने वालों ने गाँव बिगाड़ा पर बदनामी बातूनी लोगों की हुई।

मुंडलि खज्याणी—जूते खाने की स्थिति पैदा करना।

मुंडारु कन—परेशानी करना।

1. आगे 2. पीछे 3. खड़ा करे, सहायता करे 4. गड्ढे में डालना 5. मक्के का खेत 6. गुमसुम

मुंडारु मंत्रण—बड़ी सुस्ती से काम करना, आलसी काम।
मुंडारु मोल लेण—आफत मोल लेना, खुद परेशानी लेना।
मुंडारु होंण—परेशानी होना, गुस्से की नौबत आना।
मुंडे-मुंडे मति भिने—जितने लोग उतने मत।
मुंडे कपाल़ माँ औंण—भार हल्का होना।
मुंडे बाटा भैर औंद गलत काम—गलत काम का फल बुरा होता है।
मुंडौ नौं कपाल़—सर और माथे में थोड़ा अंतर, बात एक ही है।
मुंड्यो जोगि, घीसू दवै—सर मूंडते ही बड़े महात्मा बनने की चाहत।
मुंड्यो मुण्ड देस जौ, अधमुण्डु कख जौ?—पढ़ा-लिखा कहीं भी जाएगा, पर अनपढ़ कहाँ जाएगा?
मुख उत्तन—लज्जा भाव प्रकट करना।
मुख उस्यायूँ—गुस्से में आना।
मुख उब्बु नि कन—शर्मिंदा होना।
मुख कालु होंण—दूर चले जाना।
मुख कि रोटि छीनण—किसी की रोजी को छीनना।
मुख खोलण—गुप्त बात बताना, चुप्पी तोड़ना।
मुख खोलला त पोल खुलिजालि—बोलने पर ही ज्ञानी और अज्ञानी का पता चलता है।
मुख खौ आंखु लजौ—चोरी से खाना मुँह में शर्मिंदगी आँखों को होती है। बच्चे की गलती का फल माँ-बाप को भुगतना पड़ता है।
मुख चन्द्रमा लगण—सब तरह से लाभ ही लाभ होना।
मुखड़ि देखीक टुकड़ि कन—पक्षपात करना।
मुख देखिकि बीड़ा, पूठा देखकि पीड़ा—पात्र के अनुसार सत्कार करना।
मुख दिखै देंण—नवविवाहिता को प्रथम मिलन पर पैसे देना।
मुख दिखौंण अगादि[1] **होंण**—बहुत शर्मिंदा होना।
मुख देखण—लिहाज करना पड़ता है, दूसरों पर निर्भरता।
मुख दे मोसू लगण—निगाहों से हटना, दूर जाना, अपमानित करना।
मुख ध्वेक[2] **ऐजा**—खाना खिलाने को तैयार हैं, व्यंग्य।
मुख नि देखण—नाराजी, उपेक्षा, घृणा, सूरत न देखना, इज्जत न देखना।
मुख नि पौ मूँगफली, पूठु माँगद जैफलि—दरिद्र व्यक्ति से बड़ी माँग करना।
मुख पर छौडु[3] **लगी**—मुख पर कालिख पुत गई, बड़ी बदनामी होना।
मुख पर तालु लगण—गुप्त बात कहने में असमर्थ।
मुख पर मख्याल़ा लगण—शर्मिंदा होना।

1. मुश्किल 2. धोकर 3. खाल

मुख पर हंसि, दिल मा छुरि—बाहर मित्रता का प्रदर्शन, भीतर शत्रुता छिपाए रखना।
मुख परै थालि पर ठोकर नि लगौंण—अवसर को न गँवाना।
मुख पाणि औंण—स्वास्थ्य में सुधार होना।
मुख बिगड़ी—मुख से अपशब्द निकालना।
मुख माँ दै[1] जामण—बोल न सकना।
मुख माँ पांणि टपकण—मुख से लार छूटना, लालच होना।
मुख माँ राम-राम, बगल माँ छुरी—धोखा देना।
मुख मुलाजु कन—लिहाज करना।
मुख मुलाज्यै[2] मौं ढुँगा माँ—लिहाज करने वाला घाटे में रहता है।
मुखमोड़ी दीनि—मुँहतोड़ जवाब देना।
मुख रंग्योंण—लांछन लगाना।
मुख माँ नी औंणी पेट बोलणू—कोई बात मुख में नहीं आ रही है पेट में आ रही है।
मुख मारण—मुँहतोड़ जवाब देना।
मुख मिट्ठु कन—उत्सव मनाना।
मुख मुलाज्या—सामने आये आदमी को अपनी वस्तु देने में मना न करने वाला व्यक्ति, संकोची, लिहाज करने वाला।
मुख मोंण—नाराजी प्रकट करना।
मुख रखण—इज्जत का खयाल रखना।
मुख लगण—बड़ों की बात का प्रत्युत्तर देना।
मुख लगी बडु नि होंद—बड़ों से जवाबदेही करना अनुचित।
मुख लुकौंण—लोकलाज से बचने के लिए घर से दूर जाना।
मुख सूखण—प्यास लगना।
मुखै खांणी—डाँट डपट करना, गाली देना।
मुछ्यालु[3] अगनै जगी पिछनै औंद—आगे जलती लकड़ी पीछे ही आती है, करनी का फल मिल जाता है।
मुछ्याला उंदु पाँणि नि डालदा—कभी कोई उत्सव का कार्य न करते, लोगों को नहीं खिलाते।
मुछ्यालु जन होंण—काला शरीर, चेहरा।
मुछ्यालुन डामण[4]—जलते अंगारे को शरीर पर लगाना, गाली।
मुझको भी मेरे मदन पड़ोसी को भी—अपने लिए माँगने के बाद पड़ोसी को भी माँगना।
मुट्ठ हुगाड़ि[5] रखण—देने में कंजूसी न करें।

---

1. दही 2. लिहाज करने वाला 3. जलती लकड़ी 4. गर्म कपड़े या धातु से शरीर पर चोट लगाना 5. खुली हुई

मुट्ठि गरम कन—रिश्वत देना।
मुट्ठि बौटणी—कंजूस होना।
मुट्ठि पर थूक लगैक भाजण—तेज भागना।
मुट्ठि पर रौंण—सबको अभिभावक के नियंत्रण में रहना।
मुट्ठि भैर होंण—नियंत्रण से बाहर होना।
मुट्ठि माँ कन—अपने बस में करना।
मुण्ड आग पूठा बाग—सब तरफ से परेशानी।
मुण्ड कपाल रेचण[1]—बहुत खुशामद करना।
मुण्ड कु कांधि माँ ऐगी—हल्का हो गया।
मुण्ड खज्याणूँ—मार खाने की नौबत आना।
मुण्ड बचि जौं, पूठा बजर पड़ु—सामने की आयी विपत्ति टल जाय भविष्य में कुछ भी हो।
मुण्ड निखोलु कन—परेशानी से बचना।
मुण्डन द्वार खोन्या होंण—अधिक व्यस्तता होना।
मुण्ड पर धनत लीखा खांदा, भ्वींपर धनत किरमला खांदा—धर्म संकट में पड़ना, दुर्लभ वस्तु की सुरक्षा कठिन होती है।
मुण्ड पर तथ्या बाल नी, जतना माँगण्या छन—बहुत माँगने वाले, असंख्य लोग।
मुण्ड पर पिड़ा, पूठा पर लेप—असंगत बात, नासमझी का काम।
मुण्ड माँ चढ़ौंण—बहुत लाड़प्यार कर बिगाड़ना।
मुण्ड माँ टोपलि नि होंण—गरीबी।
मुण्ड माँ लट्टुलु[2] **नि रखण**—गाली, बहुत पीटना।
मुण्ड माँ दाल़ु दलि—बहुत खर्च करना, परेशान करना।
मुण्ड माँ पड़्यूँ राखु, खांण माँ पड़्यूँ माखु, तैकु खाणु कनगैक चाखु?—सर में राख पड़ी हो, गंदा हो, भोजन में मक्खी गिरी हो, उसका भोजन चखना भी कैसे है? सर्वत्र गंदगी।
मुण्ड मुडारो न गाति जर—बिना बात की परेशानी होना।
मुण्ड मुडारो, पुठा डाम—बेतुके काम करना, असंगत कार्य।
मुण्ड मुनौणर त उस्तरा से क्या डन—जब ओखली में सिर रखा है तब मूसल से क्या डरना?
मुण्ड मूण्डण—किसी की मृत्यु पर परिजन के सिर की मुंडाई, गाली, बहुत नुकसान पहुँचाना।
मुतौणू च—परेशान करना।
मुदै सुस्त, गवा चुस्त—बोलने वाला चुप, न बोलने वाला बातूनी, असंगत बात।

1. रगड़ना 2. बाल

मुरलि बजौंण—निश्चिंत होना, घाटा खाकर बैठना।

मुर्गि पूछीक मसाला पीसण—असंगत काम करना, बेतुकी बात करना, मियाँ की जूती मियाँ के सर पड़ना।

मुर्गी तैं ताकुला कु डाम भौत च—छोटे प्राणी को मारना कठिन नहीं।

मुर्दा मरी—गाली देना।

मुर्दा हौंण—डरपोक होना, बेखबर होना।

मुसकुड़ि बणौंमुसु, तख सर्पधुसु—करे कोई लाभ उठाए कोई और।

मुसगा बांधण—बोलती बंद करना, बैलों के मुख पर लगाने वाले अवरोधक।

मुलाजु कन—लिहाज करना।

मू

मूछ मूंडण—अपमानित करना।

मूडि कु सीं लावु—इकलौती संतान।

मूत कु निवातु[1]—अस्थायी सुख।

मूत का दिवा जौगण[2]—किसी व्यक्ति की मनमानी चलना, प्रभाव होना।

मूत न बगदा, जोनिन[3] **सूखदा**—हल्की अक्ल के होना।

मूत नि पौंण—कुछ भी प्राप्त न करना।

मूत नि सूँगण—रति सुख प्राप्त न करना।

मूत पेंण—अधीनता स्वीकारना।

मूत माँ बगणा—कमजोर, कायर होना।

मूत माँ पंण—गंदगी में पड़ना, संतान के खातिर कष्ट उठाना।

मूती सेजा—निश्चिंत रहना।

मूर्ख कु गुस्सा नाक पर—मूर्ख शीघ्र गुस्सा करते है।

मूर्ख जाणू कि सु मूर्ख छ—मूर्ख को अपनी मूर्खता का भान होने पर वह मूर्ख नहीं रहता, अपनी कमियाँ जानना ही बुद्धिमानी है।

मूर्ख तै राज मिलि, त रात माँ भी छत्र लगौंद—मूर्ख पद का दुरुपयोग करता है।

मूर्खन पीनि भांग, उन्दु मुंडलि उब्बु टांग—नशाखोरों की दुर्दशा पर।

मूर्ख बैद, यमराज बराबर—अनाड़ी, अज्ञानी वैद्य रोगियों को घातक होता है।

मूर्ख ज्ञान, सुंगूर पकवान कख छौ?—मूर्खों को ज्ञान की बात करना तथा सूअर को अच्छे पकवान देना व्यर्थ है।

---

1. गर्म 2. जलना 3. चाँद से

मूर्खा नौनुमू, भूतपिचासू कि कथा–मूर्खों की औलाद भूतों में विश्वास करती है।
मूर्ति जन–सज्जन पुरुष।
मूल कु पाणि, कुल की ब्वारि–पानी और जाति की शुद्धता हितकर।
मूल-मूल कु पाणि पेंण–जगह-जगह जाकर अनुभव प्राप्त करना।
मूल सोधण–घटना की जड़ तक पहुँचना।
मूसाका जौन प्राण, बिराला क होंयूँ खेल–असमर्थ परेशान है पर समर्थवान मजे ले रहा है।
मूसाका बाना महल आग–छोटी वस्तु की प्राप्ति के लिए बड़ा नुकसान करना।
मूसाकु माँस मूसा का गाला–लाभ-हानि कुछ नहीं, अपना शरीर ही अपना शत्रु।
मूसाकु नौनु दीवान नि होंद–छोटा बड़ा नहीं हो सकता।
मूसा घाँडि लगा, दुँलि[1] जाँद, कवा घाड़ि लगात सु मुल्क जांद–छोटे व्यक्ति की प्रशंसा सीमित बड़े की सर्वत्र प्रचारित।
मूसातैं हल्दी की गांठ मिलि सु पंसारी होंद–छोटे को धन थोड़ा मिलने पर अकड़ दिखाता है।
मूसा मानौ गालु[2] नी–बहुत गरीबी, अभाव की स्थिति।
मूसु नि जन्मी–बाँझ स्त्री।

मे

मेघ कु बर्खणु, राजा कु चलणु कैन देखि?–वर्षा आने और राजा का चलना अनिश्चित होता है, मौसम और राजा की गति अनिश्चित होती है।
मेडखा जुखाम लगण–छोटे को बड़ा बनने की उतावली।
मेडखा ताप[3] औंण–अनहोनी होना।
मेडखा भैंस्या होंणा–छोटे बड़े काम करने की कोशिश कर रहे हैं।
मेडखा मान–महत्त्वहीन कार्य करना।
मेडा तैं लोंण दीनि ओखला उन्दु–किसी को कुछ देना जिसका वह उपभोग ठीक न कर सके।
मेरा काम नि औत, ऐसी तैसि माँ जौ–जो वस्तु अपने उपयोग में न आए उसका क्या करना है।
मेरा कुकुर बराबर इज्जत नी–तुच्छ समझना, तिरस्कृत।
मेरा गोस्यूं कि इनी हुलार[4], चिर्यां रौंद सुलार[5]–फटे हाल में भी उत्साहित, गरीबी

1. छेद 2. चारा 3. बुखार 4. उत्साह 5. पायजामा

में भी प्रसन्नचित्त रहना।

मेरा गोस्यूँ कि नौ तेरि साल, छोरा बाछरु की इखारि पाल–कहने को घर में बहुत है पर छोटों को कुछ नहीं।

मेरा बल्दन तथ्या बाई नीं, जथ्या उज्याड़[1] खाई–लाभ से हानि अधिक होना।

मेरा बाबून घ्यू खाई, मेरु हाथ सूंगा–पुरखों के यश का लाभ उठाने की कोशिश करना, पुराणपंथी।

मेरा बांयां पूठा पर करा ऐसान–बेफिक्र होना, उपेक्षा करना।

मेरा ब्वै-बाबू का कौथिग[2] देखण वाला नि होंदा त गोरु-बाछरु निरैंदा?–तमाशबीनों की घर-गृहस्थी बर्बाद होती है।

मेरा लाटा कै बुद्धि औ बाच–किसी प्रकार होश में लाना।

मेरि अंगुलि तेरा आँखा, तेरि अंगुलि मेरा गिचा–मैं तुम्हारा नुकसान करूँगा, तुम मेरा फायदा करो, बेतुकी बात करना।

मेरि गंगा होलि त मैं मू औलि[3]–अपने भाग्य का कहीं नहीं जाता, मिल ही जाता है। (एक बार कुंभ मेले के अवसर पर देश के सारे राजा हरिद्वार में डेरा डाले थे। टिहरी के राजा नदी से दूर ऊपर डेरा डाले थे। अन्य राजाओं ने कहा कि वे उतनी दूर क्यों गये। स्नान कहाँ करोगे? टिहरी के राजा धर्मात्मा थे उन्होंने कहा, 'मेरी गंगा होगी तो मेरे पास आएगी।' हुआ भी यही कि नदी ने अपना रुख बदलकर टिहरी के राजा की कुटिया से होते हुए आगे बढ़ी)।

मेरि तरफ से पाँचि अँगुलि बराबर–सबके लिए समान भाव।

मेरि घांण[4] ऐजो, बाडै कु बल्द भेल[5] पड़ि जौ–अपना काम निकलना चाहिए, काम करने वाला चाहे मर ही जाय, स्वार्थी होना।

मेरि नथुलि अर मैं क्वी नकचौला–अपनी ही वस्तु दुखदायी।

मेरि बक्त रात खुलीगे–मौका आने पर अवसर चूक जाना।

मेरि बिराली अर मैं तैं म्यूँ–अपना पाला ही अपने को काटने आता है।

मेरि ब्वै रैं बाँठि[6], गड्वा बदलि तुमडु ल्याई सांटि[7]–होशियार अधिक घाटे में रहते हैं।

मेरि ब्वै हाथ नि हिलौंदि छै त कनालि[8] नि लगण छै–अति इतराने पर नुकसान होना।

मेरि मुंगरि तब पाकलि जब मेरु सम्बन्धी चलि जोलु–समय पर काम न आये कोई वस्तु तो उसको क्या करना है।

मेरि ल्यक भाड़ माँ जौ–त्यागना, चिंता न करना।

मेरु कुकूर बाग लीगि पर टाँग ऐंचेमाँ[9]–नुकसान होने पर भी घमंड न छोड़ना।

मेरु पर्वत जन–स्थूलकाय, नंदादेवी चोटी जैसी।

---

1. खेत चरना 2. खेल-तमाशा 3. आएगा 4. पारी 5. चट्टान 6. चालाक 7. बदलना 8. बिच्छू घास 9. ऊपर को

मेरु लाटु घट जायूँ, क्या पता प्यासु छ कि?–उल्टी बात, असंगत बात, मूर्खतापूर्ण कार्य।

मेरु लाटु पाथु नि सकद दोंण सकद–मूर्खतापूर्ण कार्य करना।

मैं

मैं अर मेरु ऐ, सुख गै–स्वार्थ और घमंड अशांति का कारण।

मैं अर मेरु कभि नि बोन–अहंकार और लालच नुकसानदायक है, घंमडी का सिर नीचा होता है।

मैं क्या ज्यू[1] भी–अपने परिवार तक सीमित, गलती मैंने ही नहीं औरों ने भी की है।

मैंक्यून[2] मनखि नि मरदा, ताता पाणिन कूड़ा नि फुकेंदा–गाली से मनुष्य नहीं मरते, गरम पानी से मकान नहीं जलते। बेशर्मी से अपराध को स्वीकारना।

मैं गयूँ भोजै राशि, न मिली सौदू न वासि–कहीं जाना खूब खाने को, पर लौटना भूखे पेट।

मैं छौ गौं माँ भलि, पर आग कखि[3] नि मिलदी–दिखावटी सद्व्यवहार।

मैं जौं वख, कर्म लिजौ कख–मनुष्य जहाँ भी जाता है उसके कर्म, गुण व भाग्य साथ जाते हैं।

मैंठयाणा कि सीं काली–तुरंत फलदायी होना।

मैंणा[4] नाकु होंण–सरल स्वभाव के, बेशर्मी।

मैं तेरा घर औलु क्या देलु? तू मेरा घर औलु त क्या लेलु?–सब प्रकार से अपना ही हित साधन करना।

मैं तेरि मौ खोलु त क्या देलु?–किसी का नुकसाान करने पर भी अपना हित चाहना।

मैं तेरु नाक काटलु बुरु ना माणि–किसी को अपमानित करने पर भी उसको कहना बुरा न मानो, मारने पर रोने भी न देना।

मैंतैं[5] भी, मेरा मदन पड़ोसी तैं भी–मुझे भी और मेरे पड़ोसी को भी दो।

मैं तौं ढिकू[6] माँ दौडलु पैलि, तु अग्वाड़ी मैं पिछ्वाड़ि–कष्ट उठाये कोई और लाभ उठाये कोई और।

मैं पत्थर, मेरि बैंण मक्खन–भाई-बहनों के स्वभाव में भारी अंतर होना, पुरुष कठोर, स्त्री कोमल होती है।

---

1. सास 2. गाली से 3. कहीं 4. खली 5. मुझे 6. मिट्टी के ढेले

मैंन उज्याड़ खै तेरु—मैंने कौन सा नुकसान किया।

मैंन धारी कु सांगौं तरि पर झगोरान भी तरि—आदमी जहाँ जाता है उसके कर्म भी साथ जाते हैं।

मैंन बोली कि वार पड़लु, कि पार पड़लु, सुजु मेरि कूडि माँ पड़ि—दूसरों का बुरा चाहने वाले का ही बुरा होता है।

मैंनाकु सेक,[1] **बैरि कु एक**—मासांत के दिन काम करना या कहीं जाना बैरी के समान अमंगल कार्य होता है।

मैं ना खा तै खा—अपना नहीं दूसरे का बुरा चाहना।

मैं नीतिकु मारछु—दूरदेश का निवासी।

मैं म्र्यूँ तेरा बाना, तु ना मर मेरा बाना, तु मरद मेरा बाना[2] **सु खड़ु तेरा बाना**—लालच बुरी बला है (मछली मारने वाले के काँटे पर केंचुवा लगाया जाता है। वह मछली को कहता है कि वह तुझे मारने के बहाने मारा गया। अब वह (मछली) उसे (केंचुवे) के बहाने न मरे, अगर मरता है तो देखो मछवारा तुझे पकड़ने को खड़ा है किनारे पर)।

'मैं भी काँणी, स्वरि[3] **भी काँणा, गोरुभी काँ काणु, बाबा बोन कि चिन्ता निकन'**—सब एक ही थाली के चट्टे-बट्टे हैं।

मैं मरु तू राड़ ह्वेजौ—अपना अहित हो पर दूसरे का भी हो।

मैं मर्द छौं, पर घरबार नी—आवारा पुरुष।

मैं मारु फालि[4] **कर्म पर द्वी तालि**—चाहे कोई कितना ही परिश्रम करे भाग्य में जो होगा वही होगा।

मैं र्यूँ त्वैजांणी, तुरै चुप चाणी—जिसके भरोसे रहे वह बेखबर रहा।

मैं रौलु तनि, राण्डो जवैं होंण से—विधुर से विवाह करने के बजाय अविवाहित रहना अच्छा है।

मैं लगौणू आगरा कि तु लगौंणी घाघरा कि—असंगत बात करना, प्रसंगविहीन बात करना।

मैड़ा[5] **जन जैड़ा**—जैसी माँ वैसे बच्चे।

मैड़ि देखक लेंण नौनि—लड़की उसकी माँ के गुणों को देखकर ही बहू बनानी चाहिए।

मैत जवै न ससुराल रवै—लड़की का न मायके जाना न पति के घर रहना, घर से भाग जाना।

मैतै[6] **कण्डालि भी भलि**—मायके की हर वस्तु पसंद। शिव ने पार्वती से पूछा था कि मायके में क्या-क्या खाया?

मैतै छाँस, ससुराल कु दै बराबर—मायके की रूखी-सूखी भी अच्छी लगती है।

---

1. मासांत का दिन 2. बहाने 3. ससुराल वाले 4. कूदना 5. माँ 6. मायके की

मैतै डांडि स्वारै[1] फाँगि बराबर होंदि—मायके का कठिन कार्य और ससुराल का सरल कार्य बराबर होता है।

मैल्या गौं ब्यौ[2], मेरि आख्यूँ डौ[3]—डाह, द्वेषभाव, दूसरों के हर्ष से दुखित होना।

मैलु खाण—घृणित कार्य करना।

मो

मोच उपांण—अपमानित करना।

मोटा कि मोटि सूल—बड़े को बड़ा दुख।

मोटा देखीक डन नी, बरीक देखीक भिण नी—मोटाई देखकर डरना नहीं है, पतले को देखकर उससे भिड़ना नहीं चाहिए।

मोटान लगै मोटि छ्वीं, हाँता[4] का गया पराण—कमजोर का समर्थवान से मुकाबला नहीं होता।

मोटि जिकुड़ि का—जिद्दी।

मोटि पीठि कु होंण—जिसके जन्म के बाद और भाई बहन न हों।

मोटु खाणु मोटु लाणु—मोटा अनाज खाना, मोटा पहनावा।

मोटु हिसाब कन—अधिक विवाद न करना।

मोति बिन्दी गैन, कांच रैगैन—अच्छी वस्तुएँ चली गई हैं, बेकार वस्तु रह गई हैं।

मोर[5] भी मिलि सके, पिसाब भी बैठि सकि—काम बिगड़ने पर अक्ल आना।

मोर[6] माँ जेठा जी की खाट, भैर जौं कै बाट—दरवाजे में जेठा जी (जिसको छोटे भाई की पत्नी स्पर्श नहीं कर सकती) की चारपाई है कैसे छोटे भाई की पत्नी बाहर जाएगी, आने-जाने में बाधा आना।

मोर माँ बैठण—कर्ज़दार के घर में साहूकार का बैठना।

मोर मोड़ी कौरा लीजा, स्वभौ मोड़ी कख लिजा?—दरवाजे को मकान में कहीं भी ले जावो पर स्वभाव को कौन बदले।

मोर्चा जीतण—शत्रु को हटाना।

मोर्चा मान—कठिन कार्य करना।

मोल-माटु लगौंण—देने को मना करना।

मोल़ माँ सोनु मिलद—अच्छी वस्तु बुरे स्थान में मिलती है, खाद से अच्छी फसल।

मोल़ लेणी, सुखी रैंणी—खरीदी वस्तु सबसे अच्छी।

मोलाज्यै मौ, ढुंगा माँ रौ—संकोची व्यक्ति का परिवार बरबाद होता है।

1. ससुराल की 2. विवाह 3. ईर्ष्या 4. कमजोर 5. दरवाजा 6. दरवाजे

मोलुकामीण[1] **जन**—ईमानदारी से काम करने वाला सेवक (बगड्वालों का हल लगाने वाला मोलू कामीण), छोटे-बड़े काम करने के लिए तत्पर, विनम्र सेवक।

मौ

मौका हाथ से जाण—अवसर ग़वाना।

मौकि बर्खा, माँकि परोसी अच्छी—माघ की वर्षा लाभदायक, माँ का परोसा खाना स्वास्थ्यवर्धक होता है।

मौकि मौ गड़क होंण—सारा परिवार बर्बाद होना।

मौ चाटणी—परिवार को नुकसान पहुँचाना।

मौ[2] **जौ**[3] **पर लौ**[4] **नि जौ**—हर हालत पर परंपरा का पालन करना।

मौ जौ पर मरजात ना जौ—परिवार नष्ट हो पर मर्यादा नष्ट न हो।

मौड़ु ढोल—मुर्दाफरोशी करना, गाली।

मौंण चूनण होंई—कमजोरी आना।

मौणी माँ चण्यूँ—गर्दन में सवार होना।

मौत हो पर सौत ना हो—सौत मौत से बढ़कर होती है।

मौतै दवै क्या होंण?—मौत की कोई दवाई नहीं।

मौन धारण कन—चुप रहना, अनसुनी करना।

मौफत कु माल मिट्ठु—मुफ्त में मिली वस्तु अच्छी लगती है।

मौफत खांण, मसांण जांण—मुफ्त खाना मरने से बुरा है।

मौ बार, कुकूर तेर—परिवार से कुत्ते अधिक।

मौ भेल फरकौंण[5]—परिवार को नष्ट करना।

मौल् पर लगद फौल—खाद से फसल अच्छी होती है।

मौसि मू मामकि छ्वी—अपनों की शिकायत अपनों से ही।

मौस्याण ब्वेकि मार यौं खाण त्यौं खाण, तिल्लू कि तोमड़ि कींक ना फोंण—जब दंड मिलना ही है फिर काम क्यों न बिगाड़ें?

---

1. बगड्वाल देवताओं (सिद्वा-विद्वा) का सेवक (मोलु+कामीण : मूलु-नाम, कामीण-काम करने वाला) 2. परिवार 3. जाये 4. परंपरा 5. गिराना, लौटाना

य

यक कु यकुन्तु[1]—परिवार में अकेला बच्चा।

यक गीत छौ सु बामसु लगैलि—एक वस्तु थी वह अन्य को दे दी, जब उपभोग कर दिया तब कहाँ से दें?

यक छकु खांण—पेट भरकर एक समय पर खाना, अकेले खाना।

यक नरि, यक सरि कन—छुआछूत का भेदभाव न रखना।

यकुलि लाखड़ि जगौंण—कठिन कार्य।

यकुलु पूत, बाद माँ यमदूत—अकेला लाडला लड़का बाद में कष्टदायक होता है।

यकुलु बान्दर होंण—अकेले रहने वाला व्यक्ति।

यकुलु बास, झगड़ा कु नास—अकेले रहने वाले का किसी से मनमुटाव नहीं होता है।

यकौ[2] **नुकसान, हकौ**[3] **फैदा**—हानि लाभ में एक की हानि होगी तो दूसरे को लाभ जरूर मिलता है।

य क्या च लौंण्या[4] **त क्या च माँड्ण्यां**—सर्वत्र काम ही काम, व्यस्तता।

यख[5] **चुकै भीख, तख**[6] **चुकै लीक**[7]—सब तरफ से नुकसान ही नुकसान।

यख यनु[8], **तख तनु**[9], **औलार्सी त होलु कनु**[10]—सब तरफ हालत खराब होना, मेहमान आएँगे तो क्या होगा?

यख रिखै डरन भुड़्यांण लुक्या, तख नौ रिख भूक्या—डर से बचने के लिए कहीं छिपे वहाँ और दुःख मिला।

यखारि[11] **डगर होंण**—एक ही लगन होना।

यखारि बट होंण—अकेला होना।

यखारु नाडु जन—अकेली वस्तु, विकल्प न होना।

यखारु सूत यखारु पूत—अकेले लड़के का मरने का डर होना, एक से दो भले।

यखि देखेंद तमासू सबकु—किसी के दुष्कर्मों का फल यहीं मिलता है।

यतु-ततु[12] **नि देखण**—परिस्थितियाँ न देखना।

यतनु नौं ततनु नौं, बाड़ि ढिंढु कींमा खौं—खाली नाम के बड़े होना, हालात खराब होना।

यतो नाम ततो गुण—जैसा नाम वैसे गुण।

यथैं तथैं कि लगौंण—इधर-उधर की लगाना।

यथैं नागनाथ बथैं सांपनाथ—सर्वत्र खतरा और परेशानियाँ होना।

---

1. अकेली संतान 2. एक का 3. दूसरे का 4. फसल कटाई 5. यहाँ 6. वहाँ 7. परंपरा 8. ऐसों का 9. तैसों का 10. कैसा 11. एक जैसी 12. इधर-उधर

यना-यना त पेट माँ छनि धर्या—ऐसे-ऐसे तो पेट में समाए हुए हैं, छोटी-मोटी बात की परवाह न करना।

यमण्यूँ[1] का तमण्या, तमण्यूँ[2] का होला कमण्या—बुरे के धूर्त तो धूर्तों के कैसे होंगे?

यमदूत जन—क्रूर व्यक्ति।

यमराज दगड़ि, भगवान भी हारि जांद—मौत को प्रभु भी नहीं टाल सकते हैं।

यमलोक पौंछौंण[3]—मौत के घाट उतारना।

यलाड़ु जन—बाहर दिखने में सुंदर अंदर गंदगी वाला।

या

या कण्डि केदार जैक स्यलेलि[4]—यह काम केदार जाकर ही समाप्त होगा, समस्या के समाधान पर ही शांति होना।

या डिमका-डिनकी[5] त्वैमाँ[6] या मैंमाँ[7]—पता नहीं किसकी मौत निकट है (देवता पूजन में नाच-गाना चलता है, बलि प्रथा के जमाने में दो मेंढ़े बँधे पास ही बँधे थे, वे आपस में कहते हैं, कि यह खेल-तमाशा तुझको मरवायेगा या मुझको)।

यात खौंला ग्यूँ[8] यात रौला यूँ[9]—या तो सम्मानित जीवन जिएँगे अन्यथा भूखों मरना अच्छा है।

याद रखण, पर पैणु नि फरकौंण—झगड़े की स्थिति में कभी भी खान-पान के पारस्परिक व्यवहार को बंद नहीं करना चाहिए।

या दांत टूटु या अखोड़ फूटु—दृढ़ प्रतिज्ञा।

या बूड हिटाग होंदि छैत रात कींक पण छै—बुढ़िया तेज चलने वाली होती तो रात न पड़ती, मनुष्य के गुणों का फल मिलना।

या भैंसि दूध नि देंदि त ईंकु पूंछ उरमोड़ा[10]—किसी से अनचाहे या जबर्दस्ती काम कराना।

यार कु गुस्सा भतार पर—गैर-पुरुष की नाराजगी पति पर उतारने वाली दुष्टा।

---

1. ऐसों के 2. तैसों के 3. पहुँचाना 4. ठंडा पड़ना 5. देवताओं के नाचने के लिए बाजे बजना 6. तुझमें 7. मुझमें 8. गेहूँ 9. यूँ ही 10. ऐंठना

यी

यीं गंवाड़ि[1] ठठोली कनकैक[2] होंण, जैंका ऐंच राखु उड़द, निसा संख बाजद—जिस गाँव के ऊपर बस्ती नीचे मंदिर हो वह कभी खुशहाल नहीं होता।

यीं रांड तैं जोगि लिजाला[3], 'बल सच्चि बाबा'—किसी को अप्रिय बात कहने पर उसको प्रिय समझना, मनोनुकूल बात करना।

यीं रांडौ खट्ट दै—खा-पीकर तिरस्कार करना।

यीं सात्या[4] गोरुन इनी हगण—परिवार के सब के सब एक से गुण वाले।

यु-यू

यु क्या न्यौ[5], जैको ब्यौ सु धौरे नाऔ—यह क्या न्याय है जिसका विवाह हो रहा है वह विवाहोत्सव में शामिल न हो, जिसकी जरूरत है उसे पास फटकने न देना।

युत घुण्डि माँगो लोतणु खांण वालु च—कंजूस होना।

यूँ तिलु तेल नी, या ई बुड़लि सक्या[6] नी—या तो इन तिलों में तेल नहीं है या तेल निकालने वाले में ताकत नहीं है।

यूँ तिलु तेल न यूँ तिथि सराद—सब खाली हैं।

यूँत्यौ सौरा गंगा पार—चाहिए कुछ कहें या करें कोई अंतर नहीं पड़ेगा, स्थान में परिवर्तन नहीं होता।

यूँ पूठुन कति घाघरा फाड्या, अर कति फांण—बहुत नाचे और अभी और नाचना है। काम किया है अभी और भी करना है।

यू बादु क्यूड़ि सु बादु क्यूड़ि—एक ही बात होना, कोई अंतर न होना।

ये-यो

ये[7] कन्दुण[8] सुण[9], ते[10] कन्दुण भेर[11] कन—अनसुनी करना, ध्यान न देना।

---

1. गाँव 2. कैसे करके 3. ले जाएँगे 4. गौशाला 5. न्याय 6. सामर्थ्य 7. इस 8. कान 9. सुनना 10. उस 11. बाहर

येक नि जांण सौंणै रात, येक नि जांण पूसै परभात—श्रावण की रात और पौष मास की प्रातः यात्रा नहीं करनी चाहिए।

ये ठाकुरै लेंणि न देंणि, आंखा घुरै केंकि—बिना किसी को लिए दिए या उपकृत किए नाराज होना, आँख दिखाना।

ये ढाकरि[1] बाबा क्या उन्दो[2] ले जांदा, क्या उब्बो[3] लेंदा—किसी का घमंड अपने तक ही सीमित, दूसरे परवाह नहीं करते।

ये मेरि मरोड़[4]! ढुंगा माँ खरोड़—घमंड देखो कितनी बड़ी है, उस घमंड को पत्थर में रगड़ो।

यो नौनु भलु होंदु त रुवै कींकि—लड़का अच्छा होता तो रोता क्यों?

र

रंग उड़ी—भयभीत, हवाइयाँ उड़ना।

रंग खिलण—सुंदर होना।

रंग ढंग ठीक नी—हाल-चाल ठीक नहीं हैं।

रंगत माँ औंण—उन्मत्त होना।

रंगदोल माँ पड़ी—झमेले में पड़ना।

रंग द्यखौण—विलक्षणता दिखाना, धोखा देना।

रंग बिगड़ी—बदसूरत होना, कमजोर होना।

रंग फक होंण—अचंभित होना।

रंग फीकु पंण—शर्मिंदा होना।

रंगरिट्वालि कन—लेट-लतीफ होना।

रंगी कि तिमासी[5], भंगी कि सान—कोरी शान।

रंगी तिमासी, आई मान—गरीबी प्रभावहीन, गरीब को थोड़ा धन मिलने पर इतराता है।

रंगोला-रंगोलि कन—ढूँढ़-खोज करना, शोरगुल करना।

रंग्यूँ स्याल—धोखेबाज।

रंचण-भूचण[6] नि पौंण—वंश वृद्धि न हो पाना।

रंडाकुल खाण—वैधव्य का जीवनयापन करना।

रंण नेड्डु, बिगड़द पेड्डु—बड़े परिवार का इकट्ठे रहने से विवाद और मनमुटाव से

---

1. पशुचारक 2. नीचे 3. ऊपर 4. घमंड 5. प्राचीन समय की रुपये की सबसे छोटी इकाई होती थी, 6. फलना-फूलना

परिवार बरबाद होते हैं अतः छोटा परिवार सुखी परिवार माना जाता है।

रंमर्‌ण्यौंणू[1] च—लापरवाही से काम पूरा करना।

रम्पोस[2] होंण—भागकर चले जाना।

रऊ सुखि मरु भुखि—आलसी बाद में भूख से मरता है।

रकम खड़ि होंण—गँवाया धन वापस होना।

रकम गला बैठीगे—पैसा बर्बाद होना, नुकसान होना।

रकम बुसेण—पैसा, संपत्ति या धन वापस न देना, ऋणमोचन।

रकम लगौण—पैसा खर्च करना।

रख्या मंत्रण—सुस्ती से काम करना, छोटे बच्चों पर भूत के प्रभाव छुड़ाने हेतु मंत्र द्वारा राख लगाना, धीरे-धीरे कार्य करना।

रख्वालि[3] कन—मंत्र द्वारा भूत का वशीकरण करना।

रक्षबूंद[4] पण—वर्षा की बूँदों में जब विद्युत कण आते हैं तब वे बूँदें बहुत नुकसान करती हैं, भू-स्खलन करने वाली वर्षा होना।

रग-ठग जना—दोनों एक से बेईमान, धोखेबाज।

रग-रग माँ—शरीर के प्रत्येक भाग में।

रगड़घूस माँ गै—मुफ्त में जाना, बर्बादी होना।

रगड़ा पड़ी—नुकसान होना।

रगड़ी-बगड़ि होंण—बाढ़ आना, टूट-फूट होना।

रगर्‌याट[5] होंण—अक-बक होना, ठीक से न सूझना, असमंजस में पड़ना।

रजण-फवण—वंशवृद्धि होना।

रजान तिलणी कु पुल् तौरी[6], मेरा लेक बान्दरन तौरी—अपने काम बड़ा न आये तो उसकी क्या इज्जत? (प्राचीन काल में टिहरी के राजा जब यात्रा पर जाते थे तो पुल पार करने की तराई नहीं देते थे तब झूला लगाने वाला (धुनार) कहता, 'मेरि तौरि')।

रटा-बटि होंण—काम की भीड़ में दुविधा में पड़ना।

रटा लगौंण—एक ही बात को बार-बार कहना।

रठ[7] बिगड़ी—पूरी बिरादरी बर्बाद होना।

रड़कताल् होंण—गिरना, घाटा होना, मरना।

रड़[8] भी मीटिगे ढब भी टूटीगे—इच्छा की पूर्ति होना, आदत भी टूटना।

रड़ि कु राज, खुसी को भोज—किसी राज्य में तो मजबूरी से रहना पड़ता है पर भोजन अपनी खुशी से करते हैं।

रड़ि नी पड़ि, खाट माँ ऐ पड़ि—बिना कुछ लिये दिये और जान-पहचान के दूसरों

---

1. लापरवाही से काम निपटाना 2. दूर भागना 3. भूत-बाधा मंत्र द्वारा हटाना 4. वर्षा जिसमें विद्युत प्रवाहित होती है 5. जल्दी-जल्दी 6. पार करना 7. बिरादरी 8. तीव्र इच्छा

के घर पर लेटना।

रड़्यूँ बादी होंण—बेकार का आदमी होना।

रणभूत होंदा—युद्ध में मारा जाना, युद्ध को उत्सुक होना।

रणसूर क्षेत्री, जलसूर ब्रह्मा—क्षत्रिय युद्ध से और ब्राह्मण स्नान से नहीं डरता।

रणसु रौण, डांडि बोकण—गाँव की परंपरा मानने की मजबूरी।

रणसूर होंण—बहादुर होना, वीर होना, युद्ध करने को तैयार।

रतकुमालि[1] रांड घट भुक्की पेंण ना दी—छोटा बड़े से टक्कर लेगा तो क्षति उठानी ही पड़ेगी। (पनचक्की जब तेज चलती है अगर किसी के शरीर का कोई अंग चक्की को स्पर्श करेगा तो उसको बड़ी चोट लगेगी। चक्की अगर रतकुमाली (चींटी की जाति का कीड़ा) सरीखी छोटे जीव को स्पर्श करेगी तो उसका सत्यानाश होगा)।

रतघत[2] देखण—समय की नजाकत देखना।

रतिभर होंण—बहुत कम।

रदि आदिम—बुरा-बेकार आदमी।

रफ्फु चक्कर होंण—भाग जाना।

रब्बड़ लगण—भारी नुकसान होना।

रमकदो-झमकदो[3] औंण—सजधजकर आना।

रमता जोगी, बदगु पाणि—साधु चलता रहता है पानी भी बहता रहता है, संन्यासी और पानी की गति चलायमान होती है।

रवाड़ा माँ गैगी—सब व्यर्थ चला गया।

रसि गला लगीं, हडगातै[4] हाथ पसान—छोटा काम न कर पाने में भी बड़े काम करने की चाहत।

रस्सि फुकेली पर उरमोड़[5] नि फुंकेंणि—प्रभावहीन होने पर भी पुरानी अकड़ दिखाना।

रस्वाड़ा[6] खेंदण—किसी बहू को भोजन बनाने की इजाजत देना। पुराने जमाने में नवविवाहिता से भोजन नहीं बनवाया जाता था। उसका एक बच्चा होने पर पूजा पाठ के बाद उसको भोजन बनाने की अनुमति दी जाती थी, समकक्षी बनाया जाता था।

रस्साण[7] ओंण—भोजन का स्वादिष्ट होना।

---

1. उड़ने वाली चींटी 2. मौके की नजाकत देखना 3. नाचते-गाते 4. हड्डी के लिए 5. बट 6. रसोई 7. स्वाद

रा

रांड़-स्वीण्यां का दिन जौन, छोरा दिन औन—विधवा बेचारी के दिन तो चले जाएँगे पर उसका लड़का तरक्की करेगा।

रांडू[1] कु भौ खोन गाण्डु—घटिया विकल्प अच्छी वस्तुओं की कीमत घटाते हैं।

रांड[2] खटा बिगर मरि—किसी वस्तु की प्राप्ति की तीव्रेच्छा रखने वाले लोग।

रांड त रैजो, पर रंडुवा रैंण नि देंदा—वेश्याएँ पतित काम न भी करना चाहें पर दुष्ट विधुर उसे परेशान करते हैं, वेश्या में संयम होगा पर चरित्रहीन पुरुष में नहीं होता।

रांडा छोरा तै कलेजि दीनी चाखण अब बांट माँगद—गरीब के बच्चे को थोड़ा दिया तब वह बहुत माँगता है।

रांड़ा छोरान पैरा जोड़ा माने खै थोड़ा—गरीब को थोड़ा संपन्नता मिलने पर इतराकर नष्ट हो जाता है।

रांडा छोरा लगि ल्वै[3] होई-हुई मौ ढुंगा माँ ध्वै—गरीब के लड़के पर जवानी आने पर गलत काम करता है तब अच्छे परिवार को बर्बाद करता है।

रांडि-बांझी कन—सब बर्बाद करना (गोरखों ने गढ़वाल में घर के सभी सदस्यों को मारा, सब सामान बर्बाद किया था तभी से इस मुहावरे का प्रयोग होता है)।

राखा माँ चोट मारि त मुख पर औंद—छोटी श्रेणी के लोगों से उलझने पर अपना ही अपमान होता है।

राग दिखौंण—नाटकबाजी करना।

राग मेसौंण—बहानेबाजी करना, इधर-उधर की बातें करना।

राग्स मनखि कि, जोगेण घाम की बुरै कदि—निर्गुणी गुणवान की निंदा करते हैं।

राज कन—ठाट करना, मजे में रहना।

राज तपण—आनंद के दिन काटना, वैभवशाली जीवन।

राज बांजा पड़द पर थात बांज़ा नि पड़दि—राज्य उजड़ेंगे पर स्थान नहीं उजड़ता है।

राज मार सौंणि[4]—राज्य के न्याय को स्वीकारना।

राज रजण—वंशवृद्धि होना।

राज रौजण-पूत फूलण—वंशवृद्धि होना, खुशी से रहना।

राज सूनु होंण—राजवंश का विनाश होना।

राजहट अर तृया हट नखरि होंदि—राजा और स्त्री हठी होते हैं।

राजा कादु सिर, क्या करि सकदु बीर—समर्थवान का विरोध कमजोर नहीं कर

1. वेश्याएँ 2. दुष्ट स्त्री 3. खून 4. सहना

सकता है।

राजा कु गै सरो सेरो, नालृद्वियेक गै मेरो—बड़े का पूरा नुक़सान हुआ छोटे का तो थोड़ा ही गया, बड़े की बड़ी हानि छोटे की छोटी हानि होना।

राजा कु जौ लोंणपाणि, चुचा महता को हियो फाट—राजा का भंडार समाप्त होने पर भंडारी दुखी होता है।

राजा कु सीं डांड—जैसा राजा का दंड अनिवार्य होता है।

राजा को दान, पूजा को स्नान—बड़े का दान करना छोटे का स्नान करना बराबर होता है।

राजा खौ बाजार भौ[1]—राजा को भी सामग्री खरीदने पर पैसा देना पड़ता है।

राजा मारो जगतर सारो—राजा के न्याय अन्याय को प्रजा को स्वीकारना पड़ता है।

राजा मू माया सब, पर सांति कब?—बड़े के पास संपत्ति है पर शांति नहीं।

राजा सबका साजा—राजा सभी का होता है।

राजा, सर्प अर आग बराबर—राजा, साँप और आग खतरनाक होते हैं।

राजू का घर मोतियों कु अकाल्—बड़े लोगों को किसी वस्तु की कमी नहीं होती है।

राजै अकड़ अपणी सीमा तक—पदच्युत होने पर प्रभावहीन होना।

राजै बड़ै, मुखपर, नौना कि पिठि पैथर—राजा की प्रशंसा उसके सामने और अपने लड़के की प्रशंसा पीठ पीछे करनी चाहिए।

'राजै बाखरि बागल़ीगी' कैन बोलि? 'एन-बोलि-तैन बोलि'—अफवाह फैलाना।

राजैराणी, काणैं काणि—जैसे को तैसा, सबको अपनी पत्नी प्रिय।

राठलि-गोठलि—परिवार के बाल-बच्चे।

राठ काठा का—जगह-जगह के दुष्ट लोग।

राड़-बाड़ कन—खेत की रखवाली करना।

राणी आई त छांस नि दीनी, कमीणी[2] **आई त दै दीनी**—रानी से काम करने वाली को महत्त्व देना।

राणी तैं राजा, त्रिण समान—रानी राजा से नहीं डरती।

रात कु दै, मौस्याण[3] **ब्वै**—रात दही खाना हानिकारक।

रात खुलण—शुभ दिन, समय निकल जाना।

रात खुलीगि[4] **मेरी बक्त**—समय बीत गया।

रात-दिन का फेरा मां दुख भुलेंदु—दिन-रात बीतने पर गम और दुःख भूल जाते हैं, (यम-यमी का प्रसंग), समय सबसे बड़ा मरहम होता है।

रात दिन कि पदाड़ पकोड़ि भगार[5]—बदबू निकालने पर पकौड़ी को दोष देते हैं, बहानेबाजी करना।

रात दिन कु पौणु कख छौ—हमेशा हमेशा मेहमान अच्छा नहीं।

---

1. भाव 2. काम करने वाली 3. सौतेली माँ 4. खुलना 5. दोष

रात दिन को खांणों साग क्या लाणों—हर दिन साग सब्जी नहीं बन सकती।

रात दिनौ घुस्याट[1]—हर समय टोकाटोकी।

रात थोड़ि, बात बड़ि—काम अधिक समय कम।

रात थोड़ि स्वांग जादा—उपरोक्त।

रात दिनौ फर्क होंण—भारी अंतर होना।

रात पंण—अंधकारमय जीवन।

रात बाँटण त मैं बाँटलु, दिन बाँटण त मैतैं द्वी बांटि[2]—अपना ही लाभ देखना।

रात ब्याणी कु नौ—प्रार्थना करना।

रात ब्याणी का भला भला स्वींणा[3], **निमणदि नाजा का भाला-भला पौणा**—रात खुलते समय अच्छे-अच्छे स्वप्न आते हैं, अभाव के समय अधिक मेहमान आते हैं।

रातब्याणु[4] **औंद, अन्ध्यारु होंद**—भाग्योदय से पूर्व परेशानी आती है।

रातभर धाण करायी, फजल पाणि भरायी, घर जाणदौ आँखा घुरायी—अधर्मी, मुफ्तखोर और निर्दयी द्वारा गरीब का शोषण करना।

रात माँ घ्यू खाई, फजल बोना 'मै मोटु ह्वैग्यु भाई'—तत्काल फल की कामना करना मूर्खता।

राति ब्यवौंण[5] **बातों माँ**—सारी रात बातों में काटना।

रातै नि सोचणा, फजलै सोचणा—वर्तमान के बजाय भविष्य की सोचना गलत।

राम जी की माया, कखि धूप कखि छाया—प्रभु की लीला अपार है।

रामजीन मिलै जोड़ी एक अंधु एक कोढ़ि—दोनों पति-पत्नी एक से गुणों के।

राम नाम की लूट पर्णी—मनमानी होना, लूट-खसोट पड़ना।

राम नाम सत्य होंण—मृत्यु होना।

राम भरोसा होंण—अनाथ, प्रभु इच्छा पर निर्भर होना।

राम भी मैं रावण भी मैं—अपना ही स्वार्थ देखना, व्यक्ति में अच्छे-बुरे गुण होना।

राम राज पड़्यूँ—मनमानी होना, (रामराज्य सुशासन होता है पर यहाँ पर मनमानी से अर्थ है)।

राम लक्ष्मण कि जन जोड़ि—सुंदर भाई।

रामा-धरणी जन बण—दगाबाजी करना। (गढ़वाल में गोरखा आक्रमण का कारण रामा-धरणी नामक दो मन्त्रियों की आपसी रंजिश के कारण हुआ था। उन्होंने ही नेपाल से गोरखों को आमंत्रित किया था, दगाबाजी का प्रतीक रामा-धरणी)।

रामा रुमी कन—परस्पर अभिवादन करना।

रामा-रुमि[6] **बन्द च**—बोलचाल बंद, मनमुटाव होना।

---

1. डाँट-डपट 2. हिस्सा 3. स्वप्न 4. प्रातः से पूर्व 5. बिताना 6. अभिवादन

रामासैं कन—मारपीट करना, टिहरी रियासत में राम-धरणी नामक कारिंदों ने सिराई में मारकाट कराई थी।

रामै चारों राजा हनुमान जनाभक्त कख छना—राम सरीखे आदर्श राजा और हनुमान से स्वामिभक्त सेवक कहाँ मिलेंगे।

रालु बजौंण—पशुओं को गाली, गले की घंटी।

रास उठौण—पूँजी, धन उठाना, लगाना।

रास[1] तेरी आस मेरि—लड़की के पिता लड़की से उसकी भलाई की आशा रखते हैं। ससुराल वालों की वह संपत्ति होती है।

रास रौणी—मूलधन शेष रहना।

रास्ता नापण—तिरस्कृत होना।

रास्ता निकाल्—कोई तरकीब निकालना।

रास्ता पर औंण—गलत मार्ग से ठीक मार्ग पर आना।

रास्ता पर लेंण—ठीक मार्ग पर लाना।

रास्ता बतौंण—साफ मना करना।

रास्ता लगौंण—ठीक मार्ग पर लाना, अच्छे कार्य की शुरुआत करना, धार्मिक कार्य करना।

रास्ता साफ होंण—मार्ग की बाधाएँ दूर होना।

रावणन उठै सीता, बांधेंणि समोद्र—किसने अपराध किया, किसको दंड मिला?

रावण जन—छली कपटी, मायावी, पर नारी पर कुदृष्टि रखने वाला घमंडी विद्वान।

रि

रिंगदा गैंणा[2] गंणा[3]—असंभव कार्य करना।

रिंग-रिट्वालि् कन—दुविधा में पड़ना, विलंब में और विलंब करना।

रिंग लगण—भय लगना।

रिंगालौं[4] कि भेल छेण—अपने ऊपर विपत्ति मोल लेना।

रिंगैक मान—परेशान कर मारना।

रिंगौंण भली कै—परेशान करना।

रिख जन बिल्कणू[5]—रीछ की तरह आक्रमण करना।

रिख दुंलि जन—भालू का सा निवास, खतरनाक स्थान।

रिखै खायी सेल्ी[6] बल्दै खायी असेल्ी—बाहर वाले के किए नुकसान को सहना,

---

1. मूलधन/अनाज की ढेर 2. तारे 3. गिनना 4. ततैया 5. चिपकना, मारपीट करना 6. शांति

भीतर वाले के नुकसान पर नाराजगी प्रकट करना।

रिखै जग्वालि[1] बांदर बैठ्यूँ—बलशाली को रोकने की कोशिश निर्बल का करना, असंगत कार्य।

रिखौ कन्दूड पकड़ि—धर्म संकट में पड़ना, सब तरफ खतरा होना।

रिखौ खायूँ काला मूंडा देखी डरद—दूध का जला छाछ फूँक कर पीता है।

रिखौ जन गदोड्यूँ[2]—शरीर के बुरे हाल होना, शरीर लहूलुहान करना।

रिटोणू च—परेशान करना, लालच देना।

रिडुवा-बिरडुवा—ऐसी स्त्री जो कई घर चली गयी हो।

रिण चुकौंण—अनुगृहीत होना।

रिणमोचू होण—कर्ज न देने वाला।

रिण दियेंद पर गुण नि दिएंदा—ऋण चुका दिया जाता है पर उपकार याद रहता है।

रिण देखि नि डन, दिन जान्द देखि डन—कर्ज का उतना भय नहीं जितना समय जाते भय लगता है।

रिणी कन—अनुगृहीत करना।

रितु बौड़ी—समय परिवर्तन, अनुकूल अवसर आना।

रितु नि औंणी—हमेशा एक सा जीवनयापन।

रितु समलौंण[3]—बेटी का बुलावा, परंपरा मानना।

रिरड़ी-बिरड़ी—जगह-जगह भटकना।

रिसाड़ कज्याणिंकु, हिजुड्डु मालिक—ईर्ष्यालु और कामी-क्रोधी स्त्री का पति नपुंसक होता है।

रिस्तादारि माँ कर्ज जुता तै अर्ज—रिश्तेदारों में कर्ज लेना अपमानजनक होता है।

रिस्पत खोर दैव कु चोर—रिश्वतखोर पापी होता है।

री

रीटदा घटु ठेंटु[4] लगण—खुशी में व्यवधान पड़ना।

रीत का गीत लगौंण—असंगत कार्य न करना।

रीता हाथ औंण—बिना उपलब्धि के लौटना।

रीति न रसांण, लगौ दसांण—समय के प्रतिकूल काम करना, मान न मान मैं तेरा मेहमान।

रीधण-पकौण कि भूख, कातण बुणें कि नांग—भूख के अनुसार भोजन बनाना,

---

1. रखवाली 2. खरोंचा हुआ 3. याद करना 4. व्यवधान

शरीर की आवश्यकतानुसार कताई-बुनाई करना।

रीधा अर बीधा कि बिछन[1] कख छै—भात-दाल और खुले आसमान से परेशानी नहीं होती है।

रवीं-च्चीं[2] फेर सीं छूवीं—बार-बार एक ही बात।

रवी-च्चीं फसगाफ्वी—सारा प्रयास व्यर्थ जाना।

रीस कन—स्पर्द्धा करना।

रीस कनि पर हीस नि कनि—स्पर्द्धा रखो पर ईर्ष्या नहीं।

रीस खौ अफु बुद्धि खो औरू—ईर्ष्या से अपना अहित होता है, बुद्धि के बल दूसरों का शोषण होता है।

रीस रै मेरा सात, भै रै बौका हात—भाभी के वश में भाई के होने से छोटे भाई से ईर्ष्या रहती है।

रु

रुड़कण बैठी—फिसलना, मरना।

रुड़कि पास कन—मरना।

रुड़की गैगी—मर गया, गिर गया।

रुणाक[3] चली—अच्छी या बुरी खबर की हल्की सूचना मिलना, कानोंकान बात फैलाना।

रुप्या खड़ा होंण—डूबी पूँजी मिलना, ऋण वसूली।

रुप्या पथेला[4] जन सोना—इकट्ठा करना, बेहिसाब लाभ।

रुप्या बोदै मेरि चिन्ता ना करा पाई की करा—कंजूसी कर संग्रह करना।

रुप्यों कि बर्खा होंणी—खूब खर्च करना, खूब आमदनी।

रुप्यों की ब्वै—कमाऊ व्यक्ति, प्रत्येक व्यक्ति रुपये कमाने की टकसाल होता है।

रुप्यों कु जोर—खर्च कर काम बनाना, धन बल का प्रयोग करना।

रुमड़ाट[5] सुणी—कानों में हल्की आवाज पड़ना।

---

1. नफरत 2. बार-बार 3. गुप्त खबर 4. पत्तियाँ 5. गुनगुनाहट

रू

रूखा गदरा—कठोर दिलवाला, निर्दयी व्यक्ति।

रूखा लोग—निर्मोही इनसान, कठोर दिलवाले।

रूखि जुबानी का—कठोर वाणी के लोग।

रूखि रोटि खांद नी, जौकि स्वाणी[1] नी—बहाना बनाना।

रूगटा खड़ा होंण—विस्मय में पड़ना, आतंकित, रोमांचक बात होना।

रूटि-बूटि कख छै भलि—नारी के नाक-कान पर कोई गहना न होने पर वह सुंदर नहीं लगती।

रूड़[2] पिड़ैगि—गर्मी से बीमार पड़ना, फसल का गर्मी से सूखना।

रूड़ि का डंडूया साटि, सासु की अड़ाई[3] ब्वारि भलि होंदि—गर्मियों से झुलसे धान और सास की समझाई-सिखाई बहू अच्छी होती है।

रूढ़ ल्यायी—दूर की उड़ती-उड़ती खबर।

रूप कि जोत—सुंदर नारी, आभायुक्त।

रूप की खजानि—अति सुंदर नारी, रूपवती।

रूप्या गण सौ बार, मनखि जाचण एक बार—रुपयों की गिनती कई बार करनी चाहिए, मनुष्य की परख एक झलक हो जाती है।

रूस्तम बण—वीर, रहस्यमय।

रूम-रूम माँ बैठण—अंग-प्रत्यंग में बैठना।

रे

रेखडु[4] लठ्यौंण—परंपरा पर चलना, रेखा पीटना।

रेख माँ मेख कु करि सकद—भाग्य रेखा अटल होती है।

रेजगारि छ खालि—छोटे-छोटे बच्चों की भीड़।

रे-बे बोण—अपमानजनक शब्दों का प्रयोग करना।

---

1. सुंदर 2. गर्मी 3. समझाई-बुझाई 4. रेखा, लकीर

रै

रैचन्द कन—प्रपंची बनना, पीठ पीछे टीका-टिप्पणी करने वाला, टिहरी के राजा का प्रपंची कर्मचारी।

रैजौत अपणां आप, नतर नि छोड़ु सगाबाप—नारी अगर मर्यादा के अंदर रहे तो ठीक है, अन्यथा बाप को भी माफ नहीं करती है, त्रियाहठ, त्रियाचरित्र।

रैणि पड़ी—कटु अनुभव होना।

रैणि रिटैलि—बुरे हाल करना, परेशान करना।

रैं धैं अपणा पेट तैं—सारा परिश्रम अपने पेट भरने के लिए, सबकी व्यस्तता अपने ही खातिर होती है।

रैबार देण जन गै—तुरंत जाना और लौटना।

रैमोड़ि कन—हरी सब्जी को काटकर नमक मिलाकर खाना, क्षत-विक्षत करना, सब वस्तुएँ मिलाना।

रूवै-रूवै नि मिलदि बिराणी ब्वै—रो-रोकर दूसरे की माँ अपनी नहीं होती, रोने-धोने से कोई वस्तु नहीं मिलती।

रो

रोंद किलैच, सूरत तनि च—रोती सूरत वाला।

रोंदड़ा लगौंण—रो-रोकर अपना कष्ट सुनाना।

रोंदि मुखडि—रोती सूरत।

रोंदि जनानु अर चौंदि[1] भांड[2] कख छै भलि—हर समय रोती नारी टपकता बर्तन बुरा होता है।

रोंदु ना जा गगजांदु जा—थोड़ा राहत देना, रुक-रुककर रोना।

रोंदु बबरादुँ जाण—रोते-बिलखते जाना।

रोई-मरी काम कन—किसी प्रकार से परेशान होकर काम करना।

रोई-रोई आंखा फोण—बहुत रोना।

रोक मजूरी खासा काम—मेहनतानुसार मजदूरी लेना।

रोग कि जड़ खाँसी झगड़ा कि जड़ हांसी—रोग खाँसी से आरंभ होता है, झगड़ा

1. टपकना 2. बर्तन

हँसी से आरंभ होता है।

रोग-सोग होंण—संताप होना।

रोगी मरि भोगी, बेकार मरि जोगी—बुरी आदतों के कारण रोगी होकर मनुष्य मरता है पर कोई तो बिना कारण के मरते हैं।

रोटलू छोड़ पर ऐगी—मौत के दिन निकट।

रोटलु लगी—नौकरी लगना।

रोटलू टूटी—नौकरी टूट गई।

रोटि खाण सक्कर से, दुनियाँ खाणी मक्कर[1] से—दुनिया चालाकी से खायी जाती है।

रोटि तोंण—मुफ्त में खाना।

रोटि द्वी हड़ पकदि—लेन-देन से ही लोक व्यवहार होता है।

रोटि-बेटी दीनि—असह्य गाली, गंदे शब्दों का प्रयोग करना।

रोटि यख खै, पाणि तख पी—जल्दी वापस होना।

रोड़ा लगण—पेचिश लगना, परिवार की सब प्रकार से बर्बादी होना।

रोण[2] झुटान च, चोण फुटान च—झूठा बार-बार रोता है, फूटा बर्तन टपकता है।

रोण तैमूच[3], जु दर्द माण, हंसण तैमूच जु हर्स माँण—रोना उसी के पास है जो सहानुभूति दर्शाये, हँसने उसके पास जो प्रसन्न हो।

रोण पड़द न बर्जण पड़द—कोई मतलब नहीं।

रोण वाला बच्चा तैं दूद मिलद—बोलने वाले को ही मिलता है, माँग करने पर ही दाता देता है।

रोपणी कु सामान, बिज्वाडान खैलि—पहले ही अधिक खर्च होना, आगे के लिए समाप्त होना।

रोम-रोम माँ बैठण—अंग-अंग में समाना।

रोलु-रोलु अप्वी सेलु—लगातार रोने वाला थककर चुप होगा।

रोस ख्वो अपणी मौं, सन्तोष ख्वो बिराणी मौ—गुस्सा अपना नुकसान करता है, संतोषी दूसरे को हानि पहुँचाता है।

रोस ल्यौ डरख्वा[4], त जोस ल्यौ क्या?—गरीब नाराज हो सकता है पर जोश से उसे कोई लाभ नहीं मिलेगा।

रौ

रौंद सुखी त मरद भुखी—आराम करने वाला भूखों मरता है।

---

1. तरकीब से 2. रोना, 3. उसके पास 4. डरपोक

रौखड़ि-बौखड़ि कन—इधर-उधर करना, छानबीन करना।
रौ[1] **जन**—श्रेष्ठ जैसा, राजा जैसा, मधुमक्खी रानी सी।
रौड़[2] **लगी**—किसी अप्राप्य की तीव्र इच्छा करना।
रौड़ि कन—झगड़ा करना, मालूम करना।
रौण अपणी बांणी, नि हौ धर्म की हानि—अपने पुरखों की परंपराओं पर चलने से कर्तव्य पालन में परेशानी नहीं होती है।
रौत हूवैग्या भौत, सभी जगा होंदा गौथ—गढ़वाल में रावत जाति सर्वाधिक है। ये बत्तीस किस्म के होते हैं, गहथ की दाल सर्वत्र होती है।
रौंद त आटु छैंछ नि रौंद त अभि द्यूल[3] **पर घाम छैंछ**—दिल से रहने ठहरने के लिए न कहना, दिखावा।
रौब जमौंण—प्रभाव जमाना।
रौ-रौ डालि कैकि मौ होलि कैकि मौ जालि—सीमा का अतिक्रमण करने वाले का अहित।
रौ‌ला-धौ‌ला माँ—भीड़ भड़ाके में।

ल

लंका का टंका—कहाँ से कहाँ होना।
लंका कु सोनु लंका रैगि—कीमती वस्तु पहुँच से बाहर होना।
लंका फेंकलि—बहुत दूर फेंकना।
लंका विणास होण—लंका का नष्ट-भ्रष्ट होना, सुंदर स्थान की बर्बादी।
लंका माँ जो सबसे छोटु सु बावन गल लम्बु—किसी स्थान की प्रसिद्धि का प्रभाव सब पर पड़ता है।
लंका माँ सभी रावण नि होंदा—लंका में रावण सरीखे चरित्र वाले सभी लोग नहीं हैं, किसी भी देश में भले-बुरे सभी होते हैं।
लंगटेर बढ़ौण—मानव पंक्ति बढ़ाना।
लंगण[4] **देंण**—उपवास रखना।
लंग-फंग जोण—इधर-उधर के पुराने रिश्तेदार इकट्ठा करना।
लंगर लगौण—लाइन बढ़ाना, अधिक आदमी जोड़ना।
लंगारोलि कन—लंबी लाइन बनाना, बात बढ़ाना।
लंगोट कसण—लड़ाई को तैयार होना।

---

1. मुखिया, राजा 2. तीव्र इच्छा 3. मंदिर 4. भूखा रहना

लंगोट का कच्चा—चरित्रहीन।

लंगोट का पक्का—सदाचारी।

लंगोटि लगौंण—वस्त्रों का अभाव।

लंगोटु धोंण—गुलामी करना।

लंगोट्या यार—अभिन्न मित्र।

लंठ बण्यू—दुश्चरित्र, खाली इधर-उधर घूमने वाला मूर्ख, दादा बनना।

लंठराज छ—धोखेबाज, आलसी, मोटा-खुरापाती व्यक्ति।

लंठ्यूल निकाल्—गैर-जिम्मेवारी दिखाना।

लंबी छलांग मान—दूर की योजना बनाना।

लंमलेट बणी—बेखबर सोना।

लकड़ि देण—मृत व्यक्ति के दाह संस्कार में शामिल होना।

लकीर का फकीर बण्याँ—पुरानी बातों पर चलने वाले।

लख[1] लगण—मुसीबत झेलना, कष्ट सहना।

लखपति भी खगपति ह्वे जांद—समय आने पर धनी निर्धन, राजा रंक बन जाता है।

लक्ष्मी ख्वटा[2] माँ धन, मुंड माँ नि धन—धन का उपयोग सेवक के रूप में करें उसका भूत सिर पर सवार होने न दें।

लक्ष्मी चलायमान होंदि—धन कभी स्थिर नहीं रहता।

लक्ष्मी जन्मी—लड़की पैदा होना।

लक्ष्मी ब्वे भीक माँगु—नाम बड़े दर्शन छोटे।

लक्ष्मी साक्षात्—आदर्श गृहिणी।

लगदी-समदि, पुफू स्यालु, नाकर समदी यख मू घ्यालु[3]—दूर का रिश्ता जोड़कर बातें बनाना।

लगन का बक्त हगन—वक्त मौके पर व्यवधान पड़ना।

लगमान लेंण—वंशवृद्धि के लिए बाजगीर को दान देना।

लगलु रौलु त ठांगरा कै घेंटेला—मूलाधार की महत्ता, महत्त्वपूर्ण वस्तु के सुरक्षित रहने पर अन्य व्यवस्था हो ही जाएगी।

लगा लगो न बांह पौंछो—अपनी पहुँच से बाहर काम करना।

लगाम लगौंण—बोलती बंद करना, नियंत्रण रखना।

लगी घुंडी, फूटि आंखि—कहाँ का प्रभाव कहाँ पड़ना।

लगुडु[4] छोड़ण पर दगुडु नि छोडण—चाहे कुछ हो पर साथ नहीं छोड़ना चाहिए।

लगौ ल्वार बीच बाटा माँ अणसालु—बिना पूर्वसूचना या तैयारी के काम करने को कहना, अपने स्वार्थ में अंधा बनना, उतावली करना।

लगौणू पर जमानु कि कथा—बहुत पुरानी बात को कहना, बेमेल बात करना, बेहोशी

---

1. मुसीबत 2. पाँव 3. शोर, 4. रिश्ता

की बात।

लग्यार लगीं—चाहत बनी हुई।

लचाखोटि कनू—लंगड़ा कर चलना, काम न करने का बहाना बनाना।

लटि-पटि कन—सब कुछ ले जाना, घर पर कुछ न रखना।

लटि[1] फूलीं—बूढ़ा हो गया।

लठि मारी दान कछ छौ?—जबर्दस्ती दान नहीं दिया जाता।

लट्ठि का बस रिख-बाग भी नाचदा—ताकत के बल अनाड़ी नियंत्रित होते हैं।

लठ्याल्‌ु बण्यूं—बेवकूफ का होशियार बनना ।

लड़का मरलु पर गांठ नि टूटली—मजबूती से बंधन।

लड़कों कु खेल समझणा—गंभीर काम को हल्के-फुल्के में लेना।

लड़क्वाली च—जिस स्त्री के बच्चे होने लग गये हों।

लड़दि वक्त पिछ्वाड़ि भाजण वक्त अग्वाड़ि—डरपोक व्यक्ति।

लड़धड़कार होंण—मरे हुए मनुष्य की तरह होना।

लड़ सिपे नाम सरदार कु—सब काम करते हैं नाम अगुवा का होता है, काम करे कोई यश कमाये कोई और।

लड़ीत नौनु मन्दिर माँ हौगु शिवलिंग पूठू पौंजण माँगु—बिगड़ी संतान, अति लाड़प्यार का कुफल मिलता है।

लड्डु बाँटेंण—खुशी का इजहार करना, परिचितों और हितैषियों को सौगात देना।

लड़ैतै बिरालु, बोलांण माँ बाग—कायर, शेखीबाज होना।

लपड़तालि मान—दौड़ना, छलाँग मारना।

लपल्याणु रौंदु—लालची, दूसरों की वस्तु हड़पने का प्रयास करना।

लपेट माँ औंण—दंड का भागी बनना, मामले में फँसना।

लपोड़[2] लगी—बिना बात की परेशानी में पड़ना, आफत आना।

लपोड़ लगौंण—आफत पैदा करना, परेशानी में डालना।

लफांगि मान—इधर-उधर की झूठी बात करना।

लबरा रांड—झूठ बोलने वाली, इधर से उधर बात करने वाली, बातूनी।

लबड़्यान्दु गिच्चु कंन—चापलूसी करना, मुख में मिठास पेट में विष।

लबराट कन—मुख में मीठी बातें पेट में शत्रुता पालते हुए विनीत बनने का नाटक करना।

लबार होंण—झूठ बोलने वाली।

लमछमी होंण—लंबी, सुंदर नारी।

लमडाल्[3] वण—बिना काम के निठल्ला बनना।

लमतमु होंण—मृतावस्था का सा लेटना, काम न करने का बहाना बनाना।

---

1. बाल 2. परेशानी 3. अकाजू, निठल्ला

लम्पसार होंण—निठल्ला, टाँगें तान कर सोने वाला, अनसुनी करने वाला।
लम्बी चौड़ी हांकण—ओछापन दिखाना।
लम्बु गिच्चु[1] **कंन**—माँगना, शर्माना।
लम्बु धागु अर छुंयांल मनखि कख छौं भलु?—बातूनी आदमी और लंबा तागा उलझन में पड़ता है।
लम्बेरि लाबु[2] **ल्यायी, मात खांण तूना आयी**—किसी का काम खाना किसी और का, असंगत काम।
लयो अर सयों काम औंद—काम करना और सहनशीलता लाभदायक होती है।
लरका-तरका लगण—खून की धार या वर्षा से भीगना।
लराट पड़ी—चिल्लाते रोना, कराहना।
लल्लु-पंजु—घटिया, छोटी श्रेणी के लोग।
लवाणि कुसी कटकपाल्या—अशुभ बोल बोलने वाला।
लस कपालि होंण—मनवांछित फल मिलना।
लस[3] **तिण**—नसों में गर्मी आना, गुस्सा आना।
लस पिठैं होंण—मनवांछित फल मिलना, शत्रु के नुकसान पर प्रसन्न होना।
लसण दस ब्वैका बराबर—लहसुन परमौषधि होती है।
लसमोड़ु पड़ी—पाँव में मोच आना, असमर्थ होना।
लस-लस पंछांण—भली प्रकार जानकारी होना।
लसोंणु[4] **च**—घसीटना।
ल्यचड़ु जन—पीछा न छोड़ने वाला कंगाल़।
ल्यचाड़ु लगौंण—कलंक या गंदगी, बदनामी लगाना।
ल्यट मान—अनसुनी करना, उलझाना।
ल्यटा-काठि होंण—उलझना, घनिष्ठता होना, प्रेमभाव।
ल्यटी अब—किसी केस में फँसना, विवाद में उलझना।
ल्वक उन्दु बगदा, सु उब्बु बगणू—उल्टी गति होना, परेशानी में पड़ना।
ल्वका चारि कन—दुनियादारी निभाना, दुनिया की नकल करना।
ल्वकारि[5] **कांधि माँ फालि मान**—दूसरों की कमाई में मौज करना।
ल्वकारू पकु मैंक हकु—लोगों को देना, मेरे लिए बाद में देने का वायदा, भेदभाव करना।
ल्वकेस[6] **होंणी**—जमाने के अनुसार चलना, सामर्थ्य न होने पर भी दुनिया के साथ चलना।
ल्वखणी[7] **कु पाद सूंगण**—घर पर ही रहना।
ल्वण-लोट्या होंण—घनिष्ठता होनी, वचनबद्धता।

---

1. मुँह 2. पत्ता 3. नसें 4. घसीटना 5. दूसरों की 6. दुनियादारी, लोगों की नक़ल 7. स्त्री

ल्वतुण चुण्डु होंण—कंजूस होना।
ल्वाल्ा-ल्वाल्ा[1] सभी यकु खौल्ा—एक से एक गुण वालों में मित्रता होती है।
ल्वसम-ल्वसा होंणी—बीमारी, गरीबी की दशा में काम करना, मुसीबत में भी लोगों का साथ करना, विवशता।
ल्वस्याड़[2] लगौंण—परिवार में बहुतों का मरना, सबको जेल में डलवाना।

ला

लांग माँ चढ़ौण—उत्साहित करना, जोश देना।
लांगि[3] माँ चड्यां—खतरा मोल लेने को उकसाना, (बादी (बाजीगर) को लाँग में (मोटा डंडा) चढ़ाकर नचाया जाता था)।
लांगि माँ धन—चापलूसी कर खतरनाक काम करने के लिए उत्साहित करना।
लांस जन पणी—मरे हुए जैसा लेटना।
लाख कु खाक होंण—सर्वनाश होना।
लाख जौ पर साख ना जौ—घाटा आये पर बदनामी न हो।
लाख लगीं छन—जीवन का कटु अनुभव है, लोहे की गर्म सलाखों के निशान लगे हैं।
लाख लगैक कौड़ि जीतणी—घाटे का सौदा करना, मूर्खतापूर्ण कार्य करना, दाँव हारना।
लाखडु बणी—कृशकाय होना।
लाखड़ा ध्वैक जगौंण—छुआछूत का भेद रखना।
लाख माँ जति होंण—विरला सदाचारी।
लाग रखण—बैरभाव रखना।
लाज रखण—इज्जत रखना।
लाट[4] बण—बिना बात के बड़प्पन दिखाना, लॉर्ड को लाट कहते थे।
लाट साब का बच्चा—बड़े आदमी के बच्चे, व्यंग्य।
लाटा कि सार[5] लाटा कि ब्वै जाणु—गूँगे के संकेत उसकी माँ ही जानती है।
लाटा क्वै दुस्मन नि होंदा—झगड़े की जड़ वाणी होती है, वाक् संयमी के कोई शत्रु नहीं होते।
लाटा त्वैक ब्यौ[6] कला, देखला सेंण दौ—वायदे से काम नहीं चलता पूरा करने पर विश्वास होता है।
लाटु का बांठा—भोले भाले लोगों के चतुर बच्चे।
लाटो खुटु बाटा माँ—नासमझ, मूर्ख, जिस किसी की बातों में आ जाता है।

1. नंगे, लोफर 2. घसीटना 3. लंबा लट्ठा 4. बड़ा आदमी (लॉर्ड) 5. तरकीब 6. विवाह

लाट्यू कु सी नौनु—गूँगी का सा नासमझ लड़का।
लाठु-बतेनु[1] कन—डाँट-डपट करना।
लाडला नौना कि प्यौं घुरपलि[2]—प्रिय पुत्र की गंदगी में घृणा न होना।
लात का देवता बातों से नि माणदा—दुष्ट दंड से ही नियंत्रित होता है।
लात मानवाल् खोटा पर कीड़ा पड़दा—गलती का दंड अवश्य मिलता है।
लात मान—त्यागना, छोड़ना, अपमानित करना।
लाद तेरि लादु तेरी, लद्यौ तेरि—सब कुछ तुम्हारा है।
लाबु लाखड़ु कन—विवाह की तैयारी करना।
लाभ को पड़ो ढाब[3]—लाभ के लिए कष्ट उठाना।
लाम जांण—युद्ध में जाना।
लारालप्पा देंण—लालच दिलाना।
लालच बुरि बला होंदि—लालच हानिकारक।
लाल जन्मण—सुयोग्य पुत्र जन्मना।
लाल जांणी हाथ माँ धरि, सु अंगारु निकलि—भ्रम से नुकसान उठाना, प्रेम के बदले शत्रुता का व्यवहार।
लाल् तरकौंण—लार टपकना।
लाल-पिरपिरु बण—क्रोधित होना।
लाल पीलु होंण—गुस्से में आना।
लालि सौरणी—लालिमा आना, स्वस्थ होना।
ल्याटा-काठि कन—उलझना, प्रेमभाव बढ़ाना।

लि-ली

लिखत-पड़त कन—बात पक्की करना, प्रार्थना पत्र देना, अंकित करना।
लिखणी नि पढ़णी नि खालि अंगुलि गणि—अनपढ़, पढ़े-लिखे होने का ढोंग करना।
लिख्वाड़ा[4] खोजि, भंगल्याड़ा[5] पड़्या—असंगत प्रयास, उत्तम की चाहत में निम्न की प्राप्ति।
लिंग का लिंग ध्वैलीन[6], सालिग रामै छै पूछ—बड़ा प्रयास किया छोटे प्रयास की क्या विसात है।
लिंग चटा बण—मंदिर में पूजा के नाम पर ठगना।

---

1. लकड़ी का टुकड़ा 2. लिंग 3. मुसीबत में, पानी का तालाब 4. ईख का खेत 5. भांग का खेत 6. धो दिये

लिंग देखीक बाखरु हैंसद—बचकाना काम पर हँसी करना।

लिंजादि वक्त हलसुगों[1] देंदि वक्त काठगो[2]—माँगते समय वस्तु की कीमत समझना, काम निकलने पर उस वस्तु की कीमत न समझना, काम निकलने पर उस वस्तु को तुच्छ समझना।

लिलाम का भौ देण—सस्ता देना।

लीक पर चलण—परंपरा का पालन करना।

लु

लुंठ्यूल निकाल्—गैर-जिम्मेदारी दिखाना।

लुकारा[3] खोटु ठोकर, मेरा मुण्ड ठोकर—लोगों को स्वाभाविक कष्ट पर किसी को घोर कष्ट होता है।

लुकारा दुसमन दूर, हमारा सिराणा[4]—लोगों के दुश्मन बाहर के होते हैं पर हमारे घर के ही अंदर हैं।

लुकारा पुंगड़ा गोरु अपड़ा पुंगड़ा हकौंण—अपना ही अहित करना, दूसरों का हित करना मूर्खतापूर्ण कार्य।

लुकारि करि सौर[5] हिस्ये-हिस्ये मौर—दूसरों की नकल या बराबरी करने के लिए ईर्ष्या से परेशान होना।

लुकारि वक्त धारु-धारु बांसुलि बजै, अपर्णी वक्त फूंक नि रै—लोगों के काम के लिए जवानी रही अपने काम के समय बुढ़ापा आया।

लुछम लुच्छा कन—छीना-झपटी करना।

लुहा का चणा चबौंण—परेशानी में डालना, कठिनाई झेलना।

लुहा कि कोठडि रखण—जेल डालना।

लुहा बण—शक्तिशाली बन।

लुहा लुहा काटो, सोरो-सोरो काटो—अपने शत्रु अपने ही सजातीय होते हैं।

लू

लूट का दाम, पूफू[6] को सराद—मुफ्त की कमाई से उत्सव मनाना।

लूट को क्या भौ? झूठ को क्या न्यौ?—लूट के सामान का कोई भाव नहीं होता।

---

1. हल 2. काठ का टुकड़ा 3. लोगों के 4. सिर की तरफ, तकिया 5. नकल करना 6. बुआ, पिता की बहिन

झूठ को क्या न्याय देना है।

लूट-पाट होंणी—लूटखसोट होना।

लूट मचीं—मुफ्तखोरी होना।

लूट माँ फूट होंणी—लूट के माल के बँटवारे में झगड़ा।

लूण डलि फूटु नी, अलोणु हो नी—तरकीब से काम निकालना, नमकीन भी हो जाय, कंजूसी, नमक भी खर्च न हो।

लूण येकि ब्यैन नि डालि, आंखा मैंकु घुरौणू—काम बिगाड़ा किसी ने गुस्सा औरों पर दिखाना।

लूण लोट्या कन—वचनबद्धता।

लूला-लंगड़ा कांणा जल्लाद होंदा—विकलांगों में कुछ न कुछ दुर्गुण होते हैं।

ल्यूँ न द्यौं, भौ ख्वै द्यूँ—लेना-देना कुछ नहीं, काम बिगाड़ना।

ले

ले कुकुर मेरु खोटु खा—अपने आप आफत मोल लेना।

लेख-लेख पर कुछ बथैं भी देख—किसी के खिलाफ गलत लिखने वाले को प्रभु दंड देता है।

लेखा-जोखा ज्यौं का त्यौं, ये अंधा कुनवा क्यों?—सब कुछ समझाने पर भी कुछ न समझना, परिश्रम करने पर भी सफलता न मिलना।

लेखी नि जाणद 'गागर', नौ विद्यासागर—नाम बड़े दर्शन छोटे।

लेखीं मिलदी, देखीं नि मिलदी—लिखित की विश्वसनीयता, सुनी बात अविश्वसनीय।

लेख्यूँ सबून देखि, अलेखु कैन नि देखि—लिखा सब देख सकते हैं पर अदृश्य कोई नहीं देख सकता, भविष्य अनिश्चित है।

लेचकुरु जन—पीछे पड़ने वाला, चिपकने वाला, किसी के घर को न छोड़नेवाला।

लेट-पेट होंणी—विलंब होना।

लेटि अब—मुकदमे में फँसना।

लेड[1] खाण त हाथी कु खांण—अपना अस्तित्व बड़ी वस्तु, उपलब्धि के लिए गिराना चाहिए।

लेडु लुपड्डु कन—लूटपाट करना, बहुत सामान इकट्ठा करना।

लेण एक न देंणी द्वी—किसी का लेन-देन ही न किसी से लेना न किसी का देना।

---

1. गोबर की ढेर

लेण गया, दैंण पड़्या–लेने के देने पड़े।
लेण-देण पण–गाँव की परंपरा मानना।
लेण वक्त मिट्ठू, देण वक्त कड़ु–लेने में खुशामद करना, देने में नाराजगी प्रकट करना।
लेणी देणी छ–परस्पर आहार-व्यवहार होना।
लेणी देणी से गया, रामारुमी से भी गया–लेन-देन न भी हो बातचीत तो करनी ही चाहिए।
लेणी से दैंणी हूवै–लाभ के बजाय हानि होना।
लेफ्टरैट हूवैगि–बहुत दौड़धूप, फजीहत होना।
ले बाग, मेरु खोटु खा–अपने ऊपर स्वयं आफत मोल लेना।
ले बाँस, तेरु बाँस थोलु[1]–किसी के अनुग्रह को लौटाना, तुच्छ वस्तु का त्याग।

लै

लैंदा[2] **गोरु कि लात, सयेंदि बांडा कि ना**–लाभ प्राप्ति के लिए कष्ट सहना, दुधारू गाय लात भी मारे सही जाती है पर बाँझ की नहीं।
लैंदा गोरु पीनु खौन वांडा थोबड़ु चाटन–दुधारू पशु चारा खायेंगे शेष मुँह चाटेंगे, उपयोगी को खूब खाना देना, शेष को रूखा-सूखा देना।
लैक[3] **बणी बैख**–जो योग्य होता है उसी को सच्चा पुरुष कहते हैं।
लैला मजनू बण–प्रगाढ़ प्रेमी, इश्क के रोगी।
ल्वैलुतु[4] **बाग जन**–बाघ से जब उसका शिकार छुड़ाया जाता है बहुत गुस्सा होता है। चस्का लगा मन।

लो

लोंणपांणि छोड़ पर ऐगि–मौत के दिन निकट आना।
लोंण डलि नि होंण–बहुत गरीबी के दिन।
लोंण तेल कु गुजारू–अभाव होना, आय के स्रोत सीमित होना।
लोंण-मर्च मिलौंण–सच्ची-झूठी बात करना, उकसाना।

1. बाँस का टुकड़ा, खोका 2. दुधारू 3. योग्य 4. खून का चस्का

लोंण लोट्या होंण—वचनबद्धता होना।

लोई का आंसुरोण—प्रियजन की मृत्यु पर विषादभरे आँसू बहाना।

लोईछड़ा[1] लगौंण—मारपीट कर खून को शत्रु के मकान पर छिड़कना, क्रोध व्यक्त कर अनिष्ट कामना करना।

लोई-लोई तैं पछांणद—खून के रिश्ते होते हैं।

लोक क्या बासला अब—अब लोग न मालूम क्या-क्या उल्टी-सीधी बातें करेंगे।

लोक लाज बचौण—दुनिया की लाज बचाना, समाज से डरना।

लोकरा बाखरा मेरि ब्वै का नाखरा—निठल्ली बैठी रहने वाली स्त्री, लोगों की बकरियाँ हैं मेरी माँ खाली नखरे करती है।

लोकरा साटि बुसेंदा, मेरा चौंल[2] बुसेंदा—अनहोनी होना, असंगत काम होना, लोगों के धान बुसते हैं मेरे तो चावल ही बुसते हैं।

लोकहंसै होंण—जगहँसाई होना।

लोकाकृति कन—दुनिया की नकल करना, समाज को दिखाने के लिए सामाजिकता का अभिनय करना।

लोकुन अपणा गोरु कु दूध पछाणि—लोग अपनी वस्तु को अच्छी तरह से पहचानते हैं उन्हें झुठला नहीं सकते हैं।

लोकु मूं बोना लपस्या छोड़ा, अपणा नौनू बोना खूब जोड़ा—कथनी और करनी में अंतर।

लोकु मू रोण नी, पत अपणी खोण नी—लोगों से अपने कष्ट कहने से कोई लाभ नहीं।

लोकु हँसौंण्या छ्वी[3]—जगहँसाई की बात करना।

लोखण्यूँ का जण्या—स्त्री के गुलाम।

लोड़ा बत्याना कठा कन—पत्थर लकड़ी के टुकड़ों की मार करना।

लोतण चुनु होंण—कंजूस, जिद्दी, हठी होना।

लोतणा गालिन—बहुत मार पड़ना, शरीर को खूब रगड़ना।

लोभी गुरु, लालची चेला, सु माँगणू भेलि, सु देंणू ढेला—गुरु चेले एक से गुणवाले।

लोला कखीका—नंगा, फटेहाल वाला।

लोला-लोला सबि एकु खोला—नंगे-नंगे सब एक ही गाँव में।

लोस्याड़ लगौंण—मौत का सिलसिला, मुकदमे में फँसाना।

लौ

लौंक लगण—छा जाना, आग लगना।

---

1. खून की धारा 2. चावल 3. बातें

लौंग सुपारि देंण—भेंट देना।

लौट-पौट कन—एक ही दिन में जाना और लौटना।

लौड़ान लेडि नि ढोलि एक, कुकुर बुलैल्या अनेक—तैयारी कुछ नहीं बुलावा अनेक लोगों को देना।

लौड़्या बैख—औरतों-सा व्यवहार करने वाला पुरुष।

लौड़ि जन बढ़ण—स्त्री के समान बढ़त, नारियाँ पुरुष की अपेक्षा जल्दी जवान होती हैं।

लौड़ियूँ[1] का मुण्ड खूसी[2] जांदा, पर छूवीं पूरी नि हौंदि—स्त्रियाँ बातों में सिर के बोझ को भी नहीं समझती हैं।

लौड़ियों की गुलामी कन—पत्नी की सेवा करना।

लौड़ियों की जन छूवीं—अनावश्यक बातें करना।

लौ[3] पर औंण—ठीक रास्ते पर आना, अच्छा अभ्यास होना।

लौ लगण—धुन सवार होना, लगन होना।

लौलि लगण—खुजली में अजीब दर्द होना, खुजली में और खुजली होना।

लौस पछार्णी—स्वभाव की परख होना।

लौस-लौस तोड़ी—बहुत पिटाई करना।

ल्यौ न द्यौं भौ ख्वै द्यौ—खरीद फरोख्त न करना पर काम बिगाड़ना।

ल्यौ भैंस जोड़ी, नतर कपाल देंदु फोड़ी—अगर पुरुष कमाता नहीं है तो पत्नी नाराज होती है, गाली-गलौज करती है।

ल्यौं[4] मुताडु मेरा तम्बाकू मोल—अपने छोटे उपकार की कीमत माँगना।

ल्यौलु जोड़ी, खालु सतोडी नि ल्यौलु जोडी कपाल ग्यूलू फोड़ी—छककर भोजना करना, मेहनत करेगा छक कर भोजन करेगा अन्यथा सर पर हाथ धरा बैठेगा।

व

वक्त कै नि जागद, आंखा बूजणों भागद—समय की गति तेज, गया समय फिर नहीं आता है।

वक्त चलि जांद, बात रै जांदि—समय चलायमान पर कही बात अमर रहती है।

वक्त पर क्वी काम नि ओंद—मुसीबत के समय पर कोई काम नहीं आते।

वक्त पर जु काम औंद स्वी अपड़ु—समय पर मदद करने वाला ही अपना होता है।

वखला उन्दु मुण्ड धलि त चोटक क्या डन?—जब खतरा मोल ले ही लिया है चोट से क्या डरना है।

---

1. औरतों का 2. बाल झड़ना 3. लगन 4. लाओ

वखि खांण, वखि खोंण—जहाँ खाना वहाँ बिगाड़ना।

वखि मू पाणि कु धारो, वखि मू सातू को भारो—सभी सुविधाएँ उपलब्ध।

वखि मू बैठण, जख मू ना बोला उठ—जहाँ आदर हो वहीं बैठना चाहिए।

वडाल्कु जन—भगाई गयी औरत (पुराने जमाने में कुछ लोग किसी दूसरे की स्त्री को भगाकर लाते थे उसे वडाल्कु कहते थे)।

वर[1] चुकै भीख, पौर[2] चुकै लीक[3]—न कुछ लाभ हुआ, न परंपरा पर रहे।

वर-पौर कन—पके भोजन पर निषिद्ध लोगों द्वारा स्पर्श करना, यहाँ की बातें वहाँ, वहाँ की बातें यहाँ लगाने वाले षड्यंत्रकारी।

वर-पौरै छ्वीं लगौंण—इधर-उधर की बातें लगाना।

वल्या[4] गौं जगा नीं, पल्या[5] गौंकि वक्त नीं—धर्मसंकट में पड़ना।

वल्या जेठ-पल्या मंगसीर कन—टालबराई करना।

वल्यौ घाट न पल्यौ जंगार—दुविधा में पड़ना।

वा

वांण करु पिड़े स्वांण—विपक्षी को प्रसन्न करना।

वांण से माथि कींक जांण—चमोली जिले के देवाल ब्लाक में वाण से ऊपर बस्ती नहीं है।

वांणों सीं लाटु—गूँगा किंतु समर्थवान। नंदादेवी का शक्तिशाली गण लाटा देवता राजजात में वाण से अगुवा बनता है।

वा पैन पगड़ि जुनिभि जौ दगडि—ऐसा काम करना जो पूरा हो जाय, अपनी सामर्थ्यानुसार ही काम करना।

वार खम पार खम जनि तुम तनि हम—सब एक समान होना।

वार जालि पार जालि कन—इधर-उधर की बात कर काम निकालना।

वार-पार कन—इधर-उधर की लगाना।

वार-पार कि लगौंण—टालबराई करना, झूठी-सच्ची बातें करना।

वा लाणी मितै जु निभि जौ नितै—मित्रता ऐसी हो जो हमेशा बनी रहे।

---

1. इधर 2. उधर 3. रिवाज 4. इधर के 5. उधर के

वी

वीं पातलि माँ खांण, वीं माँ छेद कन–जहाँ खाना वहीं खोना।

वी ब्वारि धाणी वी ब्वारि पाणि–सब कुछ काम एक ही बहू के भरोसे छोड़ना।

वीं रात तथ्या भट्ट बुखौंदा, जथ्या नालायक पैदा करि–जिस रात नालायक पुत्र पैदा करने के लिए पत्नी ने गर्भ धारण किया बेहतर होता उस रात और काम करते या सो जाते।

वे-वो

वे[1] औतारु[2] वे पुजारु–एक ही व्यक्ति सब काम करने वाला।

वेकि स्वीण ल्यौ वेको खाडु खौ–उसी की पत्नी से बलात्कार उसी की चोरी करना।

वेकी[3] खार्णी वेकी खोणी–जहाँ लाभ पाना, वहीं हानि पहुँचाना।

वेकी जुती वेकी सिर–मियाँ की जूती मियाँ के सिर।

वेकी पुँगड़ि, वेका जौ, चुचा बल्द खूब कै लौ–खेत और दाना किसान का है बैल हल लगाओ। मालिक और सेवक का संबंध।

वेकी मुण्डलि माँ दाल दलेर्णी–सब कुछ एक ही व्यक्ति का खर्च होना।

वेकु हाथ वेकु जगन्नाथ–सर्वेसर्वा होना।

वेको मरो, वेको पच्चीस पड़ो–जिसका मरे उसी को दंडित करना।

वे दी भलि होंदि त रोण कीक छौ–घरवाली की कमियों के कारण समस्या उत्पन्न होना।

वो बूँद विलैत गैग्या–दुर्लभ वस्तु की माँग दूर-दूर तक होती है, दूरस्थ वस्तु।

स

संख्या बिना सून्य बेकार–संख्या लिखने पर ही शून्य का महत्त्व, हर किसी को दूसरे का सहारा लेना पड़ता है।

---

1. वही 2. नाचने वाला 3. उसकी

संगल लगणी–हथकड़ी लगना।
संगसार भी उठण–मरना।
संगसार से बिदा होंण–स्वर्ग जाना, मरना।
संगति का गुण लगण–संगत के गुण लगना।
संगति जाण–परलोक वास होना, सती होना।
संगराद बजौंण–काम टालबराई से पूरा करना (माह के प्रथम दिन ढोल वादक द्वारा घर-घर बाजे बजाकर माह का स्वागत करना)।
संगरांद मासन्त बरजण–पर्व वर्जित।
संगाडै सी बिच्छी–छिपा दुश्मन।
संगात्यों[1] **जांण**–साथ-साथ परलोक जाना।
संतों का सामणी राजा तिनका–महामुनि, संत राजा से नहीं डरते।
संनि जन तपण/लगण–बुरे ग्रह का प्रभाव, बुरे व्यक्ति की संगत का बुरा प्रभाव पड़ना।
संपदा का सबि दगड्या होंदा, विपदा का क्वै नि होंदा–सुख में सब दोस्त, संकट में सब किनाराकशी करते हैं।
संपदा की स्वीण, विपदा की बैंण–सुखी दिनों में पत्नी साथ देती है, और गरीबी में बहिन साथ देती है।
संपदा खाण नि देंदि, विपदा रौण नि देंदि–अच्छे दिनों खाने की इच्छा नहीं होती बुरे दिन रहने तक नहीं देते।
संपेरा कि मौत सांप से, बुन्दका कि मौत बन्दूक से, तैराकै मौत पाणि से–जिसका जो व्यसन उसी से उसी को खतरा होता है।
संसर[2] **धारि लजौण**–माँ के दूध को लजाना, कायरता दिखाना।
सकणी न पकणी, बन्दूक तकणी–बिना योग्यता, क्षमता के बड़े काम करने का साहस।
सकर वालाक सक्कर, मूँजी कु टक्कर–करना, जैसा करोगे वैसा भरोगे।
सकुनि मामाजन–षड्यंत्रकारी व्यक्ति।
सक्या न पत्या, फौंदार बण्यूँ ल्वख्या–अपनी क्षमता और योग्यता के बाहर काम करने का मन बनाना।
सगून[3] **कन**–शुभ कार्य करना।
सगून देंण/बांटण–कार्य सिद्धि पर बकरी का मांस बाँटना।
सगून सिद्धि–शुभ कार्य में बकरी का मांस बाँटना।
सच्च-सच्चि छ, झुठि-झुठि छ–सच-सच होता है, झूठ हमेशा नहीं चलता है।
सच्चा अर झूठ माँ चार अंगुल कु फर्क होंद–सच और झूठ में भारी अंतर होता है, आँख और कान के बीच अंतर होता है।

---
1. साथ 2. सहस्र 3. मांस, शुभ

सच्चा कु बोलबाला, झुट्ठा कु मुख काला—सच्चे का नाम बढ़ता है झूठे का मुँह काला होता है।

सच्चा झुठा पित्र गया जैक पछ्याँणाला—विश्वास है लोगों का कि काशी में मृतात्माओं की पहचान होती है। किसी बात की यथार्थता का पता चलना।

सच्चा तिर्थ ब्वै-बाबु का खुटा होंदा—माँ-बाप की सेवा और आदर ही सच्ची तीर्थ यात्रा होती है।

सचि बात कड़ि लगदि—सच कड़ुवा होता है।

सच्चु कु जमानो नी—सच्चाई का जमाना नहीं है।

सच्चु पुत्र मरद नी, सच्चु ऋण बगद नी—सच्चा पुत्र और सच्चा धन कामयाब होता है।

सठे साठ्यम् कन—जैसे को तैसा दंड देना।

सड़ी रांड होंण—निकम्मी स्त्री।

सतक-पतक कन—खाना बनाते समय नाक से सींक निकालना, बाहर-भीतर करना, जल्दबाजी में भोजन करना।

सत कि सवाई, बस्ती की दूणी—सच्चाई फलदायी होती है।

सतघर्या होंण—सात घरों जाने वाली पतित नारी।

सत टूटो ना, पत[1] जौ ना—सत्य समाप्त न हो, प्रतिज्ञा भंग न हो।

सतनाजु जन—बहुत सी वस्तुओं का मेल।

सतनाजु ढोल्—भूत-बाधा हटाना (गाँवों में छोटे बच्चों पर लगी भूत प्रेत के प्रभाव को दूर करने के लिए सात अनाज (धान, कोदा, झंगोरा, दाल, भट्ट, गहत, कौंणी) इकट्ठा कर बच्चे के सिर में घुमाकर चारों दिशाओं में डालते हैं)।

सत पर रौंण—पतिव्रता नारी होना।

सतहत्या खेती, बारहता बणज—एक हाथ से खेती बहुत हाथों से व्यापार अलाभकारी।

सत्तर घडियाला लगैन, पर ब्वारि कु बाल नि ठिंगरि[2]—जिद्दी बहू होना।

सति नारी पातरु दगाड़ि भी रै सकदि—सती साध्वी नारी वेश्याओं के बीच भी साध्वी रह सकती है, चरित्रवान को कोई डिगा नहीं सकता।

सत्रु का बोन पीठि पैथर, मित्र का बोन अग्वाड़ि—शत्रु के पीठ पीछे पर मित्र के बुरे गुण उसी के सामने कहने चाहिए।

सत्यापत्या घटि गया, ऋणकर्ज बढ़ि गया, सोरा-गोती ठंडि गया—बुढ़ापे में ताकत घट गई है। कर्जा बढ़ जाता है। सजातीय बंधु-बांधव मर जाते हैं, बस दुश्मन बढ़ जाते हैं।

सदा कैकि नि रै—हमेशा सबके दिन एक से नहीं रहते।

---

1. प्रतिज्ञा 2. हिलना

सदा गोरु चैरेन पर पौड़ि नि देखि–सीमित दायरा का व्यक्ति।

सदाबहार होंण–हमेशा एक सी स्थिति।

सदा तोरीन नि फूलण, सदा सौंणन नि रौंण–सदा एक से दिन नहीं रहते।

सदा नि रौंण झिमतू तेरी जमादारिन–एक न एक दिन पद से हटना ही पड़ता है। फिर पद पर रहते क्यों अकड़ दिखानी है।

सदा साई की–हमेशा ईश्वर एक समान रहता है।

सनक सवार होंण–भूत सवार होना, एक ही बात की धुन।

सनक्वालि[1] मरयू कब तक जग्वालुं–मृत को तुरंत दफनाना, दाहसंस्कार करना, काम में विलंब न करना।

सनकौंणु छ–शरीर के किसी अंग से अपनी बात करने का संकेत करना।

सनकौंद क्या च? मनै माँच–संकेत क्यों देता है सब पता है।

सनपसनु अगाधि[2] होंण–बहुत लाचार होना, विवश होना, किंकर्तव्यविमूढ़।

सनिश्चर लगण–बुरे दिन आना, बुरे व्यक्ति के चक्कर में आना।

सनिस्चर सवार होंण–भूत सवार होना, बुरे दिन आना, परेशानी पैदा होना।

सनै पंथा संनै काज–सोच-समझकर काम करना।

सन्ता[3] देंणी–पट्टी पढ़ाना, संदेश पहुँचाना।

सन्ता लगौंण–पता करना, दूर की जानकारी करना।

सपूत क क्या सांजण, कपूत कु क्या पांजण–सुपुत्र को क्या सँजोना है? कुपुत्र को कमाकर रखने से क्या लाभ।

सपै देंण–स्पष्टीकरण देना, झूठ कहना।

सपोड़लि सबि–हजम कर दिया। दूसरे का घर बर्बाद करना।

सपोड़ा सपोड़ि–सब हड़प करना।

सफेद झूठ लगौंण–सब झूठ बोलना।

सफेद दाड़ि उल्टी गाड़ी–बुढ़ापे में किसी की अक्ल उल्टी होती है।

सफेद बालौ़कि इ़ज्जत होंदि, पर क्वीं रखण नि चांद–सफेद बाल प्रतिष्ठासूचक होते हैं, पर लोग रखते नहीं हैं, दिखावटी लोगों पर व्यंग्य।

सफेद माँ स्याही–रंग में भंग करना।

सबक सिखौंण–ऐसा दंड कि अपराध दुबारा न करे।

सबका गुरु गोवर्धनदास–ईश्वर सर्वव्यापी है।

सबका दाता राम–ईश्वर सबका पालनहार है।

सबकु मालिक ऐंच, जु सबु वोदै छैंच[4]–प्रभु सबका पालक है।

सबकु मालिक यकु, मूर्ख समझद हकु–सबका स्वामी एक है।

सब खारु होंण–सब काम बिगाड़ना।

---

1. जल्दी, सवेरे 2. कठिन 3. खबर 4. है ही

सब घाटा वाटा बन्द होण—सब तरफ जाने में खतरा।
सब तेरु छ, पर हाथ ना लगै—ऐसा देना जो छूना वर्जित है, व्यर्थ देना।
सब दिन चंगा, त्यौहार के रोज नंगा—समय पर कमी, अभाव होना।
सब पेट उन्दु समैगि—सब हजम करना, खा लिया।
सब बिरालु मारी मेरु पेट भरा—सबका अहित कर मेरा पेट भरना, महास्वार्थी होना।
सब स्यालु स्यालसिंगि नि होंदि, सब मेंढ़खु चन्दन नि होंदि—सब सियार के सींग नहीं होते सब मेढकों में चंदन नहीं पायी जाती, प्रभुत्वशाली सब नहीं होते।
सबसे छोटि अंगुलि पर अंगुठि—छोटा बच्चा सबको प्रिय होता है।
सबसे भलि चुप—मौन धारण सबसे अच्छा।
सबल का सभि भक्त, निर्बल का जम[1]—समर्थवान के सब साथी निर्बल को सभी से खतरा रहता है।
सबि अंगुलि बराबर नि होंदि—सबके साथ समान प्रेम नहीं होता।
सबि खांण लोण-मिट्ठे, सबि धाण[2] **देण मिट्ठो**—जीवन में खट्टा-मीठा सब खाना पड़ता है। काम भी सब प्रकार के करने होते हैं।
सबि पूठा मूं धलि—किसी की बात न मानना, अनसुनी करना।
सबिनर नि होंदा एक सर—सब लोग एक से नहीं होते हैं।
सभि इन्सान यकु, कपड़ा पैरी हकु—मनुष्य सब एक से हैं, कपड़ों से भिन्नता दिखाई देती है, क्षणिक प्रभाव पड़ना।
सभि सास्त्र पढ़ी पर मूतण खड़ाखड़ि—अव्यावहारिक विद्वान।
समझ का घर दूर छन—समय पर समझ नहीं आती।
समझदार तै गुण, नासमझु जात—समझदार गुण देखते हैं, नासमझ जाति को महत्त्व देते हैं।
समझेंद खटुमिठु खैंक, बाटु जाणेंद भलु-बुरु जैक[3]—भोजन करने पर उसका स्वाद और जाने पर मार्ग की जानकारी मिलती है।
समन सासु, झलकट जवैं, खूब च सासु फटकण चुले—आदमी कुछ बात करते हैं, स्वार्थी अपनी ही बात करते हैं।
समय औंण पर लाख रुप्यौं हाथि कौड़ियों मा बिकद—समय बलवान है।
समय औंण पर सेर जाल माँ फंसि जांद—समय आने पर बड़े-बड़े संकट में पड़ जाते हैं।
समय की चूक न घूट न थूक—समय की बर्बादी विनाशकारी होती है।
समय चलि जांद, बात रै जांदि—समय चलायमान है, बातें अमर रहती हैं।
समय बलवान होंद—सारे कार्य समयानुसार होते हैं, परिस्थितियाँ बदलती रहती हैं।
समलणू छ—याद करना।

---

1. यमराज 2. काम 3. जाकर

समलौंण देण—प्रियजन को भेंट, सौगात।

समसोत पड़ी—सारी दुनिया सो गई।

समुद्र का भितरै अर मनखि का पेट कि कैन जांणि—समुद्र के भीतर और मानव मन की कोई नहीं जानता।

समुद्र नि डुबौंद, दारु डुबौंद—शराब बर्बादी का कारण।

समैत कन—क्षमादान।

समैपर सब भलु लगद—मौसमानुसार सब अच्छा लगता है।

समौ औंण—उत्पादन खूब होना, अनुकूल अवसर आना।

समौंण देंण—सौगात देना।

सम्मति से भैर—विपरीत, बिरादरी से अलग, समाजद्रोही।

सम्पदा का सबी यार, विपदा माँ क्वी नी त्यार[1]—सब सुख के साथी होते हैं, विपदा में कोई नहीं होता है।

सम्पदा का स्वारि विपदार का मैति—ससुराल वाले खुशी के लिए होते हैं। मायके वाले संकट में सहायक होते हैं।

सम्पदा कि स्वींण, विपदा कि बैंण—पत्नी सुख के दिन बहन विपत्ति में साथ देती है।

सरग थूकण, महल मूतण अच्छु नि होंद—आकाश की ओर थूकना, महल में पेशाब करना अनुचित होता है। निम्नस्तरीय लोगों द्वारा उच्चस्तरीय लोगों का अपमान अनुचित होता है।

सरग-पाताल एक कन—अधिक परिश्रम करना।

सरणागत होंण—सत्ता स्वीकारना, अधीनता मानना।

सरपे जन कांचल़ छोडण—उत्तरदायित्व से मुक्त होना।

सरबण कुमार बणी—पितृभक्त।

सरबंगसु होंण—तन-मन सौंपना, औघड़।

सरमदार अपणी सरम से डरु, बेसर्म वोदै मैं देखीक डरे—शर्म करने वाला खुद संकोच से चुप रहता है, बेशर्म समझता है कि वह उससे डर रहा है।

सरमासुरमी जेठा जी की स्वींण[2]—कोई काम मजबूरी में करना।

सर-सर[3] **हिट चौड़ी रांड, माठु-माठु**[4] **हिट सौड़ी रांड**—दुनियावाले हर हाल में बदनामी ही करते हैं।

सरपट मान—झटपट कार्य करना, झट से जाना-आना।

सराद कलि—बुरी गाली देना।

सरा सुगूंर केदार जांदात, गुज्यारा साफ कैन कन—सारे निम्नस्तरीय लोग पवित्र बन जायें तो घटिया काम कौन करेगा।

सरि पृथ्वी कु कट्यार[5]—संसार की गंदगी का घर।

---

1. तैयार 2. बिगड़ी हुई 3. जल्दी-जल्दी 4. धीरे-धीरे 5. कूड़ा-करकट

सरि पृथ्वी फिरडीग्या–सारी दुनिया में भटक गये, घूम गये।
सरि पृथ्वी मुण्ड माँ धलि–सर्वत्र बात को कहना, भारी हंगामा करना।
सरि मवासि डांग लगी–सारा परिवार बर्बाद होना।
सरि मवासि ध्वैलि–सारा परिवार बर्बाद कर दिया।
सरि मुसीबत् कि जड़ 'पेट'–पेट की खातिर सब कष्ट उठाने पड़ते हैं।
सरि मौकि ल्वस्याड लगौंण–सारे परिवार के मुकदमे में फँसना।
सरि रामैंण पढ़ि, राम कु छौ–सब बात बताने पर भी कुछ न समझना।
सरि सार कोना खार–कम उपज होना।
सरि सोना कि गांड पितल् कि–सब काम ठीक एक खराब।
सरि संध्या कु एकु झटागु[1]–सारी बात का एक सार।
सरील[2] **अर दिमाग मंदिर समझण**–शरीर और मन को पवित्र रखना।
सरील उडण–मृत्यु होना।
सरील उपास्योणू–मन उचाट होना, प्रियजन की याद में बेचैन होना।
सरील की सोभा सिर मनखी की सोभा धिर–शरीर की शोभा सिर से, मनुष्य की शोभा उसके धैर्य से होती है।
सरील कु इलाज ना करा, मन कु करा–शरीर के इलाज के बजाय मानसिक रूप से स्वस्थ रहना चाहिए।
सरील न ठोटा भितर न भैर–दुविधा में पड़ना।
सरील फीका, कपाल पर केसरौटीका–ढोंगी, दिखावटी व्यक्ति।
सरु स्याल खै पुछै दौ घींण–सब काम मन लगा कर किया पर अंत में टालबराई करना।
सर्ग टोटु[3] **च जथ्या बोद**–अप्रिय वचन कहने में जितना कहें आकाश ऊँचा है।
सर्प काट्यूं ज्यूड़ा देखी डरु–दूध का जला छाछ को फूँक-फूँक कर पीता है।
सर्प तैं दूध पिलौंण–दुष्ट को पालना, पनाह देना अहितकर।
सर्प तै मुख दिखौण, माछा तै पीठ–खतरे का सामना करना, सरल काम आसानी से होता है।
सर्पा घेरा, बागा फेरा कैन देख्या?–साँप और शेर की गति का किसी को पत्ता नहीं चलता, रहस्यमय व्यक्ति।
सर्पा जन घेरा–साँप की जैसी चाल।
सर्पा ब्यौमा बिराल् बामण–असंगत बात, शत्रु का शत्रु हितैषी नहीं हो सकता।
सर्पे जन कांचल् छोड़ण–उत्तरदायित्व से मुक्ति पाना।
सर्पे जन डौर–साँप की सी डर, भयभीत होना।
सर्पे दुंलि[4] **हाथ धन**–खतरा मोल लेना।

1. सारांश 2. शरीर 3. खुला 4. छेद

सर्पे बच्ची होंण—क्षुद्र कार्य करने वाली, शत्रु का बच्चा।

सर्पो विस दांतु माँ दुष्टो आंतु माँ—दुष्ट मन में दुर्भावना रखता है।

सर्म कि तांणि दियेंणी—शर्म के कारण परेशानी उठाना।

स्वर्ग सीड़ि लगौंण—पुण्य कार्य करना, असंभव कार्य, रावण ने भी स्वर्ग में सीढ़ी लगाने की कामना की थी।

स्वर्ग कि सी आछरी—बहुत सुंदर।

स्वर्ग थूकिग मुख माँ औंद—बड़ों का अपमान करने से अपना ही नुकसान।

स्वर्ग-नर्ग यखि छः—स्वर्ग-नरक की कोरी कल्पना है। इनसान अपने कर्मों से ध रती को स्वर्ग या नरक बनाता है।

स्वर्ग-नर्ग यखि देख्यंद—कर्मफल इसी जीवन में मिलते हैं।

स्वर्गवास होण—मर जाना।

स्वर्ग से भी आदिम, उबि जांद—आदमी एक सी परिस्थिति से ऊब जाता है, सुख के साथ दुख भी आवश्यक होता है।

सल कुसल जखि जालि—चाहे कुछ भला-बुरा प्रभाव पड़े, पर कह देना।

सल्कैं का गारा पिसौंण—मुकदमा दायर करना (पुराने जमाने में चमोली में अदालत थी, चमोली के लोग पैदल जाते थे, सल्कै के कंकड़ पत्थर पाँवों पर चुभते थे, जिस पर मुकदमा होता था पेशियों पर आने-जाने में परेशानी होती थी)।

सलन पट चल मेरा घट—व्यवस्था कुछ न करना पर लोगों को आमंत्रण देना।

सलपट कन—पिटाई करना, मिस्त्री का काम करना।

सलौ[1] जन—बहुत बड़ी भीड़, नुकसान करने वाले लोग।

सल्लाणी हूड़ खाऊन पीना, बतौन गुड—भाबर के लोगों का खाने का स्तर अच्छा नहीं था। पर कहते थे कि बहुत अच्छा खाना खाते हैं। (हँसी-मजाक)

सल्लाणी स्याल जन—चालाक व्यक्ति।

सल्लि कि ब्वे मौत भलि, हौर खाण बेठून स्या कूटण चलि—सब कहते हैं अच्छी है पर काम उल्टे करती है।

ससुराड़ी कु जवैं, बुगल्वाड़ी कु बल्द—ससुराल में दामाद की खातिरदारी होती है।

ससुरा जेठाणा तैं देवता भी पछाणदा—बड़ों के प्रति आदर भाव न रखने वालों पर देवता कुपित होते हैं।

ससुराल है जब से, कुटुम्ब का दुस्मन तबसे—ससुरघर प्रिय होने पर परिजन शत्रु हो जाते हैं।

सस्ती रौ सौवार[2] महँगी रौ एक बार—सस्ती वस्तु बार-बार परेशान करती है। महँगी खरीदते समय एक ही बार परेशान करती है।

सहद लगैक चाट—हमारी बला से कुछ करें, हमें नहीं चाहिए, तुम ही रखो।

---

1. टिड्डी 2. परेशान, रोना

सहर कि सलाम, गौंकि[1] दाल-भात–शहर में खाली दुआ सलाम होती है, गाँव में खाने को भी पूछते हैं।

स्यजभारि[2] जन–गुलाम, भारी सामान ले जाने वाला पुराने जमाने में विवाह-शादी में एक बोझ ले जाने वाला आदमी (मजदूर) होता था।

स्यपा लगण–प्रभाव पड़ना, किसी की मौत का काम के भार का परिजन पर कुप्रभाव पड़ना।

स्यैलै देवि–बहुत आलसी।

स्यौल् जिड़खी–आलसी एक ही जगह पर रुकना।

सा

सांई का दस खेल होंदा–ईश्वरीय लीला का कुछ पता नहीं होता।

सांखा[3] पर धन–बहुत प्यार करना, गले से लगाना।

सांगड़ि गलि माँ सांप–धर्मसंकट आना।

सांगो टोलकु तरौण–गाँव पट्टी इलाके से निकालना।

सांच पर आंच कींकि–सच्चे पर कोई अभियोग नहीं लगता है।

साजि-डांडि कख छै भलि?–कोई भी काम साझे में सफल नहीं होता।

साजु पौंण ओखला वासु–साझा मेहमान भूखा भी रह सकता है।

सांटा कि रोटि, क्या छोटि क्या मोटि–अदला-बदली में कुछ भी दे दो।

साँठ-गाँठ कन–अदला-बदली करना, षड्यंत्र रचना।

साँड जन लमडर्णो–इधर-उधर व्यर्थ घूमना।

साँड सी पड्या–बिना काम के निठल्ले पड़े रहना।

सांदर्णे जन गेंडखि–पक्की वस्तु।

सांदि[4] पड़ी अब–अदृश्य होना, प्रकाश में नहाना, महत्त्वहीन होना।

सांप का दुलाँ[5] हाथ धन–खतरा मोल लेना।

सांप का बच्चा तैं दूध पिलौंण–दुष्ट को पालना।

सांप का बच्चा होंण–दुष्टों की संतान दुष्ट होना।

सांप भी अर उडाण वालुभी–आग में घी डालना, वाइपर साँप जहरीला और उड़नेवाला होता है।

सांप होंण–कुटिल, छिपकर मार करने वाला, धोखेबाज।

सांप निर्विसि, अर जोगि निर्गुणी नि होंद–साँप में विष जरूर होता है। साधु गुणहीन

1. गाँव की 2. मजदूर 3. गले लगाना 4. कोने 5. छेद

नहीं होता है।

सांप भी मरि जौ, लाठि भी नि टूट—तरकीब से काम लेना।

सांप मरी पर तैका आँखा भी घोचा[1]—दुष्ट मर भी जाय फिर भी डर बना रहता है। अतः उसको बुरी तरह मारना चाहिए।

सांपा दुंला लूकण[2]—डर के मारे ऐसी जगह छिपे जहाँ और बड़ा खतरा हो।

सांपेण होंण—दुष्टा कुल्टा नारी, पति और परिवार की हंता।

सांस छूटण—मृत्यु होना।

सांस तक करण आस—जीवनभर आशावादी दृष्टिकोण रखना।

सांस नि लेण—फुर्सत न होना।

सांस पखेरु होंण—मृत्यु होना।

साँस-वास बन्द होण—मरणासन्न।

सांसा कि मौ हो कि जौ—साहसी या तो बनेगा या खत्म होगा।

स्वांलि माँ पकोड़ि धन—बात को चढ़ा-बढ़ाकर करना।

स्वांग मौत रात थोड़ी—काम बहुत समय कम होना।

स्यांणि कन—अप्राप्य की इच्छा करना।

स्यांणी छ्वीं लगौंणी—समझदारी की बात करना।

स्यांणु बण—चालाक बनना।

साखु लग्यू—पैतृक रोग लगना।

साख्यूँ कु बुड्या—बहुत पुराने जमाने का।

साक्षात् समझण आफुतैं—अपने को साक्षात भगवान समझना, पवित्रतम समझना।

साग ख्वौ गौथ, गौं ख्वौ मौथ—दाल में गहथ की दाल बिगाड़ करती है जैसे गाँव को खुराफाती लोग बिगाड़ते हैं।

साग न भुजि या बाड कींकि? खाणी न बाटणी या राड़ कींकि—जब किसी से कोई मतलब नहीं तब परस्पर विवाद किस बात का?

साग न भुजि ये डोबा—द्विअर्थक बात कर बरगलाना (डोभा गाँव में पानी के अभाव के कारण साग-भाजी की कमी रहती है। एक बार एक बुढ़िया का दामाद ससुराल गया, बुढ़िया ने कहा, 'साग नी भुजि ये डोबा' डोबा का मतलब डुबोना होता है। दामाद ने सोचा रोटी डुबाकर खाने का प्रबंध होगा, इधर-उधर देखने लगा, बुढ़िया समझ गई तब बुढ़िया ने अपने कहने का स्पष्टीकरण दिया)।

साग बिगाड़े माँडन, गौं बिगाड़े रांडन—साग में माँड डालने से बिगड़ जाता है जैसे गाँव को दुष्ट लोग बिगाड़ देते हैं।

साग-भुजि क्या? पोथलु[3] **का सींग, माछू का गौंणा**—कुछ व्यवस्था न होना, बेतुकी

---

1. घुसाना, फोड़ना 2. छिपना 3. पक्षी

बात करना (किसी ने पूछा साग-भाजी किस चीज की बनाई उत्तर मिलता है—पक्षियों के सींग और मछलियों के पैर)।

सागर होंण—सब समाने वाला, सहनशील, विशाल हृदय वाला।

सागरो पांणि सागरो होंण—पंचतत्व में विलीन होना।

साड़े-साति लगी—राशि पर बुरे ग्रहों का साढ़े सात वर्ष तक प्रभाव पड़ना, बुरे दिन आना।

साण भैर[1] **ऐगि**—सिल्ला का सांण देवता जिन दिनों मंदिर से बाहर लाया जाता है। बहुत चढ़ावा मिलता है। लाभदायक काम।

सात गंगा नहेंगि—सारी बदनामी से मुक्ति पाना, सारे उत्तरदायित्व से मुक्त होना, सारे पाप धुलना।

सात घडियाला लगैल्या, पर ब्वारि कु बाल नि हिली—कई खुशामद करने पर भी बहू पर प्रभाव न पड़ना।

सात घरु गयूँ पर रौंड कैन नि बोलि—जिस पति को भी गई बुरा व्यवहार किसी ने नहीं किया।

सात छूटण—मरना, बिछोह होना।

सात जांण—पति के साथ सती होना।

सातवाँ आसमान पौंछण—बहुत खुशी होना या घमंडी होना।

सात परदों माँ रखण—छिपाकर रखना, आदर देना।

सात-पाँच कन—इधर-उधर की लगाना, टालबराई करना।

सात भाय्यौं की चौद लात—संघ में शक्ति होती है।

सात लाख सलांण, नौ लाख दुमाग—तराई-भाबर से दुमाग का इलाका धनी।

सात सड़कि दिखैलि, बार कोर्ट बतैल्या—बड़ी चुनौती देना पर प्रभाव न पड़ना।

सात समुद्र पार—बहुत दूर।

सात साखि[2] **सांदण नौ साखि थुनेर**—दीर्घजीवी होना, मजबूत होना।

सात सौत एक सौतेलु—सौत से सौतेला बुरा। सौत सात हों वे एक सौतेले के बराबर कष्टकर होती हैं।

सात हल्या[3] **एक हल्या मू जांद**—समय आने पर जिस घर पर सात हल लगाने वाले हों एक आदमी के घर की खुशामद करते हैं। समय आने पर बड़े को छोटे की खुशामद करनी पड़ती है।

साति बचन निभौंण[4]—विवाह की सात प्रतिज्ञाएँ निभाना।

सातु फंक्या[5] **अब**—विवशता, नुकसान होना, सब कुछ छिनना।

सातु रैग्या सासु मूं, सुबडाका[6] **रैग्या ब्वारि मूं**—देने वाला और खाने वाला और, खाने के लालच में मुँह में ललचायी आवाज निकालना।

---

1. बाहर 2. पीढ़ी 3. हल लगाने वाला 4. निभाना 5. खाना 6. टपकारे

सांदण सामु[1] मिलद, पर भण्डारि सामु नि मिलद–सांदण की लकड़ी प्रायः टेढ़ी रहती है। कहा जाता है संयोग से सांदण का पेड़ सीधा मिलेगा पर भंडारी जाति के लोग सरल नहीं मिलेंगे।

सांदण सूको, बामण भूको–सांदण जब सूख जाता है काटना कठिन, कठोर हो जाता है। जब ब्राह्मण भूखा रहता है तब बहुत नाराज होता है।

साधु कु नौनु सैतान–दीपक तले अँधेरा।

साप खाणु, साप लाणु, साप बुलाणु–शुद्धात्मा।

सापटा च औंणू–अटल तिथि, विवाह शादी में लड़के की तरफ से शादी के दिन व लग्नादि के लिए लिखित पत्र आना।

साफ बचण–बालबाल बचना, परेशानी से छुटकारा पाना।

साब बण्यू–साहब, अधिकारी, बड़ा आदमी बनना।

साबरी[2] वण्यू–बड़ा जानकार, जादू-टोने में पारंगत।

साबलि टूटी–युवक की मौत।

साबलि तोण–वीर होना।

साबलि बजौंण–पूर्ण यौवन में आना।

साबूत तोलि खै नि भरेणी पेट, थकुलु चाटी क्या कन?–अधिक मिलने से पूर्ति नहीं हुई थोड़े से क्या होगा?

साबेंण बणी–बड़े आदमी की सी पत्नी बनना।

सामन्तसाही होंणी–मनमानी होना।

सामल़ निमड़ी–मरने के दिन निकट आना।

सामल बांधी पीछा पड्यूँ–बुरी तरह से पीछे पड़ना, एक मिनट के लिए भी चैन से न रहने देना।

सामसै कि कुलै, सामी कि सामी–समर्थवान की गलत बात भी सही मानने की विवशता।

साम साही कन–श्यामशाह (टिहरी नरेश) वचन के पक्के थे, जो कहते थे करना पड़ता था।

सामी[3] डालि़ काटण–सरल कार्य करना।

सामु डालु सबि काटदा, बांगु क्वी नि काटदा–जिसको चाहिए अच्छा ही चाहिए।

सामु होंण–शरणागत होना, सीधा, सरल।

सामु ह्वैक स्यूँ[4] नि खाँद–शरणागत को क्षमादान मिल जाता है, विनम्र की सब सहायता करते हैं।

सामु हात कन–दान देना।

सार जांणि–तरकीब जानना।

---

1. सीधा 2. तांत्रिक 3. सीधा 4. शेर

सार खबर कन–क्षेम-कुशल पूछना।

सार-तार जांण–तरकीब जानना।

सार पार्यी–तरकीब जानना।

सार सानि–काम चलाना।

सारा दिन रै लटकी, व्याखुनि[1] बौंण अटकी–दिनभर आराम करना, रात में दौड़धूप करने की बेवकूफी।

सारा दिन रयाँ पौड़ी, व्याखुनी कमर ल्यायाँ तोड़ी–सारे दिन लेटे रहना फिर शाम को हड़बड़ी में कमर पर चोट लगी।

सारि गई, आधा रई–जिंदगी कट गई अब थोड़े दिन बाकी हैं।

सारु सान–गाँवों में भूत-प्रेत बाधा को दूर करने हेतु पूजा।

सास देंण–हिम्मत बँधाना।

सासु तक सौरास[2]–दामाद की मेहमानदारी सास तक ही रहती है।

सासु गुस्सा, गागरि पर–एक का गुस्सा दूसरे पर उतरना।

सासु ब्वारी न माछा लीन्या, एकु कोनी का साटि दीन्या–परिजन की फूट का लाभ अन्य उठाते हैं।

सासु ब्वारि एक, कंडालि लाठि टेक–सास-बहू एक से गुण वाली होना।

सासु से अलग है, नणद बांट ऐ–आकाश से गिरा खजूर में अटका।

साहू को चोर, चोर कु साहू–चोर का लड़का रक्षक और रक्षक का चोर होता है। राजा रंक, रंक का राजा बनता है।

स्या पैनि पगड़ि, जु निभि जौ दगड़ि–वह काम करना चाहिए जो पूरा हो सके। अपनी सामर्थ्यानुसार कार्य करना।

स्याल की दावत अपणा दौर–गरीब की सीमित दावत।

स्याल जन डरखु–डरपोक सियार जैसा।

स्याल देखि डरद नौ सेरसिंह धरद–नाम और गुणों में भिन्नता।

स्याल बर्णी ऐ, सेर बर्णी गै–नौकरी पर आते समय गरीब, जाते समय अमीर बनना, माँगते समय विनम्र, माँगने के बाद अकड़ दिखाना।

स्याल वोदै, मैंदी वौग्यूँ[3] त मेराल्यौ जुगबगी–अगर अपना ही जीवन संकट में हो उसकी तरफ से दुनिया जाय भाड़ में।

स्याल मान जाण त सेर मानै तैयारी कन–छोटे काम की सिद्धि के लिए बड़ी तैयारी करना।

स्यालन करि बागै सौर, डाम लगैक मौर–दूसरों की नकल करने वाले की दुर्गति होती है।

स्यालसिंगी च तैमू–चमत्कारी गुण, ठगने वाला व्यक्तित्व।

---

1. सायंकाल 2. ससुराल 3. बह गया

स्याला भागन म्यौलु पाक्या, द्वी-द्वी दाणी सबून चाख्या—संयोग से बने काम का थोड़ा-बहुत लाभ सबने उठाया है।

स्याले दुलि भि तखिमू[1], पिडाला कुखील भी तखि मू—चोर और चोरी लायक सामान पास-पास होना।

स्यालौ गू भी कभि काम औंद—कभी-कभी तुच्छ वस्तु भी काम आती है।

'स्वामिजी लंगोटि किलैखोसणा?' 'जुंवा छौ मानू'—चोरी पकड़े जाने पर बात बदलना।

स्वाहा कन—सब हजम करना, सब बर्बाद करना।

सि

सिंग खोंडा कन—व्यर्थ प्रयास।

सिंग जामण अब—अब और कितने बूढ़े होंगे? समझ का अभाव।

सिंग तोड़ौण—बदनामी करना।

सिंग निखोलण—हारना।

सिंगलै जन डालि—सुंदर व्यक्ति, स्त्री।

सिगांणु पोंजणों सगोर नी—कोई लियाकत न होना।

सिंगौ सपूत होंण—वीर पुत्र होना।

सिंग पर तेल लगौंण—विदा करना।

सिंग पल्यौंण—लड़ाई को तत्पर।

सिंग्वाल पड़ी—लड़ाई में भिड़ गये।

सिंग्वालि पण—झगड़ा होना।

सिंगवालौ सिंग पकड़ा, ल्वौलों कु क्या पकड़ा?—इज्जतदार को इज्जत की याद दिलाओ बेइज्जत को क्या कहें।

सिकन्दर कु खेल छ—भाग्य का खेल है।

सिकन्दर खुलण—भाग्य खुलना।

सिकारि कुकूर तै घ्वीड़ देखेंद तबारि पिसाब लगदि—वक्त मौके पर व्यवधान पड़ना।

सिकारि गरुड़ होंण—दूरदृष्टि वाला।

सिकारि-सिकार खेलो, चूतिया मैल फेरो—काम करने वाला काम करे अन्य व्यर्थ भटकते हैं।

सिक्का जमौंण—प्रभाव जमाना।

2. वहीं पर

सिट्टी पणी—बदनामी होना, चारों ओर कुचर्चा।

सिट्टि पिट्टी गोल होंण—होश गुम होना।

सितारु चमकण—भाग्योदय होना।

सितोनस्यूँ वालों न स्याल पै, बोदा कि घ्वीड़ छौ—वास्तविकता, अपनी कमजोरी को छिपाना।

सिद्ध बण—जानकार बनना।

सिद्धि धारण कन—सभी गोपनीय बातों की जानकारी की क्षमता रखना।

सिपै कि अकल बन्दूक्या नाला पर—सिपाही एक ही डगर पर चलता है, अनुशासित जीवन।

सिपै मरे लोभ-लाभ, स्याल मरे चतुराई, हस्ती मरे बल पखार्णी, साँप मरे गुमराई—सिपाही लोभ लालच के कारण, लोमड़ी चतुरता से, हाथी बल के घमंड में मरता है, साँप गुस्से में मरता है।

सिब का सिर पर सर्प—बड़े लोग खतरा मोल लेते हैं, बड़ों के बड़े उत्तरदायित्व होते हैं।

सि बांदर और छा जौन समुद्र माँ पुल लगै, सि और छन भट्टा चोन वाला—एक ही जाति के सब लोग एक से गुण वाले नहीं होते।

सियां नौना कि भुक्की पेंण—बेखबर को प्यार करना।

सिर अक्ल, गुरु विद्या—बुद्धि अपनी होती है, गुरु शिक्षा देता है।

सिर कु कांधि माँ औंण—बोझ हल्का होना।

सिर कु छत्तर होंण—रक्षक बनना।

सिर कु छत्र, पीठी कु आधार—पति पत्नी का आधार और सगा भाई सहायक होता है।

सिर कु जामीन पैर—जहाँ पैर जाएगा वहीं सिर जाएगा। मौत खुद बुलाती है।

सिर कु भार उतन—सिर का बोझ हल्का होना, उत्तरदायित्व से मुक्ति पाना।

सिर खपौंण—दिमाग खपाना।

सिर झुकौंण—अधीनता स्वीकारना।

सिरणी-सिरणी कन—छोटे-छोटे टुकड़े करना।

सिर दी रौलु त कै पगड़ि बांधेलि—महत्त्वपूर्ण वस्तु रहेगी तो सामान्य वस्तु और लायी जा सकती है।

सिर देंण—जान हाजिर करना।

सिर पर काल नाचण—मृत्यु सन्निकट आना, खतरा मोल लेना।

सिर पर पड़ी—जिम्मेदारी पड़ना।

सिर पर भूत सवार होंण—किसी काम को करने की जिद।

सिर बचौंण—इज्जत बचाना।

सिर माँ चढ़ैलि—बहुत लाड़प्यार करना।

सिर से पैर तक आग लगण—बहुत गुस्सा आना।
सिराणां पाणि बैठी—घर के भीतर ही शत्रु होना।
सिरि गणेस कन—शुभ कार्यारंभ करना।
सिरि गणेस होण—कार्यारंभ होना।
सिरिनगर सौदा सुक्रता हिसाब—श्रीनगर खरीददारी करना सुक्रता आकर हिसाब लगाना, समय पर सूझबूझ न आना।
सिरि सिरि कना—द्विअर्थक बात करना, नहीं-नहीं कहना, मन में और मुख में और बात करना।
सिरौण धन—मनौती करना।
सिलकोता जन बिनाणा—साही के मोटे बाल से शरीर को कष्ट देना, कष्टकर स्त्री।
सिल चेपाड़्या कज्याण/मनखी—आलसी मनुष्य।

सी

सींगाणु जन फेंकण—तुच्छ समझकर फेंकना।
सीताराम होंण—नौ-दो ग्यारह होना, मरना।
सीधा कु मुख कुकुर चाटद—सज्जन, सरल व्यक्ति को दुष्ट सताते हैं।
सीधा रास्ता औंण—सद्मार्ग पर चलना।
सीधि अंगुलि से घी नि निकलद—पाने के लिए कष्ट करना पड़ता है।
सीं बणी जोगणी, जौ नि ऐ गिरस्ती भोगणी—जिनको काम न करना आया वे ही संन्यासिनी बनी हैं।
सीमा का अंदर बात कन—मर्यादित बात करना।
सीमा से भैर होंण—अमर्यादित होना।
सीमेंट माँ सड़ौण—जेल रखवाना।
सीरि-पंचमी मनौण—शुभारंभ करना, उत्सव मनाना।
सीरु मैं सरदार, बीरु गै बिरदार, टोखण्या रै बीचधार—श्रेष्ठ तो पहले गया, मध्यम अपने स्थान पर गया, पर बेवकूफ निम्नस्तरीय मँझधार में गया।
सीलि ओबरि-झीलि खाट—गुस्से में कोप भवन में बैठना।
सीलु[1] **मनखि**—आलसी आदमी, धीमे काम करने वाला।
सीसु जन चमकण—निर्मल होना।
सीसामण भारि होंण—बहुत भारी होना, कहना न मानना, बहुत घमंडी होना।

1. सुस्त

स्वीलड़ा कि चवन्नी नि दीनि अभि—अभी अबोध है। (प्रसव के 21 दिन पूजन करने के) पंडित को चवन्नी (पच्चीस पैसे) देते थे।

स्वीलड़ा जन बैंठी—भीतर ही बैठना।

स्वीण कु गुलाम होंण—औरत से डरने वाला।

स्वींण[1] चढ़ि मणीस मरि, बल्द चढ़ि भेल पड़ि—स्त्री का अधिक घमंडी बनने पर पति मरता है, बैल के अधिक दौड़ने पर गिरता है।

स्वीण चढ़ि, मणीस मरि, ठाकुर चढ़ि डांड पड़ि, बेकूब चड़ि अकाल पड़ि—नारी के घमंड से विधवा होना, बलवाल के क्रोध से दंड पड़ना और मूर्ख के घमंड से अकाल पड़ता है, अहंकार कष्टकारक होता है।

स्वीण सैंधार[2] गोस्यूँ हकिधार[3]—पति-पत्नी में मेल-जोल नहीं है।

स्वीणा-दुवणा झुट्टा, मूत ढांड सच्चि—स्वप्न तो झूठे ही होते हैं, पर स्वप्न में पेशाब का पोखर सच्चा होता है।

स्वीणामाँ क्या नि देखेंद? क्या नि खायेंद?—स्वप्न में क्या-क्या नहीं देखते क्या नहीं खाते हैं।

स्वीणामाँ बोनूकू कि वींणामाँ[4]—जागती अवस्था में होश में या बेहोशी में बात कर रहा है।

स्वीलि जन होई—कमजोर, गंदी होना।

स्वीलि जांणू, स्वीलीसार—घायल की गति घायल जाने।

स्वीलि पिड़ा कि दै[5] पिड़ा—जिसका काम होना है उसको चिंता हो या दूसरे को।

स्वीलि सुझै नि जाणदत ब्यौ करी जांणद—साधारण पूजा नहीं जानता तो बड़ी पूजा करना क्या जानेगा।

स्वील्या घाम—अति अभाव होना, हलकी धूप।

स्वील्या पाणी होंण—अभाव होना, अशुद्ध पानी।

सु

सुंगस्याणु च—पता लगाना, खोज करना।

सुंगूर कु पोथलो छारै कि वांणि—सूअर का बच्चा अंत में गंदगी में ही जाता है, जातीय स्वभाव।

सुंगूर जन—गंदा, स्थूलकाय।

1. पत्नी 2. स्थान का नाम 3. दूसरे स्थान 4. जगे में 5. दाई

सुंगूर तै इत्र कु क्या काम?–बेपारखी को मूल्यावान वस्तु देना व्यर्थ।

सुंगूरै सवारि कनत गू से क्या घींण?–जब ओखली मैं सर रख दिया तो चोट से क्या डरना?

सुई कु दान, साबला कि चोरी–देना कम लेना अधिक।

सुकड़्या बाजि जन–कृशकाय निर्धन व्यक्ति।

सुख का दगड़्या सबि, दुख का क्वै ना–सुख के सब साथी बनते हैं विपत्ति में कोई साथ नहीं देता है।

सुख का स्वारि, दुःख का मैति–ससुराल वाले सुख में मददगार होते हैं। दुःख में मायके वाले ही सहायक होते हैं।

सुख दुख एक दुसरा पिछवाड़ि भागद–सुख-दुख में आँखमिचौली होती है।

सुख बांटणौं, दुःख सौंणौं[1]–सुख को बाँटना, दुःख स्वयं सहना है।

सुख भितर सांति भैर–सुख अंदर महसूस होता है शांति बाहर प्रकट होती है।

सुख माँगण वाला तैं दुख मिलद–अभिलाषाएँ दुखकारक होती हैं।

सुख लुकौण, दुख बतौण–हर्ष को छिपाना, दुख को प्रकट करना।

सुखि खांद अन्न, दुखि खांद धन–स्वस्थ अन्न खाता है और दुखी इलाज पर खर्च करवाता है।

सुखि स्यौ[2]**, दुखी रौ**[3]–सुखी निश्चिंत सोता है, दुखी आहें भरता है।

सुण सौ कि कन गौकि[4]–सुननी सबकी है करना इच्छा या सुविधानुसार।

सुणै होंणी–न्याय मिलना, ध्यान दिया जाना।

सुदविजु जन–नींद भी जगा भी, गहरी नींद से उठा व्यक्ति बेहोशी में।

सुदेसी कवा, परदेसी भासा–अपने देश का कौआ पहचाना जाता है विदेशी भाषा नहीं जानते।

सुध लेंण–ध्यान देना, याद करना।

सुनकार होंण–परिवार नष्ट होना, सुनसान होना।

सुनमुनकार होंण–अनसुनी करना।

सुनार अपणी ब्वै कि नथुली कु सोनु भी चोरद–स्वर्णकार की विश्वसनीयता पर संदेह।

सुनारी को बल्द मोटु, कुनारी को कुकूर मोटो–अच्छी स्त्री का बैल पुष्ट, आलसी नारी का कुत्ता मोटा होता है।

सुपारि माँ मुण्ड टेकण[5]–कठोर परिश्रम करना।

सुपा वाला सौजण, चालां[6] **वाला त्यागण**–विश्वसनीय को साथ रखना, धोखेबाज को त्यागना।

सुप्पा जन कन्दूड़–बड़े कान।

---

1. सहना 2. सोना 3. रोना 4. सुविधानुसार 5. टिकाना 6. छलनी

सुप्पा जन सारण—उचित को प्राप्त करना, अनुचित का त्याग करना।

सुप्यौंणू जन—उदारतापूर्वक देना, बखेरना।

सुबेरी कु मुख धोयूँ काम औंद—प्रातः शौचादि से निवृत्त होना लाभदायक होता है।

सुरता जाणी—ध्यान जाना, इच्छा होना।

सुरसुर्या हिटौण[1], जांण केदार—दूर जाने के लिए धीमे गति अनुचित, तेज चलना ही लाभदायक है।

सुराग लगण—पत्ता चलना।

सुरैठोठा जन ढुंगा—पत्थर जिनका उपयोग तालों के बदले होता है। (भोटिया लोग तिब्बत व्यापार के समय सुरई, ठोठा (गमसाली और नीति के बीच का **निर्जन** स्थान) में सामान के ऊपर पत्थर रखते थे उनको हटाना पाप था)।

सुलपिड़ा[2] कु सीं लफड़ाणू[3]—बेचैनी की दशा में होना।

सुल्कड़ा[4] जन खेंण—परेशानी में काम करना।

सुल्प्या जन—बेहोश मदहोश जैसा।

सुस्मी उठी—बड़ा झगड़ा खड़ा हो गया, बखेड़ा होना।

सू

सूखा दगड़ि काचो भसम—देवी प्रकोप में सब भले-बुरे चपेट में आते हैं।

सूखि सट्यो आलि[5] गिवैं[6]—धान सूखे खेत में गेहूँ नम मिट्टी में बोने चाहिए।

सूखी कांडु[7] होंण—सूखकर काँटा बनना, कमजोर।

सूजा मनै माँ बूजा[8]—किसी की मन की बात को पहले ही समझना या किसी की बात को समझना।

'सूण मेरि राणीं? मेहमान जादा ऐग्या, साग माँ ढोल[9] पाणि?'—अधिक मेहमानों के आने पर भोजन की गुणवत्ता घटाने की तरकीब।

सूणीं सुतीग[10], देखीक घींण[11]—प्रसव या मृत्यु पर उस परिवार से कुछ दिन खान-पान न करने की दशा, सुतगी सुनकर घृणा देखकर होती है।

सूत काती कोली भौदि, पूतपालि ब्वारिकि भौदि—सूत कातकर कोली (बुनकर) के हवाले और पुत्र पालकर बहू के हवाले होता है।

सूनि छानी होंण—सूनी गौशाला, गाली।

सूनि बाती कु होंण—पशु का प्रजनन काल में भाव प्रकट न करना।

---

1. चाल 2. उदरशूल 3. तड़पना 4. प्रसवकालीन 5. गीली, नम 6. गेहूँ की फसल 7. काँटा 8. समझो 9. डालना 10. प्रसव या मरने पर स्पर्श या खान-पान में वर्जना 11. घृणा

सूनि साल से मरख्वा बल्द भलु—बेकार से बेगार भली।

सूम वियायी सूम वियायी—मंत्र है। कहते हैं जब प्रसव होने में देर हो राख के साथ इस मंत्र का जाप करें।

सूर जथे खारु पुण—बड़ों का अनादर करना बुरा होता है।

सूरज थूकण महल मूतण—उपरोक्त।

सूरत औंणी—शक्ल मिलती-जुलती सी।

सूरा-पूरा दिन होंण—प्रसवकाल की समीपता।

सूल खड़ि रंण—विपत्ति तैयार।

सूलि भरणी—कठोर दंड देना।

सूलि माँ धन—बड़ी परेशानी में डालना।

सूलि-मूलि जन—फरेबी, बदमाश, लफंगे, चालू लोग।

स्यू को एक, स्याल का सौ—शेर का एक बच्चा, लोमड़ी के सौ होते हैं। बड़ों के कम और दरिद्र के अधिक बच्चे होते हैं।

स्यूणां कु काम साबलु नि औंद—जहाँ सुई की जरूरत हो सब्बल नहीं काम आती है।

स्यूणा कु मुख ल्वार पल्यौंद[1]**, कीड़ा कु मुख कु पल्यौंद**—ईश्वर की कृति पर आश्चर्य।

स्यूणी पाई बेची खायी—गरीबी भुखमरी में, जो पाया सो खाया, जो सुना सो किया।

स्यूणु नगचुनुन हिलण—कम मेहनत पर लाभ।

स्यूणै पैथर धागु—प्रत्येक का अपना-अपना साथ।

सूर्य अस्त पाड़[2] **मस्त**—सूर्यास्त होते ही कई पहाड़ी लोग शराब के नशे में डूब जाते हैं। यह दुःखद और शर्मनाक स्थिति है।

से

सेंट[3] **कि सेंट होंण**—बड़ी सेना, भीड़ होना।

सेंण भी बैठ्या तवारि पौंणु ऐगि—बेमौके का मेहमान कष्टकारी होता है।

सेंतां बाधण—अधीन करना।

सेंदा-खांद डंसण—हर समय तंग करना।

सेंयां नौनै भुक्कि न ब्वेका कामै न बाबू का—व्यर्थ का प्रयास निष्फल होता है।

सेंयां वाला तैं गधा, जागण वाल तैं हाति—आलसी को तुच्छ और सचेष्ट को उत्कृष्ट वस्तु मिलेगी।

---

1. पैना करना 2. पर्वतीय भाग 3. भीड़

सेकि झांण—शौक दिखाना, थोथा बखान करना, अपना मुँह मियाँ मिट्ठू बनना।
सेकि दिखौंण—घमंड दिखाना, अपनी योग्यता का प्रदर्शन करना।
सेटा नौना भुक्की सबि पेंदा—बड़े आदमी की सब चापलूसी करते हैं।
सेठ की चाकरी, गांठ का खाणा, झगुलि फाटी घर आणा—धूर्त की नौकरी से लाभ नहीं।
सेमला फूल होंण—निरर्थक, अर्थहीन होना, देखने में ही सुंदर।
सेमला सेलौण—पवित्र जगह पर रखना।
सेर की सवारि कन—खतरा मोल लेना।
सेर पाथा सणी अड़ौ—छोटा का बड़े को उपदेश देना।
सेर बखरा कु दगड़ु—असंगत मेल, शत्रु-मित्र की मित्रता असंभव।
सेर बण्यू—बहादुर बनना, प्रभाव जमाना।
सेर माँ सवासेर होंण—बढ़कर होना।
सेरभर सेट मनभर पेट—असंगत बात, पेटु।
सेलवाणी समाणू—जन्मते ही मृत्यु होना।
सेला राजा कि घणि प्रजा—सोच-समझ से काम करने वाले की प्रजा सुखी रहती है।
सेलि[1] बोलाण, चपैक खाण—मीठा या धीमी, धीमी बात करना, चबाकर खाना लाभदायक।
सेलि झल जन लगी—दुख का धीरे-धीरे बढ़ना।
सेलि हिटौंण, ठंडी गाति भलि होंदि—धीरे चलना, साधारण वस्त्र अच्छे होते।
सेलि धाण—धीरे-धीरे परंतु अच्छा काम।
सेलु तेल लगौंण—किसी पर मीठी मार करना।
सेलै[2] सीं देवि—आलसी जहाँ जाना फिर वहीं रहना।
सेवा का मेवा मिलदा—सेवा का फल मिलता है।
सेवा सौंलि बन्द च—बोलचाल नहीं है।

सै

सैंणा गोरु भेल हाकण[3]—उल्टे और नासमझीपूर्ण कार्य करना।
सैंतेरु दूध पराई बुद्ध कख छै?—माँगी गई वस्तु और दूसरे की दी बुद्धि अलाभकारी।
सैना कि सैना होंण—अधिक बच्चे होना।
सैरि ढबरी मूंडि, पूछे दौ लराट[4]—सारा काम खुशी-खुशी से किया पर अंत में

1. धीमी 2. गोंद, चीड़ के पेड़ से निकलने वाला लीसा 3. हाँकना 4. रोना, बिलबिलाना

अप्रसन्नता प्रकट करना।

सैरि मुसीबते जड़ आलकस–आलस्य मुसीबत लाती है।

सैल लगणी–मिलकर काम करना, कभी किसी का कभी किसी का।

सैं सकला, यखि देखेंद तमासु–सहनशील को अन्यायी के बुरे कर्मों का फल सामने दिखाई देता है।

सै होंण–प्रकट होना, सामने आना, गुमी वस्तु मिलना।

स्वै अपणु, जु वक्त पर काम औंदु–समय पर सहायता करने वाला या काम आने वाली वस्तु अपनी होती है।

स्वैण का जण्यां–पत्नी के गुलाम।

स्वैंण जोड़ी कूड़ी, बल्द जोड़ि पुंगड़ि–विवाह कर घर बनाना, बैल जोड़कर खेत जोड़ना।

स्वैणि कु खसम मर्द, मर्द कु खसम कर्ज–स्त्री को पुरुष हड़पता है। कर्ज पुरुष को कमजोर करता है।

स्वैणीन पकायो, गोस्यूँन खायो, भाट भिखारी कैन नि पायो–केवल अपना पेट भरना, परोपकार न करना।

स्वैणी मू नि लाण सच्च, ठाकुर मू नि लाण झूठ–पत्नी से गुप्त बात और बड़ों से झूठी बात नहीं करनी चाहिए।

स्वैंण-मैंस कि कल, दूध भात कि बल–पति-पत्नी की बात को और नहीं समझ सकते।

सो

सोना का घट रीटण–अति धन दौलत होना।

सोना का दांत लगौंण–वैभवशाली जिंदगी।

सोना का संगाड़ लगौंण–वैभवशाली जीवन।

सोना कि चिड़िया–कीमती वस्तु, धनधान्य से संपन्न।

सोना कि छ्वीं ह्वैगि–मनोनुकूल काम होना।

सोना कि छुरि पेट थोड़ि मारेद–धन से प्राण प्यारा होता है।

सोना कि टुकड़ि–अति सुंदर नारी।

सोना कि बात कन–बहुत उपयोगी, समझदारी की बात करना।

सोना कि लंका जन–समृद्धशाली देश या स्थान, घर।

सोना कि सुई भी चुभदि–अच्छाई में बुराई भी होती है।

सोना कि सोभा कान, हात कि सोभा दान—सोने की कीमत कान बढ़ाते हैं हाथ की सार्थकता दान देने में होती है।

सोना की ईंट बिछौण[1]—वैभवशाली जिंदगी।

सोना कु खारु कन—संपन्न घर की बर्बादी करना।

सोना कु दान द्या, पर सैंण ना द्या—खाने को दो पर अपरिचित को रहने को न दो।

सोनान मड़न—खूब गहने बनाना।

सोना माँ सुगन्ध—अच्छी वस्तु में अच्छाई होना।

सोना माँ स्वागो—अच्छे में और अच्छा होना।

सोना सिंगासन माँ बैठण—राज करना, अति आदर पाना।

सोना सी[2] **गेंडखि**[3]—बहुत सुंदर वस्तु, महत्त्वपूर्ण।

सोनु अर मर्द बुड्या नि होंद—पुरुष और सोना सदा एक सा रहता है।

सोनु खोटु होंण—संतान का मूर्ख होना।

सोनु गू माँ भी हो पड्यूँ उठै दैंण—अच्छी वस्तु गंदगी में भी हो ग्रहण कर लेनी चाहिए, अच्छी लड़की या लड़का गरीब या निम्नस्तर में भी जन्मा हो ग्रहण कर लेना चाहिए।

सोनु चपौंणत[4] **मोमका दांत लगौंण**—मृदु व्यवहार से ही धन की रक्षा होती है।

सोनु नि बाजद, पितलु बाजद—थोथा चना, बाजे घना।

सोनु बर्खण—अति लाभ होना, खूब आमदनी होना।

सोनु सी जुड़नू—अटूट संबंध होना।

सोनै थालि बचौंण, माटै दिवाल चैंदि—गरीबी करके ही संपत्ति बचती है धन हो तो उसका प्रदर्शन न करे।

सोनौ जुतुभी खोटै पर लगौंण—हर वस्तु उपयुक्त स्थान के लिए बनी है।

सोबत कु असर होई जांद—संगत का प्रभाव पड़ ही जाता है।

सोम का घर धन होंण—कृपण के पास अच्छी वस्तु की निरर्थकता।

सोम कु घर अर दाता कु तथि वैठद—दाता और कृपण की बचत समान होती है।

सोमावति औंस भी, सुक्रबार भी—बेतुकी बात।

सोरा कि सरदारी, गधा की सवारि बराबर—अपनों में श्रेष्ठ बनना, गधे की सवारी के समान है।

सोरा रंजिश करो बाजि करो, नतर द्वीं बात पिछा तो भी करो—सजातीय सब प्रकार से हानि पहुँचाने की कोशिश करते हैं।

सोरा सोरु काटु, लुहा-लुहा काटो—अपना सजातीय ही अपना शत्रु होता है।

सोऌ आना सही—बिल्कुल सच्ची बात।

सोऌ कलम पास छन—एम.ए. उत्तीर्ण होना, बहुत पढ़ा-लिखा होना।

---

1. बिछाना 2. की तरह 3. गाँठ, टुकड़ा 4. चबाना

सोल् बात कन—इधर-उधर की लगाना।
सोल् सिंगार कन—अंग-प्रत्यंग सजाना।
स्योलु जन सुजौंण—बहुत पिटाई करना।

सौ

सौं डांल् नी—बिल्कुल न होने की बात करना, कसम खाना।
सौंडाली[1] कस्तुरि नि बिकदि—किसी देखी परखी वस्तु को कसम खाकर बेचा नहीं जाता।
सौंण का अंधा तैं हर्यूं-हर्यूं दिखेंद—पापी को सर्वत्र पाप ही दिखाई देता है।
सौंण का मैना बसांण भादौं का मैना रसाण—श्रावण में परेशानी भाद्रपद में भोज्यपदार्थ की प्रचुरता।
सौंण कि गंगा, टिमरु कु मैंण—श्रावण की गंगा टिमरु की लट्ठी से पार नहीं हो सकती, संकट का सामना करने की हिम्मत होनी चाहिए।
सौंण चिणैं कन—व्यर्थ प्रयास करना।
सौंण भादौं कन—विलंब करना, इधर-उधर की बातें लगाना।
सौंण-बसग्याली तोमड़ा जन—क्षणिक उन्नति वाले।
सौंण मरि सासु, भादौं आयां आंसु—कब की बात का बहुत बाद प्रभाव पड़ना, दिखावा करना।
सौंण सूखा न भादौं हरा—सदा एक समान रहना।
सौंण्या गदरा होण—क्षणिक तरक्की होना।
सौंण्या सेर देण—टिहरी राजशाही के दिनों लोग प्रथम बार ब्यायी गाय या भैंस के दूध से बने घी की माणी (आधा किलो के बर्तन में) राजा को देते थे।
सौ अनाड़ी एक पुनाड़ी—पुराने जमाने में रुद्रप्रयाग के लाला भाव बिल्कुल नहीं घटाते थे।
सौ अजाण एक सजाण—सौ अज्ञानियों से एक ज्ञानी अच्छा है।
सौ कपूत से एक सपूत भलू—सौ कुपुत्रों से एक सपूत उत्तम होता है।
सौ का सवाया, कमवक्त का दूणा—भाग्यशाली का सौ रुपये के व्यापार से सवाया लाभ होता है। अभागा दूना धन लगाने पर भी लाभ नहीं कमा सकता है।
सौ कौरौंन क्या करि? पांच पंडौन क्यानि करि?—दुष्ट संख्या में अधिक होने पर भी कुछ नहीं कर सकते हैं, कर्मठ योग्य थोड़ी संख्या में होने पर भी अच्छे

---

1. सौगंध खाकर

और श्रेष्ठ कार्य करते हैं।

सौ चूहा खैक, बिरालु हज कु जाणू—बुरे कर्म कर तीर्थ जाना।

सौ चंडाल एक कंगाल—चांडाल से कंगला बुरा होता है।

सौ चौण्डियाल एक परकण्डियाल्—परकंडी के लोगों की चतुराई पर।

सौ जोतिसी अर एक बुढ़िया बराबर—बुजुर्गों को भूत भविष्य का ज्ञान होता है।

सौ दिन काम का एक दिन राम का—कभी भगवान की भक्ति भी करनी पड़ती है।

सौ दिन चौरा का एक दिन चौकिदार का—चोर एक न एक दिन पकड़ा ही जाएगा।

सौ दिन साहू का एक दिन चोर का—चोर को एक न एक दिन चोरी करने के लिए मिल ही जाता है। चोरी एक ही दिन की जाती है।

सौ दिन सासु का एक दिन ब्वारि का—एक न एक दिन बहू को घर का अधिकार मिल ही जाएगा।

सौ धोती एक गोती—लड़की की संतान से सजातीय अच्छा होता है।

सौ नकटु माँ एक नकु—अंधों में काना राजा।

सौ न सजल, चल पड़्या फजल—बिना राय-मशविरे के काम करने की बात करना, अव्यावहारिक होना।

सौ बिरालु से मूसि नि मरदि—अधिक संख्या वाले कुछ नहीं कर सकते, किंतु समझदार कम भी हों, बड़ा काम करते हैं।

सौ बिस्वा कु एक विस्वा—अचंभित बात होना।

सौ बोलणी, लेखणी एक नी—बातों के बजाय लिखने का महत्त्व होता है।

सौ माँ निन्यानबे की भूल—निन्यानबे न हो तो सौ भी न हो।

सौ माँ सति लाख माँ जति—सौ नारियों में कुछ ही आदर्श होती हैं, लाख पुरुषों में विरले ही पत्नीव्रता होते हैं। पुरुषों की अपेक्षा नारियाँ सदाचारी होती हैं।

सौ रोगी मारी मिलद बैद—अनुभव से सीख मिलती है।

सौ संध्या कु एकु झटाकु—सारी बात का एक ही सारांश होना।

सौ संसार एक मुन्स्यार—मुनस्यारी की रमणीयता पर।

सौ सुनार की एक लुहार की—सौ कमजोर और एक बलवान के कार्य का प्रभाव अधिक।

सौ सयाणे कि एकु अकल—चतुर लोग एक सी बात सोचते हैं। (कहानी—तालाब में दूध डालने को कहने पर सब पानी ही डालते हैं यह सोचकर कि कोई तो दूध डालेगा ही पर डाला सब चतुरों ने पानी ही)।

सौ सुखि मरु भुखि—सुख से रहने वाला भूखा मरेगा।

सौ सेकड़ा माँ छांटण—बहुतों में से छाँटकर लाना।

सौ स्यालु का एक सेर कु—सियार के सौ बच्चे हों शेर का एक बच्चा बलशाली होता है।

सौकार तपणू—दरवाजे पर साहूकार खड़ा है।

सौकार लाणू-खाणू—कर्ज निकालकर खाना-कमाना।

सौकार होंण—ऋणदाता होना, खूब चहल-पहल होना।

सौका साही न बौंको भाई, पांच पकोड़ी कींकि खाई?—छद्मवेश धारण कर मेहमान बनकर खाना।

सौकि नौ—सब बात का एक सारांश होना।

सौकीन बुढ़िया चटै का लहंगा—व्यंग्य, चटाई शरीर पर लिपटी होने पर लहँगा बताना।

सौंजड़ि वणी—जोड़ी खूब सजी है।

सौजड़्या होंण—समवयस्कों की जोड़ी होना।

सौजनों की लकड़ी, एक जने का बोझ—मिलकर काम करने से काम हल्का होता है, अकेले में भार पड़ता है।

सौजि माँ दीन्यू पैसा, मुस्किल से मिलद—बिना खुशामद के दिया ऋण कठिनाई से वापस मिलता है।

सौत पींडा कि भी भलि नि होंदि—सौत मरियल या बदसूरत भी अच्छी नहीं होती है।

सौत बैख होंद—पुरुष पर निर्भर करता है, कि सौतें परस्पर अच्छा या बुरा व्यवहार करें। पक्षपात करने या न करने पर।

सौदा पटण—काम बनना।

सौन सल्ला भाटि अंग्वाल् मान—बिना परस्पर सहमति के पर नारी से आलिंगन करना अपराध होता है।

सौंनिभौंण चेंदा—वचन पूरे करना, निभाना।

सौ बात कि एक बात—सौ कि नौ, सब बातों का सारांश होना।

सौर कन—नकल करना।

सौरा जेठाणौं नौ मनै माँ—ससुर-जेठ का नाम नहीं लेती हैं पर मन में नाम याद है। कहें कभी जानते सब हैं।

सौरा-मौंसरु कु भ्रम नीं—बड़ों का खयाल न रखना।

सौरीन मौरी दुनियां—दुनिया की नकल करने लगे तो दिन काटने मुश्किल होते हैं।

सौरु नि रख साड़ी, ब्वारि क्या रखु दाड़ि—जब ससुर पुत्र वधू की इज्जत न रखे तब बहू भी क्यों इज्जत देखे ससुर की?

सौला जन सिलक्वता—बड़ी कष्टप्रद वस्तु।

सौला बाबू क्या लगद गाड पार—सीमा से बाहर किसी का कोई अधिकार नहीं।

सौ स्वर्ग एक संतोस—संतोष सबसे बड़ा सुख है।

सौ हत्या घरबार एक हत्या खेति नि होंदि—घर-गृहस्थी की व्यवस्था एक हाथ से और खेती कई हाथों से होनी चाहिए।

ह

हंकार कन–ईर्ष्या करना, अनिष्ट कामना करना।

हंकार लगौंण–देवी-देवताओं का प्रकोप।

हंडिया कु मुख चौडु, बिराला तैंत शर्म औ–देने वाले को शर्म न हो तो खाने को तो आये।

हंस उडि गैन, कागा रे गैन–अच्छे लोग चले गये, अब गुणहीन रह गये।

हंसण तै दगड़ि, जु हंसु दगड़ि, रोण तै दगड़ि जु रोऊ दगड़ि–अपने सुख-दुख को समझने वाले के साथ ही सुख-दुख की बात करनी चाहिए।

हंसण बोलण–प्रेमभाव रखना।

हंसदा ज्यूँदाल[1] देण–वरदान देना।

हंसदि खेलदि जांण–कष्ट रहित मृत्यु होना।

हंसदि मुखड़ि, डंसदि पुछड़ी–मुख में राम-राम, बगल में छुरी।

हंसि कन–उपहास करना।

हंसि माँ टाळण–बात टालना, बात को हल्के रूप में लेना।

हक् बक् रण–विस्मित होना।

हक माँ होंण–पक्ष में होना।

हका कि रांड हो मेरा भाग–दूसरे की विधवा अपने लिए होने की कामना करना, दूसरे के नुकसान में अपना फायदा देखना।

हका कु कमायूँ मेरा नौ–दूसरों की संपत्ति हड़पने की चाहत।

हक्का कु बबाल अपणा मुण्ड लेंण–दूसरों की परेशानी अपने सर उठाना।

हगण जाण चुलि, बात कन दिल्ली–लियाकत या जानकारी शून्य पर बातें दिल्ली की यानि ऊँची-ऊँची बात करना।

हगण थोड़ा, पादण जादा–काम कम शोर अधिक।

हगणा छन–टट्टी करना, कठिनाई का सामना करना, भयभीत होना।

हगदारा नि पकड़्यौंन जागदारा पकड़्यौंन–अपराधी को छोड़ना, निर्दोष को पकड़ना, गंदगी करने वाले नहीं पकड़े गये, जो सचेत थे वही पकड़े गये, अन्याय करना।

हगाड़ अर कुलाड़ा मुख पर नि रौंण–शौच करने वाले और कुल्हाड़ी चलाने वाले के सामने रहना अनुचित।

हज कन गैत काजि, घौर ऐ पाजि–तीर्थ में धर्म करना घर आकर अधर्म करना,

---

1. मंत्रित चावल

अवसरवादी।

हजम कन—हड़पन करना, सब पचा देना, सब समाप्त करना।

हजामत कन—हानि पहुँचाना, खूब पीटना।

हजामत बणैलि[1]—खूब हानि पहुँचा दी।

हजारि बांद[2] **होंण**—बहुत सुंदर नारी (पुराने जमाने में बहू लाने में पैसे पड़ते थे, एक हजार रुपये बहुत मायने रखते थे। अच्छी लड़की के अधिक पैसे लिए, जाते थे। तब कहते थे हजारि बांद होंण यानि सुंदर होना)।

हजारि हारि जांद, रोजगारी जीति जांद—जिसके पास बहुत पैसे जमा हों, उसको आर्थिक तंगी हो ही जाती है। पर नौकरी वाले को नहीं होती है।

हट कन—जिद्द पकड़ना।

हट पकण—अड़े रहना।

हड़मानी औंण—हनुमान की तरह बहादुरी दिखाना, तोड़फोड़ करना।

हड़ मिल्यौंच[3]—दोनों को सुविधा होना, अनुकूल दशा होना।

हड्डि पसलि ढीलि होंण—मरणासन्न बच्चा, कुम्हलाना।

हत् चलै कन—हाथ चलाना, पिटाई करना।

हतपत कु काम लतपत—जैसा नाम वैसा काम, हड़बड़ में काम बिगड़ जाता है।

हत्‌लैंण[4] **घड़ि-घड़ि**—बार-बार किसी वस्तु, व्यक्ति पर हाथ लगाना, दुधारू पशु के थन पर हाथ लगाना।

हत्ता बण्याँ—किसी वस्तु की प्राप्ति के लिए उद्विग्न, बेचैन होना।

हत्तु कु क्या पतु—बेशर्म और अनियंत्रित व्यक्ति न जाने कब क्या करता है? उसका विश्वास क्या करना है?

हत्यारु का घौ[5] **मिटि जांदा, पर बोला नि मोल्दा**—चोट के निशान मिटते हैं पर कटु वचन नहीं भूले जाते हैं।

हत्यूल[6] **कन**—लूटपाट करना, जिसके हाथ जो लगे उसे ले जाना।

हथगुल्यौ कि रेखा, अर भै बांटि कैन मेटि सकि—हथेलियों की रेखा और भाई के हिस्से अमिट हैं।

हथगुली माँ थूकण अर चाटण—बेशर्म होना।

हथगुलि माँ थूका अर तैमा डूबा—बेशर्मी की हद पार करना।

हद कन—सीमा से बाहर कार्य करना।

हद ना कर्या—सीमा पार न करना।

हनुमानि दिखौंण—चमत्कार दिखाना।

हपोना-हपोनी कन—बाहर-भीतर करना, जब भीतर धुँआ निकला रहा हो।

हम आयां तुम जार्णी, तुम रैयां चुपचाणी—हम तुम्हारे भरोसे आये थे पर तुमने

---

1. बना ली 2. सुंदर स्त्री 3. मिला हुआ है 4. बार-बार स्पर्श करना 5. घाव 6. लूटपाट करना

बात तक नहीं की।

हम आयां पौणा कि राशि, तख नि पै सौदु न वासी—गये थे मेहमान बनकर रहे भूखे।

हम आयां मराड़ा[1], तख खांया सातु छोलीक—गये थे कि खूब दावत पायेंगे पर मिली सूखी-सूखी रोटी, निराशा हाथ लगनी।

हम चौड़ा, बाजार सांगड़ा—असंगत कार्य।

'हम' नि कन कभि—अपने को ही सब कुछ नहीं समझना चाहिए, घमंड नहीं करना चाहिए।

हम तुमारा घर औला क्या द्यौला तुम हमारा घर औला क्या ल्यौला—सब प्रकार से अपना ही स्वार्थ देखना।

हम सोचदा कुछ भगवान करद और—जो हम चाहते हैं नहीं होता, प्रभु की इच्छा कुछ और होती है, मन चाहत होत नहीं प्रभु चाहत तत्काल।

हरकाई गंगपारि फरकाई गंगपारि, फिर भी गंगपारि कु गंगपारि—मूर्ख को कुछ भी कहो कोई फर्क नहीं पड़ेगा।

हरगण गान—बुरे बचन बोलना।

हरद्वार कुकुरन काटी, बद्रीनाथौ कुकूर पीटि—किसी के अपराध का दंड अन्य को देना।

हरि कथा लगौंण—पुरानी घटना को बार-बार दोहराना।

हरि झण्डि दिखैलि—साफ मना करना।

हरिसिंह खाऊ, बीर सिंह उस्याऊ—एक का कुप्रभाव दूसरे पर पड़ना, अन्याय होना।

हरिहट कन—बिल्कुल मना करना।

हर्चीत[2] भगवान तैं होंण—झूठा समाधान, मजबूरी का मारा।

हर्त्ता-कर्त्ता बण्याँ—सब प्रकार से सहायक, संरक्षक होना।

हर्यां बण आग लगण—अन्याय होना, असंभव कार्य होना, असंगत कार्य होना।

हल़ न मल़, खांदि दौ जल-जल—परिश्रम न करना, खाने की चिंता होना।

हल को साथी जोल़—हल और पाटे का संबंध।

हल चलै आकास, बैल चलै पाताल—असंगत कार्य।

हल भी लाया, खल भी खाया, बैसागु बाबान सुख नि पाया—कई काम किए, कष्ट झेले हैं पर शांति कहीं नहीं मिली है।

हलुवा बणौंण—खूब पिटाई करना।

हल्कदि आव नीं, हंसदि देउंनी—जैसा दानी चाहता वैसा करते नहीं फिर दानी देता नहीं।

हल्द[3] बेची बल्द, बल्द बेची हल्द—हल बेचकर बैल लाना, बैल बेचकर हल लाना,

---

3. गाँव से दूर की गौशालाएँ 2. खो गया 3. हल्दी

अविवेकपूर्ण कार्य।

हल्दी हाथ की बात आई, हल्दु याद आई—वक्त मौके पर याद आना, अन्य दिनों बेखबर रहना।

हल्दु खाण्या कन—बहुत पीटना, अंतरघाव करना।

हल्या क्या जांणू दरवार कि खबर—मजदूर क्या जाने दुनिया की बातें।

हवा उड़ी—मर जाना, शक्ति समाप्त होना।

हवा कु रुख देखण—समय की नजाकत पहचानना।

हवा खाँण—कहीं जाना, साफ मना करना।

हवा बणी—दौड़कर चला जाना।

हवा बदलण—रुख बदलना।

हवा लगण—संगत का असर पड़ना।

हवा से बात कन—बहुत तेज दौड़ना, ऊँची बातें करना।

हा

हाँ कि कीमत सौ, ना कि लाख—झूठा आश्वासन देना बुरा, देने से हानि, न देने से लाभ।

हाँकु लगौंण—खदेड़ना, जंगली जानवरों को बहुत लोगों द्वारा शोरगुल कर चारों ओर से खदेड़कर एक जगह ले जाना, फिर जाल में फँसाना।

हाँ माँ हाँ मिलौंण—चापलूसी करना, यसमैन होना।

हाकिम का अग्वाड़ि, घोड़ा का पिछ्वाड़ि नि रौंण—अधिकारी के सामने अधीनस्थ को, घोड़े के पीछे लात की डर से नहीं रहना चाहिए।

हाकिम गरम, बणिया नरम—अधिकारी कठोर और व्यापारी कोमल व्यवहार का होता है।

हाजिर नाजिर होंण—उपस्थित व्यक्ति को प्राथमिकता देना।

हाति ऐगि[1], हाति ऐगि तख देख्यो मूसु—बेमतलब का शोरगुल करना, कोरा प्रचार करना।

हात्यौ पुंगड्डु पाथ्यौ बीज—आय से व्यय अधिक।

हाड़गा-चमलांणाँ[2]—मार खाने की नौबत आना।

हाडगा चुरेण—अधिक परिश्रम करना।

हाडगु खांण चपैक, पैणु खांण जबकैक—हड्डी को चबाकर खाना, किसी का दिया

---

1. आ गया 2. खुजलाना

खाना देखकर खाना चाहिए।

हाड़ पड़्यूँ च—व्यवधान बाधा, गले लगने वाली बात।

हाड़ि गरुड़ जन—शिकारी गरुड़ जैसा।

हाणि न गाणि माँ—किसी गिनती में न होना।

हाणि न गांणी मुल्या[1] बणौं सी पाँणि—गाँव के नीचे का पानी अलाभकारी होता है।

हाथ उच्चु कन—दान देना।

हाथ उठौण—पीटने को तैयार, सहमति प्रकट करना।

हाथ ऐंच कन—दान देना।

हाथ औंण—हाथों पड़ना, पकड़ा जाना।

हाथ कन्दूड़[2] पर छन—खबरदार होना, ना बाबा ना, कतई नहीं।

हाथ काटण—लिखित लेना।

हाथ काटीक देण—लिखित देना।

हाथ कि सफै दिखौंण—कमाल दिखाना, जादूगरी दिखाना, ठगना।

हाथ कु लोखर, बाजारा सोना से भलु—जो उपलब्ध है उसी में संतोष करना अच्छा होता है।

हाथ कु हाथ नि सूझद—घोर अँधेरा।

हाथ खज्याण—मारपीट को तत्पर होना।

हाथ खैंचण—देने से मना करना।

हाथ खुटा जोंण—विशेष अनुरोध करना।

हाथ गमटांण[3]—देने में कंजूसी करना।

हाथ गिच्चि पेंण—ममता दिखाना।

हाथ चलै कन—मारना-पीटना।

हाथ चलौंण—मारपीट करना।

हाथ छल्यौंण[4]—दावत देना।

हाथ झाड़्या—असमर्थता प्रकट करना।

हाथ टूटी पर बौंछड़ा नि टूटी—नुकसान होने पर भी न चेतना।

हाथ थामण—विवाह करना, वर के हाथ कन्या देना।

हाथ देखण—शुभ-अशुभ का ज्ञान करना।

हाथ ध्वैक पीछा पण—बुरी तरह से पीछे पड़ना, बार-बार परेशान करना।

हाथ ध्वैक बैठण—नुकसान उठाना।

हाथ ध्वैक भूक—बार-बार भूख लगना, शीघ्र भूख।

हाथ नि उठौंण—दंड न देना, सहमति न होना।

हाथ नि लगण—प्राप्त न होना, बचना मुश्किल।

---

1. नीचे के 2. कान 3. झिझक होना 4. धोना

हाथ पकड़ी पौंठ[1] पकंण—थोड़ा अधिकार माँगकर पूरा अधिकार लेना।
हाथ पकणौंण—विवाह करना, सूक्ष्म विवाह।
हाथ पाँव चलौंण—प्रयास करना।
हाथ पर पांणि नि छिन—कंजूस होना।
हाथ पड़ी—काबू में आ गया।
हाथ पसान—भीख माँगना।
हाथ पाँव चलौंण—प्रयास करना।
हाथ पिंगला कन—विवाह करना।
हाथ पैर हिलौण—प्रयास करना।
हाथ छिरदा कन—दाता बनना, दान देने की प्रवृत्ति।
हाथ मंल[2]—पश्चात्ताप करना, पछतावा।
हाथ बांटण—सहयोग करना।
हाथ बौटीक रंण—कुछ काम न करना।
हाथ मजबूत होंण—समर्थवान, धनी होना।
हाथ मान—लाभ पाना, लूटपाट करना।
हाथ माँ टौल[3] कन—सेवा सुश्रूषा करना।
हाथ माँ देंण—तत्काल देना।
हाथ माँ नी धन, राजकुमारी पर मन—अपनी सीमा का अतिक्रमण करना, गरीब की अमीर आशाएँ, आकाश बेल की जड़ ढूँढ़ना।
हाथ माँ परांण औंण—अति आतुरता।
हाथ-माथु होंण—छत्रछाया रखना।
हाथ माँ माला, पेट माँ भाला—बगुला भगत, छिपे शत्रु।
हाथ माँ मिट्टी मुख माँ रोटी—खेत में मेहनत करने पर ही भोजन मिलेगा।
हाथ माँ सिकार हो त कवा गरूड़ रीटला—संपन्न के इर्द-गिर्द सब घूमते हैं, सब स्वार्थ देखते हैं।
हाथन खोण—अपनी गलती से काम बिगाड़ना।
हाथु-हाथु माँ नचोंण—बहुत प्यार करना।
हाथ पौ[4] चलौंण—मेहनत करना।
हाथ माँ उज्यालु, कांधि माँ जार, देखा यीं रांडै सार—बदचलन औरत की बदसलूकी दिखाई दे रही है। फिर भी अपने को चरित्रवान बनने का नाटक करती है।
हाथ रीतु[5] होंण—गरीबी आना।
हाथ साफ कन—कोई वस्तु चुराना।
हाथ सामु कन—दान देना।

1. बाँह 2. मलना 3. सेवा, देखभाल 4. पाँव 5. खाली

हाथ लगण—बस में आना, प्राप्त करना।

हाथ लगैक दस्त नि रुकदा—बड़ी समस्या का समाधान बड़े साधन से होता है।

हाथ लगौंण नि देंण—बिदकना, घबराना, दूर रहना।

हाथ सुमिरन, बगल कतरनि—मुख में राम-राम बगल में छुरी।

हाथ सूखण नि देंण—अभी-अभी खाया खाना, फिर माँगता है।

हाथ से ना मारा, भात से मारा—खिलाकर बस में करना।

हाथ से भैर होंण—बस से बाहर, काबू से बाहर होना।

हाथ हिलौंदि जांण—खाली जाना।

हाथी उठैक किरमुलु[1] लीगि—अतिशयोक्तिपूर्ण बात।

हाथी का खोटा माँ सबू खोटू—बड़े के संरक्षण में सभी लोग रहते हैं।

हाथी का गिच्चा पर फ्यूली फूल—ऊँट के मुँह में जीरा।

हाथी का दांत खाणा का और दिखौंणा का और—वास्तविकता और देखने में अंतर।

हाथी का पूठा पर गीडु[2] लगौंण—बड़े आदमी की बराबरी करने की कोशिश करना।

हाथी को दांत, कुमनखि जीब, कुकरौ पूंछ टेडी रौंद—दुष्ट की हर बात कुटिलतापूर्ण होती है।

हाथी चलद रौंद[3], कुत्ता भूकद रौंदा—बोलने वाले नीच बोलते रहते हैं। बड़े लोग काम करते रहते हैं।

हाथी छीरि[4] पर पूंछ ना छीरि—असंगत बात।

हाथी पर चढ़ी भीख माँगण—माँगकर खाना अकड़ दिखाना।

हाथी मरलु भी त लाख कु बिकलु—बड़े आदमी का प्रभाव मरने के बाद भी रहता है।

हाथी ल्या, घोड़ा ल्या, मेरि तुति बजै द्या—पैसा देकर अपना प्रचार कराना।

हाथु-हाथु माँ रौंण—लाडला, खूब खिदमत करना।

हाथै तेरि तवै मेरि—सब तरह से अपना हित देखना।

हाथौं हाथ बिकी—तत्काल वस्तु की बिक्री हुई।

हाथौ छुटी कुत्ता न खाय—गंदी वस्तु अग्राह्य।

हाथौंन आग लगौ, खोटून बुझै—लोगों से झगड़ा कराना, फिर सुलह-समझौता कराना।

हानि अपड़ि, बोल पराया—अपनी हानि पर दूसरों के ताने सहने, जगहँसाई होना।

हामुन करि बड़ौं कि सरि, माण्ड पीनि[5] सुगरै चरि—छोटों को बड़ों की नकल करने से परेशानी उठाना।

हामुन तुममू नि औंण, तुमून हममू ऐ जाण—बुजुर्ग कहते हैं बच्चों से कि उन्होंने बच्चों की अवस्था में नहीं आना है। पर बच्चों ने उनकी अवस्था में अवश्य आना है।

---

1. चींटी 2. सीढ़ी 3. रहता है 4. घुसना, निकलना 5. पिया

हाय बिना हाय, पीड़ा बिना पछताय--अभाव के बिना कोई हाय-हाय नहीं करता, दर्द के बिना कोई दुःख नही करता।

हाय-हाय मची–अभाव खटक रहा है, पूर्ति कम माँग अधिक होना।

हार खै नि हूवै धौ, माँड खैक सच्चि होलि तब–भरी थाली से पेट न भरे, माँड पीकर क्या पेट भरेगा?

हार नि ठुकरौंण–सामने की थाली नहीं ठुकरानी चाहिए, मौके को नहीं गँवाना चाहिए।

हार माँ दगड़्या, बिमार माँ जनानु–परेशानी में मित्र, बीमारी में पत्नी साथ देती है।

हारामी कि कमै हारामी खौ–मुफ्तखोर का माल मुफ्तखोर ही खाते हैं।

हाल घोड़ा हाल मैदान--हाथोंहाथ बड़ा काम पूरा होने की चाहत।

हाल-चाल माड़ा छन–बुरे हाल होना।

हि

हिंग बेचु जन–कंजूस होना।

हिंग हगलि–बहुत परेशानी होना।

हिंगाड़ा लगायां, न्याता-न्याता रव्वै–रोने-धोने से काम नहीं बनता।

हिंवाई अर गिवाई–बर्फ पड़ने पर गेहूँ अच्छे होते हैं।

हिंवाल् अंडुरु पयाल् घोल–असंगत काम।

हिकमत बांधण–साहस देना।

हिजडु का घर सूतक–असंगत बात।

हिट बोलि बैठु, बैठ बोलि हिटद–उल्टी मति का, आज्ञा की अवहेलना करना।

हिटण अफु नी जाणद, बाटा देण दोस–नाच न जाने आँगन टेढ़ा।

हिटद माठु[1] छ, पौंछण केदार छ–जाना अधिक दूर, चाल धीमी।

हिट मेरा बल्द, जन तेरु गोस्यूँ हिटाल्द–मालिक की इच्छानुसार करना।

हिलकायो गंगाडी, ऐ लग्यो पिगाड़ी[2]–किसी को मुख लगाने पर सिर पर चढ़ना।

हिलौलु[3] हात, तब मिललु भात–परिश्रम से पेट पूर्ति संभव।

हिसूल खांण अपणी ल्यायीं काफल खांण विराणा[4] ल्यायां–हिसूल अपनी लायी यानी ताजी, काफल बासी खा सकते हैं।

---

1. धीमा 2. टाँगों के अंदर 3. हिलाना 4. दूसरों के

ही

हीरा कु दुसमन हीरा—लोहे को लोहा काटता है, सजातीय अपना ही शत्रु होता है।
हीरा कु व्यापारी चोर—बड़ा धनी बड़ा अपराध और हेराफेरी कर धनी बनता है।
हीरा तैं जौहरी पछाणद—योग्य व्यक्ति ही योग्यता को पहचानता है।
हीस से रीस भली—ईर्ष्या से प्रतिस्पर्धा अच्छी होती है।

हु

हुक्का-पांणी चली—झगड़े के बाद खान-पान, लेन-देन, बोलचाल आरंभ होना।
हुक्का-पाणि बन्द च—बोलचाल, खान-पान बंद है, परस्पर झगड़ा।
हुक्म बजौंण—आज्ञा पालन करना।
हुक्मतामील कन—लिखित आदेश को पकड़ाना।
हुगाड़ि[1] आँखु छारु डालद—खुलेआम धोखा देना।
हुड़कि बौगि, हरिद्वार गै—रोजगार या आजीविका का सहारा छिनना।
हुड़क्यों का हुड़क्या, पुड़ख्यों का पुड़ख्या—जैसों के तैसे होंगे।
हुरस्यौंण रौंद—किसी खतरनाक काम करने के लिए प्रोत्साहित करना।
हुर्गद[2] क्या च बाग, तै बाखरा खा—गुस्सा निकालने के बजाय जो इच्छा है उसको करो।
हुर्या कु ब्यौ, फुर्या कु उत्पात—पड़ोसी की उन्नति से जलन होना।
हुर्यायूँ[3] कु पैक, बैर्यूँ का गुन्दा—मूर्ख को उकसाने पर वह शत्रुओं के बीच कूद जाता है।
हुर्र-हुर्र सबि कदा, गौडु[4] बल्द जैकु जालु तैकु जालु—लड़ाई के लिए सब प्रोत्साहित करते हैं पर नुकसान लड़ने वाले का ही होता है।
हुलिया वैरंग होंण—बुरे हाल होना।
हुल्की[5] तापि, गल्की खाई—काम न करना, माँगकर खाने वाला, निठल्ले।
हुस्मण्डी काटण—लड़ाई को तत्पर होना।

---

1. खुली 2. गर्जना 3. उत्साहित करना 4. गर्दन खड़ी किये बैल 5. जलती हुई सूखी और पतली लकड़ी

हुस्याळी मौ हूवै जौ, हिस्याळी मौ जौ—प्रतिस्पर्धा रखने वाला उन्नति करेगा, ईर्ष्यालु बर्बाद होगा।

हू

हूँचो करो बड़े, कांणों हेरो ठंडै—छोटे स्तर का आदमी अपनी बड़ाई करता है। एक आँख का अंधा मुख लगता है, झगड़ालू होता है।

ह्यूँद[1] का दिन गया रड़ि, अखलेटी[2] रांड रै पड़ि—ठंडियों के दिन चले गये आलसी औरत ने कुछ काम नहीं किया (लकड़ी, सूखी पत्ती, गोबर आदि) पड़ी रही।

ह्यूंद चैंदि कामळि या नथुलावाळि या धुंवाळि—ठंडियों के दिनों या तो कंबल चाहिए या पत्नी या आग या रजाई।

ह्यूंद समौण बसग्याळ कमौण—जो बरसात के मौसम में कमायेगा, ठंडियों में खूब खाएगा।

ह्यूंद हिंवाला, रुढ़ि[3] पयाळ—उल्टा काम करना या ठंडियों में बर्फ गिरती है, गर्मियों में नमी होती है।

हे

हेकड़ि मान—डींग मारना।

है ज्वानी? तु औलि कब? मैंने तब समझी चली तु जब—गरीब की जवानी कब आती और कब चली जाती है पता नहीं चलता, जवानी की क्षणिकता।

'हे डिगर्यांणा[4] दीदी हे डिगर्याणां दीदी' 'अर आफु'—अपने दोष न देखकर दूसरों के दोष देखना। (एक घर छोड़कर दूसरे घर में बसने वाली स्त्री, एक औरत खुद डिगर्यांण है और दूसरी को जोर-जोर से चिल्लाकर डिगर्यांण पुकारती है)।

'हे दीदी मैं कन स्वाणिं छौं?' 'कन मैं अस्वाणी छौं'—अपने को सुंदर समझने वाले दूसरों को असुंदर देखते हैं।

'हे बाखरा? सिकार सवादि होंणि' 'मेरित छ'—जिसका माल उसी को तरसाना।

हे बौडि मैं तेरु मणीस[5] होंदु, बल बाबू होलु भी त अबार जोग बिगड्यूँच—जब

---

1. सर्दियों के दिन 2. आलसी 3. गर्मी का मौसम 4. कई घरों को छोड़कर आई स्त्री
2. सहवास

बुरे दिन आते हैं तब कोई कुछ भी अपमान करने को तैयार रहता है।

हे भुला तेरि ब्वारि भलु साग बणौंदि[1], मेरु कटोरु भी लीजा—किसी की तारीफ के पुल बाँधकर लाभ उठाना।

हेलि डांल्[2]/मान—किसी की मौत पर सबको एक साथ चिल्लाना (श्मशान घाट जाते समय)।

है

हैंसदि खेलदि, आख्यूँ हाजिर—प्रसन्नमुद्रा में उपस्थित रहना।

हैंसि बुडलि, खिस दांत—हँसती बुढ़िया के दाँत नदारद दिखते हैं।

हूवैग्यूँ सासु यखि का जोग—दामाद का ससुराल में ही रहना। परघर रहने की विवशता।

हूवैजाणी त सत्चण्डी नतर कुसकण्डी—काम ठीक हुआ तो अच्छा नहीं तो सब बेकार होता है।

हो

होंई मौ गै—खाता-पीता परिवार बर्बाद।

होंचि[3] जात करु उत्पात—छोटी जाति के लोग (विघ्न) उत्पात मचाते हैं।

होंचि पूजा देखीक हैंसद मेंडु—तुच्छ व्यवस्था देखकर बलवान, उसको मारने वालों की दशा पर हँसता है।

होंचै गेडि पर द्वी टक्का—गरीब की गाँठ पर नगण्य पैसा।

होंठ काटण—स्वादिष्ट भोजन।

होंठु माँ जोंगा भी छन कैका?—किसी में पौरुष है कि नहीं, किसी को चुनौती देना।

होंण माँ देर लगदि, जांण माँ क्वी देर नि लगदि—किसी वस्तु के बनने में देर लगती है, बिगड़ने में कोई देर नहीं लगती है।

होंणि टलदि नी—होनहार होकर रहती है।

होंणि हुन्यार कैन देखि—घटना कब कैसे घटेगी कोई नहीं जानता।

होंणी-खाणी कर्त्ता तु जांणि—वंशवृद्धि, समृद्धि जैसी हालत होगी प्रभु ही जानता है।

---

1. बनाती है 2. मृत्यु पर जोर-जोर से रोना 3. नगण्य

होंण्या डालि का चलचला पात—होनहार बिरवान के होत चीकने पात।

होंद छौत देंदु छौ त्वे[1], पर छये नी जथ्या[2] खांदा—यदि अधिकार या समर्थवान होता तो बदला चुकाता पर जब कुछ नहीं है, तब मनमानी करने वाला या अन्यायी जो चाहे करे। विवशता है, बिना पूँछ का बैल। पूँछ होती तो उसको काटने वाले कीट को मारता पर जब पूँछ नहीं है तब मजबूरी है।

होंद दी छौत मुण्ड माँ कूटद छौ—होता तो किसी प्रकार उपयोग करते।

होंदा का दस यार—सब स्वार्थ को देखते हैं।

होंदा का नौना कि भुक्की सबि पेंदा—होनहार के लड़के को सब प्यार करते हैं।

होंदा कि हीस जांदा कि टीस—होनहार से सब ईर्ष्या करते हैं। गरीब को सब सहानुभूति दिखाते हैं।

होंदा कु हर्ष जांदा कु पछतौ—होनहार से हर्ष होता है, अवनतिशील का दुःख होता है।

होंदि ब्वे, कींक औण छै रूवै—माँ होती तो रोना क्यों था।

होंदु आबत उठौ, होंद सोरु डुबो—होनहार मित्र उठाता है। पर सजातीय होनहार डुबाता है।

होंदु सबून देखि, जांदु कैन नि देखि—पैदा होते सबने देखा, मरते किसी ने नहीं देखा।

होंदूयारी डालि चल-चला पात—होनहार बच्चे के गुण बचपन में ही दिखते हैं।

होंया उपज्यां[3] कि खार[4], पेट परै कि आस—जो पैदा हुआ है उससे ईर्ष्या जो पेट में है उसकी आशा करना मूर्खतापूर्ण कार्य।

होंया का सौ दुख, नि होंया का एकु दुख—अगर बच्चे हो गये तो अनेक कष्ट उठाने पड़ते हैं। अगर न हुए तो एक ही दुःख रहता है कि बच्चा नहीं हुआ है।

होंया का सौ नौ, नि होयां कु एकु नौं—बच्चे पैदा होने पर सौ किस्म की बदनामी/दुख होता है। न हुए तो एक ही दुख होता है कि बच्चे नहीं हुए हैं।

होतविता उठी—बड़ी गजब बात हो गई।

होता ग्यूँ रोता क्यों?—संपत्ति होती तो रोते क्यों?

होती का तीन नाम परस, परसा, परसराम—होनहार के तीन गुण—पैसा, शक्ति और यश।

होती की बलिहारी छन—जब सब कुछ मिल गया है तब प्रभाव पड़ जाता है।

हो पड़ोसी मैंजन[5]—पड़ोसी भी मेरे समान हो।

हो मेरि स्वींण नतर नाक काटदु—मेरी इच्छानुसार काम हो अन्यथा अपमान करता हूँ। मनमानी न करने देने पर अपमानित करना।

होयुत सायो[6], नतर गू खायो—सिंचाई के खेत में धान हो गये तो अच्छा न हुए तो व्यर्थ परेशानी।

---

1. तुझे 2. जितना 3. पैदा हुए 4. ईर्ष्या 5. मुझ जैसा 6. सिंचाई कर धान उगाना,

होरि कु सीं नवाब—होली का जैसा नवाब, जूतों की माला पहने व्यक्ति, बेइज्जत राजा।

होला जै-जै का, रौला कै कैका—बच्चे तो कई के होंगे, पर जीवित कुछ-कुछ के ही रहेंगे या कुछ ही योग्य होंगे।

होलु त होलु नतर घपलै[1] सै—होगा तो ठीक है नहीं हो हल्ला ही सही।

होलेर जन—होली खेलने वाले, हुड़दंगी जैसे।

होस कि दवै खा—नासमझदारी की बात करना, समझदारी की बात करने को कहना।

होस गुम होंण—डरना, भयभीत होना।

होस ठिकाणा लगौंण—दिमाग ठिकाने लगाना।

होस फाक्ता होंण—हालात खराब होना, अचंभित होना, भयभीत होना।

होसियार कि चार जगा फटदि—होशियार बनने वाला अधिक नुकसान में रहता है।

होसियार कि बड़ि खलाकि—जो जितना चतुर बनता है वह उतना ही घाटे में रहता है।

हौ

हौगण वालातैं निह्वै सरमत देखण वाला तैं भी निह्वै—अपराधी यदि बेशर्म है तो देखने वाला तो न हो।

हौगि पिछ्वाड़ि देखण—मानव की स्वार्थी प्रवृत्ति, अपनों से प्रेम चाहे वह बुरा ही क्यों न हो।

हौडि-बौड़ि कन—खेत खलिहान को नुकसान से बचाने के लिए कुत्ता बुलाना, गाली देना, शोरगुल करना।

हौड़ि-हौड़ि ह्वैगि—बदनामी होना।

हौर[2] पादला त छिः छिः, अफु पादल तो घी-घी—अपने दोष न देखना अन्य के छोटे दोषों का बखान करना।

हौरू लाख, मेरा लेक खाक—किसी की संपत्ति दूसरे के काम न आए तो उसके लिए वह लाख भी खाक है।

हौसला पस्त होण—उत्साह घटना।

हौसला बांधण—उत्साह देना, प्रोत्साहित करना।

हौसला बुलन्द होंण—हौसले बुलंद होना, उत्साहित होना

हौं-हौं[3] बोला—अपनी बात मनवाने को दबाव देना।

---

1. शोरगुल, झगड़ा 2. अन्य लोग 3. हाँ

परिशिष्ट

अंगारा बरसण—भीषण गर्मी पड़ना।
अंगरालसीं विलकण—बुरी तरह चिपटना, तंग करना।
अंग ढकण—गुप्तांग छिपाना, किसी प्रकार शरीर ढकना।
अंगुलि उठौण—बदनामी में आना, संदेह की सुई घूमना
अंणपैट होंण—मुँह काला होना।
अंटि फंसी—मुश्किल में फँसा।
अंधा त्वै क्या चैंद? 'द्वी आंखा साणा—अंधे की प्रथम माँग कि दोनों आँखें देख सकें।
अंधा नि दोण्यों, वैरा नि सुण्यों—अंधा देखता नहीं बहरा सुनता नहीं।
अंधा ल्यौक सरग मुडै माँच—अंधे को आकाश की दूरी का भान नहीं होता। अज्ञानी ज्ञान का महत्त्व नहीं समझता।
अंध्यारि अर ब्यंध्यारि—गर्भवती के पेट में बच्चा दिखाई नहीं देता।
अंध्यारा कोंणा पड़ी—पहचान खो दी, अप्रसिद्ध।
अंधु भी लगि, तै धंदु—मूर्ख जिस किसी की बात में आ जाता है।
अंधेरा कि मार, खबर न सार—अँधेरे में किए कार्य का पता नहीं चलता।
अंधु भी अलोणु[1] पछाँणद[2]—भोजन का स्वाद अंधे भी अनुभव करते हैं। थोड़ी सी अक़्ल सभी में होती है।
अंधों का आँखु का बाटा[3] वंद रौंदा पर आँसु का वाटा बंद नि होंदा—अंधे देख नहीं सकते, पर आँसू उनकी आँखों में भी होते हैं। संवेदनाएँ सभी प्राणियों में होती हैं।
अग्वाड़ि कु कडु, पिछवाड़ि मिठु—बाल्यकाल की मुसीबतें भावी जीवन के लिए वरदान होती हैं।
अर्थ निं जाँण, खालि गीता गाँण—बिना अर्थ और रहस्य जाने कोई बात कहना या बि्ना जानकारी के काम करना मूर्खता होती है।
अलोण्या बारवरि जन—किसी वस्तु की तीव्रच्छा रखने पर दर-दर भटकने वाले।
आँख्यूँ मां रात काटि—चिंतातुर रातभर सोये नहीं।
आँखा बतौंदा' दिल की बात—दिल का गम आँखों में झलकता है। आँखें बिना कहे बहुत सी बातें प्रकट करती हैं।
आँखा भी बात करदा—इशारों द्वारा बात करना।
आँखै-आँखाँ रैयाँ—कृशकाय।
आँखा तौड़ा लगण—मृत्यु होना।

आकास कु फल झौड़[4], खालि आँखा तौड़—अप्राप्य वस्तु की व्यर्थ कामना करना।
आज ब्वारि[5], भोल[6] सासु—हर बहू ने भविष्य में सास बनना है। सुख-दुख हर किसी को झेलना पड़ता है।

आज मनू[7], भोल बैद मू[8] जांण—समय पर कार्यवाही न करना अविवेकपूर्ण कृत्य।

आफु देलु मरि जालु, और देला सवि[8] खालु—अपनी वस्तु दूसरे को देने में कंजूसी करना, पर दूसरे की वस्तु मुफ़्त पाने को ललचाना।

इंद्र का सामणि स्वर्ग कु बखान—जानकार को उपदेश देना मूर्खता।

इन्द्रधनुस धार[10] पड़ि बर्खा[11], गाड़[12] पड़ि घाम[13]—इन्द्रधनुष के अंतिम छोर पहाड़ियों पर पड़ें तो वर्षा होगी, नदी-नालों में गिरें तो सूखा पड़ेगा।

इज्जत उत्तरू पर प्राण नि उत्तरू—बेशर्म इज्जत के बजाय प्राण को महत्त्व देते हैं।

उठ जोगी झाड़ पला, जाखि जाला[14] तखि खाला—संन्यासियों का संग्रह करने में अरुचि दिखाना। साधुओं का सादा जीवन।

उतना करा काज, मितर जतना नाज—अपनी वित्तीय स्थिति के अनुसार उत्सवों में खर्च करना अनिवार्य है।

उतावलि गाई[15], बागन खाई—उतावलेपन से बड़ी क्षति होती है।

उल्टी गति होंण—विपरीत परिस्थितियाँ आना।

एक लाल पैसा नी खीसा[16] पर—जेब खाली है। घोर दरिद्रता आना।

औरों तैं किसनदत्त, मैंतें कुछन कत—औरों को उदारतापूर्वक देना, मुझे कुछ न देना, पक्षपातपूर्ण व्यवहार।

औंस्या[17]-मुल्या[18] भी कुर्स्यौं माँ बैठयां—कुपात्र भी आज ऊँचे पदों पर विराजमान हैं।

कच्चा बैदै[19] एक मात्रा, जमलोक कि जात्रा—अकुशल चिकित्सक से रोग का इलाज करना मौत को आमंत्रण देना।

कनवाला[20] तैं सवि[21] धाँणि, निकन वाला कदा गाँणि—सकल पदारथ हैं जगमाहीं, कर्महीन नर पावत नाहीं।

कफु का पोथला कफु जौंल, घुघति[22] रांडा[23] सुधि चौंल[24]—पराये बच्चे को पालने से बड़ा होने पर वह अपनी बिरादरी में मिल जाता है, पालने वाली व्यर्थ वात्सल्य में तड़पती है।

कमि बांदर भी मेल[25] पड़ि जांदा—समय के फेर में चतुर भी धोखा खाते हैं।

कमर मोटु, उमर छोटु—मोटापा दीर्घ जीवन में बाधक बनता है।

कांणा चुलि[26] टेंणु खराब—एक आँख के अंधे से टेढ़ी निगाह वाले दुष्ट होते हैं।

कांधि कु हल पीठी कु मल[27]—किसान का हल और गोबर से अटूट संबंध।

काम कनौं[28] कालू, मुंगरि खांण मालू—कामचोर और पेटू इनसान।

कूडु टूटद मालिक रोंद, मालिक मरद कुडु[29] नि रोद—मनुष्य में संवेदनशीलता परंतु निर्जीव में संवेदनहीनता।

कैकु जनम खालि मनकै होंद—कर्महीन का जीवन व्यर्थ जाता है।

खटराग मेसौण[30]—आलोचना-प्रत्यालोचना करने वाला, छोटी-छोटी बातों में त्रुटियाँ निकालने वाला छिद्रान्वेषी।

खांण-पेण-मौज उडौण वाला—चारवाक दर्शन के अनुयायी, मस्त-मौला।

खांण वक्त नि वोन घींण[31], सेंण वक्त निवोन रीण[32]—खाते समय गंदी चर्चा और

सोते समय कर्ज अदायगी की चर्चा नहीं करनी चाहिए।

ख्यासि होंण—जगहँसाई होना, लज्जित होना।

खीसा पर नी कौड़ि, बोनू जांदु पौड़ि—बिना साधन के बड़े काम करने की तीव्र चाहत रखना।

गाडा[33] जौ, खाडा[34] कि मौ[35] निहोंदि—घाटी में जौ की फसल तथा गहरी घाटी में बसने वाले या गरीब परिवार उन्नति नहीं कर सकता है।

गात पर लंगोटु भी निरखण—हर प्रकार से नंगा करना, अपमानित करना।

गोरू न गोंठ, विना बाता काटण ओठ—अप्राप्य वस्तु की लालसा रखना।

गुण गेगाड़ा[36], दौ[37] छेपाडा[38]—बहुत से लोग अपने ही लोगों की टाँग खिंचाई करते हैं तथा बदला लेने की चाहत रखते हैं या छिपकली की तरह संकल्प लेकर उसे पूरा नहीं करते हैं।

घर मू बाग मैर बिराला—घर पर अधिक रौब-दाब जमाने वाले बाहर विनम्र रहते हैं।

घी न तेल, वणों[39] ब्वै[40] सेल—बिना साधन जुटाए खाने का लालच करना।

चांण-वांण छन[41]—चारों दिशाओं में जाने वाले वीर कारिंदे।

च्वां-च्वां बणी—कार्य करने में प्रवीण बनना, बीमारी से मुक्ति मिलना।

चार खोटू[42] कु धन, लगौण[43] मन—पालतू पशुओं की देखरेख करना लाभदायक व्यवसाय होता है।

छापा मा[44] जन छपी—सुंदर नारी या वस्तु। प्रतिलिपि सी।

जख पै[45] गल्कु[46], तखि ढल्कु[47]—जहाँ मुफ़्त माल मिले वहीं जाना।

जख निरौंदि क्वै तख मिलदि ब्वै—माँ की स्मृति और आशीष सदैव साथ रहता है।

जख भलि नारी, तख सुख सारि—अच्छी नारी सदैव सुख समृद्धि लाती है।

जनानु जांणी पैलि माँ, तब और धांणी—नारी में मातृत्व की प्रधानता।

जब जीभ कस, तब सरील आपणा वस—जिह्वा पर नियंत्रण रखने से शरीर निरोग होता है।

जवारि ज्वानि[48] चमकद चाम, वुडेंउवक्त पूठा घाम—जवानी में तेजोमय शरीर बुढ़ापे में तेजहीन और निष्क्रिय शरीर।

जगा देखी बणा कूड़ि, तेल देखी बणां पूड़ि—भूमि की जांच-परख (वास्तु) के बाद ही वहाँ पर मकान बनाओ, और पूड़ी तेल की गुणवत्ता देखकर ही बनाई जाय।

जांणद च पोटगी[49] का तार—कोई जानकारी न होना, खाली पेटू होना

जाख जखेलु, काख करवेलु पर्चाधारी आफ्वी[50] देखेलु—जिसमें जो गुण होंगे समय पर प्रकट हो ही जाएँगे।

जात कु भिकारि, नेथ[51] कु सिकारि—अपनी क्षमता से अधिक पाने की चाह रखने वाले नासमझ।

जीभ गालि दीक भितर लुकादि[52]—अपराधी के बजाय निर्दोष को दंड मिलता है।

जु कसु गुरु, काम मलु करू—गुरु की प्रतारणा से सफल जीवन होता है।

जु चलि समय का साथ, तैन कभिनि खै[53] मात—समयानुकूल काम करने वाले को सदैव सफलता मिलती है।

जु नित एक केलु खालु, वैदमू किलै जालु?—प्रतिदिन केला खाने वाला निरोग रहेगा। केले की महिमा बड़ी है।

ज्यूंदा वाग देखी मूत, मरयां वागा पकड चूत—बलवान से भयभीत, निर्बल से निडर रहना।

जेठा[54] मामा मर्ली रोटि, कणसा[55] मामा कोदली मोटी—मेहमान से उसके आर्थिक स्तर के अनुसार खाने-पीने का भेदभाव रखना।

जेठ से दिन हेठ[56]—जेठ माह से दिन बढ़ने लगते हैं।

जैपर गुस्सा धम[57] तै घर सुख-शांति कम—तुरंत गुस्सा करने वाले की सुख समृद्धि भंग हो जाती है।

जैसण[58] नाचण औंद नचौंण भी जांणद—पहले स्वयं करके दिखाओ तब औरों को उपदेश देना चाहिए।

जोगी का घर संन्यासी पौंणु—सबको अपनी बिरादरी पसंद होती है।

जोसी कि नौनी रांड[59] बैदे नौनी कु गांड[60]—दीपक तले अँधेरा होना।

झांट[61] वतौण—वस्तु लौटाने के बजाय अशोभनीय बात करना।

दारू करू सरू खारू—मदिरा विनाशकारी द्रव्य।

दिन तैं रात बतौंण वाला—झूठे लोग, लोगों को भ्रमित करने वाले धूर्त।

दुध मैं[62]/वैंण[63]—माँ के साथ दूसरी माँ का बच्चा दूध पीने वाला भाई/बहिन जिससे अगाध प्रेम होता है।

देखण माँ लाल, खांण माँ काल—रूप और गुणों में अंतर होना।

देखण से भोगणु भलु—परिश्रम द्वारा उपयोगी वस्तु का भोग करना।

देवता भी मनखि[64] गुणी होंदा—देवता भी मनुष्य के गुणों के अनुसार फल देते हैं।

देवरियाताल बेटि ब्वारयूं[65] का काल—देवरियाताल (ऊखीमठ के ऊपर) में व्यथित बहू-बेटियाँ आत्महत्या करती हैं।

धन का पंख होंदा[66]—लक्ष्मी चलायमान है।

धन कु मुख कालु—संपत्ति झगड़े की जड़ होती है।

धर्म कु धन सच्चु, पापकु कच्चु—ईमानदारी से कमाया धन वफा देता है, बेईमानी से अर्जित धन क्षणभंगुर होता है।

धर्मधाद[67] जन मान—किसी की मृत्यु पर ऊँची आवाज से सूचना देना।

नक्षत्र कि माया, मनखि[68] कि काया—नक्षत्र विशेष में जन्मे मनुष्य के रूप और गुण में अंतर होता है।

नाज छीरि[69] तेरू छीरि मेरू घट[70] पूरू फीरि[71]—मालिक का घाटा होने पर भी मजदूर पूरी मजदूरी माँगता है।

नाडु टूटि हल छूटि—हल लगाने का सामान न होने पर, हल न लग पाना।

ना हामुन भुला वुथेण[72] न भुलावाँठौ भातखांण—न कुछ काम करना, न किसी के काम में व्यवधान डालना।

निसोचण्या सोचण—अविचार्य पर विचार करना। गुप्तचरी गुण।

पंगति माँ बैठा वालु—समकक्षी होना।

पंचकन्या जन—प्रातः स्मरणीय नारियाँ (अहल्या, द्रौपदी, कुंती, तारा और मंदोदरी) विवाहिता होते हुए भी पंचकन्या मानी जाती हैं।

पति बिना नी गति—नारी के लिए पति की अनिवार्यता, सेवक के लिए स्वामी की आवश्यकता।

पराई पत्तल कु भात भलु लगद—दूर के ढोल सुहावने लगते हैं। असंतोषी की मनोवृत्ति।

पत्थर कि लकीर मान—दृढ़प्रतिज्ञा करना।

पल्ला झांण—उत्तरदायित्व से दूर भागना।

पाखंडी छ[73]—शिव की दुहाई देकर अपना मत चलाने वाले तांत्रिक, बगुलाभगत।

पाप मारे पाप, पुण्य अपने आप—पाप पापी को मारता है, पुण्य का फल अपने आप मिलता है।

पिचास जन—राक्षस जैसा, निशाचर, क्रोधवसा के गर्भ से उत्पन्न कश्यप का पुत्र प्रजापति की संतान, उजड़े घरों, जलाशयों, सड़क के मोड़ों पर रहने वाले संस्कारहीन आतंकवादी।

पूठा माँ हाथ धरी—नौकरी से खाली हाथ घर लौटना।

पेटिकोट की नाड़ा[74] **पर धन्या**[75]—पत्नी विशालकाय, पति कृशकाय, प्रतिकूल जोड़ी।

पैलि खौती[76] **तब उठौण**—पहले गलती करना तब सुधरना।

पैलि सुधरि सुखि, वाद सुधरी दुखि—बाल्यावस्था में सुधरा बच्चा सुखी रहता है, बिगड़ा बच्चा जवानी में कष्ट झेलता है।

पौंणा[77] **अर माछा पर तीन दिन बाद बास आंदि**—अधिक दिन का मेहमान तिरष्कृत होता है।

पौणु पैलि दिन सोनु, दुसरा दिन चांदी, तिसरा दिन ल्क्खर[78]**, चौथा दिन ढुंगु, पाँचवाँ दिन घसेडु**—अधिक दिन का मेहमान तिरष्कृत होता है।

फटि भीत रेसमै रौंद—जातीय गुण अमिट होते हैं।

फ्यस होंण—सब किया कराया व्यर्थ जाना।

वंद मुठि लाख कि होंदि—गोपनीयता का महत्त्व।

बंण कु वाग निखांद, मनकु बाग खांद—शेर से उतना खतरा नहीं होता जितना मानसिक भ्रम से होता है।

बंण फुक्यों सबून देखि, मन फुक्यों कैन नि देखि—जंगल की आग सब देखते हैं पर मन की वेदना कौन देख सकता है।

बात पला पर बांधण—उपदेश या नसीहत को न भूलना। गाँठ बाँधना।

बाग मारी बागम्बर[79] **मा बैठ्याँ**—जवानी में किये कठोर परिश्रम का लाभ बुढ़ापे में उठाना।

ब्याध जन—क्रूर व्यक्ति, शिकारी, हत्यारा।

बिरौ मरि विरालु, कोटिया आवाजु—असंगत प्रभाव।

बुरू का नि पंण बीच, भुख पर औंद कीच—दुष्टों की मदद करने से अपनी ही बदनामी होती है।

बुड्या मरि बोलि-भाषा सरि[80]—बोली-भाषा और रहन-सहन में पीढ़ी दर पीढ़ी बदलाव आता है।

बुड्या वागों पूंछ, स्याल नूंछ[81]—अशक्त वृद्ध से कायर भी नहीं डरता है।

बुड़या परचेत, बालु सचेत—शिशु दिनोंदिन जागरुक होता है, वृद्ध निश्चेष्ट होता है।

बेडणी[82] **नाची-नाची थकणी, बेडा वोदै**[83] **नाची नी सकणी**[84]—काम न करने वाला काम करने वाले को डाँटता है।

ब्वे कु दुदलु[85] **पीक निह्वैधौ**[86] **वावू कु घुंड पीक होंद**—भरी थाली से पेट न भरे तो थाली चाटने से क्या पेट भरेगा।

ब्वेमू अपणा दुख कु खजानु—बच्चा अपनी माँ से अपना दुःख दर्द सुनाता है।

बौराण[87] **चलि, चारि कोंणि हिली**—भीमकाय या समर्थवान मालकिन के आने पर सब सतर्क हो जाते हैं।

भगवान कख-कख जौ, तबै तैन ब्वै बणाई—भगवान नहीं वरन माँ बच्चे की रक्षा और पालन करती है।

भगवान मनखि निवणौद मनखि भगवान बणौंदा—भगवान की परिभाषा मनुष्यों ने अपनी समझ अनुसार की है।

भला कु नाम वुराक डाम[88]—भले लोगों का सम्मान होता है दुष्टों को दंड मिलता है।

भात खाणें कि, थालि खांण—आम खाने हैं कि पेड़ गिनने हैं।

भारि च टीका—कौन सा उच्चकुलीन है? राजा के पुत्रों को टीका (शुद्ध) कहते थे।

भिस्ती बणैंलि—मार-मार कर बुरे हाल करना।

मंगल मिलाप नखरू होंद—मित्रों के घर मंगलवार को जाना अमंगलकारी माना जाता है।

मंथरा जन—दूसरों को भड़काने वाल कुचाली नारी। केकैयी की दासी उसका नाम त्रिबका भी था, दुन्दभी नामक अप्सरा के श्राप से वह कुबड़ी हुई थी।

मटि गुणी होंदि धरति—पृथ्वी में गुण उसकी वास्तु के अनुसार होते हैं।

मन कु खांणु, खुसी कु सौदा—अपनी रुचि अनुसार भोजन करना और सामान खरीदना चाहिए।

मन घरिया किसी कुट्यारि—मन चंचल होता है।

मनखि दगड़ि मनखि पसु दगड़ि पसु—जैसे को तैसा व्यवहार करना।

मनु आसान, बचणु कठिन—मरने से जीवित रहना कठिन होता है।

मन ढलकदु भाडु जन[89]—मन चंचल और अस्थिर रहता है।

मर्द जनानौं झगड़ा, परालौ[90] **जन अग्योटु**[91]—पति-पत्नी का झगड़ा क्षणिक समय तक रहता है।

मुंड मूनण[92] **छोडण पर मुंड्याडु**[93] **नि छोडण**[94]—सजातीय की मृत्यु पर मुंडन करना छूट भी जाय पर गेहूँ बोने के खेत नहीं छोड़ने चाहिए।

राम भी मलु, रावण भी मलु—समदर्शी होना, भले-बुरे की परख न होना।

रे-बै बोन[95]—अपशब्दों का प्रयोग करना।

रौलि तेरि टटाटेर, बचलु मेरू चौंलू सेर—घमंडी अपना ही नुकसान करता है, दानी से

दूरी रखने वाले का तो लाभ ही होगा।

लगि पूस बुडया फूस--वृद्धजन ठंडियों में अधिक मरते हैं, कमजोर होते हैं।

लोग उंदु बगदा, सु उब्बु बगणों--घोर अवनति की ओर जाना।

ल्यौ[96] नखरू[97], ले[98] भलु--माँगना बुरा, देना भला होता है।

सटग्या जना--सनकी सा, असामान्य व्यवहार वाला।

सबरि का जन बेर--गरीब की श्रद्धापूर्वक भेंट।

सरणार्थी जन--बिना घरबार के दर-दर भटकने वाला।

सरीर कि सोभा सिर, बड़ा कि सोभा धिर[99]--शरीर सिर से शोभा देता है, बड़े की शोभा उसके धैर्यवान होने में है।

हंसदु ठाकुर, खासदु चोर कख छौ[100]--बड़े आदमी की हँसी और खाँसता चोर अच्छा नहीं माना जाता।

हवा सबि डालु पर लगदि--समय का प्रभाव सब पर पड़ता है।

हिकि-मिकि धरी--किसी काम को करने का दृढ़निश्चय करना।

होंदा कि सौर सवि कदा, जादां कि क्वै नि करदा--उन्नतिशील व्यक्ति का अनुसरण करना हितकर, पतनोन्मुख का साथ करना बुरा होता है।

हुण्यां जन--अजनबी व्यवहार करने वाला व्यक्ति, कनिष्क के शासन के बाद वह भारत आये थे। इस वंश के मिहिरसेन ने तीन करोड़ लोगों को मौत के घाट उतारा था।

सन्दर्भ

1. बिना नमक का 2. पहचानना 3. मार्ग 4. गिरे 5. बहू 6. कल 7. मर रहा 8. के पास 9. सब 10. चोटी 11. वर्षा 12. नदी-नाले 13. धूप 14. जहाँ भी 15. गाय 16. जेब 17. अमावस्या 18. मूल नक्षत्र 19. वैद्य 20. करनेवाला 21. सब 22. मैना 23. व्यर्थ 24. नखरे 25. गिरना 26. से 27. गोबर 28. करने को 29. मकान 30. सिलसिला 31. घृणा 32. बोल रहा 33. गधेरे 34. खड्डे 35. परिवार 36. केकड़ा 37. दाँव 38. छिपकली 39. बनाओ 40. माँ 41. हैं 42. पाँव 43. लगाना 44. में 45. पाया 46. खाना 47. लटकना 48. जवानी 49. पेट 50. अपने आप 51. निगाह 52. छिपना 53. खाया 54. बड़े 55. छोटे 56. छोटे 57. तुरंत 58. जिसको 59. विधवा 60. घैंघा 61. पुरुष का जननांग 62. भाई 63. बहिन 64. मनुष्य 65. बहुएँ 66. होते 67. आवाज 68. मनुष्य 69. गिरा 70. घर्राट (पनचक्की) 71. घूमा 72. समझाना 73. है 74. इजारवंद 75. रखनेलायक 76. गिराना 77. मेहमान 78. लोहा 79. बाग की खोल 80. सरकना 81. नोचना 82. नाचगाने वाली 83. नचाने वाला 84. सकना 85. स्तन 86. तृप्ति 87. बड़े आदमी की पत्नी 88. जलते कपड़े की मार 89. बर्तन 90 पुवाल 91. जलती आग 92. मुंडन 93. गेहूँ बोने के खेत 94. छोड़ना 95. बोलना 96. लाओ 97. बुरा 98. ले जाओ 99. धैर्य 100. था।

●●●